Alexander Piroshnikow

Expressivität des deutschen politischen Diskurses

Hempen Verlag

Sprache – Politik – Gesellschaft

herausgegeben von

Heidrun Kämper, Jörg Kilian und Kersten Sven Roth

Band 13

HEMPEN VERLAG
BREMEN 2014

Alexander Piroshnikow

Expressivität des deutschen politischen Diskurses

Mittel, Faktoren, Gesetzmäßigkeiten

HEMPEN VERLAG
BREMEN 2014

Bibliografische Information der Deutschen Nationalbibliothek
Die Deutsche Nationalbibliothek verzeichnet diese Publikation in der Deutschen Nationalbibliografie; detaillierte bibliografische Daten sind im Internet über http://dnb.d-nb.de abrufbar.

ISBN: 978-3-944312-05-7

Den Verlag erreichen Sie im Internet unter: www.hempen-verlag.de

Umschlaggestaltung: J. Böning/R. Fischer, Kunstschule Wandsbek, Bremen
Gedruckt auf alterungsbeständigem Papier
Printed in Germany

INHALTSVERZEICHNIS

VORWORT

Die vorliegende Studie ist der Untersuchung des emotiv-wertenden Sprachgebrauchs in politischer Kommunikation gewidmet. Die Relevanz und Aktualität des ausgewählten Themas lassen sich aus zwei unterschiedlichen Blickwinkeln erklären.

Zum einen bleibt die Sprache das Hauptmedium der Politik, deshalb trägt ihre Untersuchung zur Sicherung der Transparenz der politischen Kommunikation bei. Eine besondere Rolle kommt dabei der Erforschung der sprachlichen Beeinflussungsmittel zu, die in einem bestimmten (demokratischen, autoritären, nationalen usw.) politischen Diskurs angewendet werden. Ihre Analyse bringt nicht nur einen rein akademischen Nutzen, sondern hilft dabei, die kommunikativen Prozesse in der Gesellschaft besser zu verstehen und zu erklären sowie bei Bedarf eine sprachkritische Analyse der politischen Sprache durchzuführen. Somit werden eine kritische Einstellung gegenüber bestimmten manipulativen Sprachpraktiken und die Stärkung einer mündigen Zivilgesellschaft gefördert.

Auf der anderen Seite stellt die Untersuchung der emotiv-wertenden Komponenten politischer Texte eine spannende und wichtige Herausforderung aus sprachwissenschaftlicher Perspektive dar, denn trotz der großen Beliebtheit der politischen Sprache/des politischen Sprachgebrauchs als linguistisches Untersuchungsobjekt bleibt gerade dieser Aspekt bis jetzt eher am Rande des linguistischen Interesses.

Aus der Sicht der Politolinguistik ist die Nichtbeachtung des emotiv-wertenden Sprachgebrauchs vor allem dadurch zu erklären, dass sich linguistische Untersuchungen der politischen Sprache lange Zeit unter dem Einfluss der Politikwissenschaft und der „Neuen Rhetorik" befanden, in denen das Interesse gegenüber der politischen Sprache früher geweckt wurde (siehe die Arbeiten von H.D. Lasswell, Ch. Mouffe, Ch. Perelman etc.). Dementsprechend wurden in politolinguistischen Abhandlungen lange Zeit in erster Linie diejenigen Aspekte der Gesamtproblematik beachtet, die eng mit den Fragestellungen der oben genannten Disziplinen zusammenhängen. So wird z. B. in der Politolinguistik im Anschluss an politikwissenschaftliche Studien nach wie vor die Untersuchung von Schlag-, Stigma- und Fahnenwörtern favorisiert, oft ohne Bezugnahme auf die speziellen Kommunikationsbedingungen und den sprachlichen Kontext. Die kommunikative Appellfunktion politischer Texte wird in Anlehnung an die „Neue Rhetorik" mit der Argumentation in Verbindung gebracht, während der emotiv-wertende Sprachgebrauch entsprechend den noch von Aristoteles formulierten theoretischen Grundlagen nur als „Beiwerk" verstanden wird.

Der oben beschriebene Einfluss macht sich auch in den Studien zur politischen Sprache bemerkbar, die sich eigentlich mit genuin linguistischen Themen, z. B. vom textlinguistischen Standpunkt (Analyse einzelner Textsorten des deutschen politischen Diskurses etc.), befassen. Im Ergebnis wird auch in diesen Untersuchungen der Textanalyse ein fester Katalog von Merkmalen (meistens bestimmten rhetorischen Figuren bzw. Fahnen- und Stigmawörtern) vorausgeschickt, nach denen gesucht wird, anstatt sich auf den Text als zentrale Kommunikationseinheit zu konzentrieren, oder es wird den allgemeinen Kommunikationsbedingungen zu viel Aufmerksamkeit (Primat sozio- und politologischer Ansätze) gewidmet, wobei die eigentliche linguistische Analyse zu kurz kommt (vgl. Pelster 1966; Zimmermann 1973; Simmler 1978; Schuhmann 1979; Volmert 1989; Beck 2001; Rittel 2003; Ożóg 2004, 2005).

Ein weiterer nicht nur für die Politolinguistik, sondern für die ganze linguistische Theorie charakteristischer Grund für die Nichtbeachtung des emotiv-wertenden Sprachgebrauchs besteht darin, dass dieses Thema ein allgemein sprachwissenschaftliches Desiderat mit einer langen Tradition darstellt, welches am Beispiel der politischen Kommunikation wegen der besonderen Rolle der Emotionen und Wertungen in diesem Kommunikationsbereich einfach besonders deutlich zu erkennen ist. Diese Situation lässt sich in erster Linie dadurch erklären, dass in der Sprachwissenschaft nach wie vor die Meinung verbreitet ist, der emotiv-wertende Aspekt der Sprache sei etwas „Subjektives" und gehöre als solches nicht zum Untersuchungsbereich der Sprachwissenschaft oder zumindest nicht zu ihrem Kernbereich, sondern in die Kompetenz der Grenzdisziplinen wie Psycholinguistik.

So wurden in der Lexikologie Emotionen lange Zeit nicht als Teil der lexikalischen Bedeutung, sondern nur als „pragmatische Zusatzinformationen" behandelt, was einer ernsthaften semantischen Analyse über die wenig hilfreichen Termini wie „emotional", „abwertend", „negativ" etc. hinaus den Weg versperrt.

Aber auch innerhalb der Pragmatik findet man kaum ausgereifte Ansätze zur Beschreibung der Emotivität. Der expressive Sprechakt wird bisher in Anlehnung an das Organon-Modell von K. Bühler mit der Kundgabe von Emotionen mittels performativer Verben assoziiert, was keine ausreichende Grundlage zur Untersuchung des emotiv-wertenden Sprachgebrauchs bildet. Dieses Vakuum an Ansätzen macht sich in den neuesten dem Thema Emotivität/Expressivität gewidmeten Arbeiten bemerkbar – siehe dazu die Arbeiten (Fiehler 1990; Fries 2000; Schwarz-Friesel 2007, Schakhovskij 2008), in denen sich die Autoren notwendigerweise in erster Linie um die bisher nicht genau definierten Grundlagen der sprachwissenschaftlichen Untersuchungsmethoden (Abgrenzung des Untersuchungsobjektes, allgemeine Terminologie, Sprachmittel des Emotionsausdrucks etc.) bemühen. Somit erscheint die Fragestellung der Studie nicht nur im Rahmen der Untersuchung des politischen Sprachgebrauchs, sondern auch vom allgemein sprachwissenschaftlichen Standpunkt aktuell und fruchtbringend.

Wegen des bereits erwähnten unsicheren Status der Kategorie der Expressivität und des ganzen emotiv-wertenden Sprachbereichs innerhalb der Linguistik besteht eines der Hauptanliegen der Untersuchung darin, eine praktisch anwendbare linguistische Analysemethode der Expressivität auszuarbeiten und damit politischen Sprachgebrauch zu untersuchen. Als allgemeiner methodologischer Rahmen wurde dabei die linguistische Diskursanalyse gewählt. Ihre Hauptvorteile sind der quantitativ-qualitative Charakter (die Diskursanalyse sieht eine genaue Zusammenfassung der systematisch gesammelten Daten sowie ihre adäquate und ausführliche Interpretation vor), die prinzipielle Aufgeschlossenheit der Methode, die sich als ein frei modifizierbarer „Baukasten" mit einem Set von Instrumenten für die Analyse des Sprachgebrauchs versteht (M. Foucault). Als solche „Instrumente" werden im Rahmen der Untersuchung z. B. eine speziell ausgearbeitete Version der semantischen Merkmalsanalyse zur Beschreibung der emotiv-wertenden Textsemantik und eine pragmatisch orientierte Analyse ihres kommunikativen Potentials eingesetzt. Weiterhin werden nach Bedarf Elemente der makrosemantischen Textanalyse angewendet. Um ein möglichst breites Bild der politischen Kommunikation zu gewinnen, wird das entwickelte Analyseverfahren zur Untersuchung von 6 Textsorten aus 3 unterschiedlichen Bereichen politischer Kommunikation angewendet. Zum Abschluss wird eine vergleichende Analyse und Interpretation der Ergebnisse durchgeführt.

Den Ausgangspunkt der Untersuchung bildet folgende **Hypothese**:

In der Untersuchung wird der Standpunkt vertreten, dass emotiv-wertende Spracheinheiten eine wichtige Rolle in der politischen Kommunikation spielen können. Sie dienen dabei nicht dem Ausdruck von Emotionen oder der Aufmerksamkeitssteuerung, sondern einer gezielten Beeinflussung der Gefühle des Adressaten und dem Projizieren einer bestimmten Einstellung gegenüber dem Denotat. Jede dieser Einheiten erfüllt eine bestimmte (typisierte) kommunikative Aufgabe und trägt zur Realisierung der Appellfunktion des politischen Diskurses bei. Einzelne emotiv-wertende Einheiten wirken im Text zusammen, indem sie funktional-kommunikative Strukturen höherer Ebenen bilden. Außerdem beeinflussen Expressiva auch die propositionssemantische Textebene. Beides führt zu bedeutenden Verschiebungen der Akzente bei der Realisierung der Kommunikationsfunktion des Textes.

Weiterhin wird angenommen, dass die Auswahl emotiv-wertender Einheiten sowie die Spezifik ihres strategischen Einsatzes in politischen Texten durch eine textsortenspezifische Konstellation extralinguistischer Faktoren geprägt werden. Je nach Textsorte und Textsortengruppe kann es deshalb zu regelmäßigen quantitativen und qualitativen Unterschieden in der Expressivität politischer Texte kommen. Diese Gesetzmäßigkeiten bestimmen im Wesentlichen das allgemeine Wirkungspotential des deutschen politischen Diskurses.

Die Überprüfung der Stichhaltigkeit der Hypothese sieht die schrittweise Umsetzung folgender **Aufgaben** vor:

1. Abgrenzung des politischen Diskurses als Untersuchungsobjekt nach außen, Beschreibung seiner inneren Struktur und Bestimmung des Rasters soziopragmatischer Faktoren, die das Wesen des politischen Diskurses prägen;

2. Formulierung der allgemeinen diskursanalytischen Prinzipien zur Entwicklung der speziell auf die Anforderungen der Studie zugeschnittenen Untersuchungsmethode;

3. Klärung der Begriffe *Emotivität, Wertung, Konnotation* und Erarbeitung einer theoretischen Basis für die Untersuchung der Expressivität, darunter:

- Beschreibung der semantischen Dimension der Expressivität
- Beschreibung der funktional-kommunikativen Dimension der Expressivität;

4. Entwicklung einer diskursanalytischen Methode zur Beschreibung der Expressivität des deutschen politischen Diskurses;

5. Anwendung der entwickelten Methode zur Analyse des Textkorpus zum deutschen politischen Diskurs;

6. Interpretation und Zusammenfassung der gewonnenen Ergebnisse.

Das vorliegende Buch ist das Ergebnis eines langen Prozesses. Seine theoretischen Grundlagen wurden vom Autor während seines Doktorandenstudiums an der Staatlichen Linguistischen Universität Minsk (Belarus) gelegt. Später wurde die Arbeit im Rahmen des Doktorandenstudiums an der RWTH Aachen unter Leitung von Prof. Dr. Thomas Niehr fortgesetzt. In dieser Zeit wurde der theoretische Teil der Studie stark überarbeitet und eine großangelegte praktische Analyse des poltischen Sprachgebrauchs durchgeführt. Parallel wurden die Ideen und Ergebnisse auf Workshops und Seminaren in Aachen und Minsk vorgestellt, an denen engagierte Linguistinnen und Linguisten mit unterschiedlichen linguistischen Schwerpunkten teilgenommen haben.

Besonders bedanken möchte ich mich bei Dr. D.A. Paremskaja, deren Unterstützung auf der ersten und vielleicht der schwierigsten Etappe der Arbeit kaum zu überschätzen ist, und bei meinem Doktorvater an der RWTH, Aachen Prof. Dr. Thomas Niehr, der mir immer mit Rat und Tat zur Seite stand. Weiterhin möchte ich ein großes Dankeschön an Dr. Hempen vom Hempen-Verlag für ihren Beistand in unzähligen Fragen der Textgestaltung richten.

Abschließend gilt mein herzlicher Dank der Konrad-Adenauer-Stiftung, die mich im Rahmen eines Doktoranden-Stipendiums und insbesondere bei der Publikation meines Dissertationsprojektes finanziell unterstütze.

1. POLITISCHER DISKURS ALS OBJEKT EINER LINGUISTISCHEN UNTERSUCHUNG

1.1. Diskurs: Zur Geschichte des Begriffs

Die Entwicklung der Wissenschaft erfolgt durch den Wechsel wissenschaftlicher Paradigmen. Der Terminus *Paradigma* wird dabei zur Bezeichnung der Gesamtheit wissenschaftlicher Auffassungen, theoretisch-methodologischer Einstellungen verwendet. Diese bilden ein allgemeines Koordinatensystem, in dessen Rahmen ein beliebiges Untersuchungsobjekt nach einem bestimmten Schema auf der Basis einer Reihe axiomatischer Prämissen einer Analyse unterzogen wird. Die Anlehnung an ein Paradigma befreit also den Wissenschaftler davon, den Untersuchungsbereich neu zu gestalten und die Einführung jedes Begriffs immer aufs Neue zu rechtfertigen. Dies macht die Ausarbeitung und den Wechsel von Paradigmen zu einer unabdingbaren Voraussetzung für eine systematische Evolution jeder Wissenschaft (Kuhn 1985: 25ff.).

Im vollen Einvernehmen mit dieser Logik der wissenschaftlichen Entwicklung kam es in den 60ern Jahren des 20. Jh. zur Herausbildung eines neuen sprachwissenschaftlichen Paradigmas, nachdem eine kritische Masse wissenschaftlicher Tatsachen gesammelt worden war, für die es innerhalb der Saussure'schen Sprachtheorie keine Erklärung gab und die im strukturalistischen Koordinatensystem nur als Anomalien gelten konnten. Somit wurde ein Ausweg aus einer Sackgasse gefunden, in die die Linguisten durch eine strenge Einschränkung des Untersuchungsobjekts auf die Sprache als ein autonomes Zeichensystem geraten sind.

Das neue linguistische Paradigma stellt zwar im Vergleich zum Strukturalismus eine Weiterentwicklung der Sprachwissenschaft dar, doch man kann es kaum als gänzlich neu bezeichnen. Vielmehr handelt es sich hier um eine ordentliche Windung der Erkenntnisspirale, die Anknüpfung an eine Tradition, deren Grundlagen bereits von solchen herausragenden Persönlichkeiten der Vergangenheit wie W. von Humboldt, B. de Courtenay, E. Sapir gelegt wurden. Schon damals wurde der Problemkreis abgesteckt, der in der zweiten Hälfte des 20. Jh. wieder in den Vordergrund rückt – die Beziehung zwischen der Sprache und dem Denken, das Verhältnis vom Individuellen und Gesellschaftlichen in der Sprache, Sprache im Kontext der menschlichen Tätigkeit u. a. Die Werke der genannten Wissenschaftler wurden zwar im Rahmen des strukturalistischen Paradigmas unter dem Vorwand des „Psychologismus" lange ignoriert, doch letztendlich führten sie einen Konflikt der wissenschaftlichen Ideen in der Linguistik herbei, der durch die Auflösung der Gegensätze auf einem höheren Erkenntnisniveau entladen wurde und die Bildung eines neuen, kommunikativ-kognitiven Paradigmas zur Folge hatte. Charakteristisch für dieses neue Paradigma ist vor allem die steigende Aufmerksamkeit gegenüber konkreten Realisierungsformen der Sprache – Texten und Textgruppen – sowie der kommunikativen Kompetenz des Sprechenden, also seinem Wissen über Aufbau und Gebrauchsregeln von Texten (Mills 2004: 7; Kubrjakova 2000; 2004a, 2004b).

Eine zentrale Besonderheit des kommunikativ-kognitiven Paradigmas der Linguistik besteht darin, dass in seinem Rahmen keine allgemeine Abschaffung der Grundsätze des strukturalistischen Paradigmas erstrebt wird. Im Gegenteil: Diese Grundsätze werden in einer vielseitigeren Sprachtheorie erfolgreich integriert, die das mehrdimensionale Phänomen der Sprache in seiner ganzen Komplexität zu umfassen sucht.

Ein weiteres wichtiges Merkmal des neuen Paradigmas besteht in der Anwendung innovativer, interdisziplinärer Forschungsmethoden und in der aktiven, wissentlichen Nutzung der dabei entstehenden Synergie-Effekte. Dabei hat die Einbeziehung der außerlinguistischen Aspekte, mit denen sich ursprünglich andere Humanwissenschaften wie Psychologie, Soziologie, Politologie etc. befasst haben, in die Linguistik die Entwicklung des neuen Paradigmas zwar bereichert und beschleunigt, doch sie führte auch zu einer zunehmenden Verschwommenheit des Untersuchungsbereichs und der Methoden. In dieser Situation wurde ein einheitliches und konsistentes System linguistischer Begriffe und Methoden erforderlich, welches derzeit immer noch in der Entwicklung begriffen ist.

Einer der zentralen Begriffe im Rahmen des kommunikativ-kognitiven Paradigmas ist *Diskurs*. Angesichts der großen und oft unterschiedlich verstandenen Rolle für die Untersuchung der Sprache, die diesem Begriff zugeschrieben wird, ist es nicht erstaunlich, dass es bisher keine kanonische, allgemein anerkannte Definition davon gibt. Bei näherem Betrachten kann dieser Umstand sogar auf mehrere Gründe zurückgeführt werden.

Die Vielfältigkeit der Definitionen erklärt sich in erster Linie durch die weite Verbreitung des Terminus außerhalb der Linguistik – in der Philosophie, Literaturwissenschaft, Soziologie, Politologie, Psychologie sowie in der (französischen, italienischen und englischen) Alltagssprache (*discours, discorso, discourse*).[1] Doch auch innerhalb der Linguistik gibt es mehrere konkurrierende Definitionen, was sich erstens durch die ständige Bereicherung der Linguistik um neue Erkenntnisse und zweitens durch den starken Einfluss der national-kulturellen Traditionen einzelner linguistischer Schulen erklären lässt.

Die erste sprachwissenschaftliche Definition des Begriffs *Diskurs* findet sich im Artikel „Discourse Analysis“ des bekannten US-amerikanischen Strukturalisten Z. Harris im Zusammenhang mit der Einführung einer gleichnamigen strukturell-distributiven Analysemethode (Miczka 2002: 43-45; Makarov 2003: 91). In den Arbeiten von Z. Harris wurde unter *Diskurs* die Sequenz von zwei oder mehreren miteinander verbundenen Sätzen verstanden. Diese den Grundsätzen des strukturalistischen Paradigmas entsprechende Definition wurde dann (später mit der Erweiterung um die semantische Ebene, die es bei Z. Harris noch nicht gibt) teilweise in anderen linguistischen Arbeiten übernommen (siehe z. B. Bellert 1974).

---

1 Eine gute Übersicht über Definitionsmöglichkeiten von Diskurs in unterschiedlichen Sprachen und Disziplinen bieten S. Mills (Mills 2004), und V. Demjankov (Demjankov 2005).

Somit erfolgte die Einführung des Terminus in die Linguistik noch vor dem Aufkommen des kommunikativ-kognitiven Paradigmas und entsprach ursprünglich im Wesentlichen den Vorstellungen und Interessen der (um eine „Mehrsatz"-Ebene erweiterten) strukturalistischen Sprachanalyse.

Eine grundlegende Umwandlung der Vorstellungen von Diskurs, die zu einer schnellen Popularisierung des Begriffs in wissenschaftlichen Kreisen führte, kam im Rahmen der poststrukturalistischen Wende in den Geisteswissenschaften und ist je nach der Region mit der Etablierung der Theorie des Sprachspiels von L. Wittgenstein, der Theorie des kommunikativen Handelns von J. Habermas, der Tätigkeitstheorie des sowjetischen Psycholinguisten A.N. Leontjev, der Sprechhandlungstheorie von J. Austin und J. Searle, der Genretheorie des Literaturwissenschaftlers M. Bakhtin, der neomarxistischen Philosophie von L. Althusser/M. Pecheux und der philosophischen Diskurstheorie von M. Foucault verbunden. Besonders die Diskurstheorie im Sinne M. Foucaults hat viele produktive Anstöße für die moderne Linguistik gegeben. Die Anzahl der Quellen, die den Einfluss der genannten Autoren (in erster Linie von M. Foucault) auf die Linguistik beschreiben, ist im Rahmen einer Übersicht kaum zu erfassen (siehe z. B. Mills 2004; Jäger 2004; Angermüller 2007; Warnke 2007). Oft glaubt man deshalb, eine für die Zwecke der Linguistik passende Diskursdefinition mit einem unmittelbaren Bezug auf die Arbeiten der genannten Philosophen ableiten zu können. Doch die Arbeitsmethoden und der Interessenkreis von L. Althusser, M. Foucault, J. Derrida und anderen Gründervätern der allgemeinen Diskurstheorie in Frankreich waren nicht linguistisch geprägt.[2] Die Sprache dient ihnen nur als ein Werkzeug für die Untersuchung allgemeiner philosophischer und soziopsychologischer Fragen. Wie S. Mills in ihrer aufschlussreichen Monographie zum Diskurskonzept von M. Foucault betont: „Foucault's work is not a system of ideas nor a general theory; his work ranges over an extremely wide variety of subjects and it is very difficult top him down as a historian, a philosopher, a psychologist or a critical theorist" (Mills 2004: 15). Für die Linguistik ist eine direkte Applizierung der Diskurstheorie von M. Foucault insbesondere aus dem Grund problematisch, dass der Autor die Grenzen der Sprachwissenschaft auf die Wort- und Satzanalyse limitiert und diese Untersuchungsebene außerhalb seines Interesses betrachtet:

> What are described as ‚systems of formation' do not constitute the terminal stage of discourse, if by that term one means the texts (words) as they appear, with their vocabulary, syntax, logical structure, or rhetorical organization. Analysis remains anterior to this manifest level (...). If analysis studies the modalities of enunciation, it questions neither the style nor the

---

2 Für die linguistische Diskursanalyse intressierte sich zu jenem Zeitpunkt nur M. Pecheux, der durch seine „Automatische Diskursanalyse" bekannt wurde (ausführlicher dazu siehe Maingueneau/Angermüller 2007).

> succession of the sentences; in short, it leaves the final placing of the text in dotted outline (Foucault 1989: 84).

Außerdem sind die Diskursdefinitionen bei M. Foucault zum Teil zu spezifisch und gleichzeitig zu allgemein, als dass sie als Basis für eine disziplinspezifische Definition dienen könnten. M. Foucault selbst führt mindestens drei definitorische Varianten ein:

1) "The general domain of all statements". Hier wird der Diskurs als die Gesamtheit aller Aussagen verstanden, welche Wirkung auf die Gesellschaft haben;

2) „An individualizable group of statements". Hier wird der Diskurs als eine Menge von Aussagen verstanden, welche auf eine ähnliche Weise produziert werden, kohärent sind und eine ähnliche Wirkung ausüben (feministischer Diskurs, imperialistischer Diskurs etc.);

3) „A regulated praxis which accounts for a number of statements", d. h. die Normen und Regeln, die das Wesen einzelner Texte bestimmen.[3]

Der Autor selbst war sich über die Unbestimmtheit seiner Definitionen völlig im Klaren. In seinen Werken betont er, dass er bewusst kein abgeschlossenes Diskurskonzept erstrebt, sondern eher einen Werkzeugkasten für die Wissenschaftler unterschiedener Branchen anbietet, der entsprechend ihren Bedürfnissen zur Aufdeckung der Diskriminierung und Manipulierung durch die Sprache frei eingesetzt werden kann. Seine Theorie ist somit eher als ein bedeutender Impuls zur Entwicklung der linguistischen Diskursanalyse, aber kaum als eine selbstständige linguistische Theorie und Untersuchungsmethode zu verstehen (Reisigl 2006: 101-102).

Mit der allmählichen Anerkennung des Begriffs *Diskurs* durch die linguistischen Schulen, die sich an die Untersuchung der kommunikativen Aspekte der Sprache gewendet haben, kam es zu einer weiteren Ausdifferenzierung der Definitionen, die diesmal auf die „linguistischen Grenzen" zwischen den Regionen mit unterschiedlichen Traditionen der Sprachforschung zurückzuführen ist. Dabei gehen die definitorischen Differenzen nicht mehr auf die allgemeine Unklarheit des Begriffs zurück, sondern auf unterschiedliche Fragestellungen, auf die sich einzelne Forscher und ganze Forschungseinrichtungen aus einzelnen Ländern und Regionen traditionell orientierten und die es nun unter Anwendung des Begriffs *Diskurs* aufzuarbeiten galt. T.A. van Dijk schreibt diesbezüglich im 1997 erschienenen „Handbook of Discourse Analysis" folgendes:

> Other regrettable forms of fragmentation took place along the inevitable linguistic boundaries, especially between the English- and French-speaking worlds of discourse and discourse analysis. Some famous French structuralist and post-structuralist scholars were (sooner or later) available in Eng-

3 Zitiert nach S. Mills (Mills 2004: 6).

> lish... Italian, Spanish and Latin American studies of discourse were initially mainly oriented towards these French approaches. The more analytical and empirical directions of most work in English had little impact in this Latin sphere. Conversely, those writing in English were seldom reading studies in French or those in German or Russian for that matter. Largely unwittingly, such scholars, mainly in the USA and the UK, thereby expressed and reproduced the cultural hegemony of English and English-language scholarship in the world, **as is unfortunately also the case for this book** (*Hervorhebung des Verfs.*) (van Dijk 1997a: 28).

In Frankreich bestand die Hauptbesonderheit der Rezeption des Begriffs *Diskurs* unter anderem darin, dass die Diskurstheorie hier zuerst unter dem Einfluss der Arbeiten der bereits erwähnten Philosophen L. Althusser, M. Pecheux, J. Derrida und M. Foucault stand und von ihren neomarxistischen, dann poststrukturalistischen Ideen durchdrungen war. Hier stand von Anfang an die doppelseitige Beziehung des Textes zur Gesellschaft (Gesellschaft als text- und autorformende Kraft und gleichzeitig Text als Ursache der Verformung der sozialen Realität) im Mittelpunkt. Die Vertreter der französischen Diskursanalyse befassten sich in erster Linie mit dem Problem der Widerspiegelung gesellschaftsspezifischer ideologischer Systeme in der Textsemantik (siehe z. B. Beiträge in Serio 1999a). Man interessierte sich dabei vor allem für die Fragen wie „Was und wie darf in bestimmten Situationen über einen gewissen Gesprächsgegenstand gesagt werden?" oder „Wie wird die Ideologie durch sprachliche Inhalte vermittelt?" Diese Frage suchte man dadurch zu beantworten, dass man den Text als eine „trügerische Realität" angesehen hat, die man zur Aufdeckung versteckter Diskurseinflüsse und unbewusst reproduzierter Diskursstrukturen dekomponieren musste (Maingueneau/Angermüller 2007; Angermüller 2001: 14ff.).

Die Ideen der französischen Schule der Diskursanalyse, die von Anfang an interdisziplinäre Züge aufwies und deren Vertreter sich frei des methodologischen Instrumentariums der Philosophie, Literaturwissenschaft, Soziologie, Psychologie und Linguistik bedienten, wurden von zahlreichen modernen Linguisten im ganzen Europa übernommen und bildeten die Grundlage der Kritischen Diskursanalyse (Critical Discourse Analysis), die dann in den Werken von T.A. van Dijk, R. Wodak, N. Fairclough, S. Jäger, J. Blommaert und anderen Linguisten weiterentwickelt wurde.

In Großbritannien weist die Entwicklung der Diskursanalyse ihre eigenen, besonderen Züge auf, denn sie stand von Anfang an unter dem Einfluss der Ethnomethodologie und der Ethnographie der Kommunikation auf einer Seite und der Sprechhandlungstheorie von J. Austin und J. Searle auf der anderen. Die Aufmerksamkeit der Forscher galt im Einvernehmen mit der sprachsoziologischen Tradition der gesprochenen Sprache, die nun auch zum eigentlichen Objekt der neu entstandenen Diskursanalyse erhoben wurde. Die Diskursforscher befassten sich in erster Linie mit Gesprächen und versuchten, ihre strukturellen und kommunikativen Eigenschaften unter Berücksichtigung der sprechenden Subjekte, ihrer sozialen Rollen und der institutionellen Einbettung zu beschreiben. Diskurs wurde dabei ganz allgemein als Sprache-in-Aktion (language-in-action) oder Sprachgebrauch (language use) verstanden, dessen Untersuchung an Hand konkreter Sprechsituationen erfolgen sollte.[4] Das Analyseverfahren war dabei vorzugsweise empirisch und induktiv, Theoriebildung vor der Analyse konkreter Gespräche war unerwünscht[5], die Interpretation der Ergebnisse blieb möglichst nah an die evidenten Tatsachen gebunden.

Ursprünglich hat man innerhalb der angelsächsischen Sprachforschung manchmal noch zwischen zwei Strömungen der Analyse mündlicher Sprache – der Konversationsanalyse und der zu dem Zeitpunkt in der Entwicklung begriffenen, eher funktionallinguistisch orientierten eigentlichen „Diskursanalyse" – unterschieden, wie es z. B. noch S. Levinson in seiner „Pragmatik" tut (Levinson (1980) 2000). Doch gegenwärtig hat „die methodologische Kontroverse zwischen den beiden Analyserichtungen an Brisanz verloren" (Brünner/Graefen 1994: 13). Es sind mehrere Überschneidungsarbeiten erschienen, die ihre Methoden sowohl an das strukturell und soziologisch orientierte konversationsanalytische Herangehen, als auch an die stärker funktionallinguistisch orientierten diskursanalytischen Untersuchungen anknüpfen, wie dies z. B. in der Arbeit von J. Thornborrow der Fall ist (Thornborrow 2002). In den neueren Sammelbänden zur Diskursanalyse (z. B. Bell/Garrett 2000) werden inzwischen die Ergebnisse der konversationsanalytischen und linguistischen Studien zusammen präsentiert, ohne dass dabei eine strenge Grenzlinie gezogen wird.

Die in Großbritannien historisch vorherrschende Beschränkung der Diskursanalyse auf die gesprochene Sprache und die sprachsoziologischen Methoden bedeutet aber nicht, dass auf die Analyse von schriftlichen Texten als einem gleichberechtigten Untersuchungsobjekt vollständig verzichtet wurde: „… discourse analysis must portray the structure of suprasentential text or social interaction …" (Coulthard 1986: viii). Aber in der Praxis wird der Terminus doch hauptsächlich auf *momentary messages* (Coulthard 1986: viii, 3), d. h. auf mündliche dialogische Aussagensequenzen, appliziert. Seine bekanntesten Definitionen bleiben nach wie vor *discourse as interaction/transaction* (Leech 1983: 59) oder *discourse as process of communication* (Brown/Yule 2004: 24).

In Deutschland hat diese angelsächsische Definition von *Diskurs* vor allem innerhalb der Funktionalen Pragmatik ihre Weiterentwicklung erfahren. Die von K. Ehlich und J. Rehbein (siehe z. B. Ehlich 2000), entwickelte diskursanalytische Methode dient der Untersuchung von vorwiegend mündlichen (mit Ausnahme

4 Zu einer solchen Eingrenzung der Diskursdefinition mag unter anderem die in den 60ern Jahren allgemein bekannte Diskursdefinition des französischen Sprachwissenschaftlers E. Benvenist beigetragen haben, der den Begriff *discours* als *Hic-et-nunc-Reden* zur Abgrenzung gegenüber der Sprache als abstraktem System gebrauchte.

5 Siehe dazu ausführlicher z. B. das Kapitel zur Diskursanalyse in (Levinson (1980) 2000).

der Online-Kommunikation) Redeformen, deren essentielles Merkmal die Kopräsenz von Sprecher und Hörer ist (Brünner/Graefen 1994: 7-8).

In den 80ern Jahren koexistierten also in der Linguistik drei unterschiedliche Auffassungen – eine strukturalistische, eine soziolinguistische und eine (funktional)-kommunikative – und dementsprechend drei unterschiedliche theoretische Grundlagen für die Entwicklung der Diskursanalyse.

Die strukturalistische Definition wurde dabei bald überflüssig, weil sie synonym zu den Begriffen *Text* und *Mehrsatzeinheit* war.

Die soziolinguistische Definition war problematisch, weil darin der dynamische Aspekt des Funktionierens von Texten in konkreten kommunikativen Situationen zur Realisierung situationsspezifischer Ziele völlig unberücksichtigt blieb. Den Text behandelte man als eine Inskription der gesellschaftlichen Verhältnisse zum Zeitpunkt seiner Erscheinung, als etwas, wonach man über die bestehenden Kommunikationsbedingungen und soziale Verhältnisse urteilen konnte. Die Fragen des Kommunizierens mittels Texte blieben dabei ausgeschlossen.

Bei einer radikal funktionalen Betrachtungsweise fand eine Verunschärfung der Grenzen der linguistischen Sprachanalyse durch die Verschiebung der Akzente von sprachlichen Aspekten der Kommunikation auf die Sprach- und Textfunktionen statt (Schiffrin 2005: 41). Diese Überbetonung der nichtlinguistischen Aspekte der Kommunikation kann man mit M. Heinemann als übermäßigen „Kommunikativismus" beschreiben (Heinemann/Heinemann 2002: 89).

Trotz aller genannten Schwierigkeiten kann man die wissenschaftliche Entwicklung der Diskurstheorie in den 70-80 Jahren als äußerst fruchtbar betrachten. Indem man sich der Probleme des Sprachgebrauchs in konkreten kommunikativen Situationen angenommen hatte, ging man allmählich über die starren Grenzen der strukturalistischen Linguistik hinaus, legte man die allgemeinen theoretischen Grundlagen für die Untersuchung der Rede als eines dynamischen, funktionalen Systems und lieferte die ersten Beispiele empirischer Untersuchungen dieser Art, die trotz aller Kritik als in vielerlei Hinsicht bahnbrechend bezeichnet werden können. Dass man dabei die Sprachverwendung nicht selten als eine soziale Handlung verstand, die den allgemeinen Regeln der gesellschaftlichen Interaktion unterstellt ist und nur vor dem Hintergrund der soziopragmatischen Einbettung der Kommunikationsprozesse analysiert werden kann, gab einen Impuls für die Aufdeckung der äußerst wichtigen und komplexen Zusammenhänge zwischen der Sprachverwendung und den unterschiedlichen Kontexttypen.

1.2. Die moderne Etappe der Entwicklung der linguistischen Diskursanalyse

Wie bereits im ersten Abschnitt skizziert, wurde die in linguistischen Kreisen anfänglich noch widersprüchlich aufgenommene Diskurstheorie im Rahmen des paradigmatischen Wechsels in der Sprachwissenschaft allmählich führend und bildete die geistige Grundlage für eine ganze Reihe linguistischer Schulen, die ungeachtet ihrer genauen Bezeichnung (sei es Diskursanalyse, funktionale Stilistik, systemfunktionale Linguistik, Konversationsanalyse oder Argumentationstheorie) im Allgemeinen das Kernkonzept der Diskurstheorie – die Untersuchung der Sprache im Zusammenhang mit dem sprechenden Subjekt – übernommen haben.

Die moderne Etappe der Entwicklung der linguistischen Diskursanalyse ist in erster Linie durch das Streben der Forscher nach der Einschließung der grammatischen und semantischen Textdimensionen in einen möglichst breiten sozialpragmatisch-kognitiven Untersuchungsrahmen gekennzeichnet. Jedoch bleibt die genaue Art und Weise, wie eine Diskursanalyse durchgeführt wird, von den im vorigen Abschnitt erwähnten wissenschaftsgeschichtlichen und kulturwissenschaftlichen Faktoren immer noch abhängig. Die Unterschiede laufen dabei hauptsächlich auf folgende zwei Kernfragen hinaus:

1. Was genau wird unter *Diskurs* verstanden? (Einschränkung des Untersuchungsobjekts)

2. Auf welche Weise können das Linguistische und das Extralinguistische im Rahmen einer einheitlichen Analyse verbunden werden? (methodologische Grundlagen der Untersuchung)

Da diese zwei Fragen die unentbehrliche Basis einer diskursanalytischen Untersuchung bilden, werden sie unten ausführlicher behandelt.

1.2.1 Eingrenzung des Untersuchungsobjekts: Text vs. Diskurs oder Text $\in$ Diskurs?

Auf die Probleme bei der Definition des Begriffs *Diskurs* wurde bereits im historischen Zusammenhang hingewiesen. Diese Verschwommenheit ist nicht verschwunden, sondern im Gegenteil: Die Zahl der teilweise einander wiedersprechenden Definitionen scheint in der letzten Zeit noch angewachsen zu sein, was sich in einer genauso zunehmenden Anzahl der speziell diesem Problem gewidmeten Publikationen in den letzten 20 Jahren widerspiegelt, z. B. (Vitacolonna 1987; Arutjunova 1990; Teubert/Busse 1994; van Dijk, 1997a, 1997b; Duszak 1998; Bisimalijeva 1999; Bluhm et al. 2000; Kubrjakova 2000, 2004a, 2004b; Tschernjavskaja 2002, 2003a, 2003b, 2003c, 2004b; Miczka 2002; Makarov 2003; Krasnych 2003; Petrova 2003; Mills 2004; Prokhorov 2004; Schiffrin 2005; Gajda 2005; Gardt 2007; Warnke 2007; Konerding 2007; Busch 2007; Gardt 2007; Habscheid 2010 und v. a.). Deshalb wird in der linguistischen Literatur bei der Behandlung der Frage gewöhnlich auf die Ambiguität des Begriffs und die daraus folgenden Schwierigkeiten hingewiesen[6], weshalb anschließend eine der genannten Definitionen ein-

6 Ausführlicher dazu siehe in (Stubbs 1983: 9-10; Garret/Bell 2000: 2; Krasnych 2003: 111-112; Mills 2004: 1-7; Renkema 2004: 48; Johnstone 2008: xiii).

fach übernommen wird. Manchmal wird das Problem der Definition gar umgangen, weil es als selbstverständlich gilt, dass sich bei einer diskursanalytischen Untersuchung doch um die Analyse der Kommunikation geht. So werden in der Monographie von G. Brown mit dem Titel „Speakers, listeners and communication: explorations in discourse analysis" (Brown 1996) überhaupt keine Definitionen der Begriffe *Diskurs* und *Diskursanalyse* angeführt. Diese omnipräsenten Lücken, Ungenauigkeiten und Widersprüche ließen E. Kubrjakova, eines der führenden Mitglieder des Instituts für Sprachwissenschaft der Russischen Akademie der Wissenschaften, folgendes Fazit der Entwicklung der Diskurstheorie im 20. Jh. ziehen: „Trotz der umfangreichen Arbeit, die von Linguisten im Bereich der Diskursanalyse geleistet wurde, sind wir von der Gründung einer einheitlichen und ganzheitlichen Diskurstheorie immer noch weit entfernt *(Übers. des Verfs.)*" (Kubrjakova 2000: 9).

Mit einer mehr oder weniger konsequenten Definition des Terminus tut sich die Linguistik also immer noch schwer. Diese ist aber für eine praktische Anwendung der Diskurstheorie unabdingbar, denn es geht letztendlich nicht einfach um eine Begriffsbestimmung um ihrer selbst Willen. Eine Definition wird im Kraftfeld einer theoretisch-methodologischen Grundlage formuliert und ist mit dieser aufs Engste verbunden. Wie es der italienische Linguist L. Vitacolonna, der sich mit dem angesprochenen Problem eingehend befasste, treffend formuliert, „...every definition necessarily presupposes a theory and/or a method – however partial they may be" (Vitacolonna 1987: 434).

Eine der wichtigsten Fragen, die bei der Definition des Diskurses kaum umgangen werden kann, kann man wie folgt formulieren: Was ist der Unterschied zwischen den in der Linguistik inzwischen etablierten Größen *Text* und *Diskurs*?

Die Antworten auf diese Frage reichen von der vollständigen Gleichsetzung der Begriffe, manchmal mit dem daraus schließenden Verzicht auf den Gebrauch des einen zugunsten des anderen, bis zu ihrer Gegenüberstellung als zweier gegensätzlicher Erscheinungen.

Die erstere Lösung ist zwar selten explizit formuliert, doch sie ist zumindest in den Ansätzen in der modernen Linguistik relativ oft vertreten.

Im englisch- und französischsprachigen wissenschaftlichen Raum wird die Tendenz zur Gleichsetzung vor allem dadurch geprägt, dass die Begriffe *discourse/discours/discorso* und *text* in den beiden Sprachen alltagssprachlich als Synonyme gebraucht werden (Mills 2004: 2; Adamzik 2001: 34, 45). Die Zugehörigkeit zum allgemein gebräuchlichen Wortschatz hat den Prozess der Anerkennung des Terminus im angloamerikanischen und romanischen wissenschaftlichen Raum zwar eindeutig erleichtert (Busse/Teubert 1994: 11), sorgte aber gleichzeitig für eine ständige Vermischung der Begriffe, weil die allgemeinsprachlichen Bedeutungen auf das wissenschaftliche Denken ständig abfärben.

Die Tendenz zur Gleichsetzung ist aber auch in der Linguistik derjenigen Länder vertreten, in denen der Begriff *Diskurs* eindeutig als eine Entlehnung angesehen wird, wie es z. B. in Russland (und anderen GUS-Staaten) oder Polen der Fall ist. Hier vollzog sich die kommunikativ-kognitive Wende in der Linguistik durch die Erweiterung der Grenzen der Text- und Stilanalyse, ohne dass zugleich eine neue sprachwissenschaftliche (Teil)Disziplin wie Diskursanalyse entstanden ist. Die linguistische Diskursanalyse wird stattdessen wegen bestimmter Ähnlichkeiten der Analysemethoden und theoretischen Grundsätze mit der (Text)Stilistik bzw. mit der pragmatisch orientierten Textlinguistik gleichgesetzt. Öfters folgt darauf ein weiterer Schluss über die Möglichkeit der Gleichsetzung der Termini *Text* und *Diskurs* bzw. *Stil (als Texteigenschaft)* und *Diskurs*. Als ein Paradebeispiel für solche radikale Stellung, die einen als berechtigt empfundenen Ausschluss des Terminus *Diskurs* aus der wissenschaftlichen Diskussion fördert, kann die bekannte Diskussion zwischen den russischen Linguisten S. Gindin und W. Borbotko auf der internationalen Konferenz „Linguistik am Ende des 20. Jh.: Ergebnisse und Perspektiven" 1995 in Moskau angeführt werden, in deren Verlauf der erstere Linguist die im Geiste von „Ockhams Rasiermesser" formulierte Übermäßigkeit des Terminus *Diskurs* postulierte, während der letztere auf die Unzulänglichkeit des Begriffs *Text* bei der Erklärung kommunikativer Phänomene verwies und unter diesem Vorwand für die vollständige Ersetzung des Terminus *Text* durch *Diskurs* bei der Bezeichnung kohärenter verbaler Zeichenreihen plädierte (Voroshbitova 2005: 220).

Die grundsätzliche Ähnlichkeit (oder gar zumindest partielle Gleichsetzung) der linguistischen Teildisziplinen Textlinguistik, Textstilistik und Diskursanalyse wird inzwischen interdisziplinär und -national von mehreren Forschern anerkannt und die notwendige theoretische Grundlagew für eine aktive Verflechtung einzelner sozial-kommunikativ-kognitiver Teildisziplinen im Rahmen einer umfassenden diskursanalytischen Hauptströmung. Dass man aber im Rahmen dieser Annäherung auf den Terminus *Text* bzw. *Diskurs* verzichten sollte, scheint ein zu extremer und kontraproduktiver Standpunkt zu sein.

Die zweite Möglichkeit, d. h. die Gegenüberstellung von Text und Diskurs als zweier zusammenhängender, aber doch selbstständiger Erscheinungen, hat in den letzten 30 Jahren eine immer größere Beliebtheit erlangt. Die Grenzziehung zwischen dem Diskurs und dem Text wird dabei auf zwei unterschiedliche Weisen vollzogen:

1. Der erste einflussreiche Standpunkt geht auf die bereits im historischen Überblick angesprochene angloamerikanische Konversationsanalyse zurück. Laut diesem Standpunkt wird unter Diskurs **die mündliche**, unter Text **die schriftliche Kommunikation** verstanden. Dementsprechend werden Gespräche zum Untersuchungsobjekt der Konversations-, Gesprächs- bzw. Diskursanalyse und schriftliche Texte zum Untersuchungsobjekt der Textlinguistik erklärt. Es sei betont, dass diese Auffassung nicht nur in der Konversationsanalyse, sondern auch in den neueren Werken der Vertreter der Textlinguistik teilweise unterstützt wird. So geben z. B. Ch. Gansel und F. Jürgens in ihrem neulich erschienenen

Buch „Textlinguistik und Textgrammatik" unter Berufung auf G. Zifonun folgende Definition des Diskurses:

> Diskurs: Diejenige mündliche Form sprachlicher Kommunikation, die an das Hier und Jetzt der aktuellen Sprechsituation, an Ko-Präsenz und Handlungskoordination von Sprecher(n) und Hörer(n) gebunden ist (Gansel/Jürgens 2007: 257).

Allerdings wird in der modernen Linguistik immer öfter die Meinung vertreten, dass es keine unüberbrückbaren Unterschiede zwischen der mündlichen und schriftlichen Kommunikation gibt, weshalb die Stichhaltigkeit der Definition von Diskurs/Text an Hand des Kriteriums „Mündlichkeit/Schriftlichkeit" zu hinterfragen sei.[7] Dieser Gedanke wird bereits 1987 von D. Crystal in „The Cambridge Encyclopedia of Language" – also in einem Standard-Nachschlagewerk für einen zum Zeitpunkt seiner Veröffentlichung konversationsanalytisch geprägten linguistischen Wissenschaftsraum – deutlich ausgedrückt:

> Discourse analysis focuses on the structure of naturally occurring spoken language... Text analysis focuses on the structure of written language... But this distinction is not clear-cut, and there have been many other uses of these labels. In particular, 'discourse' and 'text' can be used in a much broader sense to include all language units with a definable communicative function, whether spoken or written (Crystal 1987: 116).

Stichhaltige Argumente für grundsätzliche Ähnlichkeit der mündlichen und schriftlichen Kommunikation wurden bereits in den 20er Jahren des. 20 Jh. vom bekannten sowjetischen Philosophen und Literaturwissenschaftler M. Bakhtin formuliert, der auf die prinzipielle Dialogizität schriftlicher Texte hingewiesen hat. Nach M. Bakhtin ist die Vorstellung vom Text als einem in sich geschlossenen Kommunikationsprodukt realitätsfern, denn jeder Text stellt einen Dialog mit dem Adressaten dar (Bakhtin 1979: 169ff.; Bakhtin 1997a: 163ff.; Weigand 1989: 6-8; Heinemann/Heinemann 2002: 202; Ortak 2004: 111ff.; Blommaert 2005: 43-44). Genauso wie bei der mündlichen Kommunikation orientiert sich also der Autor eines schriftlichen Textes an der möglichen Reaktion des Adressaten und gestaltet den Text als eine Reihe der Antworten auf die virtuell gestellten Fragen. Diese These hat zu einer allmählichen Umwandlung der Vorstellungen vom Wesen des Textes geführt, die ihrerseits ein verändertes Verständnis der Rolle des Textes in der Diskurstheorie zur Folge hatte. Diese veränderte Stellung zum Text haben die Diskursforscher P. Garrett und A. Bell wie folgt formuliert: „Since meanings are now seen to be more a product of negotiation between readers and texts, text take on more of the interactive qualities of discourse" (Garrett/Bell 2000: 2).

Ein wichtiger Unterschied zwischen dem Gespräch und dem monologischen Text bleibt natürlich die "Zerdehntheit" des letzteren (Ehlich 1984): Die Produktion

---

7 Für die Bezeichnung der mündlichen Kommunikationsform reicht der Terminus *Gespräch* völlig aus, der in dieser Bedeutung ja ohnehin eine große Popularität in der Sprachwissenschaft genießt.

und Rezeption des Textes erfolgt in zwei unterschiedlichen kommunikativen Situationen, weshalb viele bei der Vis-a-vis-Kommunikation wegen der Teilnahme der beiden Gesprächspartner an der gleichen Kommunikationssituation evidente Informationen verloren gehen können, wenn sie vom Textemittenten nicht speziell in den Text eingeführt werden.[8] Deshalb gilt der Text nicht ohne weiteres als kohärent, sondern muss erst vom Leser durch die Erkennung des soziopragmatischen Kontextes als solcher identifiziert werden.[9] Dass die beiden Kommunikationsformen im gleichen Maße „kommunikativ" sind und als Erscheinungen der gleichen Größenordnung im Rahmen eines übergreifenden Ganzen (Diskurs) gesehen werden können, ist mit Bezug auf diesen Unterschied trotzdem nicht anzuzweifeln.

Dafür, dass die Gegenüberstellung von Text und Diskurs in der Diskursforschung zunehmend für obsolet gehalten wird, spricht auch die einschlägige Behandlung dieser Frage in zahlreichen neueren diskursanalytischen Arbeiten (Stubbs 1983; Fairclough 1993; van Dijk 1997a, 1997b; The Handbook of Discourse Analysis 2001; Heinemann/Heinemann 2002; Renkema 2004; Paltridge 2005; Schiffrin 2005; Renkema 2005; Johnstone 2008). Stellvertretend für den in diesen Arbeiten vertretenen Konsens kann die Meinung des bekannten niederländischen Diskursforschers T.A. van Dijk angeführt werden, der nach der Auseinandersetzung mit den Argumenten für und gegen eine Gegenüberstellung von Text und Diskurs nach dem Merkmal „schriftlich/mündlich" zum folgenden Schluss gelangt:

> Indeed … most work on discourse as action focuses on conversation and dialogue, that is, on talk. It should, however, be obvious that writing and reading are also forms of social action, and most of what has been said so far therefore also applies to producing and understanding written texts (van Dijk 1997b: 4).[10]

2. Noch eine Variante der Differenzierung von Diskurs und Text knüpft an die philosophische Tradition der Diskursanalyse und insbesondere an die einschlägigen Überlegungen von M. Foucault an und betrachtet den Diskurs als eine Menge von Aussagen, die ein intertextuelles „Gespräch" in einer Kommunikationsgesellschaft bilden (Bußmann 2002: 171). Diese Auffassung (mit einem direkten Verweis auf die Diskursdefinitionen bei M. Foucault) ist vor allem in den Werken der Düsseldorfer Schule der Diskursanalyse (G. Stötzel, M. Jung, M. Wengeler,

---

8 Bei der Untersuchung der institutionellen Kommunikation kann dieser Unterschied jedoch relativiert werden, da die Kommunikationsbedingungen in den Institutionen stark standardisiert sind und die notwendigen Informationen über den Kontext vom Adressaten aus eigener Erfahrung problemlos wiederhergestellt werden.

9 Ausführlicher dazu siehe in (Widdowson 1984: 58ff.).

10 Ähnlich wird dieser Gedanke sich auch in Arbeiten von Vertretern anderer linguistischer Disziplinen formuliert (siehe z. B. Adamzik 2001; Fix/Poethe/Yos 2002; Hess-Lüttich 2007).

K. Böke) vertreten und stützt sich in vielerlei Hinsicht auf die bekannten Publikationen von W. Teubert und D. Busse (Teubert/Busse 1994) und F. Hermanns (Hermanns 1995b), in welchen der Diskurs als ein virtueller Korpus von Texten zu einem einheitlichen Thema verstanden wird. Während aber W. Teubert und D. Busse die Notwendigkeit der diskursiven Textanalyse unter Einbeziehung der textsemantischen (die Berücksichtigung der Aufeinanderbezogenheit von Texteinheiten aller Textebenen) und textpragmatischen Perspektive (soziopragmatische Einbettung von Texten, insbesondere ihre Funktion) nicht bestreiten:

> Unter Diskursen verstehen wir im forschungspraktischen Sinn virtuelle Textkorpora, deren Zusammensetzung durch im weitesten Sinne inhaltliche (bzw. semantische) Kriterien bestimmt wird. Zu einem Diskurs gehören alle Texte, die
>
> - sich mit einem als Forschungsgegenstand gewählten Gegenstand, Thema … befassen, untereinander semantische Beziehungen aufweisen und/oder in einem gemeinsamen Aussage-, **Kommunikations-, Funktions- oder Zweckzusammenhang stehen** (*Hervorhebung des Verfs.*),
> - den als Forschungsraum vorgegeben Eingrenzungen in Hinblick auf Zeitraum/Zeitschnitte …, **Kommunikationsbereich, Texttypik** (*Hervorhebung des Verfs.*) und andere Parameter genügen (Teubert/Busse 1994: 14).

geht bspw. M. Jung in seiner Definition von Diskurs einen Schritt weiter, indem er jeden einzelnen Text als eine Schnittstelle des diskursiv vermittelten Wissens versteht, die je nach dem Blickwinkel Verbindungen zu einer beliebigen Menge anderer Texte/Aussagen mit einem gemeinsamen Thema aufweisen kann. Ein Diskurs wird somit nicht durch Texte, sondern durch ein loses Aussagengeflecht gebildet, die semantisch zusammenhängen (Böke 2000: 160; Jung 2006: 38ff.). Diese Vorstellung erlaubt es, auf die Analyse des Textganzen und seiner pragmatischen und sozialen Einbettung zu verzichten, denn der Größe *Text* wird für die Analyse einzelner diskursbildender (im oben beschriebenen Sinne) Texteinheiten (Lexeme, Metaphern und Argumentationsschritte und -muster) die Rolle lediglich einer Bezugsquelle zugewiesen (siehe dazu auch Jung 1996, 1997, 2005; Bluhm et al. 2000).

Deutlich wird dieser Gedanke z. B. im folgenden Zitat ausgedrückt:

> Kein Text läßt sich durch seine Zugehörigkeit zu *einem* Diskurs vollständig erfassen. Auch in thematisch einschlägigen Texten kommen Inhalte vor, die man nicht zum gleichen Diskurs rechnen möchte, weil offensichtlich zwischenzeitlich das Thema wechselt, d. h. an anderen Diskursen weitergesponnen wird. Solche Passagen werden bei einer Gleichsetzung von Diskurs und thematischem Textkorpus aber in der Regel übersehen oder ausgeblendet (Jung 2006: 38).

Solche Vorstellung widerspricht aber den neueren Erkenntnissen der Textlinguistik und der linguistischen Diskursanalyse, denenzufolge das Textthema die wesentlichen inhalts- und strukturbestimmenden Informationen des Gesamttextes in einer komprimierten und zusammenhängen Form darstellt (Heinemann/ Heinemann 2002: 79) und somit einzelne Unterthemen im Rahmen eines übergeordneten Ganzen vereint. Aus dieser Definition geht hervor, dass Texte im Normalfall nur **ein** Textthema haben, zu dem nahezu alle semantischen Textteile in direkter oder mittelbarer Beziehung stehen (Heinemann/Heinemann 2002: 79). Somit wäre es logischer, zumindest im Regelfall von **einem** Textthema zu sprechen, von dem später Unterthemen abkommen[11] können, und dementsprechend keine Textausschnitte, sondern ganze Texte mit dem gleichen Thema miteinanden und anlysieren (Adamzik 2004: 131; Brinker 2005: 55ff.).

Dieses Konzept wird unter anderem auch auf die weniger zahlreichen Fälle bezogen, wenn es in einem Text zu einem deutlichen, abrupten Themenwechsel kommt (z. B. in Interviews) oder wenn in einem Text gleichzeitig mehrere äußerlich nicht zusammenhängende Themen behandelt werden:

> Wenn das Thema (im Sinne von Weltausschnitt) einmal gegeben/gewählt ist, dann bleibt man in den angeführten Textsorten auch bei diesem Thema und alles weiterhin Geäußerte steht damit im Zusammenhang (Adamzik 2004: 127).

Sogar Texte mit „schwach ausgeprägter Kohärenz" (wie Werbungstexte, Parteiprogramme etc.) können also als Texte mit einem einheitlichen Thema verstanden werden, denn auch in solchen Texten kann eine Textkohärenz auf einem hohen Abstraktionsniveau hergestellt werden (Adamzik 2004: 127). So kann für ein Parteiprogramm das Thema „Forderungen, Ziele und Werte der Partei X" gewählt werden, das die Kohärenz des ganzen Textes garantieren würde. Ein ähnliches Vorgehen könnte sogar für anscheinend gar nicht zusammenhängende Textsammlungen wie Nachrichten gelten (Adamzik 2004: 128). Auch in diesem Fall lässt sich der Text als monothematisch mit mehreren Unterthemen vorstellen.

Eine partielle Ausnahme bilden in diesem Fall nur Texte mit einer assoziativen Themenbehandlung, wie ein familiäres Gespräch (oder allgemeiner Small Talk). Bei diesen Texten könnte man ein Textthema an Hand der zwar schwachen, aber doch erkennbaren assoziativen Bezüge zwischen den einzelnen Textteilen erkennen, welche nicht so sehr durch den Inhalt des Textes, sondern eher durch die kommunikative Einbettung des jeweiligen Gesprächs hergestellt werden. Im Allgemeinen sind aber solche Beispiele entsprechend ihrem Anteil an der Bildung von Einzeldiskursen eher als Randerscheinungen anzusehen, die eine grundsätzliche Verbindung von Einzelkonzepten und Unterthemen durch einen semantischen roten Faden in Texten kaum in Frage stellen.

---

11 L. Hoffmann spricht in dieser Hinsicht zwar doch von mehreren Themen (Hoffmann 2000: 353-354), aber er verweist dabei auf die grundsätzliche semantische Verbindung solcher Themenentwicklungen, weshalb sie grundsätzlich doch mit den Unterthemen eines Hauptthemas gleichzusetzen wären.

Wenn man vom Verweis auf den auf eine linguistische Diskursanalyse kaum direkt applizierbaren Diskursbegriff von M. Foucault absieht, so beruhen die theoretischen Grundlagen des Konzeptes „Polythematizät" der Düsseldorfer Schule auf der Intertextualitätstheorie, genauer gesagt, auf ihrer breiteren Version, wie sie vom bereits erwähnten M. Bakhtin unter dem Begriff *Polyphonie* ausgearbeitet und später von J. Kristeva der westeuropäischen Wissenschaft unter der Bezeichnung *Intertextualität* präsentiert wurde. M. Bakhtin erarbeitete seine Thesen in Bezug auf die Untersuchung der Mehrstimmigkeit eines Romans, in denen mehrere Lebensauffassungen, Kulturen und Philosophien über die handelnden Personen aufeinander treffen und auf diese Weise polyphonisch zusammenwirken (Bakhtin 1997: 364ff.). Die Konzentration auf die literarische Gattung des Romans lässt sich dabei nicht einfach nur dadurch erklären, dass M. Bakhtin ein Literaturwissenschaftler war, denn er verfasste auch linguistische Schriften. Vielmehr konzentrierte sich M. Bakhtin auf den Roman, weil er für die Ausarbeitung eines breiten, literaturwissenschaftlichen Intertextualitätsbegriffs das optimale Material bot. Der Roman als Genre fördert die Schaffung eines umfassenden Bildes mit zahlreichen „unabhängigen" Erzählstimmen und oft scheinbar nicht verwandten Themen.

Es stellt sich aber die Frage nach den Grenzen und Möglichkeiten einer Extrapolierung der Intertextualitätstheorie auf die Diskursanalyse von Gebrauchstexten, die mit anderem Material, anderen Fragestellungen und soziokommunikativen Umgebungen zu tun hat, insbesondere soweit eine solche Extrapolierung die innerhalb der Textlinguistik, Stilistik und anderer funktional-kommunikativen Richtungen der Sprachwissenschaft etablierte These über den Text als originäres sprachliches Zeichen aufhebt, welches nur in seiner Ganzheit nachvollziehbar ist.[12] Denn ein Roman ist eine belletristische Inskription des kulturellen und gesellschaftlichen Lebens einer Epoche mit „Natürlichkeitsanspruch" und unterscheidet sich somit stark von den Gebrauchstexten, die ein praxisorientiertes Mittel zum kommunikativen Zweck darstellen und insoweit einheitlich, überschaubar und dem Willen des Autors untergeordnet sind. Aus diesem Grund fällt das „Zerfleddern" literarischer Texte viel leichter und ist aus forschungstheoretischen Gründen auch sinnvoller, es ist sogar vom Autor selbst einprogrammiert, denn die Ganzheit und Urheberschaft eines Romans in seiner Rolle der „natürlichen" Abbildung des Lebens wird schon von Anfang an relativiert (sein Autor ist tot – im Sinne von J. Derrida). Mit einem Gebrauchstext verhält es sich anders: Zwar lassen sich seine Bezüge auf andere Texte (und zwar Bezüge höchst unterschiedlicher Art) auch erkennen, aber sie treten im Text nicht als selbstständige Fragmente anderer Texte auf, sondern als Bauteile, die der Semantik und dem Zweck des Textes untergeordnet sind. Bei der Auswahl dieser „Bauteile" werden zuerst die Intention des Autors und das damit zusammenhängende Textmuster,

12 Ausführlicher dazu siehe z. B. in (Rossipal 1978: 60-61; Schmidt 1976: 14-15; Sowinski 1983: 82-83; Holly 1990: 85ff.; Girnth 2002: 10; Kolschanskij 2005: 55).

dann die gesamte Kommunikationsstrategie und einzelne Taktiken (Schritte) ihrer Realisierung prägend. Alles in einem ergibt deshalb ein Gebrauchstext einen komplexen Mechanismus, dessen Teile nur unter Berücksichtigung ihrer Position und Verbindungen mit dem Textganzen erklärt werden können.

Die Notwendigkeit der Heranziehung des Textganzen für die Untersuchung einzelner Einheiten hängt natürlich vom konkreten Fall ab. Vor allem bei der Analyse kleinerer Einheiten mit einer „einfachen" und ohne Textsichtung schon feststehenden Bedeutung wie einige Schlüsselwörter (*Asylant, Flüchtling* etc.) kann ausschließlich der Bezug auf den „kleineren" Kontext der Aussage ausreichen. Öfters ist die semantisch-kommunikative Rolle einzelner Einheit im Text aber recht komplexer Natur und kann daher nur unter Einbeziehung einer entsprechend komplexen Analyse des Textes beleuchtet werden. Das kann bereits bei der Analyse von Metaphern der Fall sein. Sobald die oft sehr komplexe kontextuelle Bedeutung einer Metapher und – was noch wichtiger ist – ihre kommunikative Aufgabe zum Gegenstand der Analyse werden, ist häufig weder das Lexem an sich, noch der Kontext der Aussage ausreichend. So lässt sich z. B. bei der Analyse der okkasionellen Metapher *Scharfschreiber* im Titel eines Zeitungsartikels ihre Bedeutung und Funktion erst durch die Sichtung des ganzen Textes erkennen. Nachdem der Text als ein zugespitzt polemischer meinungs- und appellbetonter Kommentar mit einer besonders „kräftigen" Wortwahl identifiziert worden ist, kann man mit Recht behaupten, dass die Metapher *Scharfschreiber* in diesem Kontext nicht einfach als eine Neubildung mit Unterhaltungsfunktion als „eyecatching" verwendet wird, sondern dass durch ihre Verwendung bewusst eine nicht gleich eindeutig feststellbare Bedeutungskomponente des Lexems *scharf: vom Sexualtrieb beherrscht, geil, sinnlich* mit einer eindeutig persuasiven kommunikativen Aufgabe „aktiviert" wird. Dies wird dadurch klar, dass im Text mehrmals die Verdummung der Bevölkerung durch die Zeitung „Bild" und ihre Orientierung auf die Ausschaltung der Ratio durch den Appell an die Instinkte (darunter den Sexualtrieb) betont wird, vgl. dazu einige weitere emotiv-wertende Einheiten, die demselben kommunikativen Zweck dienen und die Bedeutung der ersten Metapher präzisieren:

(a)Die Leit- und Massenmedien und ***die Macht des Blöden.***

(b)Bild ist ***das Geschlechtsteil*** *der deutschen Massenmedien.*

Die genannten Gedankengänge sind in die jeweilige Analyse nicht unbedingt in einer ausführlichen Form einzuführen. Doch bereits dieses nicht sehr komplizierte Beispiel zeigt, dass die semantisch-pragmatische Textanalyse zumindest in den Ansätzen auch bei der Analyse von Metaphern unumgänglich ist.[13]

---

13 Sehr aufschlussreiche diskursanalytischen Untersuchungen der politischen Metapher, in denen unter anderem ihre enge Beziehung zum ganzen Text gezeigt wird, liefern die russischen Diskursforscher E. Budajev, A. Tschudinov (Tschudinov 2001; Budajev/Tschudinov 2007) und O. Parschina (Parschina 2007).

Das Prinzip einer zumindest verkürzten Textanalyse bei der Untersuchung einzelner Texteinheiten wurde inzwischen mehrmals von den Sprachforschern innerhalb unterschiedlicher Disziplinen (Stilistik, Semantik, Textlinguistik, kognitive Linguistik) anerkannt (siehe z. B. Lerchner 1974: 106ff.; Busse 1992: 65ff.; Rastier 2001: 285; Heinemann/Heinemann 2002: 200ff.; Krasnych 2003: 118).

Manchmal werden forschungspraktische Bedenken an der Realisierbarkeit solcher Diskursanalysen ausgedrückt. So weist M. Jung darauf hin, dass bei der Analyse großer Textmengen eine durchgehende Textanalyse einfach nicht möglich ist, weshalb die Aussagenanalyse die einzige forschungspraktisch sinnvolle Alternative bietet:

> In der text(linguistisch) fixierten Perspektive zielt die Untersuchung auf Textaufbau, -strategien, -intentionen – ein Verfahren, das sich wegen seiner Aufwendigkeit nicht auf große Textmengen übertragen läßt. Dieser Ansatz wird beispielsweise von Wiener (Wodak/Titscher/Meyer/Vetter 1999, Matouschek/Wodak/Januschek 1995) und Amsterdamer Forschungsgruppen (z. B. van Dijk 1987) vertreten. Als Konsequenz können deshalb nur sehr wenige, als exemplarisch postulierte Texte in die Untersuchung einbezogen werden (Jung 2006: 41).

Dieses Argument von M. Jung lässt sich aber relativieren, denn eine textbezogene Diskursanalyse heißt auf keinen Fall *Analyse aller im Text vorkommenden irgendwie relevanten sprachlichen Einheiten*. Die Textebene samt dem soziopragmatischen Kontext wird dabei eher als allgemeiner Orientierungsraster in die Untersuchung aufgenommen. Dass eine solche Analyse machbar ist, bezeugen zahlreiche Beispiele, unter anderem innerhalb der von M. Jung wegen der Beschränkung auf exemplarische Texte kritisierten Wiener Schule der Diskursanalyse, z. B. (Lalouschek/Menz 1990) mit 3000 Zeitungsartikeln oder (Nowak/Wodak/de Cillia 1990) mit 30 Stunden TV-Material, 120 Stunden Tonband, 500 Zeitungstexten.

Im Rahmen anderer Richtungen der Diskursanalyse in Deutschland, die nicht an spezifische historisch-semantische Fragestellungen der Düsseldorfer Schule gebunden sind, wird die Frage nach der Rolle der Textebene und der Textsortenmerkmale für die Diskursanalyse inzwischen in der Regel positiv beantwortet: „Bislang untersucht die Diskursforschung – unabhängig davon, welches diskursanalytische Paradigma betrachtet wird – nahezu ausschließlich Texte" (Keller 2004: 76). Weiterhin beschreibt R. Keller die Vorgehensweise wie folgt:

> Die Verwendung der Sprache – Begriffe (Kategorien), Klassifikationen, Verbildlichungen (Graphiken), Metaphern, Argumente, Akteursmarker, Handlungsmarker usw. – verweist immer auf einen Bedeutungshorizont oder -kontext, in dem sie Sinn macht und der in ihrem Gebrauch miterzeugt wird … Eine Feinanalyse (solcher Sprachverwendungen) wird meist in mehreren Schritten erfolgen, die sich in Pendelbewegungen hin zum Text und davon weg bewegen: Beginnend mit dem Lesen einzelner Dokumente schreitet man zu Paraphrasierungen, zur Kontextanalyse und analy-

tischer Zergliederung, zur detailgenauen Interpretation und schließlich zur Zusammenfassung (Keller 2004: 93, 95).

Eine ähnliche Meinung bezüglich der Einbeziehung der Textebene in die Analyse bezieht auch H. Girnth:

> Die text-/ diskursorientierten Arbeiten gehen nicht vom Wort, sondern vom Text bzw. Diskurs aus. Grundlegend ist die Annahme, dass man bei der Analyse des Sprachgebrauchs immer auch die Kontexte und damit insbesondere Texte zu berücksichtigen hat. Der Text wird als primäre Handlungseinheit angesehen ... (Girnth 2002: 10).

Auch außerhalb des deutschen wissenschaftlichen Raumes ist die textorientierte Diskursanalyse stark verbreitetn. So sehen z. B. in Russland die Diskursforscher E. Budajev, A. Tschudinov und O. Parschina in ihren Arbeiten die semantischen und kommunikativen Eigenschaften der Einzeltexte in ihrem Bezug zu Textsorten als Basis und Anfangspunkt für die Untersuchung von Metaphern, kommunikativen Strategien und Taktiken des russischen politischen Diskurses (vgl. auch Tschernjavskaja 2002, 2003a, 2003b, 2003c, 2004a, 2004b, 2005; Kubrjakova 2000, 2004a, 2004b; Koshina 1999, 2004).

In Frankreich geht z. B. der französische Diskursforscher D. Maingueneau, der die Entwicklung der französischen Diskursanalyse im erheblichen Maße mitgeprägt hat, in seiner Analyse des literarischen Diskurses davon aus, dass ein Adressat es nie mit literarischen Diskursen als solchen, sondern nur mit Texten bestimmter Gattungen als ihren Realisierungsformen zu tun hat, die „nur unter Berücksichtigung ihres jeweiligen sozio-historischen Kontextes definiert werden können" (Maingueneau 2000: 152-153).

Ähnliche Auffassungen finden sich in den Arbeiten der niederländischen Linguisten T.A. van Dijk (van Dijk 1997a, 1997b), P. Verdonk (Verdonk 2003), der englischen Diskursforscher N. Fairclough (Fairclough 1993), G. Kress (Kress 1985), M. Hoey (Hoey 2001), G. Brown, G. Yule (Brown/Yule 2004), des spanischen Forschers M.A. Martinez-Cabeza (Martinez-Cabeza 2003), des italienischen Linguisten P. Donati (Donati 2006), der polnischen Linguisten A. Duszak (Duszak 1998), B. Boniecka (Boniecka 1999), E. Miczka (Miczka 2002), S. Gajda (Gajda 2005) u. a.

Grundsätzlich liegt das Prinzip der Textanalyse auch denjenigen diskurslinguistischen Untersuchnugen zu Grunde, in denen keine explizite Position bezüglich der Rolle der Größe *Text* in der Diskursanalyse bezogen wird (Adamzik 2001: 26). So berücksichtigt T.A. van Dijk bei seiner Analyse des Einwanderungsdiskurses die Textsorten-Spezifik mit (van Dijk 2000b, 2000c). Dasselbe gilt auch für die Analysen des rassistischen Diskurses von S. Jäger (Jäger 1992), des Einwanderungsdiskurses von M. Jäger (Jäger 1996) etc. In allen genannten Fällen geht es um eine Sammlung von Texten mit ähnlicher Semantik und ihre Interpretation an Hand der kommunikativen Eigenschaften der jeweiligen Textsorte.

Auch in der Pragmatik wird immer häufiger auf das Primat des Textes für die Diskursanalyse hingewiesen. So beschreibt einer der bedeutendsten Theoretiker der Pragmatik G. Leech (Leech 1983: 59) den Kommunikationsprozess mit Hilfe folgender Zeichnung:

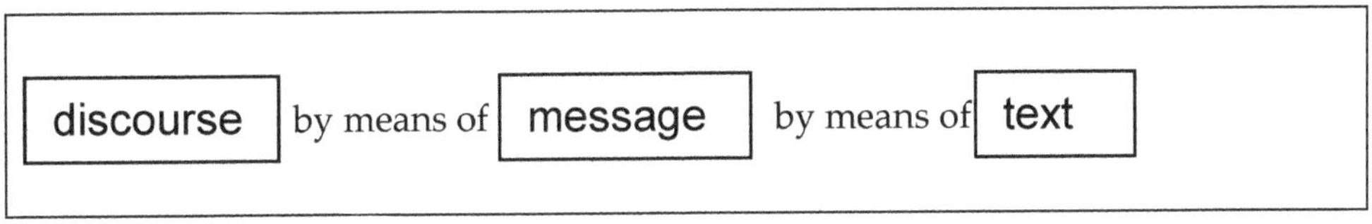

discourse	by means of	message	by means of	text

Zusammenfassend lässt sich in Bezug auf die Frage nach der Relevanz der Größe *Text* für die linguistische Diskursanalyse Folgendes sagen:

1. Die Auffassung vom Text als eines losen Aussagengeflechts und daher die Verneinung seiner Relevanz für die linguistische Diskursanalyse ist unter Berücksichtigung der vorliegenden linguistischen Erkenntnisse über die thematische Textstruktur zu hinterfragen und kann – wenn schon – nur auf einen kleineren Teil der Gebrauchstexte appliziert werden;

2. Der Text ist eine zentrale Spracheinheit, ohne deren Berücksichtigung eine Diskursanalyse kaum möglich ist. Eine Diskursanalyse, bei der der Text „draußen vor der Tür" bleibt, widerspricht der innerhalb der Linguistik (aber auch in der Literaturwissenschaft, in der die Intertextualität nur einem besseren Textverständnis und nicht dem Verzicht auf Text diente[14]) etablierten Vorstellung vom Text als der originären sprachlichen Einheit. Je nach dem Typ der zu untersuchenden Einheit kann der Grad der Einbeziehung der Texteigenschaften unterschiedlich ausfallen, doch mindestens eine allgemeine semantisch-kommunikative Charakteristik ist auf jeden Fall nötig.

Die oben angeführten Varianten der Deutung der Begriffe *Text* und *Diskurs* umfassen natürlich nur einen Teil der in der Linguistik verbreiteten Definitionen, sie bieten aber eine gute Grundlage für die Ausarbeitung einer konsistenten und praxisnahen Arbeitsdefinition des Terminus *Diskurs* an. Es liegt nahe, die Beziehung zwischen dem Text und Diskurs nicht als einander ausschließend oder polarisierend, sondern als **komplementär** (einander ergänzend) zu betrachten.

Theoretisch kann man den Text von zwei linguistischen Positionen aus betrachten. Die erste Position entstammt der strukturalistischen Linguistik und stellt den Text losgelöst vom Subjekt und der Kommunikationssituation als ein statisches System von Zeichen dar. In diesem Fall ist der Begriff *Text* selbstgenügend. Da aber eine solche Sichtweise des Textes längst als überholt gilt[15], wäre es logisch,

---

14 So bezeichnet M. Bakhtin den Text als die primäre Gegebenheit aller Humanitätsdisziplinen (Bakhtin 1997b: 306), deren Intertextualität immer ein Treffen von zwei Texten bzw. eine Wechselbeziehung von Text und Kontext darstellt (Bakhtin 1997b: 310).

15 Diese Auffassung findet sich z. B. noch bei G. Strauß (siehe Strauß/Zifonun 1986a: 35). Sie ist vor allem deshalb unpräzise, weil ein Produkt immer den Zweck einer Tätigkeit darstellt und als ihr

den Text im Rahmen eines übergreifenden kommunikativen Ganzen, des Diskurses, zu betrachten. Der Text stellt dabei, wie bereits betont, **die führende Realisierungsform** des Diskurses dar, weshalb man die beiden Erscheinungen nur theoretisch separat betrachten kann.

Die Behandlung des Textes innerhalb seines diskursiven Rahmens bringt eine qualitative Bereicherung der Texttheorie mit sich, weil sie über die Grenzen des rein Sprachlichen, des Textes als eines statischen Zeichensystems, hinausführt (Gajda 2005: 12-13). Der Text als die Repräsentationsdimension des Diskurses bzw. „the outward manifestation of a communication event" (Garret/Bell 2000: 3) wird in seinem „aktiven Modus" als eine komplexe sprachliche Handlung (Aktivität) des Diskurssubjektes verstanden (Verdonk 2002: 18). Dieser aktive Modus schließt notwendigerweise den Text als Ganzes, andere Texte, sobald dies für das Textverständnis erforderlich ist (intertextuelle Bezüge), sowie den sozialkulturellen Kontext (kontextuelle Bezüge) ein.

Der Diskurs existiert vor und nach der Produktion jedes einzelnen Textes als der kommunikative Zwang des soziopragmatischen Settings, der immer wieder in neuen diskurskonformen Texten zum Ausdruck kommt. Die Vorlage für jeden neuen Text bildet dabei die Gesamtheit der bereits bestehenden und im Gedächtnis des Einzelnen gespeicherten Texte, die unter dem Einfluss eines prototypischen Rasters der Kommunikationsfaktoren bereits geschaffen worden sind. Insofern sind Diskurse zugleich Mengen von Texten im gleichen soziopragmatischen Formationssystem und die die Gesamtheit der Regeln, Faktoren, Gesetzmäßigkeiten, die diesen mit Muster- und Deutungswissen ausgefüllten kommunikativen Raum konstituieren.

Diese den jeweiligen diskursiven Raum konstituierenden Regeln und Faktoren, die den Kommunikanten einen bestimmten Sprachgebrauch aufzwingen und somit diskursprägend sind, bezeichnet man in den Geisteswissenschaften in der Regel mit dem Sammelbegriff „Institution".[16] Da aber dabei unter Institution manchmal recht Unterschiedliches gemeint wird, wird unten auf die Bedeutung des Begriffs näher eingegangen.

Der Begriff *Institution* wird in der vorliegenden Arbeit in einem weiten Sinne verwendet, also nicht einfach als „Kommunikation in den Gebäuden, die unten an der Tür ein mehr oder weniger aufwendiges golden- oder silbernfarbenes

---

Ergebnis außerhalb jener Tätigkeit problemlos verstanden werden kann. Die Textproduktion ist aber im Gegenteil nicht der Zweck, sondern nur ein Mittel der kommunikativen Tätigkeit und der Text selbst kann nur im Rahmen dieser Tätigkeit erschlossen werden.

16 Natürlich gibt es neben den Institutionsdiskursen auch den so genannten Alltagsdiskurs, der an keine Institution gebunden ist und häufig als die ursprüngliche Kommunikationsform angesehen wird, auf die alle Formen der Kommunikation in Institutionen zurückgehen (Dieckmann 1981: 212ff.). Da sich aber die vorliegende Arbeit auf die Analyse der institutionellen Kommunikation konzentriert, wird dieser Aspekt in den folgenden Ausführungen ausgelassen.

Schild tragen", wie dies unter anderem von W. Dieckmann als eine Arbeitsdefinition vereinfacht formuliert wird (Dieckmann 1981: 213). Unter Institutionen werden unten vielmehr geschichtlich bewährte, soziale Wissens- und Handlungskonstrukte gemeint, durch welche die Individuen eine Gesellschaft organisieren (Renkema 2004: 253; Phillips et al. 2004: 637ff.). Insofern wird hier auch der Annahme von W. Dieckmann nicht gefolgt, der die Institutionen explizit mit Organisationen vergleicht (Dieckmann 1983: 7), denn Organisationen wären entsprechend der Logik des bereits Gesagten konkrete kontrollierende Gruppen von Personen innerhalb einer Institution, ihre Realisierungsformen.

Als soziale Handlungskonstrukte regeln die Institutionen die verbale Kommunikation auf eine Weise, die den konventionalisierten Zielen und Kommunikationsbedingungen in der Gesellschaft entspricht. Wie N. Fairclough betont, helfen diese Regeln auf einer Seite die Kommunikation effizienter zu gestalten, auf der anderen Seite beschränken sie aber die Handlungsmöglichkeiten des Subjekts und privilegieren bestimmte Denk- und Handlungsweisen, Konzepte und Einstellungen, indem sie alle anderen marginalisierten (Fairclough 1995: 38; Phillips et al. 2004: 638; Mills 2004: 55-56; Renkema 2004: 253ff.). Diese Marginalisierung erfolgt durch die speziell entwickelten Mechanismen der Kontrolle, die die Diskurskonformität auf rechtlichem (rechtliche Verantwortlichkeit), wirtschaftlichem (Geldstrafe, Kündigung), sozialem (Respekt- und Statusverlust) und ethischem Wege durchsetzen. Dadurch wird die Stabilität der Diskurse bezogen auf die Institutionen gewährleistet. Eine genaue Vorstellung von den Institutionen, in deren Rahmen der Diskurs stattfindet, oder besser gesagt, von ihren Merkmalen, die für die Gestaltung des jeweiligen Diskurses essentiell sind, bildet deshalb eine unabdingbare Prämisse für eine erfolgreiche Diskursanalyse.

Die oben formulierte axiomatische Feststellung der Wechselbeziehungen zwischen dem Diskurs und der Institution sollte jedoch den Wissenschaftler nicht davon befreien, die genaue Art und Beschaffenheit der Wechselbeziehungen zwischen dem Diskurs und Institution in Bezug auf eine konkrete Situation des Sprachgebrauchs induktiv zu erforschen. Vorwegnehmende Behauptungen spekulativen Charakters sind für die Erklärung der diskursiven Phänomena von wenig Gebrauch.

Außerdem ist eine Simplifizierung der Beziehungen zwischen Diskurs und Institution durch das Postulieren einer 1:1-Entsprechung der beiden Erscheinungen zu vermeiden. Insbesondere der politische Diskurs widersetzt sich einer solchen Verallgemeinerung, denn er bezieht sich auf die politische Kommunikation innerhalb mehrerer Institutionen, die jeweils ein spezielles sprachliches Verhalten voraussetzen. Auch der umgekehrte Schluss ist treffend: Nicht alles sprachliche Handeln innerhalb einer Institution muss entsprechend dem für diese Institution kennzeichnenden Diskurs gestaltet sein. Innerhalb einer Institution kann im Gegenteil unterschiedlich kommuniziert werden (Dieckmann 1983: 7, 2005: 22-23; Holly 1990: 38ff.) Die Anzahl und Beschaffenheit der relevanten diskursprägenden Faktoren (die ferner auch als „Kommunikationsfaktoren" bezeichnet werden) wird somit zu einer variablen Größe, welche – was die Sache noch komplizierter macht – nicht nur vom allgemeinen institutionellen Rahmen, sondern auch von der speziellen linguistischen Fragestellung des Linguisten abhängen kann. Eine sorgfältige Reduzierung der sozipragmatischen Faktoren auf eine für die jeweilige Untersuchung notwendige Anzahl, ist für eine Diskursanalyse äußerst wichtig, denn ihre Gesamtmenge ist unübersichtlich und ihre Wichtigkeit kann je nach den zu untersuchenden Erscheinungen erheblich variieren. Unter Umständen können solche Faktoren wie die Kommunikationsfunktion, die Persönlichkeit des Emittenten, der Kommunikationskanal, die genaue zeitliche und räumliche Lokalisierung der Diskursfragmente, aber auch viele andere weniger Faktoren von Bedeutung sein.

Während einige der genannten Faktoren (die für den ganzen Diskurs mehr oder weniger Gültigkeit haben) der Differenzierung des Diskurses nach außen dienen können, ermöglichen die restlichen eine interne Differenzierung innerhalb der „generellen Diskurse" (aus dem Englischen – *general discourses*, siehe van Dijk 1997a: 5). Mit ihrer Hilfe kann man einzelne Diskursstränge aus dem „Hauptstamm" des Diskurses „herausschneiden" und sie ausführlich beschreiben. Hier rückt unter anderem der semantische Faktor des Themas in den Vordergrund, der eine überschaubare Menge von Texten eines Diskurses mit einer offensichtlichen semantischen Ähnlichkeit als Grundlage für einen wissenschaftlichen Vergleich sammeln lässt. Manchmal werden solche themenzentrierten Diskursstränge gleichfalls als Diskurse bezeichnet, obwohl man hier gemäß der in der vorliegenden Arbeit befolgten Logik der Diskursdefinition eher von einzelnen Diskurssträngen bzw. *Subdiskursen* reden sollte.

Die Unterschiede zwischen den Begriffen *Text* und *Diskurs* haben aber nicht nur qualitativen, sondern auch quantitativen Charakter. Ein Diskurs kann sich aus einer beliebigen Anzahl von Texten zusammensetzen, die bestimmte äußere und innere Merkmale der Zugehörigkeit zu eben diesem Diskurs aufweisen. Aus diesem Grund scheint bei der Beschreibung von Diskursen die von F. Hermanns vorgeschlagene „filmtechnische Metapher" von Diskurs als einem Zoom gut geeignet, mit dem man größte wie auch kleinste Mengen, Obermengen und Untermengen von verknüpften Texten betrachten kann (Hermanns 1995b: 91). In diesem Sinne kann man Diskurse auch als „offene Textmengen" (Heinemann/ Heinemann 2002: 119; Teubert/Busse 1994: 14-15) bezeichnen.

Basierend auf dem bereits Gesagten kann man folgende Definition von Diskurs geben: **Diskurs ist eine konventionalisierte Form des Sprachgebrauchs. Er ist daher ein sprachliches Korrelat eines bestimmten institutionellen Bereichs und umschließt die einschlägige soziopragmatische Einbettung und die dahinterstehende Struktur des menschlichen Wissens um gesellschaftliche Wertungen und Handlungsweisen. Seine führende Realisierungsform ist der Text, welcher auf der Grundlage dieses Wissens (re)konstruiert und interpretiert wird.** Diese enge Wechselbeziehung zwischen der soziopragmatischen, kognitiven und der sprachlichen Seite des Diskurses ist seine fundamentale Eigenschaft mit einem großen nicht nur definitorischen, sondern auch methodologischen und forschungspraktischen Wert. Entsprechend dieser Wechselbeziehung werden auch die zwei Hauptrichtungen der linguistischen Diskursanalyse – die pragmatische und kognitive (mit fließenden Übergängen) – entwickelt. In der vorliegenden Arbeit wird vor allem auf den Zusammenhang der sprachlichen und soziopragmatischen Dimension näher eingegangen. Die kognitive Dimension wird vor allem in den Arbeiten zur kognitiven Psychologie und Semantik des Diskurses behandelt (siehe dazu Miczka 2004).

1.2.2. Methodologische Grundlagen der linguistischen Diskursanalyse

Die oben dargestellten Probleme bei der Definition des Untersuchungsobjekts der linguistischen Diskursanalyse und der Bestimmung der intuitiv empfundenen Unterschiede zwischen den Begriffen *Text* und *Diskurs* blieben auch für die Lösung der Frage nach einem disziplinspezifischen Forschungsvorgehen nicht ohne Konsequenzen, welches die Notwendigkeit einer neuen linguistischen Teildisziplin untermauern könnte. 1983 formulierte M. Stubbs den damaligen Stand der Dinge wie folgt: „The subject is at once too vast, and too lacking in focus and consensus… Anything at all that is written on discourse analysis is partial and controversial" (Stubbs 1983: 12). Diese Stellungnahme bezog sich nicht zuletzt auf das methodologische Konzept der Diskursanalyse. Die nachhaltigen Differenzen in Bezug auf diese Frage prägten die ganze Entwicklung der Disziplin und bleiben teilweise noch bis heute bestehen. Diese Tatsache wird bspw. von T.A. van Dijk 14 Jahre nach M. Stubbs herovorgehoben: "… vast domains of the study of discourse remained rather disparate and isolated (van Dijk 1997a: 28)". Auch im 21 Jh. scheint sich die Situation im Bereich der linguistischen Diskursanalyse nicht wesentlich verbessert zu haben, denn in einer neueren in deutscher Sprache erschienenen Abhandlung zur Diskursanalyse wird erneut darauf hingewiesen, dass „die Kennzeichnung der im engeren Sinne diskursanalytischen Erkenntnisinteressen der Linguistik" gegenwärtig geboten sei (Warnke 2007: 3).

Um der Komplexität des Themas gerecht zu werden, wird die methodologische Frage der linguistischen Diskursanalyse unten in mehreren Schritten behandelt. Erstens gilt es zu klären, ob ein Konsens oder mindestens eine theoretische Möglichkeit besteht, ein einheitliches Vorgehen für diskursanalytische Untersuchungen in der Linguistik zu entwickeln. Zweitens sollte man der Frage nachgehen, ob es unter den derzeit existierenden diskursanalytischen Untersuchungsmethoden linguistische Ansätze gibt, die den Anspruch auf ein „führendes" diskursanalytisches Verfahren erheben könnten. Wenn dies nicht möglich sein wird, dann gilt es, in einem dritten Schritt eine eigene theoretisch-methodologische Basis unter Einbeziehung der bereits analysierten Herangehensweisen zu schaffen.

Der erste Schritt scheint weniger schwierig zu sein. Unter Berücksichtigung der Vielseitigkeit und Vielschichtigkeit des Diskurses als Untersuchungsobjekt sowie der prinzipiellen Ausrichtung der Diskursanalyse auf die Nutzung der interdisziplinären Synergieeffekte kann man kaum erwarten, dass ein universales diskursanalytisches Vorgehen weder für die Diskursanalyse im allgemeinen noch für die linguistische Diskursanalyse (Diskurslinguistik) im Besonderen akzeptabel und sinnvoll sein kann. In diesem Sinne ist die Abwesenheit eines einheitlichen methodologischen Verfahrens, die in mehreren Studien kritisch betont wird, z. B. in (van Dijk 1997a: 28-29; Gardt 2007: 30), als eine normale Situation zu akzeptieren, die keine wissenschaftlichen Risiken für die Entwicklung der Disziplin in sich birgt. Es reicht aus, wenn man sich bei der Ausarbeitung und Applizierung von Untersuchungsmethoden an bestimmte Grundsätze hält, die die Übereinstimmung der allgemeinen Theorie (Definitionen, Axiome, Theoreme) mit den immer weiter ausgefeilten Methoden gewährleisten. Ungeachtet der großen Bandbreite der angewendeten Methoden und Ansätze lassen sich solche allgemeinen Grundsätze ausmachen bzw. ausarbeiten, obwohl ihr Wesen und die Abstraktionsebene der Formulierung recht unterschiedlich sein kann (vgl. van Dijk 1997a: 29-31; Gardt 2007: 31ff.; Busch 2007: 149ff.). Einige dieser Grundsätze werden unten deutlicher formuliert und eingehender behandelt.

Im zweiten Schritt sollte man zuerst präzisieren, was man unter linguistischer Diskursanalyse versteht und wodurch sich diese von den nichtlinguistischen diskursiven und den linguistischen nichtdiskursiven Ansätzen unterscheidet. Eine allgemeine Auskunft darüber wird in der Sammelarbeit „Methods of Text and Discourse Analysis" unter der Leitung von S. Titscher und R. Wodak (Titscher et al. 2005) gegeben, deren Autoren sich unter anderem das Ziel gesetzt haben, die linguistischen Ansätze der Text- und Diskursanalyse von den nicht linguistischen abzugrenzen und eine ausführliche Beschreibung beider Gruppen zu liefern. Zur Erfüllung dieses Zieles haben die Autoren 12 Untersuchungsmethoden ausgewählt, die auf ihre Relevanz für die Diskursanalyse geprüft wurden.

Was die methodologischen Grundsätze der linguistischen Text- und Diskursanalyse angeht, so wird dazu in der Monografie Folgendes gesagt:

1. Linguistic methods (of text analysis) analyze coherence and cohesion as well as the relationship between these two `textual criteria`..., while non-linguistic methods normally only analyze coherence. Cohesion in this respect refers to the components of the textual surface, i.e. its textual-syntactic connectedness. Coherence (Textual Semantics) constitutes the meaning of the text (Titscher et al. 2005: 227).

2. In those approaches which are purely 'text linguistic' in orientation the investigation and modeling of cohesion and coherence are predominant, and all the text-external factors ... are in the background. In discourse analysis, however, it is precisely these external factors that play an essential role, and texts (that is, cohesion and coherence phenomena) are viewed as a manifestation and result of particular combinations of factors... (Titscher et al. 2005: 24).

3. A linguistic text analysis incorporates syntactic, semantic and pragmatic levels (Titscher et al. 2005: 24).

Man sollte bereits von Anfang an darauf verweisen, dass die angeführten Zitate etwas inkonsistent sind: In den ersten zwei Aussagen wird die linguistische Textanalyse deutlich auf die Textgrammatik und Textsemantik beschränkt (während sich die nichtlinguistische Textanalyse nur auf den Textinhalt konzentrieren soll), des weiteren (Zitat 3) wird aber der linguistischen Textanalyse auch die pragmatische Ebene zugerechnet, die im Zitat 2 aus der linguistischen Textanalyse noch eindeutig ausgegrenzt und als ein Untersuchungsgegenstand der linguistischen Diskursanalyse betrachtet wurde. Die Grenzen der Diskursanalyse und der herkömmlichen Textanalyse werden somit nicht klar genug abgesteckt.

Diese Inkonsistenz lässt sich aber leicht beheben, wenn man den in der Arbeit implizit vertretenen Gedanken deutlich macht, dass man eigentlich zwischen mindestens vier Methodengruppen unterscheiden sollte – der nichtlinguistischen und linguistischen Textanalyse sowie der nichtlinguistischen und linguistischen Diskursanalyse. Die erste davon (nichtlinguistische Textanalyse) umfasst z. B. die textimmanente literaturwissenschaftliche Analyse und beschäftigt sich mit dem Textinhalt, ohne Textoberfläche bzw. Kommunikationskontext zu berücksichtigen.

Die linguistische Textanalyse (im engeren Sinne) beschäftigt sich mit der Textgrammatik und der Textsemantik. Ihr Ziel ist die Untersuchung innerer grammatischer und semantischer Bezüge eines Textes und nicht seine pragmatische Interpretation.

Die dritte Methodengruppe befasst sich mit der Erforschung der Sprache, bei der die linguistische Textanalyse in einen breiteren soziopragmatischen Rahmen einbezogen wird.

Die vierte Gruppe bezieht die sprachliche Textebene nur bedingt ein, stützt sich dabei auf keine systematische linguistische Theorie, benutzt meistens induktive Verfahren und konzentriert sich auf die extralinguistischen Aspekte der verbalen Kommunikation (soziologische und psychologische Fragen).

Die ersten zwei Methodengruppen, die sich auf den Text als semantisches bzw. grammatikalisch-semantisches Zeichen konzentrieren, sind in der finalen Auswertung der Methoden in der Monographie von Tischer et al. nicht vertreten. Sie haben offensichtlich keine Beziehung zur Diskursanalyse und werden deshalb auch in der vorliegenden Arbeit nicht weiter verfolgt.

Weiterhin ist aus der finalen Auswertung ersichtlich, dass nur drei der insgesamt 12 ausgewählten Methoden (Kritische Diskursanalyse nach R. Wodak und N. Fairclough sowie die funktionale Pragmatik nach H. Rehbein und K. Ehlich) unbestreitbar als Methoden der **linguistischen Diskursanalyse** anerkannt werden können. Vier weitere Methoden (Konversationsanalyse, MCD-Analyse, Ethnographie der Kommunikation und die narrative Semiotik) lassen sich in dieser Hinsicht kaum genau klassifizieren, obwohl man hier im Allgemeinen eher von nichtlinguistischen Analysemethoden sprechen dürfte. Fünf weitere im Buch angeführte Methoden der Diskursanalyse (objektive Hermeneutik, Distinktionstheorie der Textanalyse, SYMLOG-Analyse, Inhaltsanalyse und Grounded-Theorie-Analyse) sind offensichtlich nicht linguistisch (Titscher et al. 2005: 227).

Die ursprünglich „von außerhalb der Linguistik kommende" (de Beaugrande 2004) Diskursanalyse bleibt also methodologisch gesehen in ihrem nichtlinguistischen Bereich weiter entwickelt als im linguistischen. Dieses für die Linguistik wenig erfreuliche Fazit lässt sich jedoch etwas relativieren, wenn man in die linguistische Diskursanalyse die textlinguistischen Methoden einschließt (was in der Analyse von Titscher et al. nicht klar genug getan wurde), die ja auch ohnehin in vielen Standardwerken zur Diskursanalyse und Textlinguistik als „diskursiv" gelten (rhetorische, stilistische Analysen, Textsortenanalysen). Sowohl in der Textlinguistik, als auch in der linguistischen Diskursanalyse besteht inzwischen weitgehender Konsens darüber, dass der Text nicht mehr autonom, sondern im Rahmen textübergreifender Strukturen und in einem breiten sozial-kommunikativen Kontext zu untersuchen ist (vgl. Sandig 2006: 4-6; Heinemann/Heinemann 2002: 112; Brinker 2005: 15-20; Warnke 2007: 7), deshalb ist die Synthese der textlinguistischen (stilistischen, rhetorischen) und diskursanalytischen Forschungsansätze eine logische und längst überfällige Etappe der Weiterentwicklung der Linguistik. Eine entsprechende Tendenz in der Sprachwissenschaft lässt sich bereits seit den 90ern Jahren des 20 Jh. ausmachen, z. B. im „Internationalen Handbuch der Diskursforschung" mit den Beiträgen von B. Sandig zur Diskursstilistik (Sandig/Selting 1997), A.N. Gill und K. Wheedbee zur Diskursrhetorik (Gill/Wheedbee 1997) und mit mehreren zumindest teilweise textlinguistisch inspirierten diskursanalytischen Beiträgen wie (Eggins/Martin 1997; Chilton/Schäffner 1997.[17] In einigen Arbeiten (wie z. B. in Hoey 2001: 2ff.), wird die neuere Textlinguistik mit der Diskursanalyse sogar explizit gleichgesetzt.

Im zweiten Schritt kann man basierend auf bestehenden text- und diskurslinguistischen Ansätzen durch den Vergleich einzelner Herangehensweisen die Grundsätze ableiten, die den methodologischen Rahmen der linguistischen Diskursanalyse weiter präzisieren können.

Der erste gemeinsame Zug der meisten Ansätze besteht, wie bereits gezeigt, in ihrer Aufmerksamkeit gegenüber der sprachlichen Dimension des Diskurses, dem Text, seiner Kohärenz und Kohäsion. Wenn dies nicht der Fall ist, so droht eine solche Untersuchung durch eine unscharfe Analyse der sprachlichen Dimension des Diskurses in einen „soziopsychologischen Sumpf" zu geraten (Stubbs 1983: 5; Angermüller 2007: 66).[18] Die oben betonte Interdisziplinarität der linguistischen Diskursanalyse bedeutet dementsprechend also zwar die Verschiebung der linguistischen Grenzen, aber keine Vernachlässigung der verbalen Seite der Kommunikation.

---

17 Ausführlicher über die Zusammenhänge zwischen der Textlinguistik und der Diskursanalyse siehe in (de Beaugrande 1985, 2004).

18 Ähnlich zu diesem Thema auch J. Wilson (Wilson 2001: 411).

Hieraus ergibt sich der erste allgemeine Grundsatz der linguistischen Diskursanalyse: **Den Ausgangspunkt einer linguistischen Diskursanalyse bildet eine konkrete sprachliche Erscheinung (in erster Linie ein Text), die mit sprachwissenschaftlichen Methoden zu erschließen ist.**

Diese These mag banal erscheinen, denn sie lässt sich unproblematisch und ohne weiteres bereits von der bekannten Dychotomie „Diskurs/Text" ableiten. An Hand der Textanalyse wird der Diskurs, z. B. in der angloamerikanischen Diskursanalyse (M. Stubbs, B. Johnstone, D. Schiffrin, G. Brown, G. Yule u.a.), in den unterschiedlichen Varianten der Kritischen Diskursanalyse (R. Wodak, F. Menz, T.A. van Dijk, N. Fairclogh, P. Garret, P. Bell, G. Kress, S. Jäger), in der französischen Diskursanalyse (J. Dubois, P. Seriot u. a.) aber auch in den russischen und polnischen Diskursanalyse (E. Schejgal, E. Kubrjakova, N. Arutjunova, J. Stepanov, S. Gajda) untersucht. Aber dies ist nach wie vor bei weitem nicht immer der Fall. Erstens wurden in vielen (vor allem früheren) Diskursstudien nicht konkrete Texte, sondern idealisierte Strukturen betrachtet und allgemeine Regeln aufgestellt (van Dijk 1997a: 29; Stubbs 1983: 10-11). Zweitens wird in manchen diskursanalytischen Arbeiten einer bestimmten sprachlichen Erscheinung (Lexem, rhetorische Figur u. a.) nachgegangen, wobei man die Frage, welche Rolle diese Erscheinung im ganzen Text spielt, außer Acht lässt. Solches Vorgehen wird ausführlich in den Publikationen von A. Burkhardt (Burkhardt 1996: 78ff.) und W. Holly (1990: 84ff.) kritisiert. Die Autoren verweisen darauf, dass in den Analysen des Sprachgebrauchs im politischen Bereich oft nur der Wortschatz (Schlagwörter, Metaphern etc.) oder Sprechweise einzelner Politiker, also „politiksprachliche Einzelphänomene" behandelt werden, wobei man in erster Linie doch den Text als Ganzes, seine Makro- und Mikrostruktur interpretieren sollte (Botschkarev 2003: 37).[19]

Wie bei jeder wissenschaftlichen Tätigkeit, geht es dem Forscher bei der Anwendung der Diskursanalyse darum, nicht zufällig gewählte Einzelerscheinungen zu beschreiben, sondern die gewonnenen Daten auf der Basis eines mehr oder weniger homogenen Materialkorpus zu kategorisieren und zu generalisieren. Die Sammlung dieses Textkorpus ist somit eine unabdingbare Voraussetzung einer erfolgreichen Diskursanalyse. Da die Diskursforscher aber vor allem qualitativ vorgehen und eine genaue und ausführliche Erschließung und Interpretation des Untersuchungsobjektes für nötig halten, kann das für eine Diskursuntersuchung gesammelte Textkorpus nicht zu groß sein. Es lassen sich auch keine genauen Formeln aufstellen, die die Repräsentativität eines homogenen Textkorpus beweisen ließen. In jedem konkreten Fall werden der Umfang und die Auswahlkriterien des Korpus durch die Fragestellung der Untersuchung bestimmt.

Die Sammlung des Textkorpus bereitet in der Regel keine Schwierigkeiten vor, weil jeder Diskurs den Beteiligten ein erforderliches Maß an Verständlichkeit zu

19 Siehe dazu auch die Kritik am Diskurskonzept von M. Jung im vorherigen Abschnitt.

garantieren hat. Deshalb werden in einem Diskurs meistens semantisch miteinander zusammenhängende Texte produziert. Weiterhin sind diese Texte nicht beliebig aufgebaut, sondern stellen „konventionalisierte Formen für konventionalisierte Situationen" (Renkema 2004: 73) dar, d. h. sie folgen einem bestimmten Textmuster, welches in der jeweiligen Situation üblich ist und zum Allgemeinwissen der Sprachteilhaber gehört. Der jeweilige Diskurs und das ihm angehörende Textmuster stehen aber nicht unbedingt in einem „1:1"-Verhältnis, denn in der modernen Gesellschaft ist die Anzahl der sozialen Rollen und Situationen – und folglich der an diese Situationen gebunden Textmuster – innerhalb einzelner Kommunikationsbereiche wie Politik, Massenkommunikation, Militär u. Ä., längst unübersichtlich geworden. Ein Gerichtsprotokoll und einen Paragraph aus dem Strafgesetzbuch kann man zwar intuitiv dem juristischen Diskurs zurechnen, aber beide Texte werden nicht nur Gemeinsamkeiten, sondern auch bedeutende Unterschiede aufweisen, die man durch die Einführung mehrerer Untersuchungsebenen in die Diskursanalyse erfassen kann. Auf der höchsten Abstraktionsstufe wird dabei ein ganz allgemeiner Satz von Texteigenschaften erfasst, der einer genauso allgemeinen diskursspezifischen Konstellation der Kommunikationsfaktoren gegenüberstehen wird. Beide dienen einer generellen Charakterisierung des jeweiligen Diskurses und seiner Abgrenzung gegenüber anderen Diskursen. Für eine genauere Analyse innerhalb des allgemeinen Diskursrahmens müssen jedoch zusätzliche Kommunikationsfaktoren berücksichtigt werden, die das Vorkommen spezieller, distinktiver Texteigenschaften in einem Gerichtsprotokoll bzw. Gesetzbuchtext erklären könnten.

Ein geeignetes Ideengut und Begriffsraster dafür bietet die moderne Genretheorie, die ihren Anfang in den Werken des sowjetischen Literaturwissenschaftlers M. Bakhtin[20] genommen hat, später aber vor allem in der germanistischen Linguistik weiterentwickelt und als *Textsortentheorie* auf die Bedürfnisse der Sprachwissenschaft zugeschnitten wurde. Auch wenn es sich bei der Beschreibung der Textsorten anfänglich noch um rein strukturell-linguistische Typologisierungsansätze handelte (Rieser 1972: 36ff.; van Dijk 1980: 41ff.; Gülich/Raible 1986), die mit den Grundsätzen der Diskursanalyse schwer vereinbar waren, wandten sich die Textlinguisten schon in den frühen 70ern Jahren der Textbeschreibung auf der funktional-kommunikativen Basis zu (Arbeiten von H. Glinz, B. Sandig, R. Große u. a.). Somit wurde innerhalb der Textlinguistik die theoretische Grundlage für eine präzise und detaillierte Analyse der sprachlichen Diskursdimension geschaffen, die in den diskursanalytischen Arbeiten immer noch leider nicht immer wahrgenommen wird. **Nichtsdestoweniger kann man behaupten, dass die Beschreibung von Text(sorten)mustern und die Schaffung von Textklassifikationen auch innerhalb der Diskursanalyse eine immer wichtigere Rolle spielt**. Diese Meinung kommt auch in den neueren Arbeiten zur Diskursanalyse (siehe z. B. Eggins/Martin 1997; Paltridge 2006: 82-103; Fetzer/Lauerbach 2007: 10; John-

20 Näheres über die Genretheorie von M. Bakhtin siehe z. B. in (Bakhtin 1997a, 1997b).

son 2008: 181-185) immer öfter zum Ausdruck. Die Differenzierung und Charakterisierung nach Textsorten ist natürlich nur eine der Möglichkeiten für die Diskursanalyse. Sie bietet aber eine erprobte und sichere Untersuchungsbasis, was sie sehr attraktiv macht. Neben den textsortenspezifischen Beschreibungsansätzen kann man aber im Rahmen eines Diskurses natürlich auch andere Ansätze wählen, z. B. spezielle soziopragmatische Ähnlichkeiten (z. B. gleicher Autor) oder die semantische Übereinstimmung (gleiches Thema).

Der nächste Grundsatz beschreibt in groben Zügen das allgemeine Vorgehen der Analyse. Hier herrscht unter den Vertretern verschiedener Richtungen der Diskurslinguistik seit einiger Zeit Konsens. Schon M. Coulthard spricht diesbezüglich von zwei zusammenhängenden Verfahren oder Varianten der Diskursanalyse – **„stucture-portraying"** und **„interpretation-characterizing"** (Coulthard 1986: viii). Die erstere umfasst die Erfassung und Analyse bestimmter angesichts der Zielsetzung relevanter Textzüge. Die letztere sieht die Interpretation gesammelter Daten unter Einbeziehung außerlinguistischer Kommunikationsfaktoren vor. Dieses noch ganz allgemeine Schema hat sich im Laufe der Weiterentwicklung der Diskursanalyse bewährt und wurde auch in neuere diskursanalytische Arbeiten (van Dijk 1985; Seriot 1999; Heinemann/Heinemann 2002; Tschernjavskaja 2003b; Jäger 2004; Paltridge 2006) in einer ähnlichen Form übernommen.

Die inhaltlich-strukturelle Etappe der Diskursanalyse kann unter Einsatz der speziellen Methode der Textlinguistik, Textstilistik und Rhetorik (Analyse der pronominalen, temporalen Struktur des Textes, seiner Makro- und Superstruktur, der Kohärenz und der thema-rhematischen Beziehungen im Text, der Rededarstellung, der Stilmittel und Stilzüge, der Argumentation usw.)[21] erfolgen. Es sei hier betont, dass es sich bei dieser Analyseebene auf keinen Fall um die subjektive Sinnattribution handelt. Die qualitativ-diskursive Erschließung von Texten fragt nicht nach einer „authentischen subjektiven Absicht und (ideosynkratischen) Bedeutung einer Äußerung für TextproduzentInnen", sondern zielt auf den verallgemeinerten Inhalt, wie er im Rahmen eines sozialen Kollektivs objektiviert werden kann (Keller 2004: 97-98).

Die zweite Etappe der Diskursanalyse, bei der es um die Kontextualisierung der gewonnenen sprachlichen Ergebnisse geht, ist viel weniger geregelt. Hier hängt die Anzahl und Beschaffenheit der bei der Interpetation berücksichtigten extralinguistischen Faktoren von der konkreten diskursiven Einbettung der Texte, dem Korpus, der Zielsetzung der Arbeit usw. ab.

---

21 Eine ausführlichere Liste siehe z. B. in (Gardt 2007: 31).

1.3 Politischer Diskurs: Abgrenzungs- und Strukturierungsmöglichkeiten

Politische Kommunikation ist ein wichtiges Forschungsobjekt der Sprachwissenschaft, welches schon lange vor dem Aufkommen der modernen Linguistik ein reges Interesse in wissenschaftlichen Kreisen erweckte. So wurden bereits die rhetorischen Studien im antiken Griechenland und Rom grundsätzlich durch das Streben geprägt, die politische Kommunikation detailliert zu beschreiben und Empfehlungen für eine effektive politische Rede zu formulieren.

Seit den 1970ern Jahren wurde diese traditionsreiche Forschungsrichtung immer häufiger als eine objektdefinierte linguistische Teildisziplin, Politolinguistik, aufgefasst, die sich mit den Themen wie Sprachpolitik, Sprache im Prozess der Nationsbildung, die symbolische Macht der Sprache, Politik als diskursive/textuelle Tätigkeit, Ideologie und ihre Entwicklung befasst (Mukhrjamov/Mukhrjamova 2002: 47ff.). Gewöhnlich betrachtet man diese Disziplin als eine relativ „junge" und im klassischen System der linguistischen Disziplinen noch nicht ganz etablierte Forschungsbranche (Burkhardt 1996, 2002; Mukhrjamov/Mukhrjamova 2002; Tschudinov 2003; Budajev/Tschudinov 2006). Sie versteht sich, wie es schon aus dem Namen und dem oben angeführten Interessenkreis ersichtlich ist, als eine Grenzdisziplin zwischen Politologie und Linguistik, wobei die politologischen Erkenntnisse nach Bedarf zur Rekonstruierung und Erklärung der sprachlichen Handlungswelt der Politik fruchtbar gemacht werden (Burkhardt 1996: 85). In diesem Sinne erfüllt die Politolinguistik eine der wichtigsten Voraussetzungen des diskursiven Paradigmas – die der Interdisziplinarität der Forschung.

Ein weiterer Berührungspunkt zwischen der Politolinguistik und der Diskursanalyse besteht darin, dass sich die Politolinguistik ganz im Sinne des diskursanalytischen Paradigmas auf die Analyse tatsächlich existierender Texte konzen-triert. Manchmal wird die Politolinguistik deshalb als eine Art „politische Diskursanalyse"[22] verstanden. Doch in der Tat ist der Untersuchungsbereich der Politolinguistik viel breiter, als die Anwendungsgrenzen der Diskursanalyse. Solche Untersuchungsobjekte wie Theorie der Politolinguistik, einzelne Sprachebenen der politischen Sprache (Phonetik, Semantik, Syntax), Beschreibung des politischen Wortschatzes können auch durchaus ohne Anwendung der Diskursanalyse untersucht werden. Aus diesem Grund kann die Diskursanalyse der politischen Sprache nicht mit der Politolinguistik gleichgesetzt werden. Es wäre möglich, höchstens von einer (sehr fruchtbaren und für viele Aufgaben der Politolinguistik optimalen) allgemeinen Theorie der Sprachauffassung und einer einschlägigen, für die Untersuchung der politischen Kommunikation besonders aussichtsreichen Analysemethode zu sprechen (Budajev/Tschudinov 2007: 7).

Die Wichtigkeit der linguistischen Diskursanalyse für die Politolinguistik und ihr Gewinn an Bedeutung für diese Disziplin gegenüber den anfänglich noch vor-

---

22 So z. B. in (Baranov 2003: 245ff.; Tschudinov 2003).

nehmlich politikwissenschaftlich (M. Edelman), soziopsychologisch (H.D. Lasswel), philologisch (V. Klemperer) und neorhetorisch (Ch. Perelman) geprägten Ansätzen erklärt sich in erster Linie dadurch, dass sich diese Methode wie keine andere zum Aufdecken verdeckter sprachlicher Einflüsse eignet und deshalb einen besonders hohen gnoseologischen Wert für die Politolinguistik hat. Durch die Anwendung der Diskursanalyse lassen sich auf einer Seite die Selbstmarginalisierung der Linguistik durch den verpassten Anschluss an die politik- und medientheoretischen Debatten und auf der anderen die von L. Jäger kritisierte Ignorierung des Sprachproblems in den gesellschaftswissenschaftlichen Theorien (Jäger 2004) überwinden.

Bei der Anwendung der Diskursanalyse konzentriert sich der Forscher, wie dies bereits gezeigt wurde, nicht auf Einzelerscheinungen in Einzeltexten, sondern auf sprachliche Regelmäßigkeiten in der politischen Kommunikation, die er an Hand der Analyse konkreter Texte entdeckt und unter Berücksichtigung der diskursprägenden außersprachlichen Faktoren erklärt. Im Mittelpunkt der Untersuchung steht dabei eine schwer definierbare Größe, die zu unterschiedlichen Zeitpunkten der Entwicklung der Politolinguistik als „politische Sprache", „Sprache in der Politik", „politischer Diskurs"[23] bezeichnet wurde (die letztere Bezeichnung schließt zwar viel mehr als die sprachliche Dimension ein, kann aber in diesem Kontext als synonym zu den anderen genannten Begriffen verwendet werden). Was genau die sprachliche Ebene des politischen Diskurses ausmacht, bleibt aber trotz einer Vielfalt von Bezeichnungen und einer hohen Zahl der Publikationen, in denen politischer Sprachgebrauch analysiert wird, weiterhin dahingestellt.

Die Schwierigkeiten erklären sich vor allem dadurch, dass in der modernen demokratischen Gesellschaft der Großteil der Bevölkerung ständig in politische Aktivitäten involviert ist, weshalb sprachliche Tätigkeiten in mehreren ursprünglich nicht politischen gesellschaftlichen Bereichen wie Alltag, Studium, Unterhaltung zunehmend politisiert werden. Die Grenzen zwischen dem Politischen und Nicht-Politischen werden also immer undeutlicher:

> One problem in the complex of language and politics, however, is how to define what is political. Particularly in the twentieth century, as a result of the massive expansion of print and electronic media, more and more people are exposed to discourse that may be characterized as political in nature. In addition, more and more people are involved in their daily life in political action, by, for example, being asked to cast their votes in an election, or by watching the news on TV or reading a newspaper, or simply by

---

23 Es gibt auch eine Reihe weiterer Bezeichnungen wie „Sprache in der Politik", „Politikersprache" usw., die sich voneinander durch feine Unterschiede abgrenzen lassen, wie dies A. Burkhardt zeigt (Burkhardt 1996: 76-82). Doch die Verwendung solcher fast gleichen Termini kann die Behandlung des Problems nur weiter verkomplizieren, weshalb in der vorliegenden Arbeit, insbesondere bei der später angeführten Abgrenzung des politischen Diskurses, auf eine einheitlichere und einfachere diskursanalytische terminologische Basis zurückgegriffen wird.

talking with friends about the consequences which recent decisions of the government might have for each individual (Schäffner 1996: 201).

Noch schwieriger ist die Sache bspw. bei der Betrachtung der autoritären politischen Diskurse, in denen das Eingreifen des Politischen in die nicht politischen Kommunikationssphären drastische Formen einnimmt und eine sehr spezielle Eingrenzung des politischen Diskurses bedingen kann. Außerdem können sich die Grenzen zwischen einzelnen Diskursen mit dem Aufkommen neuer gesellschaftlicher Verhältnisse, neuer Kommunikationsmittel bzw. entsprechend den aktuellen wirtschaftlich-politischen Geboten der Zeit verschieben. Deshalb sollte eine Untersuchung des politischen Diskurses immer seine Zeit- und Landspezifik berücksichtigen.

Im Rahmen der Politolinguistik und der politischen Diskursanalyse gab es mehrere Versuche, die Frage nach der Eingrenzung des politischen Sprachgebrauchs zu beantworten. Ursprünglich lehnte man sich dabei auf das soziologisch und politikwissenschaftlich geprägte Kriterium der politischen Organisationen. In den beiden Wissenschaften ist „Politik" ein sehr weiter und allumfassender Begriff, der sich auf alle Institutionen bezieht, welche an den Prozessen der Machtübernahme und Machtausübung beteiligt sind (Lasswell/Leites 1968: 8; Weber 1977: 8; Mouffe 2006: 8; von Alemann 1991: 146-148). Entsprechend dieser Vorstellung wurde auch unter politischer Kommunikation einfach die Sprachverwendung in allen solchen Institutionen verstanden. So verfahren in Anlehnung an M. Edelman (Edelman 1964) solche Forscher wie W. Dieckmann (Dieckmann 1975) und W. Bergsdorf (Bergsdorf 1979, 1983). W. Dieckmann unterscheidet dabei zuerst zwischen der Funktions- und Meinungssprache. Die erstere kennzeichnet die interne Kommunikation der Politiker und ist „unter den Begriffen Sprache der verwaltenden Welt, Sprache der rationalisierten Welt, Organisationssprache oder Institutionssprache bekannt geworden", die letztere ist das nach außen wirkende „ideologische Sprechen" (die öffentliche Sprache der Politik) (Dieckmann 1975: 81ff.). W. Bergsdorf verwendet eine einfachere (horizontale) Klassifikation, indem er zwischen den Sprachen der Verhandlung, Verwaltung, Erziehung, Gesetzgebung und Propaganda unterscheidet (Bergsdorf 1983: 33-39).

Diese Abgrenzungsversuche der politischen Sprache gaben wichtige Impulse für die weitere Erarbeitung des Problems, aber sie hatten auch einen erheblichen Nachteil. Da in den politischen Wissenschaften die strategische Bedeutung der Variable *Kommunikation* erst sehr spät entdeckt und daher bei der Abrenzung des Handlungsbereichs *Politik* nicht berücksichtigt wurde (Sarcinelli 1987: 43), entsprach die in den Arbeiten von W. Dieckmann und W. Bergsdorf vorgenommene interne und externe Differenzierung des politischen Sprachgebrauchs mit der

Anlehnung an die Organisationslehre und speziell die Theorie der Gewaltenteilung in vielen Aspekten nicht dem Interesse der Linguistik (Girnth 2002: 36).[24]

Einen anderen sehr wichtigen Kritikpunkt, der bisher kaum in die Debatte über den politischen Diskurs einbezogen wurde, könnte man wie folgt formulieren: Kann man etwa alle innerhalb der als politisch anerkannten Institutionen vollzogenen Sprechhandlungen (Texte) als politisch bezeichnen? Es ist doch offensichtlich, dass der Sprachgebrauch in den „klassischen" politischen Institutionen es nicht unbedingt mit der Realisierung politischer Handlungsziele zu tun hat. Im Gegenteil: Zahlreiche Berichte, Analysen, Anfragen, private Gespräche etc. finden zwar in einer politischen Institution statt und werden teilweise auch von Politikern produziert, aber sie können genauso gut auch in anderen Institutionen und Berufsgruppen verwendet werden (Klein 2000: 754). Auch wenn in diesen Texten aktuelle politische Themen genannt werden können, doch am eigentlich politischen Handeln nehmen solche Texte nicht teil, es sei denn, sie werden für bestimmte politische Zwecke instrumentalisiert, d. h. man benutzt einen offiziellen Vertragstext, um etwa die Inkompetenz eines Politikers nachzuweisen und dadurch einen politischen Skandal zu entfachen.

Da die in den Arbeiten von W. Dieckmann und W. Bergsdorf ausgearbeitete Variante der Eingrenzung der politischen Kommunikation für die Zwecke der Politolinguistik etwas vage und ungenau war, wurde das politikwissenschaftliche Konzept in der Politolinguistik als anpassungsbedürftig kritisiert. Eine der ersten Arbeiten in dieser Richtung war die Untersuchung von G. Strauß, deren Ergebnisse in den Abhandlungen „Sprachspiele, kommunikative Verfahren und Texte in der Politik. Versuch einer Textsortenspezifik (1984/1985)" (Strauß/Zifonun 1986a) und „Schwere Wörter in der Politik" (Strauß/Zifonun 1986b) veröffentlicht wurden. In diesen Abhandlungen wird das allgemeine Schema von W. Dieckmann als zu kurz gegriffen bezeichnet und für eine genauere Differenzierung plädiert (Strauß/Zifonun 1986b: 168ff.). Die Anpassung des Ansatzes von W. Dieckmann an die Bedürfnisse der Politolinguistik erfolgt in den genannten Arbeiten in erster Linie dadurch, dass für die Abgrenzung der politischen Kommunikation neben dem Kriterium der Institution funktional-kommunikative, also genuin linguistische, Kriterien eingeführt werden. Diese Kriterien (Funktion, Kommunikationspartner, ihre Beziehung zueinander) lassen eine bestimmte Anzahl von „kommunikativen Sprachspielen" abgrenzen, in denen politischer

24 Auch W. Dieckmann selbst betrachtet das Konzept der Eingrenzung der politischen Kommunikation an Hand der politikwissenschaftlichen Organisationslehre ziemlich kritisch, was er in seinen Publikationen an mehreren Stellen akzentuiert (Dieckmann 1975: 87-88; Dieckmann 1981: 137). So vermerkt er unter anderem, dass die kommunikativen Verfahren in der Gesetzgebung (hier wird vor allem die juristische Seite gemeint) und in der Verwaltung nur dann zum politischen Sprachgebrauch zu rechnen sind, wenn sie zum Austragen eines Interessenkonflikts politischer Subjekte ausgenutzt werden (Dieckmann 1983: 8-9). In einer neueren Publikation (Dieckmann 2005) strebt W. Dieckmann unter Einbeziehung einiger neuerer Vorschläge eine Kompromisslösung auf der Basis der Sprachspiel-Typologie an (ausführlicher dazu siehe weiter unten).

Sprachgebrauch stattfindet. Wie bereits angedeutet, wird dabei das Kriterium der Institution nicht ignoriert, sondern in ein übergreifendes Kriterien-Set integriert. Doch trotz seiner Kritik am institutionellen Ansatz behält G. Strauß das von W. Dieckmann ausgearbeitete Schema der Abgrenzung und der Differenzierung der politischen Sprache im Grunde genommen bei und sucht es nur an Hand der genannten Kommunikationsfaktoren zu präzisieren. Sein Augenmerk gilt dabei vor allem der inneren Ausdifferenzierung der politischen Sprache. Die äußeren Grenzen beschreibt er sehr vage, vgl. z. B.:

a) Der Handlungsbereich der Politik als Gesamtbereich politischen, d. h. sprachlichen oder sprachlich vermittelten, auf Staat, Gesellschaft und Öffentlichkeit bezogenen Handelns… (Strauß/Zifonun 1986b: 166)

b) ‚Politische Sprache' ist dann die Gesamtheit der Eigenschaften des Sprachgebrauchs im Bereich von Staat, Gesellschaft und Öffentlichkeit… (Strauß/Zifonun 1986b: 194)

c) Politik … ist immer unlösbar an Sprache gebunden und mit Kommunikationsprozessen verbunden. Daher besitzen die Sprach- und Kommunikationsverfahren der Politik wegen der Breite und Offenheit des Bereichs auch eine große Ausstrahlung und dringen in zahlreiche andere Bereiche der öffentlichen Kommunikation und in die Gemeinsprache ein (Strauß/Zifonun 1986b: 193).

Der Autor nimmt also an, dass es auf einer Seite bestimmte Grenzen zwischen der politischen und nicht politischen öffentlichen Kommunikation gibt (durch die man „eindringen" kann). Auf der anderen Seite will er diese Grenzen genau nicht nennen. Im Gegenteil: G. Strauß macht den Bereich der politischen Kommunikation eigentlich noch breiter, indem er auch die Bereiche „Wissenschaft und Bildung" (z. B., Textsorten *Lehrbuch für Deutsch* oder *Lehrbuch für Geschichte*), „dokumentarische Literatur" (Memoiren und Biographien)[25] und „Massenmedien" mitsamt politisch neutralen Nachrichten zur politischen Kommunikation zählt (Strauß 1986a: 44ff.; Strauß 1986b: 195ff.).

Alle diese Bereiche betrachtet der Autor im gleichen Maße konstituierend für die politische Kommunikation, wobei die Gründe einer solchen Gleichsetzung unklar bleiben. Dabei legt eine Analyse der unten angeführten Tabelle mit den Sprachspielen nahe, dass eine gleiche Behandlung der vom Autor genannten Bereiche politischer Kommunikation bereits auf der Basis der vom Autor selbst verwendeten Differenzierungskriterien kaum möglich ist. So macht eine Gegenüberstellung der jeweiligen Konstellation der Kommunikationsfaktoren, die für einzelne Sprachspiele konstituierend sind, klar, dass es zwischen den Bereichen wie „Poli-

25 Hier sollte man zumindest zwischen den Memoiren/Lebensbeschreibungen ausgeschiedener Politiker und den literarisch-publizistischen Werken aktiver politischer Figuren unterscheiden. Die ersteren zeichnen sich durch „ihre retrospektive Orientierung und damit das unausgesprochene Zugeständnis, nicht mehr aktiv in das politische Geschehnis eingreifen zu wollen" aus, während die letzteren eine deutliche Appell- und Werbungsfunktion haben (Niehr 2006a: 121ff.).

tische Bildung" und „Politische Werbung" so gut wie keine Überschneidungen gibt (siehe Tabelle 1.1).

Tabelle 1.1 Konstellation kommunikativer Faktoren für Bereiche „Politische Bildung" und „Politische Werbung" bei G. Strauß (nach Strauß/Zifonun 1986a: 52ff.)

Kommunikationsfaktor	Politische Bildung	Politische Werbung
Handlungsziel	Informieren, Instruieren	Appellieren
kommunikative Verfahren	Unterweisen, Vermitteln von Fakten, Bewerten, Aufklären	Aktivieren, Etablieren und Besetzen von Werten
Produzent	Pädagogen, Wissenschaftler, Journalisten	Parteien, Kandidaten, Interessenverbände
Rezipient	Schüler, Studenten, im weiteren Sinne alle Bürger in Ausbildung	Massenwählerschaft
Beziehung	asymmetrisch	asymmetrisch
beteiligte Institutionen	Schule, Universität, Kirche, Massenmedien, Gremien	Parteien, Fraktionen, Verbände

Wie aus der Tabelle ersichtlich ist, haben beide Sprachspiele völlig unterschiedliche soziopragmatische Einbettungen und haben daher auch auf der sprachlichen Ebene nur wenig Gemeinsames. Deshalb kann man kaum annehmen, dass beide Bereiche gleiche Wichtigkeit für den politischen Diskurs haben.

Fraglich ist auch die Anreicherung der Liste der politischen Institutionen, die bei G. Strauß noch breiter als bei seinen Vorgängern ist. Man kann zwar freilich zulassen, dass einzelne Pädagogen aus ihren politischen Sympathien keinen Hehl machen und ihre Schüler für eine politische Partei zu gewinnen suchen könnten, doch die Institution Schule bzw. andere Bildungseinrichtungen haben im heutigen Deutschland nicht die Aufgabe, die machtpolitischen Ansprüche einer politischen Partei durchzusetzen. In den Bildungsanstalten wird eher eine allgemeine Vorstellung von Werten und Rechten in einer demokratischen Gesellschaft gegeben, die man kaum als Bewusstseinslenkung zugunsten eines der politischen Subjekte Deutschlands bezeichnen kann.

Der aufschlussreiche und elaborierte Ansatz von G. Strauß gab einen Impuls zur weiteren Erarbeitung der schwierigen Frage nach den Eingrenzungsmöglichkeiten des politischen Diskurses innerhalb der Politolinguistik. Insgesamt lassen sich die meisten im Anschluss an G. Strauß vorgenommenen Differenzierungsversuche auf zwei Hauptmöglichkeiten zurückführen, die man als „enge Lösung" und „breite Lösung" bezeichnen kann.

Die Befürworter der breiten Lösung (die unmittelbar auf die bereits erwähnten Arbeiten von W. Dieckmann, W. Bergsdorf u. a. zurückgeht) geben sich mit einer sehr allgemeinen Eingrenzung des Untersuchungsobjekts zufrieden. Die wichtigsten Merkmale des politischen Sprachgebrauchs sind dabei mit einigen Abweichungen wie folgt: „Bezogenheit auf den Staat" und „Regulierungskraft". Die sehr allgemeine Vorstellung von der Politik als einer ordnenden Gestaltung beliebiger menschlicher Beziehungen wird in diesem Fall an Hand der Lokalisierung im staatlichen Bereich präzisiert (so unter anderem schon M. Weber in (Weber 1977: 7ff.) und später W. Dieckmann in (Dieckmann 2005: 12-13)). Da aber eine solche Definition aus sprachwissenschaftlicher Sicht als etwas vage empfunden werden könnte, schlägt man des weiteren vor, die sprachliche Kommunikation ausgehend von ihrem Handlungscharakter weiter zu differenzieren, indem man vor allem auf das bereits erwähnte politikwissenschaftliche terminologische Instrumentarium zurückgreift und von den typischen sprachlichen Handlungen der Willensbildung und Entscheidungsfindung (Appellieren und Verhandeln in der Legislative) sowie der Regulierung und Kontrolle (Instruieren, Fordern, Befehlen etc. in der Exekutiven und Judikativen) spricht. Trotz einiger Unterschiede und einer mehr oder weniger expliziten Zugewandtheit zur sprachlichen Dimension der Politik (die im nächsten Absatz thematisiert wird) besteht also das Hauptmerkmal der breiten Lösung in der Übertragung des weiten politik- und sozialwissenschaftlichen Politikbegriffs auf die Sprache, ohne die oft erheblichen Unterschiede in einzelnen Kommunikationsbereichen plausibel unter einem „linguistischen" Dach zu vereinen.

Das allgemeine Schema aus den Arbeiten von W. Dieckmann, W. Bergsdorf und G. Strauß hat innerhalb der breiten Lösung natürlich nicht wenige Veränderungen erfahren, die aber vor allem auf eine elaboriertere interne Differenzierung der politischen Kommunikationsformen abzielen. Hier kann man im Allgemeinen von einer Durchsetzung des funktional-kommunikativen Ansatzes sprechen, dank welchem man spezielle linguistische Beschreibungsmodelle des politischen Diskurses an Hand von Handlungsfeldern (Girnth 2002) oder Interaktionsrahmen (Klein 1991) entwickelt hat. Die Eingrenzung nach außen wird in diesen Arbeiten aber weiterhin als unmöglich und aus diesem Grund auch nicht relevant angesehen. Für wichtig hält man aber eine allgemeine Verschiebung der Grenzen des politischen Diskurses weiter nach außen, so dass der politische Diskurs um die Bereiche „politische Mediensprache" (politischer Journalismus) und „Sprechen über Politik" (Alltagsgespräche über Politik) bereichert wird (vgl. Burkhardt 1996: 80-82; Carius/Schröter 2009: 10-12).

Nicht selten wendet man innerhalb der breiten Lösung, so z. B. in (Klein 2006: 19), auch eine etwas neuere Beschreibungsweise der Politik in den Sozialwissenschaften an Hand der politikwissenschaftlichen Formel „Polity + Policy + Politics" an, die sich aus der Sicht der Beschreibung der sprachlichen Dimension des politischen Diskurses mit dem bereits skizzierten institutionellen Schema partiell überschneidet (Jäger 2004: 339) und somit keine neuen Möglichkeiten für eine deutlichere Abgrenzung der politischen Kommunikation bietet. Im Gegenteil: Die Politik (und folglich auch die politische Kommunikation) wird womöglich noch breiter aufgefasst – nicht als ein bestimmter Kommunikationsraum in der Gesellschaft, sondern als ein dreifaches Prinzip, das institutionell, normativ und prozessual bestimmt wird. Nach dieser Formel ist zwar noch „nicht alles politisch in der Gesellschaft; aber fast alles kann politisch relevant werden, wenn es mit einem der drei Prinzipien verbunden werden kann" (von Alemann 1991: 492-493; von Alemann 1994: 143).

Die breite Lösung zeichnet sich also dadurch aus, dass der Bereich der politischen Kommunikation als heterogen und offen bezeichnet wird. Der politische Diskurs wird dabei häufig sehr allgemein mit der Durchsetzung politischer Entscheidungen (Machtkampf) bzw. parteilicher Interessen in öffentlich-politischen Meinungsbildungsprozessen assoziiert (siehe, z. B. Girnth/Spieß 2006). Dabei erlaubt die Vagheit des Begriffs „Macht", „Interesse", „Konflikt" usw. zu behaupten, dass unter bestimmten Voraussetzungen so gut wie in jeder Aussage/Text die Spuren von Konflikten politischer Mächte entdeckt werden können. Insbesondere Texte des Alltags- und Massenmediendiskurses sowie des wissenschaftlichen Diskurses werden zusätzlich zur politischen Meinungs- und Funktionssprache in die politische Kommunikation eingeordnet, weil auch solche Texte angeblich einen beträchtlichen Beitrag zur Prägung des politischen Bewusstseins leisten (Schejgal 2000: 23). Solche Spuren findet man vor allem in den Texten, die:

- zwar von Politikern bzw. in den politischen Institutionen produziert werden, doch grundsätzlich einem anderen Diskurs angehören;
- außerhalb der politischen Kommunikation produziert werden, aber politische Ereignisse thematisieren;
- zu unspezifisch sind, so dass man sie kaum zum politischen Diskurs zählen kann.

Natürlich hat eine solche breite Lösung den Vorteil, dass man den Blick auch für weniger auffällige Formen politischer Kommunikation schärfen kann. Doch sie birgt auch Probleme in sich, denn die breite Lösung bietet so gut wie keine Möglichkeit für ein differenziertes Betrachten des genuin politischen Sprachgebrauchs, ihrer Wechselwirkungen mit den anderen Diskursen und der schleichenden Politisierung an den Grenzen zwischen den Diskursen. Hier beschäftigt man sich wenig mit der Ausarbeitung klarer Kriterien für eine Differenzierung und komparative/kontrastive Analyse der Diskurse, die letztendlich einen wichtigen Ausgangspunkt für eine elaborierte Analyse spezifischer Sprachverwendungen und insbesondere höchstinteressanter „Übergangstexte" bilden könnten. Indem man solche unterschiedlichen Kommunikationsformen wie Verwaltungstexte, Rechtstexte, politische Reden, Biographien, Nachrichten usw. als Konstituenten eines übergreifenden politischen Kommunikationsraumes postuliert, verschiebt man die Tatsache in den Hintergrund, dass das Verhältnis aller genannten Texte zum Bereich der politischen Kommunikation doch sehr unterschiedlich ist, weshalb ihre sprachliche Dimension mehr Differenzen als Gemeinsamkeiten aufweisen kann. Das einfache Aneinanderreihen solcher sprachlich wie außersprachlich unterschiedlichen Kommunikationsbereiche (Sprachspiele oder Handlungsfelder) wie politische Bildung, Publizistik oder Verwaltung, Alltagskommunikation mit dem allgemeinen Verweis auf einen Bezug auf eine weite politikwissenschaftliche Auffassung des Politischen reicht dabei offensichtlich nicht aus. Eine sinnvolle Lösung dieses Problems könnte die Einteilung des auf politische Themen Bezug nehmenden Kommunikationsraumes in zwei Bereiche – den Bereich des politischen Diksures und den Bereich des metapolitischen Diskurses – sein, wie dies z. B. von P. Chilton und Ch. Schäffner vorgeschalgen wird:[26]

> Granted that what is ‚political' depends on the participants, societies generally have institutionalized discourses communicated through a cluster of different types of texts and forms of talk. A first group comprises texts that discuss political ideas, beliefs, and practices of a society or some part of it (text producers need not be politicians only). Strictly speaking, this is 'metapolitical discourse'. And a second group consists of texts that are crucial in giving rise to … a political or ideological community, or group, or party (Schäffner/Chilton 1997: 214).

Mit dieser Formulierung wird grundsätlich die Begründung für die zweite, engere Lösung gegeben. Diese setzt ein differenzierteres Herangehen an die Abgrenzung des politischen Diskurses voraus, wobei die Kriterien der breiten Lösung als unzulänglich angesehen werden. Dieses Herangehen kann aber ohne eine ausreichende theoretische Begründung genauso problematisch wie die breite Lösung sein, denn bei einer zu engen Auffassung werden zum politischen Diskurs öfters nur von Politikern verfasste, parteiliche/polemische Texte gezählt. In diesem Fall bleiben bspw. politische Texte in den Massenmedien nicht beachtet, die zwar meistens nicht von den Politikern direkt verfasst werden, jedoch ihre Interessen vertreten und einen unmittelbaren Einfluss auf politische Ereignisse haben. Wie sehr sich die Vorstellungen von den Grenzen des politischen Diskurses innerhalb der „engen" Lösung voneinander unterscheiden können, kann man leicht bei der Gegenüberstellung einzelner Herangehensweisen erkennen (vgl. Hoberg 1989; Tillmann 1989; Girnth 2002; Girnth/Spieß 2006). Wenn man diese miteinander vergleicht (eine übersichtliche Zusammenfassung in Tabellenform siehe in der Anlage A), hinterlässt der Vergleich bei aller Logik einzelner Argumente den Eindruck einiger Willkürlichkeit. Die Aus- oder Einschließung ganzer Kommunikationsbereiche erfolgt meistens ohne ausführliche Beschreibung ihrer soziopragmatischen Einbettung. Es fehlt eine mehr oder weniger deutliche Liste der Faktoren zur inneren Differenzierung des politischen Diskurses und einer sinnvollen Abgrenzung von den anderen Diskursen. Wenn diese Faktoren aber nicht genannt werden, kann man kaum eine konsistente Erklärung sprachlicher Erscheinungen im politischen Diskurs erwarten.

In der vorliegenden Arbeit wird ein Versuch unternommen, eine empirisch applizierbare Eingrenzung des politischen Diskurses mit Berücksichtigung der genannten Kritikpunkte vorzunehmen. Ihre Grundlage bildet die Vorstellung vom politischen Diskurs als einem soziopragmatischen Spannungsfeld, in welchem Einzeltexte entsprechend der konventionellen Konstellation der diskurskonstitu-

---

26 Ähnliche Auffassung siehe auch in (Burkhardt 1996: 79; Stöckl 2005: 231-232).

ierenden Kommunikationsfaktoren produziert werden. Somit erweist sich ein Diskurs, darunter auch der politische Diskurs, als eine Struktur, die sich einer strengen Eingrenzung widersetzt und nur unter Berücksichtigung von Begriffen wie *Zentrum, Peripherie, Skala* und *Übergang* adäquat zu beschreiben ist. Der Begriff „Feld", der im Folgenden zur Charakteristik des politischen Diskurses angewendet wird, hat dabei eher soziologischen Ursprung (vgl. Levin 1965) und sollte nicht mit dem „semantischen Feld" im Sinne der bekannten Theorie von J. Trier verwechselt werden.

Die aus der Sicht der vorliegenden Analyse wichtigsten Eigenschaften eines Diskursfeldes, welche für die Feldstrukturen im Allgemeinen kennzeichnend sind und die Anwendung des Feldbegriffs in der vorliegenden Untersuchung rechtfertigen, sind wie folgt:

1. Das Wesen der Untersuchungsobjekte wird in Abhängigkeit von einer oder mehreren Variablen (hier *Kommunikationsfaktoren*) analysiert.
2. Das Wesen der Objekte verändert sich graduiert mit der Veränderung der Konstellation der Variablen.
3. Für eine adäquate Interpretation der Objekte ist eine Gesamtauswertung der Faktorenkonstellation in ihrem Zusammenhang erforderlich (Levin 1965: 77-78).

Zentral für die Beschreibung des politischen Diskursfeldes ist das Verhältnis „Zentrum-Peripherie" des Diskurses. Die „Spannung" der politischen Kommunikationsfaktoren ist nämlich nicht immer gleich, sondern sie nimmt allmählich in der Richtung vom kommunikativen Zentrum des politischen Diskurses, welches die optimalen Voraussetzungen für eine unmittelbare Realisierung politischer Ziele darstellt, zu den Grenzzonen hinaus ab. Je weiter von Kernbereichen des politischen Diskurses das jeweilige Handlungsfeld/Interaktionsrahmen entfernt ist, desto mehr gewinnen andere Diskurse am Einfluss und desto mehr ähnelt auch die Form und Inhalt der noch als politisch angesehenen Texte den prototypischen Textmustern dieser Diskurse.

Ein weiteres wesentliches Merkmal des Diskursfeldes besteht darin, dass es keine strengen Grenzen hat, sondern graduiert in andere Diskurse übergeht. Deshalb sollte man in Bezug auf Diskurse nicht von starren Grenzen, sondern von Grenzzonen und fließenden Übergängen sprechen. Die Konsequenz davon sind marginale Fälle, Zweifelsfälle und wechselnde Zuordnungen. Die Übergänge sind durch Texte repräsentiert, die von zwei oder mehreren Diskurszentren, also den prototypischen sprachlichen Mustern der Textproduktion gleich weit entfernt sind. Hier ist gewiss nicht von den fehlerhaften Abweichungen vom Standard infolge der nicht ausreichenden Diskurskompetenz, auch nicht von vorsätzlichen Normverletzungen, sondern nur von konventionellen Texten die Rede, welche durch ihre spezifische soziopragmatische Einbettung eine Zwischenstellung zwischen zwei (oder mehreren) Diskursen einnehmen (z. B. ein Presse- oder TV-Interview zwischen dem politischen und Massenmedien-Diskurs, ein wirtschaftlicher Forschungsbericht zwischen dem wissenschaftlichen und Verwaltungsdiskurs usw.).[27] Solche Übergänge verbinden z. B. den politischen Diskurs mit dem Verwaltungsdiskurs, dem Massenmedien-Diskurs und anderen Diskursen, deren Zusammenhänge unten ausführlicher behandelt werden.

Einer der wichtigsten Vorteile der Anwendung der Feldtheorie besteht darin, dass dadurch die Unterschiede zwischen der engen und breiten Lösung relativiert werden können, indem man die enge Abgrenzungsvariante als mehr oder weniger zentral für das politische Diskursfeld und die in der breiten Lösung enthaltenen zusätzlichen Kommunikationsbereiche als Peripheriebereiche/Übergangszonen mit einem mehr oder weniger strittigen Status betrachtet.

1.4 Politischer Diskurs als Feldstruktur

Die Beschreibung des politischen Diskurses als eines Feldes von Texten, welche je nach ihrer soziopragmatischen Einbettung vom Diskurszentrum skalar entfernt sind, kann man sich als ein dreistufiges Verfahren vorstellen. Im ersten Schritt wird das Zentrum des politischen Diskurses und somit die prototypische Konstellation der Kommunikationsfaktoren bestimmt. Im zweiten Schritt wird die soziopragmatische Einbettung der peripherischen Bereiche festgestellt. Im dritten Schritt wird ein allgemeines Schema der Diskursstruktur mit der Abgrenzung nach innen und nach außen skizziert.

Dass die Politolinguisten bei ihrer Beschreibung der politischen Sprache ein bestimmtes prototypisches „Zentrum" und zwar unabhängig von ihrer Befürwortung der engen oder breiten Lösung schon immer im Auge hatten, macht eine Analyse der bestehenden Meinungen schnell deutlich. In den Untersuchungen wird ständig darauf hingewiesen, dass der politische Diskurs vor allem durch den öffentlichen Machtkampf in politischen Kreisen geprägt wird. Die öffentliche Meinungsbildung bildet somit die Grundlage des modernen alltagsweltlichen Verständnisses der politischen Kommunikation, ihren typischen zentralen Bereich, an dem gemessen alle anderen kommunikativen Bereiche als mehr oder weniger „politisch" oder „politisiert" betrachtet werden können. Diese Annahme lässt sich an Hand der Tabelle in der Anlage A bestätigen. In dieser Tabelle wird der Bereich der öffentlich-politischen Meinungsbildung als einziger in allen Varianten der Ausdifferenzierung des politischen Diskurses genannt, vgl.:

- Die Sprache der politischen Propaganda, wie sie in politischen Reden und der Propaganda der Parteien benutzt wird, … ist das wichtigste Medium des sprachlich

---

27 Ein Zeichen für die bereits bestehende Einsicht in die Notwendigkeit einer differenzierteren Untersuchung der Sprache in solchen „Zwischenbereichen" setzt z. B. der Versuch, politische Interviews als eine besondere Textsorte von den restlichen, nicht politischen Interviews abzugrenzen (siehe Fetzer 2006). Die ersteren werden wegen ihrer kommunikativen und sprachlichen Besonderheiten eher zum politischen Diskurs gezählt.

geführten Kampfes um politische Macht. Der hohe Grad an Emotionalität ihrer Begriffssysteme, die im Vergleich mit den anderen Sprachfeldern der Politik stark ausgebaute Komponenten der Polemik, erklären die oft anzutreffende Gleichsetzung der Sprache der politischen Propaganda mit der Sprache der Politik schlechthin (Bergsdorf 1983: 37).

• Dieses Sprachspiel (öffentlich-politische Meinungsbildung) ist das in der gegenwärtigen BRD dominierende (Strauß/Zifonun 1986a: 44).

• Hier geht es um die Sprachschicht, die wohl auch von ‚Laien' intuitiv zur ‚politischen Sprache' gerechnet wird, und es ist kein Zufall, daβ Strauß hier die meisten Textsorten unterscheidet (Hoberg 1989: 15).

• Das Handlungsfeld „öffentlich-politische Meinungsbildung" ist das zurzeit wohl dominierende, da wichtige politische Entscheidungen zumeist einen öffentlichen Diskurs in Gang setzen bzw. erst durch diesen eingeleitet werden (Girnth 2002: 37).

Eine ähnliche Differenzierung trifft auch A. Burkhardt, wenn er im Anschluss an W. Dieckmann die Meinungssprache als die „eigentliche, unidirektional über die Medien an die Bürger gerichtete Politikersprache" der weniger spezifischen institutionsinternen *Sprache in der Politik* gegenüberstellt (Burkhardt 1996: 80).

Die zentrale Rolle dieses Kommunikationsbereichs kann man dadurch erklären, dass in Deutschland der Machterwerb in Form der Delegierung von Vollmachten an einen Politiker oder eine politische Partei erfolgt. Insofern ist das Appellieren an die Wähler als Grundlage für diese Delegierung die wichtigste sprachliche Handlung, die als der Ausgangspunkt für eine erfolgreiche politische Tätigkeit zu betrachten ist. Dabei müssen auch die innerhalb der Eliten getroffenen Entscheidungen, deren wahrer Sinn der Öffentlichkeit entgeht, von dieser doch befürwortet werden, um ein erfolgreiches Weiterregieren der politischen Eliten zu garantieren. Deshalb bleibt der entsprechende Kommunikationsbereich bei aller Wichtigkeit anderer politischer Kommunikationsbereiche, z. B. der „internen" Kommunikation in Ausschüssen und Kommissionen, der Mittelpunkt des politischen Diskurses. Es sei betont, dass zu diesem Kommunikationsbereich nicht nur die direkte Ansprache der Wähler, sondern auch die öffentlich zugängliche Kommunikation im Parlament (parlamentarische Debatte) als eine sogenannte „trialogische" Kommunikation mit dem Wähler zum Geltendmachen eigener Machtansprüche (Dieckmann 1981: 265ff.) zählt.

Kennzeichnend für die öffentlich-politische Meinungsbildung ist die Verwendung von Texten mit der appellativen Sprachfunktion, die den Adressaten von der Notwendigkeit einer bestimmten Machtkonstellation zu überzeugen haben. Diese Funktion kommt ständig in unterschiedlichen Mischungsverhältnissen mit der Informationsfunktion vor (Dieckmann 2005: 25). Die Informierung wird aber dem Appell ständig unterstellt und oft nur als Tarnung für die Beeinflussung von Adressaten vorgetäuscht. Schließlich entscheidet der Politiker über die Bekanntgabe von Informationen immer mit dem Blick darauf, ob und wie diese Informationen seinem konkreten Beeinflussungsversuch oder dem Image seiner Partei und dem der politischen Gegner schaden können.

Während in der öffentlich-politischen Meinungsbildung die Appellfunktion vorherrscht und durch die Informationsfunktion gestützt wird, kommen in weniger zentralen Kommunikationsbereichen je nach ihrer der Nähe/Distanz zum genuin appellativen Zentrum des Diskurszentrums auch andere Kommunikationsziele, z. B. Unterhalten, Instruieren etc. zum Ausdruck.

Die Benutzung eines einzigen Faktors, sogar eines so wichtigen wie die kommunikative Funktion des Textes, ist jedoch für eine differenzierte Analyse des politischen Diskurses nicht ausreichend, deshalb werden in der vorliegenden Untersuchung zusätzlich noch folgende soziopragmatischen Faktoren berücksichtigt: Situation, Emittent, Adressat und Kommunikationsform und -struktur.

Als ein allgemeiner Ausgangspunkt (Zentrum) für die Beschreibung des politischen Diskurses wurde folgende Faktorenkonstellation des Bereichs der öffentlichen Meinungsbildung gewählt:

1. **Situation**: eine routinemäßige politische Veranstaltung (Parlamentssitzung, öffentlicher Auftritt eines Regierungsmitglieds, Parteitags- und Wahlkampfkommunikation);

2. **Emittent**: Politiker;

3. **Adressat**: andere Politiker und/oder breite Öffentlichkeit;

4. **Funktion**: Appell/Informieren etc.;

5. **Kommunikationsform und -struktur**: Übertragung über Massenmedien oder direkter Kontakt, Dialog oder Monolog.

Wie aus der Konstellation ersichtlich ist, wurde hier der Faktor des Themas nicht mit berücksichtigt. Dies kann man dadurch erklären, dass erstens in einem politischen Text theoretisch jedes beliebige Thema (mit wenigen Ausnahmen) angesprochen werden kann. Zweitens, kann auch in jedem anderen Diskurs ein Politiker oder politisches Ereignis zum Thema werden, ohne dass der einschlägige Text automatisch als politisch zu betrachten wäre. So kann z. B. ein Historiker die politischen Verhältnisse in Byzanz vor seiner Eroberung durch die Kreuzritter ausführlich behandeln, ohne dabei am politischen Kampf teilzunehmen.[28] Dieser Faktor eignet sich eher nicht zur Beschreibung von „Gesamtdiskursen", sondern nur zur Abgrenzung und Auswahl des Textkorpus für eine Diskursanalyse, weil er die Sammlung eines in sprachlicher Sicht homogenen Textkorpus ermöglicht.

---

28 Es ist aber nicht ausgeschlossen, dass bestimmte Teile dieses Textes von einem Politiker instrumentalisiert werden können, um seine politischen Thesen zu unterstützen. Hier geht es jedoch um die Einführung intertextueller Bezüge in einen politischen Text, die in dieser „instrumentalisierten" Version eine ganz andere Kommunikationsaufgabe (z. B. als Argument beim Appell an den Wähler) als im Quellentext haben.

Neben dem bereits genannten zentralen Kommunikationasbereich des politischen Diskurses lassen sich fünf wichtige Peripheriefelder mit fließenden Übergängen zu anderen Diskursen feststellen (deren Anzahl noch erhöht werden kann). Das sind:

1. Der Peripherie-Sektor „Politischer Journalismus", in dem die Belange der Medienindustrie auf die Interessen politischer Subjekte treffen. Im Ergebnis entsteht ein Feld, in welchem einzelne Textsorten skalar die Appellativität zu Gunsten der Unterhaltsamkeit und Information verlieren. Die Beziehung zwischen dem politischen Diskurs und dem Massenmediendiskurs ist keine einfache und reicht von einer vollständigen Entfremdung der Massenmedien durch Politiker, wenn Zeitungen und Fernsehen lediglich als Träger der von außen (also aus dem politischen Bereich) kommenden Texte (Reden u. Ä.) fungieren, über eine teilweise Instrumentalisierung in den Interviews und Talk-Shows (Holly/Püschel 1989: 106-107), wenn die Journalisten eine Chance auf Realisierung der medienspezifischen Kommunikationsfunktionen haben, sowie über Kommentare und Feuilletons, in denen der Journalist an seine Adressaten entsprechend seiner eigenen politischen Position oder (meistens) der Position des Mediums[29] appelliert, bis zu den gewissermaßen wert- und politikneutralen Nachrichten mit der Hauptfunktion *Informieren*, in denen die Beeinflussung des Adressaten auf die „unvermeidliche, aber auch gewollte und geregelte Selektivität" der Informationen beschränkt wird (Luhmann 1995: 25). Dabei wird zwar über dieselben Themen wie im politischen Diskurs gesprochen, aber die Art und Weise, wie darüber gesprochen wird, unterscheidet sich erheblich von der eigentlich politischen Ausdrucksweise und hat nur einen begrenzten Einfluss auf den politischen Machtkampf. Hier geht es also bereits um eine metapolitische Ebene, auf der teilweise andere kommunikative Aufgaben gelöst und dem Adressaten andere Impulse gegeben werden, als dies in der eigentlich politischen Kommunikation der Fall ist (eine ausführliche Beschreibung der Zusammenhänge zwischen der politischen Kommunikation und Massenmedien siehe in Schulz 1997).

So kann die Beschreibung einer Regierungskrise in den Nachrichten das breite Publikum über den Vorfall informieren und höchstens zum Nachdenken über die möglichen Ursachen und Wirkungen der Krise bewegen. Gewiss können dabei bestimmte Informationen dem Publikum vorenthalten werden, z. B., um die Krise zu verharmlosen oder umgekehrt zu dramatisieren. Dabei kommt aber hauptsächlich die Unterhaltungsfunktion der Medien ins Spiel, eine leichte Dramatisierung der Ereignisse in den Nachrichten kommt nicht unbedingt einer bestimmten Fraktion zugute und prägt kaum die Sprech- und Denkweise in Bezug auf kon-

---

29 Dass einzelne Medien inzwischen mindestens teilweise unter Kontrolle politischer Kräfte stehen, gilt inzwischen als anerkannt. T.A. van Dijk vermerkt diesbezüglich: "Leading politicians, managers ... have more or less controlled access to many different forms of text and talk, such as meetings, reports, press conferences, or press releases. This is especially true for their access to media discourse" (van Dijk 1995: 12).

krete politische Persönlichkeiten und Institutionen. Wenn aber die Krise zum Politikum wird und als ein Instrument der Austragung des politischen Kampfes dient, dann kommt eine ganz andere – eigentlich politische – Ausdrucksweise zum Vorschein, die einen klaren Appell zur Übernahme der von dem jeweiligen politikeschen Subjekt vertretenen Standpunkt und zu einem einschlägigen politischen Handeln enthält und die sich sprachlich gesehen von der Sprache der Nachrichten wesentlich unterscheidet. Das gilt für die Behandlung jedes (politisch relevanten) Themas in den informierenden Medien und in der Politik in einem demokratischen Staat. Eine deutliche Verschiebung der Grenzen der eigentlich politischen Kommunikation zum Zweck der vollständigen Instrumentalisierung der Medien und Angleichung ihrer Ausdrucksweise an die der Politiker erfolgt in autoritären Regimes, wo in der Tat der „reinste" politische Diskurs auch in den Nachrichten massiv vertreten ist, weshalb diese um ihre eigentlichen kommunikativen Funktionen und um ihre eigene Sprechweise beraubt und zu einer Verlängerung der politischen Institutionen der gesellschaftlichen Kontrolle werden.

Noch weiter vom politischen Diskurs entfernt liegen einzelne kommunikative Bereiche der Massenmedien, die nicht einmal an einem metapolitischen Diskurs beteiligt sein können. Dazu gehören vor allem Unterhaltungssendungen, z. B. „Wer wird Millionär?", oder Ressorts der Zeitschriften und Zeitungen wie „Lokales", „Sport" etc. Hier kann man höchstens von Spuren des politischen Diskurses sprechen, von bestimmten Einflüssen der über den politischen Diskurs vermittelten Einstellungen, die ein geschärftes Auge erkennen kann.

2. Der Peripherie-Sektor der Parteidokumente, die je nach Textsorte eine gewisse bis sehr starke Ähnlichkeit zu Verwaltungsdokumenten im öffentlichen Dienst aufweisen. Viele dieser Dokumente lassen sich trotz der Tatsache, dass sie hauptsächlich für interne Nutzung bzw. für Experten bestimmt sind und ihre kommunikative Funktion (hauptsächlich) nicht im Appell besteht, nicht vollständig in den Verwaltungsdiskurs integrieren. Sie bilden vielmehr einen Teil des Sektors „Interne Meinungsbildung und Positionsbeziehung in den Institutionen". Die restliche Verwaltungskommunikation in Institutionen wird dabei aus dem politischen Diskurs ausgeschlossen. Die genannte Gruppe von Texten unterscheidet sich dadurch, dass sie sich noch unmittelbar auf die Entfaltung politischer Aktivitäten bezieht bzw. ihre Ergebnisse festhält und sich aus diesem Grund der organisationsinternen Steuerung durch bürokratische Regelungen entzieht (Luhmann 2000: 255). Die eigentliche Verwaltungssprache hat mit der Politik im Gegenteil wenig zu tun:

> Davon ist für jeden Sachkundigen deutlich zu unterscheiden die speziell administrative Kommunikation innerhalb öffentlicher Verwaltung. Sie befaßt sich mit dem Spielraum, den die Ausführung formaler Weisungen läßt, mit schriftlicher Dokumentation (Aktenführung) und mit der Frage, was und was nicht in die Akten kommt. Sie erörtert Rechtsfragen und Fragen der Möglichkeiten, budgetierte Gelder zu verwenden; und natürlich

> sind Personalfragen nur zum geringen Teil politische Fragen. Oft gelten in der öffentlichen Verwaltung denn auch andere Zeithorizonte als zum Beispiel aus der Sicht der politischen Parteien, deren Politik von der Verwaltung aus oft als zu kurzsichtige, zu rasch wechselnde Meinungsbildung eingeschätzt wird. Das Postulat der „Unabhängigkeit des Berufsbeamtentums" unterstreicht diesen Gegensatz (Luhmann 2000: 254-255, siehe auch Grunow 1994).

Hier stimmt also weder die eigentliche Kommunikationssituation, noch der Adressat mit dem genuin politischen Zentrum überein, denn der Verwaltungsdiskurs hat nicht die breite Öffentlichkeit, auch nicht die eigene Fraktion in der Partei, sondern nur andere Beamten und einzelne Bürger im Visier. Die Kommunikationssituation ist dabei völlig „entpolitisiert" (und jeder Verweis darauf, dass eine behördliche Entscheidung durch politische Präferenzen begründet ist, kann schwerwiegende Folgen für den jeweiligen Entscheidungsträger haben).

3. Der oben angeführte Gedanke verweist auf einen weiteren Bereich, der eher eine mittelbare Verbindung zum politischen Diskurs hat, und lässt eine weitere Grenzzone – zwischen dem politischen und juristischen Diskurs – mit dem fließenden Übergang **im Bereich der Gesetzgebungsverfahren** umreißen. Während die Bundestagsdebatte im heutigen Deutschland wegen ihrer trialogischen Struktur aus dem Bereich der Gesetzgebung heraus in den zentralen Bereich der öffentlichen Meinungsbildung abgedriftet ist, bildet die Arbeit in den Ausschüssen und Kommissionen weiterhin ein Beispiel für multifunktionale Kommunikation im kommunikativen Grenzbereich, die sich leider einer genaueren Untersuchung entzieht. Rein spekulativ kann man jedoch annehmen, dass der Ausschluss der Öffentlichkeit, sachkundige Politiker als Adressaten und die spezifische Kommunikationssituation das appellative Potential der öffentlichen Kommunikation abschwächen können. Auf der anderen Seite können der teilweise mündliche Charakter der Kommunikation und der Wunsch zum Profilieren vor Kollegen die Appellativität der Texte auch steigern. Diese Texte bilden eine Grenzzone zwischen dem politischen und juristischen Diskurs.

Im Unterschied dazu befinden sich die Texte der Gesetze sowie der gerichtlichen Praxis außerhalb der Grenzzone. Während politische Texte zur Führung der Meinungskampfes vor der Annahme einer politischen Entscheidung dienen, stellen die Gesetzestexte ein Ergebnis der politischen Kommunikation dar, das keinen Platz für Konflikte und Meinungsunterschiede vorsieht. Juristische Texte sind metapolitisch, denn sie limitieren die politische Tätigkeit. Dort, wo das Recht das letzte Wort hat (Strafsachen, Überprüfung von Gesetzen etc.), ist der Politiker nur indirekt involviert (ausführlicher dazu siehe Luhmann 2000: 388ff.).

4. Der nächste Peripherie-Sektor umfasst die **Sprachverwendung der Diplomatie**. Dieser kommunikative Bereich wird oft gänzlich dem politischen Diskurs zugerechnet, weil die Emittenten und Adressaten diplomatischer Texte Politiker sind und die einschlägigen Dokumente grundsätzlich politisch relevanten Themen gewidmet sind. Diese Faktoren reichen jedoch noch nicht aus, um diplomatische Texte undifferenziert mit der "typisch" politischen Kommunikation entsprechend dem oben angeführten Raster gleichzusetzen. Wie schon aus der kurzen Beschreibung diplomatischer Textsorten in (Klein 2000) ersichtlich ist, bestehen bei diplomatischen wichtige funktionale Unterschiede: Sie können appellativ, informativ, expressiv, kommissiv sein. Vor allem ist aber die grundlegende Kommunikationssituation anders, denn der Politiker als Emittent kommuniziert hier nicht mehr mit der eigenen Wählerschaft, auch nicht mit seinen innenpolitischen Opponenten, sondern mit Politikern aus anderen Staaten.

Interessant ist, dass auch die Diplomaten selber ihren Sprachgebrauch von dem der (Innen)Politik klar unterscheiden. So spricht der deutsche Botschafter bei der NATO W. Grewe in seinem in der Akademie der Künste in Hamburg gehaltenen Vortrag von Dichtern, Schriftstellern, Journalisten Politikern **und** Diplomaten als Trägern des öffentlichen Lebens (Grewe 1967: 5). Weiterhin formuliert er genau die Unterschiede zwischen den beiden Kommunikationsbereichen:

> ...in der Regel wird kein Politiker darauf rechnen können, mit dem künstlichen, unterkühlten Stil der Diplomatensprache seine Wähler, seine Fraktionskollegen oder seine innenpolitischen Gegenspieler besonders zu beeindrucken. Die Sprache der allgemeinen Politik folgt anderen Regeln, sie muß direkter, farbiger, plastischer, ausführlicher sein, als die diplomatische Sprache, die jedes überflüssige Wort zu vermeiden sucht (Grewe 1967: 21).

Die Sprache der Diplomatie ist nach Grewe dagegen knapp, sachlich und höflich (Grewe 1967: 20).

Abschließend sollte man noch den fünften kommunikativen **Bereich der Wahlkampfkommunikation** erwähnen. Dieser Bereich wird nicht von allen Linguisten anerkannt und oft als Teil des Kernbereichs „öffentlich-politische Meinungsbildung" angesehen. In der Tat scheint dieser Unterbereich auf den ersten Blick nur eine situative Spezifik zu haben (Straßner 1987: 39), die aber auch relativiert werden kann, wenn man die gesamte Wahlperiode als eine Art Vorbereitung auf den nächsten Wahlkampf betrachtet. Trotzdem gibt es Gründe dafür, den Bereich der Wahlkampfkommunikation gesondert zu analysieren. Erstens gibt es dazu rein empirische Voraussetzungen. Wie zahlreiche Studien zu Wahlkampfkampagnen beweisen, zeichnen sich Wahlkampftexte durch ihre extreme Appellativität aus, welche der des Werbungsdiskurses nahe kommt. Zweitens kann man bei genauem Hinschauen auch einige Unterschiede in der allgemeinen soziopragmatischen Einbettung erkennen, die den Bereich der sogenannten „Politischen Werbung" als einen Übergang zum eigentlichen Werbungsdiskurs betrachten lassen. So wird die Appellfunktion ganz anders als in der eigentlichen öffentlich-politischen Meinungsbildung unmaskiert, also ohne Deckung durch Informieren, realisiert (genauso wie in der Werbung). Typisch sind Sätze wie „CSU – die Partei für alle!". Außerdem zeichnet sich die Wahlkampfkommunikation durch ihr Streben zum Stilisieren und Verschönern aus, was auf einen starken Einfluss der poetischen Funktion hinweist, die für den Werbungsdiskurs, jedoch nicht für den politischen

Diskurs charakteristisch ist. Bestimmte Besonderheiten kennzeichnen auch den Übertragungskanal der politischen Werbung, die sich genauso wie „normale" Werbung der Plakate, Werbespots usw. bedient.

Die oben dargestellten Zusammenhänge bieten einen allgemeinen Arbeitsrahmen für die skalare Abgrenzung des politischen und eine Liste der Kriterien, nach der man einzelne Kommunikationsbereiche ausgehend von ihrer Nähe zum Kernbereich des politischen Diskurses genau verorten und ausführlich charakterisieren kann.

Abschließend sollte man betonen, dass sich die Eigenschaften einzelner Textsorten innerhalb der genannten Peripherie-Sektoren auch teilweise variieren können. Sie verändern sich fließend je nach der Nähe zum eigentlichen Kern des politischen Diskurses und passen sich allmählich an die benachbarten Diskurse an, so dass sich die Wahl/Regierungsprogramme, Grundsatzprogramme, Parteisatzungen, Sitzungsprotokolle in ihrer sprachlichen Gestaltung voneinander mehr oder weniger deutlich unterscheiden können.

1.5 Politischer Diskurs: Zum Problem der Analysemethoden

Zurzeit existiert umfangreiche Literatur zu den möglichen Ansätzen der linguistischen Analyse des politischen Diskurses (siehe z. B. Burkhardt 1996, 2002; Holly 1990; Jäger 1994, 2004; Chilton/Schäffner 1997; Wilson 2001; Demijankov 2002, 2003; Gerassimov/Iljin 2002; Mukhrjamov/Mukhrjamova 2002; Girnth 2002; Tschudinov 2003; Baranov et al. 2004; Budajev/Tschudinov 2007).[30] Ihre Analyse lässt schließen, dass in den politolinguistischen Untersuchungen ein sehr weites analytisches Instrumentarium angewendet wird. Diese Tatsache erklärt sich auf einer Seite durch die prinzipielle Offenheit der Politolinguisten gegenüber den Erkenntnissen aus den anderen wissenschaftlichen Disziplinen, die sich genauso wie Politolinguistik mit der Analyse der menschlichen Kommunikation in der Gesellschaft befassen. Auf der anderen Seite lässt sich diese Breite durch die spezifischen Ziele einzelner Untersuchungen und bestimmte linguistische Traditionen erklären. Trotz dieser Mannigfaltigkeit kann man einige Hauptrichtungen der Analyse erkennen, die unten ausführlicher behandelt werden.

Die politische Diskursanalyse entstand auf einer stabilen Basis der politolinguistisch geprägten Untersuchungen wie (Lasswell/Leites 1968), in denen im Rahmen der Inhaltsanalyse (content analysis) der Sprachgebrauch in seiner soziokommunikativen Einbettung zum Untersuchungsobjekt analysiert wurde und somit zum ersten Mal die diskursiven Fragestellungen in den Vordergrund rückten. Die Inhaltsanalyse war semantisch (weil sie sich mit der Analyse von Spracheinheiten mit im Voraus bestimmten Bedeutungen) und kognitiv (weil ausgehend von der

30 Eine ausführliche Bibliographie mit der älteren Literatur zu dieser und anderen Fragen der Politolinguistik siehe in (Dieckmann/Held 1986).

Textsemantik auf die Einstellungen und Konzepte von Politikern geschlossen wurde) geprägt. Die Verfahrensweise war quantitativ und wort- und wortvebindungszentriert (vgl. die Beschreibung der Inhaltsanalysen in Bachem 1979; Baranov 2003; Titscher et al. 2005), was die allgemeine Nützlichkeit der Analyse erheblich einschränkte. Die Orientierung auf die Beschreibung des politischen Wortschatzes unter dem Blickwinkel seiner Gebrauchshäufigkeit fand besonders im deutschsprachigen Wissenschaftsraum schnell Anerkennung und wurde auch durch qualitative Ansätze unter Berücksichtigung der Wortsemantik bereichert, was auf das traditionelle Interesse an der Wort- und Begriffsgeschichte in Deutschland zurückzuführen ist. Solche semantisch-pragmatischen Analysen zur Wortsemantik im politischen Diskurs sind durch eine ganze Reihe älterer wie neuerer Publikationen repräsentiert (siehe z. B. Dieckmann 1964, 1975; Bachem 1979; Volmert 1979, 1989; Bergsdorf 1983; Strauß/Zifonun 1986a, 1986b).

Eine besondere Aufmerksamkeit wurde dabei den Themen wie Fahnen- und Stigmawörter in der Politik sowie dem Kampf um Wörter bzw. Begriffsbesetzung geschenkt. Diese Wörter gelten als semantische „Anker" für eine politische Ideologie und verfügen somit über einen schwer definierbaren und komplexen Inhalt, in dem neben der deskriptiven Bedeutung auch wertende Bedeutungskomponente vorhanden sein kann. Im Laufe politischer Entwicklungen steht ihre Bedeutung nie definitiv fest, sondern wird in und durch Diskurse immer wieder abgeändert. Diese Änderungen werden in den Wörterbüchern nicht registriert, obwohl sie einen großen Einfluss auf das Verstehen der politischen Kommunikation und die Meinungsbildung durch den Sprachgebrauch haben. Im Zusammenhang mit der wertenden Bedeutungskomponente wird häufig ihr präskriptives Potential zur Sprache gebracht, welches sie zum einem beliebten Mittel der Überredung in der politischen Kommunikation macht (Klaus 1971; Hermanns 1989, 1995a, 1995b, 2007; Klein 1989, 1997, 2006).

Eine Weiterentwicklung solcher lexemzentrierten Diskursuntersuchungen zielt nicht mehr auf die Beschreibung der Besonderheiten des politischen Wortschatzes, sondern auf die Analyse der kognitiven Konzepte der Wirklichkeit, die durch den politischen Sprachgebrauch maßgeblich mitgestaltet werden und – vice versa – auf Grund der bestehenden Vorstellungen im politischen Diskurs zum Ausdruck kommen. Diese neue wortorientierte Untersuchungsmethode arbeitet mit einem diskursiven Materialkorpus, in dem diejenigen Lexeme festgestellt und klassifiziert werden, die für die Konzeptualisierung der Wirklichkeit in politischen Texten von Bedeutung sind. Entsprechend der allgemeinen linguistischen Tendenz stehen dabei vor allem die Metaphern mit ihrem einmaligen semantischen und kommunikativen Potential im Vordergrund. Klassische Beispiele solcher Untersuchungen sind eine ganze Reihe von Arbeiten zur politischen Metaphorik als Konzeptualisierungs- und Suggestionsmittel auf dem Material der deutschen (Opp de Hipt 1987; Panagl/Stürmer 2002; Rigotti 1994; Petraskaite-Pabst 2006), englischen (Scheithauer 2005; Ferrari 2007) und russischen (Baranov/Karaulov 1991, Tschudinov 2001; Koboseva 2001; Oparina 2002; Baranov 2003, Baranov et al. 2004; Parschina 2007) Sprache.

Diese traditionsreichen Analysemethoden der Politolinguistik – mitunter als „Begriffsfetischismus" (Holly 1990: 86) bezeichnet – werden aber in der neueren Linguistik häufig kritisiert, weil sie trotz der Orientierung auf den Sprachgebrauch und der Berücksichtigung des linguistischen und außersprachlichen Kontexts keine Interpretation des verbalen Verhaltens von Politikern, sondern nur Einsichten in die Semantik und Pragmatik einzelner von Emittenten favorisierter sprachlicher Mittel im politischen Diskurs bieten (siehe vor allem die Kritik in Holly 1990; Burkhardt 1996, 2002).

Diese Kritik bedingte die allmähliche Zunahme der funktional-kommunikativen Analysen im Bereich der Politolinguistik.[31] Da aber dieser neue Ansatz sehr weit gefasst wird, kann man in der Politolinguistik nur bedingt von **einer** funktional-kommunikativen Untersuchungsrichtung sprechen. Beim genaueren Hinsehen lassen sich mehrere Forschungslinien erkennen, darunter:

1. Untersuchungen, in denen einzelne diskursrelevanten Lexeme gesondert oder unter Blickpunkt ihrer möglichen pragmatischen Rolle im größeren kommunikativen Kontext betrachtet werden (z. B. Becker 2001; Girnth/Spieß 2006) sowie einige bereits genannte neuere Arbeiten zur politischen Metaphorik. Die Richtung der Analyse ist hier aszendent. Dieser Ansatz eröffnet den Weg für die eigentlichen Text- und Diskursuntersuchungen, bei denen einzelne Sprachmittel immer textbezogen behandelt werden.

2. Untersuchungen, die sich mit der Beschreibung einzelner Sprechakttypen in politischen Texten und ihrer Sprechhandlungsstruktur befassen. Im letzteren Fall stützen sich die Untersuchungen auf die Illokutionsstrukturanalyse von W. Motsch und R. Pasch, bei der jeder Text als eine komplexe Sprechhandlung verstanden wird, die sich aus mehreren elementaren Illokutionen zusammensetzt (Moilanen 1994; Freidhof 2003; Mikołajczyk 2004).

3. Rhetorische – und spezieller – argumentationstheoretische Untersuchungen, die sich mit der Argumentation in der politischen Rede und ihrer Entsprechung bzw. Nichtentsprechung den logischen Grundsätzen befassen. Im Vordergrund steht dabei der spezielle Aufbau des Argumentation, die Art der verwendeten Argumente und ihre Schlüssigkeit, manchmal auch die besonderen Stilmittel der Argumentation in politischen Texten (Kopperschmidt 1973; Grünert 1974; Grieswelle 1978; Kalivoda 1986a, 1986b; Herbig/Sandig 1994; Niehr 2002; Hasagerov 2002).

4. Untersuchungen, in denen allgemeine Fragen der Semantik und Pragmatik explizit diskursanalytisch behandelt werden. Dabei geht es z. B. um allgemeine Fragen der linguistischen Analyse des politischen Diskurses, Strategien und Tak-

31 Die Untersuchung des politischen Wortschatzes bleibt dabei weiterhin ein zentrales Thema, das auch in den Einführungswerken mit großer Ausführlichkeit behandelt wird (vgl. Girnth 2002; Tschudinov 2007; Carius/Schröter 2009).

tiken, persuasives Potential der Sprache etc. (Schejgal 2000; Judina 2001a, 2001b; Roshkova 2003; Tschernjavskaja 2004a; Parschina 2007).

5. Kritische Diskursanalyse (CDA), die ihre Aufgabe in der Aufdeckung der sprachlichen Mittel sieht, mit denen Ideologien vermittelt und gesellschaftlich verwurzelt werden (Wodak/Menz 1990; Jäger 1992, 1994, 1996, 2004; van Dijk 1985, 2000a, 2000b, 2000c; Fairclough 1993, 2000).

6. Untersuchungen zu einzelnen Textsorten oder Textsortengruppen des politischen Diskurses und ihren sprachlichen und außersprachlichen Besonderheiten. Dabei geht es erstens um die Aufstellung einer Taxonomie der Textsorten im Bereich Sprache-und-Politik und zweitens um die Beschreibung ihrer sprachlichen Struktur (Simmler 1978; Heinze 1979; Tillmann 1989 Klein 1991, 2000; Schejgal 2007).

7. Untersuchungen zum politischen Diskurs in einer bestimmten geschichtlichen Zeit, vor allem im Dritten Reich, vor und nach der Wende. Ein prominentes Beispiel für diesen Bereich ist die Arbeit (Maas 1984).

Schon diese ansatzweise vorgenommene Absteckung der Grenzen der linguistischen Diskursanalyse deutet an, wie groß und vielfältig dieser Bereich der linguistischen Forschung angelegt ist. Doch vor allem in Bezug auf das eigentliche Objekt des Interesses der vorliegenden Untersuchung – den expressiven Sprachgebrauch – lässt sich sagen, dass trotz der allgemeinen Übereinstimmung, das Wesen der politischen Kommunikation bestehe in der Beeinflussung des Adressaten, sprachliche Mittel und kommunikative Verfahren der Beeinflussung immer noch keine systematische Beschreibung erfahren haben.

Dabei wurde der besondere linguistische Status der emotiven Sprachmittel im Allgemeinen bereits mehrmals thematisiert. So hat W. Dieckmann bereits in (Dieckmann 1969: 1975) dieses Problem als zentral für die linguistische Analyse der politischen Kommunikation bezeichnet. Gleichzeitig schrieb G. Klaus von der herausragenden Rolle des emotiven Wortschatzes im politischen Diskurs (Klaus 1971). Dieser Gedanke kommt aber bisher leider meistens in Form einer programmatischen Leitlinie für weitere Untersuchung, während praktische Ansätze fehlen. Der sprachwissenschaftliche Wert solcher Untersuchung ist daher zu hinterfragen (vgl. Bondi 2007; Ferrari 2007) und Beiträge in (Lutz/Abu-Lughod 1990).

Diese merkwürdige Nichtbeachtung ist vor allem auf den größeren linguistischen Kontext zurückzuführen, denn die Expressivität der Sprache ist auch in anderen linguistischen Teildisziplinen genauso wenig erforscht. Sogar auf der traditionell im Zentrum des Interesses liegenden lexikalisch-semantischen Ebene ist immer noch nicht ausrechend geklärt, welche semantischen Erscheinungen mit Recht als emotiv (expressiv) bezeichnet werden können und worin ihr Unterschied zu nichtemotiven Spracheinheiten besteht. Die bisher unter den Begriffen *emotiv, affektiv, wertend, appellativ* oder *deontisch* zusammengefassten Erscheinungen sind aus der semantischen und pragmatischen Sicht heterogen (dazu werden unter anderem Evaluativa, Emotiva, Modalverben, Emotionswörter gezählt) und bedürfen einer genaueren Ausdifferenzierung auf linguistischer Basis. Erst darauf gestützt lassen sich weitere wichtige Fragen klären, z. B. die Untersuchung ihres pragmatischen Potentials auf der Textebene. Der Lösung dieser Fragen ist das 2. Kapitel der vorliegenden Untersuchung gewidmet.

2. EXPRESSIVITÄT ALS GEGENSTAND EINER LINGUISTISCHEN UNTERSUCHUNG

2.1 Expressivität im linguistischen Kontext

2.1.1 Außerlinguistische Ursprünge des Begriffs

Expressivität ist ein linguistischer Begriff mit einer langen Geschichte, widersprüchlicher Gegenwart und vernebelter Zukunft. Quer über die sprachwissenschaftlichen Disziplinen ist die Bereitschaft, diesen Terminus zu akzeptieren, unterschiedlich und reicht von seiner intensiven Verwendung in der Stilistik über einen sporadischen Gebrauch in der Semantik, Wortbildungslehre und Lexikologie bis zur stillschweigenden Vermeidung in der Textlinguistik und Diskursanalyse. Außerdem hängt die Verwendungshäufigkeit des Terminus von den Traditionen einzelner wissenschaftlicher Räume ab. In den Regionen, in denen die Stilistik als eine prioritäre sprachwissenschaftliche Disziplin angesehen wird (historisch bedingt in Frankreich, Tschechien, der Slowakei, Russland, der Ukraine, Belarus, Polen), wird der Begriff häufiger verwendet und diese Verwendung kann dann auf eine mehr oder weniger geschlossene theoretische Basis zurückgeführt werden. Im restlichen Europa sieht man von der Verwendung des Terminus eher ab.

Der unsichere Status der Expressivität in der Linguistik lässt sich nur dann ausreichend erklären, wenn man den historischen Hintergrund des Terminus genau verfolgt. Zum ersten Mal kommt er in den Werken „Positivismus und Idealismus in der Sprachwissenschaft“ (1. Auflage 1904) von K. Vossler und "Trait'e de stylistique francaise " (1. Auflage 1909), "Le langage et la vie" (1. Auflage 1913) von Ch. Bally vor. Diese Zeit ist durch einen Aufschwung des Interesses gegenüber dem Subjektiven in unterschiedlichen Bereichen des gesellschaftlichen Lebens markiert, was in der Gründung einer neuen Strömung in der europäischen Kunst, dem Expressionismus (vom lat. *expressio*: „Ausdruck“), seinen Ausdruck fand. Im Gegensatz zum Naturalismus und Ästethismus wird im Expressionismus das Primat der direkten emotionalen Beeinflussung des Adressaten, der betonten Subjektivität des Schöpfungsaktes, d. h. das Primat des Ausdrucks gegenüber dem Inhalt, angekündigt. Diese (noch ganz weite) Vorstellung von der Expressivität war nicht nur in allen durch die neue Strömung beeinflussten Kunstbereichen (Malerei, Theater- und Filmkunst, Literatur) verbreitet, sondern sie färbte auch auf das Verständnis der Expressivität in den Wissenschaften ab. Eben in dieser Bedeutung wurde der Begriff *Expressivität* bald auch in der Sprachwissenschaft verwendet, wenn immer sich die Linguisten über die Einschränkungen des strukturalistischen Ansatzes hinwegsetzten und auf die subjektiven Aspekte der Sprachverwendung eingingen. Natürlich war das Interesse an der Sprachverwendung Anfang des 20. Jhs. eher gering, weil die Linguistik zu jenem Zeitpunkt vorwiegend strukturalistisch geprägt war und sich folglich vor allem mit der

Analyse des Sprachsystems befasste. Doch der allgemeine Trend zur „Subjektivierung“ der Kunst und Wissenschaft fasste auch in der Linguistik sein Fuß.

Die bedeutendsten Linguisten jener Zeit, die sich auf die Untersuchung der Sprachverwendung konzentrierten und unter anderem das Problem der Expressivität behandelt haben, waren, wie bereits erwähnt, K. Vossler und Ch. Bally.

K. Vossler und seine Schüler (vor allem L. Spitzer) entwickelten unter dem Einfluss des italienischen Philosophen B. Croce eine Sprachtheorie, in deren Mitte die Zeugungskraft der Persönlichkeit und ihr Einfluss auf die Sprache (und Kunst) steht. Als Urquelle der Zeugungskraft galt die schöpferische Intuition, Gefühle, vor allem das ästhetische Gefühl eines Meisters der Sprache (Vossler 1904: 42-43). Von seinen Ideen und Gefühlen geleitet, schafft ein Meister sein sprachliches Werk und bringt darin diese Gefühle und Ideen zum Ausdruck. Diese besondere Qualität der Sprache, die Gefühle und Vorstellungen des Künstlers zum Ausdruck zu bringen, wurde dann entsprechend dem oben dargestellten kunstwissenschaftlichen Trend als Expressivität bezeichnet.

In den Arbeiten von K. Vossler ist der Zusammenhang der Expressivität als eines linguistischen Begriffs mit seinen kunstwissenschaftlichen Quellen noch leicht erkennbar, weil K. Vossler die entsprechenden sprachlichen Erscheinungen nicht als „expressiv“ (wie dies später üblich wird), sondern als „expressionistisch“ bezeichnet. So vermerkt er in Bezug auf die metaphorischen Bedeutungswandlungen wie die des Lexems *cocotte* (franz.: ursprünglich "Hühnchen", dann "Dirne"): „Sie haben einen ausgesprochen expressionistischen Zug und wollen heraus aus dem Klebstoff des überkommenen Ausdrucks“ (Vossler 1923: 200). Weiterhin vergleicht der Autor solche sprachlichen Erscheinungen direkt mit der expressionistischen Darstellungsweise:

> Es ist etwas ähnliches, wie wenn ein Maler einem Menschen, der nach einer fliehenden oder entfernten Beute greift, einen übernatürlich langen, unwahrscheinlich weit hinausgreifenden Arm zeichnet. Dadurch wird die Unnatürlichkeit solcher Lexeme betont, die durch eine gezielte Bemühung des Emittenten entstehen, um den Ausdruck des Einzelnen individualisiert und das expressionistisch Hervorgehobene dem Leser desto impressionistischer eingehen zu lassen (Vossler 1923: 200-201).

Das von K. Vossler entworfene Konzept der Sprache wurde in der Linguistik wegen seines übermäßigen Individualismus und mangelnder Abgrenzung gegenüber der Philosophie und Literaturwissenschaft im Allgemeinen kaum akzeptiert, aber der Begriff der Expressivität in der von K. Vossler formulierten Bedeutung blieb nicht unberücksichtigt und wurde auch in die Forschung der opponenten Genfer Linguistischen Schule, insbesondere in den Werken von Ch. Bally, verwendet.

Ch. Bally, der bedeutendste unmittelbare Schüler von F. de Saussure und einer der Ehrengründer der Genfer Linguistischen Schule, strebte genauso wie sein Lehrer nach einer strikten Differenzierung des Sprachsystems und der Sprachverwendung, doch im Gegensatz zu F. de Saussure betonte er stets die Wichtigkeit der Analyse der letzteren. Unter anderem versuchte er der Saussure'schen Intellektualisierung der Sprache entgegenzuwirken und wandte sich in seinen Untersuchungen der emotiven (von Ch. Bally auch mit dem ursprünglich psychologischen Terminus *affektiv* bezeichneten) Seite der Sprache, die er im Rahmen einer neuen linguistischen Disziplin, der linguistischen Stilistik, zu untersuchen gedachte. Im Unterschied zu K. Vossler, der für eine subjektiv-individualistische Stilistik plädierte, sah Ch. Bally die Aufgabe der von ihm gegründeten Disziplin nicht in der Untersuchung des Individualstils eines Schriftstellers, sondern in einer systematischen Analyse der Alltagsrede und führte deshalb die expressiven Spracherscheinungen nicht mehr auf die psychische Tätigkeit des schöpfenden Subjekts, sondern auf das Sprachsystem zurück, dessen Potential von Individuen lediglich genutzt wird. Die Verankerung der Expressivität im Sprachsystem erlaubte dem Autor, der Expressivität einen gebührenden Platz in der Sprachwissenschaft zuzuweisen und sie zu einem gleichberechtigten linguistischen Untersuchungsgegenstand zu erklären. Die Definition der Expressivität bleibt aber bei dem Autor noch verschwommen. Meistens werden darunter einfach die vielseitigen Möglichkeiten des sprachlichen Ausdrucks von Emotionen verstanden, die in der Sprache gegeben sind (vgl. Bally 2003: 98). Somit kommt es zum ersten Mal zur Konkurrenz zwischen den Bezeichnungen *affektiv, emotiv* und *expressiv*.

Die weitere Geschichte des Terminus in der Sprachwissenschaft wurde durch die Theorie der Expressivität von Ch. Bally maßgebend geprägt: In den beiden wissenschaftlichen Disziplinen, in denen der Terminus mehr oder weniger konsequent verwendet wird, in der Semantik (insbesondere in der lexikalischen Semantik) und in der Stilistik (Funktionalstilistik und Textstilistik), wird dieser Begriff mehr oder weniger explizit mit den Emotionen in der Sprache verbunden und von diesem Standpunkt aus weiter spezifiziert.

2.1.2 Expressivität in der Semantik (historische Übersicht)

In der Semantik ist der Begriff der Expressivität nie zu einem unverzichtbaren Baustein einer allgemeinen semantischen Theorie geworden. Im Gegenteil: Seine direkte Verbindung mit den subjektbezogenen Aspekten des Sprachsystems und der Sprachverwendung bedingte das Abdriften des Begriffs zur Peripherie der semantischen Untersuchungen, in denen die darstellende Sprachfunktion lange Zeit auf Kosten der emotiven allgemein bevorzugt wurde (Dieckmann 1975: 76; Fiehler 2002: 80ff.). Dieses Desiderat der Sprachwissenschaft und insbesondere der Semantik wurde in den Abhandlungen zum Wesen der Emotivität/Expressivität/Konnotationen in der Sprache mehrmals kritisiert (siehe z. B. Dieckmann 1975: 75ff.; Dieckmann 1981: 79ff.; Bachem 1979: 45-50; Rössler 1979: 1; Schakhovskij 1984: 14ff.; Schippan 1984: 146ff.; Babenko 1989: 7ff.; Garza-Guaron, 1991: 3; Hermanns 1995a: 139ff., 1996: 256ff.; Schwarz-Friesel 2007: 5-15), ohne dass eine entscheidende Wende im Bereich der semantischen Untersuchung der emotiven/expressiven Aspekte der Sprache angesichts dieser Kritik jeweils vollzogen wurde (auch in neueren Lehrbüchern und Einführungen wird das Problem kaum angesprochen (vgl. z. B. Chur/Schwarz 2004; Metzeltin 2007).

Wie schwer man sich mit diesem Problem tut, kann man schon daran erkennen, wie klein die Anzahl der theoretischen Basisquellen bleibt. Wenn sich die Linguisten noch in den 60-80er Jahren des 20. Jhs. bei der Behandlung dieses komplizierten Problems direkt auf die Arbeiten von K.O. Erdmann und Ch. Bally angewiesen sahen[32], so hat sich die Situation gegenwärtig nicht wesentlich verändert. Genauso wie früher stützt man sich in seinen Arbeiten entweder auf die Texte aus den 20-40er Jahren des 20. Jhs. (vgl. Volek 1987: 5ff.; Volek 1995: 17ff.), oder auf die Arbeiten der „neuen Welle" der wissenschaftlichen Kritik dieser früheren Werke, z. B. auf die Arbeiten von W. Dieckmann, G. Rössler und einiger anderer Linguisten. In diesen Arbeiten werden aber zwar aufschlussreiche Einblicke in das Wesen der Begriffe *Emotivität* und *Konnotationen* gewährten, doch darin findet man noch keine klare Abgrenzung zwischen konkurrierenden Termini wie *Emotivität, Konnotationen, Wertung* und *Expressivität*; sie liefern keine einheitliche Theorie der emotiven Dimension der Sprache und geben keine Anhaltspunkte für eine systematische Behandlung der Emotivität in Texten und Diskursen. Wie M. Schwarz-Friesel in ihrem neulich erschienenen Buch zu Recht betont, ist die Gründung einer solchen integrativen Theorie mit Berücksichtigung des Emotionspotentials von Texten eher ein Gebot der Zeit, als eine vollendete Tatsache (Schwarz-Friesel 2007: 14, siehe dazu auch Hermanns 1996: 258-259).

Die Analyse der vorhandenen Ansätze zur Behandlung der Expressivität (oder, genauer gesagt, des Status der Expressivität **und** Emotivität, Wertungen, Konnotationen, da die Expressivität in der Linguistik im Allgemeinen und in der Semantik im Besonderen immer im Kontext dieser Begriffe betrachtet wird) zeigt, dass man von zumindest zwei unterschiedlichen Standpunkten sprechen kann:

1) Laut dem geschichtlich gesehen früheren und immer noch einflussreichen Standpunkt, der direkt an die bereits erwähnte subjektiv-psychologische Vorstellung von der sprachlich kodierten Emotivität als Expressivität anknüpft, gehört die letztere eindeutig zur Peripherie der linguistischen Untersuchungen und sollte (wenn schon) von der Psycholinguistik mittels Befragungen und anderer psychologischer Experimente untersucht werden, wie dies in den Arbeiten (Osgood 1976; Andringa 1979; Wuttke 1980; Sornig 1981) u. a. getan wird. Die Ursprünge dieser Auffassung gehen auf die bekannte Arbeit von K.O. Erdmann zurück. In seiner Analyse werden zwar die denotative und emotiv-wertende Bedeutungskomponenten (sowie die semantischen Assoziationen) als Teile einer Wortbedeutung anerkannt, doch die sprachlich ausgedrückten Emotionen („Stimmungsgehalt") betrachtet er unter anderem als „reaktive Gefühle und Stimmungen, die es (das Wort) erzeugt" (Erdmann 1966: 107). Hiermit wird angedeutet, dass die generelle Möglichkeit einer wissenschaftlichen Untersuchung der benannten se-

32 Die Tatsache, die bereits von W. Dieckmann in (Dieckmann 1981: 78-136) massiv kritisiert wurde.

mantisch-psychologischen Fragen aus der Sicht des Autors problematisch erscheint, denn:

> Nebensinn und Stimmungsgehalt enthalten eben die subjektiven Zutaten zu einer Vorstellung oder einem Begriff, und alles Subjektive ist schwankend und veränderlich, während der begriffliche Inhalt eines Wortes … fester und dauerhafter ist und auf Allgemeinheit den Anspruch erhebt (Erdmann 1966: 124-125).

Diese Vorstellung von K.O. Eerdmann ging in zahlreiche Abhandlungen über (die kritischen Übersichten der wissenschaftlichen Literatur zu diesem Thema siehe in Dieckmann 1981; Militz 1989), ohne dass man sich mit dem oft widersprüchlichen Konzept der emotiv-wertenden Bedeutungskomponente auseinandersetzte. Dabei zeigt eine ausführliche Analyse seiner Arbeit in (Dieckmann 1981), dass K.O. Erdmann selbst den Weg für eine linguistische Untersuchung des Stimmungsgehalts auf keinen Fall verbaute und eigentlich nur für ein differenziertes Verhältnis gegenüber konventionellen und individuellen „Nebenbedeutungen" plädierte, was durch zahlreiche Beispiele in der Arbeit von W. Dieckmann belegt wird (Dieckmann 1981: 85ff.).

Eine weitere einflussreiche Meinung, die den allgemeinen Kurs auf den Ausschluss der Sprache-und-Emotivität-Problematik aus der Linguistik unterstützte, findet sich bei L. Bloomfield, der in seinem einflussreichen Werk „Language" kategorisch formulierte: „All connotations are personal derivations" (Bloomfield 1965: 152ff.). Der Autor stellt hier die wesentliche (deskriptive) Bedeutungskomponente den unwesentlichen, konnotativen (deren genaue Grenzen und Zusammensetzung nach L. Bloomfield kaum zu bestimmen sind und zu denen auch die emotive Bedeutung gezählt wird) gegenüber und geht davon aus, dass die Wissenschaft auf die Untersuchung der Konnotationen verzichten muss. Dadurch besiegelte L. Bloomfield die Ungleichstellung einzelner Bedeutungskomponenten in der Linguistik, was zur langjährigen Marginalisierung der nun als individuell und deshalb „unwissenschaftlich" betrachteten Konnotationen führte.

Eine Vorstellung, die sich von der Auffassung von K.O. Erdmann und L. Bloomfield wenig unterscheidet, findet sich auch in neueren Arbeiten zu semantischen Fragen wie z. B. in (Ludwig 1991). Die Position von K.-D. Ludwig kann stellvertretend für die Meinung einer ganzen Reihe von Linguisten sein, die den „axiologischen Ansatz" (Spiewok 1980: 3) in der Semantik verurteilen und die Frage über die nicht denotativen Bedeutungskomponenten am liebsten unbeantwortet lassen würden. Zum Problem der Ausdrucksmöglichkeiten der Emotionen durch sprachliche Zeichen schreibt der Autor z. B. Folgendes:

> Was das Verhältnis von lexikalischer Bedeutung und Emotion angeht, so beziehen wir nach wie vor die Position, daß Emotionen (emotionale Wertungen oder subjektive Gefühlswerte), die durch den Gebrauch lexikalischer Einheiten zum Ausdruck gebracht werden und beim Hörer ausgelöst werden können, nicht zu den lexikalischen Bedeutungsanteilen gehören.

> Wir gehen von der Annahme aus, daß Emotionen über semantische Repräsentationen – insbesondere begrifflich-wertende Merkmale – ausgedrückt bzw. vermittelt werden und über Perzeptionsprozesse zustande kommen können. Emotion oder Gefühl wird im Sinne der Psychologie als subjektive Reaktionsweise des Menschen auf den Inhalt seines Erlebens verstanden (Ludwig 1991: 34-35).

Somit stellt der Autor die sprachliche Kommunikation als Vermittlung begrifflich-wertender Inhalte dar, die in bestimmten Fällen zum Ausdruck und Hervorrufen von Emotionen verwendet werden können. Die letzteren sind aber nicht in den Bedeutungen kodiert, sondern stellen nur individuelle, mit den vermittelten Inhalten nicht übereinstimmende psychische Reaktionen dar. Somit wird der semantische Status der Emotionen völlig abgelehnt.

Das Argument von K.-D. Ludwig, die Emotionen seien ein rein psychisches Phänomen, welches lediglich eine kausale Beziehung zur Bedeutung hat, kann man laut W. Spiewok schon deshalb anfechten, weil es sich auch bei begrifflichen Bedeutungen eigentlich um rein psychische Phänomene handelt, die aber durch sprachliche Mittel evoziert werden müssen (Spiewok 1980: 8). Wenn man aber die Emotionen nur als Reaktionen auf begrifflich-wertende Inhalte betrachtet, so bleibt eine ganze Reihe sprachlicher Einheiten ausgeschlossen, mit denen konventionell Gefühle neben ihrer deskriptiven Bedeutung ausgedrückt werden. Zu erwähnen wären hier z. B. Schimpf- und Kosewörter, deren deskriptiver Gehalt zweitrangig im Vergleich zu den darin verbalisierten Emotionen ist. Solche sprachlichen Zeichen benennen die Objekte/Zustände/Prozesse der realen bzw. imaginären Außenwelt und liefern gleichzeitig Informationen über die Einstellungen des Emittenten, ohne diese explizit zu benennen. Die damit ausgedrückten Emotionen sind keine individuellen Reaktionen, sondern usuelle Inhalte, die von Adressaten immer gleich interpretiert werden, was auch von der ziemlich konservativen Lexikographie inzwischen nicht mehr bestritten wird.[33]

Solche verbalisierten Emotionen sind von emotiven psychischen Reaktionen im Laufe der Kommunikation zu unterscheiden. Die letzteren sind persönlich und hängen mit individuellen Besonderheiten des Empfängers zusammen (seinen Vorlieben, seinem Wissensstand etc.). Auf diese Tatsache hat bereits Ch. Bally verwiesen, der als Beispiel die Phrase „Ich bin pleite" anführt, die von einem Finanzier zu seiner Familie gesagt wird (Bally (1913) 2003: 98). Die Aussage enthält keine emotiven Bedeutungskomponenten, kann jedoch unabhängig davon einen Sturm von individuell bedingten Emotionen in den Verwandten auslösen. Die beiden genannten Fälle lassen sich aber klar voneinander unterscheiden und geben keinen Grund für die Ablehnung der emotiven Bedeutungskomponente.

---

33 Lexikographische Markierungen sind aber noch uneinheitlich und nicht eindeutig, worauf später noch eingehender eingegangen wird (meistens verwendet man die einfachste Markierung „emotiv").

Um seine Thesen auf praktischer Ebene zu untermauern, kritisiert K.-D. Ludwig die Arbeiten seiner Opponenten, die bei der Analyse sprachlicher Einheiten wie *Einbruch, stehlen* diese als emotiv-wertend betrachten (Ludwig 1991: 7-10). Seine Kritik ist insoweit treffend, als die Bedeutung der genannten Lexeme in der Tat keine Emotionen ausdrückt, sondern nur das Sem „gegen den Willen des Betroffenen" enthält. Dieses Sem signifiziert ein Vorgehen, welches in der Gesellschaft als verwerflich gilt, deshalb kommt zur Bedeutung dieser Lexeme eine rational-wertende Bedeutungskomponente hinzu, welche entsprechend dem Kontext unterschiedlich stark ausgeprägt werden kann. Das Fehlen eines emotiven Sems in den genannten Lexemen gibt jedoch keinen Anhaltspunkt dafür, die Möglichkeit der Existenz der emotiven Wertungskomponente grundsätzlich zu bestreiten.

Weiterhin wendet sich der Autor einer dem Wesen der Expressivität näher kommende Gruppe der Lexeme wie *Gaul, Bulle, Tippse, Köter* etc. zu. Bei der Betrachtung dieser Beispiele ändert sich die Argumentation des Autors insoweit, als er das Vorhandensein einer kontextunabhängigen (und deshalb in den Bereich der Semantik fallenden) emotiven Bedeutungskomponente nicht mehr schlechthin abstreitet, sondern lediglich auf die Schwierigkeit bzw. Unmöglichkeit einer präzisen semantischen Beschreibung solcher Einheiten verweist, weshalb diese Aufgabe aus dem Interessenkreis der Semantik und Lexikologie wiederum auszuschließen sei (Ludwig 1991: 14, 39). Das Problem wird also nicht mehr als theoretisch unvertretbar, sondern eher als zu kompliziert und nebensächlich für die lexikalische Semantik dargestellt. Dabei verweist der Autor darauf, dass die emotiv-wertenden und sozialen Informationen eher pragmatisch relevant seien, weil sie mit dem kommunikativen Sinn der Aussage eng verbunden und vor allem **in der aktuellen, nicht lexikalischen Bedeutung** vertreten sind.

In der Tat bietet die Sprache zahlreiche Möglichkeiten für die okkasionelle Bedeutungsbildung, und der Anteil emotiver Spracheinheiten ist im Bereich solcher okkasionellen Bildungen besonders hoch. Doch auch in diesem Fall geht es unter anderem um semantische Probleme, welche lediglich z. B. auf die Äußerungsebene übertragen werden. Das emotive Potential ist dabei entweder bereits in der Bedeutung von lexikalischen Einheiten (als Metapher, Kose- und Schimpfwörter etc.) angelegt und im Text aktualisiert oder es wird eine neue (oft übertragene) Bedeutung gebildet. In den beiden Fällen kann aber die Nachvollziehung der emotiven Bedeutungskomponenten in Äußerungen und Texten kaum ohne Berücksichtigung sowohl der lexikalisch-semantischen als auch der kontextuell-semantischen Ebene erfolgen (ausführlicher dazu siehe Skirl 2008). Am Beispiel der emotiven Spracheinheiten kann man besonders genau verfolgen, wie fließend die Übergangszone zwischen der Semantik und Pragmatik ist.[34] Dass man des-

34 Dass sich die Semantik seit langem auch mit der Einflussnahme von Kontext- und Weltwissen auf die Äußerungsbedeutung befasst und somit eine unverzichtbare Basis für pragmatische For-

halb emotive Bedeutungen aus dem Untersuchungsbereich der Semantik ausschließen sollte, wäre aber kaum zu erwarten.

Abschließend sollte man in Bezug auf den Ansatz von K.-D. Ludwig darauf hinweisen, dass seine „Pragmatisierung" der emotiven Bedeutungskomponente unter Bezug auf einen Beitrag von H.E. Wiegand erfolgt (Wiegand 1981), der alle nichtdenotativen Bedeutungskomponenten als „Wissen II" definiert, welches im Unterschied zum denotativ-semantischen „Wissen I" das Wissen um pragmatische Gebrauchsregeln darstellt und deshalb aus der lexikalischen Bedeutung auszuschließen ist. Diese Position wurde inzwischen mehrmals in Frage gestellt (vgl. Käge 1982; Strauß 1983; Schippan 1983, 1984; Kühn 1984; Püschel 1984; Jäger/Plum 1988; Hermanns 1986, 1995a, um nur einige Arbeiten zu nennen). Ihre Schwachstelle besteht darin, dass sich semantische Informationen von – wie auch immer gefassten – pragmatischen Wissenszusätzen über deren Gebrauch nicht wirklich unterscheiden lassen, denn auch diese semantischen Informationen sind nach einer pragmatischen Bedeutungsauffassung nichts anderes als Gebrauchsregeln für die jeweiligen Spracheinheiten (Püschel 1983: 364ff.; Jäger/Plum 1988: 47).

Das Gesagte zeigt auf, wie skeptisch man häufig in den semantischen Untersuchungen gegenüber der Möglichkeit und Sinnhaftigkeit einer Analyse der zum Bereich der Emotivität/Expressivität zählenden sprachlichen Erscheinungen eingestellt ist. Vor diesem Hintergrund ist es kein Wunder, dass M. Schwarz-Friesel in ihrer vor kurzem erschienen Monographie „Sprache und Emotionen" folgendes Fazit zum genannten Untersuchungsbereich ziehen muss:

> Bis vor wenigen Jahren war das Thema Sprache-und-Emotion aus linguistischer Per-spektive ein exotisches Sonderthema mit einem Hauch Esoterik, dass allenfalls als ein sehr marginales Gebiet der anwendungsorientierten, pragmatisch-funktional ausgerichteten Sprachwissenschaft betrachtet wurde. Bislang stand und steht entweder in systemlinguistischen Ansätzen das abstrakte Regelsystem, oder in kommunikativ-funktional orientierten Ansätzen die kognitive Symbolfunktion der Sprache … im Vordergrund. Emotionen wurden dabei als bloße Begleiterscheinungen des menschlichen Empfindens, Sprechens und Denkens betrachtet, denen im Kenntnis- und Regelsystem kein und im Verarbeitungsprozess nur ein geringer Einfluss … zugesprochen wird (Schwarz-Friesel 2007: 8-9).[35]

---

schungsarbeit bildet, wird inzwischen immer häufiger hervorgehoben (vgl. Bondzio 1983: 294-297; Bußmann 2002: 591; Löbner 2003: 11-13) sowie die Monographie (Kolschanskij 2005).

35 Ähnlich auch N. Fries (Fries 1995: 144-145).

Aus dem Zitat geht deutlich hervor, dass die Aufgaben, die bereits vor mehreren Jahrzehnten klar formuliert und als eine unabdingbare Etappe der Analyse der Emotivität/Expressivität anerkannt wurden[36], nach wie vor ungelöst bleiben.

2) In der Semantik gibt es aber auch eine Reihe von Arbeiten (Ullmann 1972, 1973a, 1973b; Lyons 1980, 1983, 1996; Cruse 1986; Löbner 2003), in denen ein mehr oder weniger konsequenter Gebrauch des Terminus *Expressivität* nachgewiesen werden kann. Diese Arbeiten gehen auf eine semantische Tradition zurück, für welche die Offenheit gegenüber den nichtdenotativen Aspekten der Sprache kennzeichnend ist. Als *expressiv* wird dabei ein Teil der Bedeutung von Spracheinheiten verstanden, in dem zusätzlich zum begrifflichen Gehalt eine Einstellung des Emittenten zum Ausdruck kommt.

Der Hauptvorteil solches Ersatzes besteht darin, das damit das verhängnisvolle terminologische Problem um den polysemischen Terminus *Konnotationen* aus dem Weg geschafft wird, welches die Diskussion über den Status aller nichtdeskriptiven Bedeutungskomponenten unnötig zu erschweren scheint.[37] Diesen Terminus benutzte man nämlich im Sinne von L. Bloomfield für eine generalisierende Bezeichnung aller semantischen Assoziationen, die im gesellschaftlichen wie individuellen Bewusstsein mit bestimmten Lexemen verbunden werden und nur teilweise in die Bedeutung eingehen können. Diese Verschwommenheit des Begriffs sorgte dafür, dass der ganze Untersuchungsbereich als eine „wissenschaftliche Rumpelkammer" (Dieckmann 1981: 85), ein „Abladeplatz" (Militz 1989: 36), „das lexikographische und lexikologische Ärgernis" (Hermanns 1986: 168)und „ein Sammelbecken für alles, was nicht im engeren Sinne Denotation ist", (Schifko 1975: 111ff.) bezeichnet wurde. In dieser Hinsicht stellt die Einführung des Begriffs *Expressivität* einen Versuch dar, mehr Licht auf eine äußerst problematische Frage zu werfen. Leider ist es bisher nicht gelungen, durch die Einführung des Begriffs *expressive meaning* das terminologische Durcheinander zu beseitigen. Der entsprechende Terminus wurde vor allem im angelsächsischen wissenschaftlichen Raum, in dem er die größte Anerkennung genossen hat (vor allem in den Arbeiten von D.A. Cruse und J. Lyons), nie klar genug definiert. Man geht kaum über die Feststellung hinaus, dass es eine expressive Bedeutung in der Tat gibt und dass sie auf eine ungeklärte Weise alle nichtpropositionalen Bedeutungsteile in sich vereint (Cruse 1986: 277; Lyons 1996: 65), vgl.:

---

36 So stellt R. Freitag fest: „Die Anordnung des Gefühlswertes im semantischen Bestand des Wortes, die Herausarbeitung seiner distinktiven Merkmale, ein Vergleich mit dem Gefühlswert im herkömmlichen Sinne wären in diesem Zusammenhang allerdings noch ungelöste Probleme" (Freitag 1977: 108).

37 Zur Fülle der Deutungsvarianten und der allgemeinen Unbestimmtheit bezüglich der Definition und Abgrenzung des sehr weit gefassten Begriffs *Konnotationen* (siehe Hoppenkamps 1977; Rössler 1979; Andringa 1979; Bachem 1979; Telija 1980, 1981, 1986, 1990; Sornig 1981, Schippan 1984; Garza-Cuarón 1991; Batteux 1999; Schwarz-Friesel 2007).

> However that may be, knowing the expressive (or socio-expressive) meaning of a lexeme is just as much part of one's competence in a languages knowing its descriptive meaning. This point should be constantly borne in mind..., even though we shall be concerned almost exclusively with descriptive meaning in our discussion of lexical structure... (Lyons 1996: 65).[38]

Diese sehr vage Vorstellung und Verzicht auf eine ausführliche Analyse wurden als „status quo" auch im „Dictionary of Stylistics" festgehalten, in dem gleichzeitig noch drei Synomyme zum Terminus *expressive meaning* genannt werden – *evaluative meaning, affective meaning, attitudinal meaning* und *emotive meaning* (Wales 1989: 141-142, 160-162, 165-166), wobei auf eine Differenzierung genauso wie in anderen Arbeiten verzichtet wird. Alle genannten Termini werden schlicht als „verwandt" betrachtet. Die Einführung des Begriffs *expressive meannig* führt also letztendlich zu denselben Problemen, wie beim Gebrauch von *Konnotationen*, was zu Recht von F. Hermanns kritisiert wird (Hermanns 2003c: 359).

Einen etwas differenzierteren Ansatz, bei dem man zwischen der deskriptiven, normativen (sozialen) und emotiven Bedeutungskomponenten unterscheidet, schlägt S. Löbner (Löbner 2002) vor. Aber auch er schneidet diese Problematik leider nur kurz an.

Sogar ein internationaler Vergleich lässt nur sehr wenige Arbeiten feststellen, in denen die abgesteckten Probleme mehr oder weniger konsequent behandelt werden. Unten wird zur Veranschaulichung eine Kurzfassung der bisher bedeutendsten semantischen Konzepte der Expressivität dargestellt, wie diese in den Publikationen von Ch. Keßler (Keßler 1977), R. Freitag (Freitag 1977), N. Lukjanova (Lukjanova 1986, 1991) und W. Telija (Telija 1986, 1991a, 1991b, 1996) formuliert wurden. Diese geben einen ersten Einblick in die Problematik und liefern wichtige Anhaltspunkte für den in der vorliegenden Arbeit formulierten Ansatz.

Ch. Keßler definiert die Expressivität als die besonderen Potenzen bestimmter Stilschichten und Stilfärbungen für die Entstehung der Emotionen (Keßler 1977: 68). Mit dieser Definition möchte die Autorin vor allem die sprachliche Emotionalität, die durch Seme mit Angehörigkeit zu speziellen „emotionalen Stilschichten" entsteht, von der Emotionalität als Reaktion auf den deskriptiven Wortgehalt abgrenzen. Der Terminus *Expressivität* sollte damit also die sprachlich verankerten emotiven Bedeutungen umfassen und diese von der außersprachlichen Emotionalität unterscheiden lassen. Des Weiteren knüpft die Autorin die Expressivität eng an die Wertungskomponente an, die durch die Expressivität im Kontext verstärkt oder potenziert werden kann. Die Expressivität und Wertung stehen dabei in einem kausalen Verhältnis, d. h. nach der Meinung der Autorin ist das Vorhandensein der Wertung durch die Expressivität bedingt.

---

38 Ähnlich auch D.A. Cruse (Cruse 1986: 277), bei dem nur eine kurze Skizze der expressiven Bedeutung zu finden ist.

R. Freitag geht bei der Bestimmung der Expressivität von der Opposition „Sprache : Sprachgebrauch“ aus und betont, dass die Expressivität eine Eigenschaft der Texte und Textabschnitte ist, während der Gefühlswert auf der Ebene des Lexems angesiedelt sei. Im Vorschlag von R. Freitag zeichnet sich also die Absicht ab, die Expressivität von der lexikalisch-semantischen auf die textsemantische Ebene zu übertragen. Inwieweit die Expressivität unter Anwendung textanalytischer Methoden erschließbar ist und ob sie doch als eine semantische oder aber als pragmatisch-kommunikative Kategorie zu betrachten ist, bleibt dabei unklar.

Die russischen Sprachwissenschaftlerinnen N. Lukjanova und W. Telija gehen in ihren Arbeiten (Lukjanova 1986, 1991; Telija 1980, 1981, 1986, 1988, 1991a, 1991b, 1996) davon aus, dass die Expressivität eine semantische Eigenschaft sprachlicher Einheiten ist, die auf der Emotivität und Wertung als Bedeutungskomponenten basiert und sowohl in der lexikalischen wie Aussagen- und Textbedeutung präsent ist. Die Autorinnen behalten die strittige synonymische Beziehung „Expressivität = Emotivität+Wertung = Konnotationen“ bei, geben aber gleichzeitig einen klaren Grundriss der emotiv-wertenden (expressiven) Bedeutungskomponente, in dem vor allem ihr konventioneller und arbiträrer Charakter betont wird. Unter anderem wird in den genannten Arbeiten die immer noch verbreitete Meinung zurückgewiesen, dass die Benennung der Emotionen (also Emotionen als begrifflicher Gehalt einer lexikalischen Bedeutung) mit dem unmittelbaren Ausdruck der Emotionen (Emotionen als Zusatz zur deskriptiven Bedeutung) gleichzusetzen sei.

Weiterhin gelingt es den Autorinnen zu zeigen, dass wichtige Unterschiede nicht nur zwischen der deskriptiven und emotiv-wertenden/expressiven Bedeutung, sondern auch zwischen der emotiven und rationalen Wertung bestehen. Bei der rationalen Bewertung eines Sachverhalts beruft man sich auf eine gemeinsame Wertebasis und gibt an, dass etwas dieser Wertebasis entspricht bzw. widerspricht. Diese Bewertung bleibt aber von den konkreten Emotionen des Einzelnen entbunden (Lukjanova 1986: 27ff.; Telija 1986: 25ff.): Man sagt grundsätzlich so gut wie nichts über seine eigenen Gefühle. Deshalb fällt es leicht zu sagen: „Er ist ein schlechter Junge, aber ich mag ihn“. Die Aussage „Unser Chef ist ein Schinder, aber ich mag ihn“ mutet im Gegenteil merkwürdig an, denn hier wird nicht nur rational bewertet, sondern man signalisiert sein eigenes emotionales Erlebnis, was zu einem verdeckten Widerspruch zwischen der zum Ausdruck gebrachten Emotion im ersten Teil der Äußerung und der denotierten Emotion im zweiten Teil führt.

Wichtig ist auch der Verweis darauf, dass die Expressiva (wie entsprechende sprachliche Einheiten benannt werden) nur teilweise formal markiert sind und sich deshalb oft nur mittels spezieller analytischer Verfahren erkennen lassen (Lukjanova 1986: 9). In vielen Fällen ist der Kontext entscheidend, da viele Expressiva ambivalent sind. Wenn z. B. jemand als „ein Bär“ bezeichnet wird, so kann es je nach der Situation entweder positiv-anerkennend zur Hervorhebung der Stärke oder etwas herablassend als Hinweis auf die Ungeschicktheit klingen.

Die oben kurz skizzierten Ansätze stellen einen deutlichen Fortschritt im semantischen Bereich dar. Man kann aber kaum behaupten, dass darin die endgültige Lösung der Frage nach dem linguistischen Status der Expressivität enthalten ist. In allen oben genannten Arbeiten wird deutlich auf die bekannte Formel von Ch. Bally „Expressivität = Ausdruck von Emotionen" zurückgegriffen, weswegen auf diese Ansätze grundsätzlich dieselbe Kritik applizierbar ist. Es wird deutlich, dass der Terminus *Expressivität* in der vorschlagenden Bedeutung mit dem Begriff *Emotivität* bzw. *Emotionalität* konkurriert. Sowohl geschichtlich gesehen (die Arbeiten von Ch. Osgood, K. O. Erdmann, K. Ogden und A. Richards, Ch. Stevenson u. v. a.) als auch vom Standpunkt der wissenschaftlichen Logik (denn der Terminus *Expressivität* bezeichnet hier nichts anderes als Emotivität und ist insoweit irreführend) wäre aber der letztere Terminus vorzuziehen. Auch der Versuch, die Expressivität auf die Äußerungs- und Textebene zu verschieben, rettet die Situation kaum, denn aus linguistischer Sicht ist eine Grenzziehung zwischen der lexikalisch-semantischen Emotivität und der textsemantischen Expressivität kaum berechtigt. Diese Konkurrenz der Termini führt dazu, dass im Großteil linguistischer Arbeiten die Adjektive *emotiv* und *expressiv* immer wieder als Synonyme oder im Rahmen schwer verständlicher Wortverbindungen wie „expressiv-emotiv" bzw. „expressiv-emotiv-wertend" (vgl. Gridin 1990), auftreten. Diese finden sich zum Teil auch in Standardwerken zu semantischen Fragen. So schreibt z. B. T. Schippan in ihrer Arbeit „Lexikologie der deutschen Sprache": „Die Lexeme einer Synonymgruppe können sich demnach unterscheiden nach ... den konnotativen Semen der Emotionalität und der Expressivität... Emotional-expressive Synonyme entstehen durch metaphorische Übertragung" (Schippan 1984: 226, 228).

Ähnlich verfährt auch W. Fleischer, der in seiner "Wortbildung der deutschen Gegenwartssprache" zuerst von „expressiven Personenbenennungen" etc. spricht (Fleischer/Barz 1995: 100), dann aber in einer synonymischen Bedeutung Wortverbindungen wie „emotionale negative bzw. positive Wertung" (Fleischer/Barz 1995: 132) oder „appellativische Elemente" (Fleischer/Barz 1995: 132) verwendet, ohne zu erklären, warum alle diese Termini variierend gebraucht werden.

2.1.3 Stilistische Auffassungen der Expressivität (historische Übersicht)

Der Hauptunterschied der Stilistik[39] zur Semantik in Bezug auf die Behandlung der Expressivität besteht darin, dass hier der linguistische Status der Emotionen, Wertungen und anderer für die akademische Semantik „verdächtiger" Begriffe nie ernsthaft in Frage gestellt wurde, sondern im Gegenteil zum Gegenstand mehrerer fruchtbaren theoretischen Ansätze wurde. Dies lässt sich dadurch erklä-

---

39 An dieser Stelle sei hervorgehoben, dass im Weiteren nur die Konzepte der linguistischen Stilistik behandelt werden. Die unten angesprochene Theorie der Expressivität von M. Bakhtin fällt in dieser Hinsicht nicht aus der Reihe, weil der Autor unter anderem auch linguistische Arbeiten verfasste.

ren, dass sich die Stilistik als eine rhetorisch geprägte Disziplin bereits in ihren Ursprüngen auf die Analyse der auffälligen Stileigentümlichkeiten der Texte konzentrierte (Spillner 1984: 229), unter denen emotive sprachliche Einheiten immer eine wichtige Rolle spielten. Auch in der neueren stilistischen Literatur unterschiedlicher Richtungen (in der Pragmastilistik, Textstilistik, Funktionalstilistik), in der eigentlich die gleiche Wichtigkeit unterschiedlicher – neutraler wie auffälliger – sprachlicher Zeichen und Strukturen für die Gestaltung des Stils hervorgehoben wird (Krahl/Kurz 1984: 116-117; Sanders 2000: 25; Eroms 2008: 22ff.), gilt das Interesse der Stilforscher immer noch in erster Linie den besonderen sprachlichen Ausdrucksmitteln wie Metaphern, wertende Lexik etc. Manchmal wird der Ausdruck der Einstellungen des Sprechers/Schreibers sogar als die eigentliche Funktion des Stils gesehen (Püschel 1982: 32, 1983: 105).

Auch wenn der Terminus *Expressivität* in der Stilistik recht häufig vorkommt, wird auch hier der Frage nach dem Wesen der Expressivität in der Regel nicht speziell nachgegangen, sondern der Terminus wird wie selbstverständlich im Anschluss an Konzepte aus den älteren Werken von Ch. Bally, E. Riesel und W. Fleischer definiert, ohne dass eine kritische Auseinandersetzung mit diesen Auffassungen erfolgt. Dabei ergibt sich bei genauerem Hinsehen auch in der Stilistik ein buntes und widersprüchliches Bild der Expressivität, was unter anderem durch spezifische Entwicklungswege und Fragestellungen der Stilistik zu erklären ist.

In der Stilistik wird die Position vertreten, nach der die Expressivität bzw. die Emotivität eine Bedeutungskomponente innerhalb der sogenannten *stilistischen Bedeutung* darstellt. Insoweit wird die Expressivität als eine semantische Kategorie verstanden, die besondere, stilistisch relevante Informationen in die Bedeutung einbringt. Neben der expressiven Bedeutungskomponente gehören zur stilistischen Bedeutung noch die funktionale und soziale Komponente. Somit stimmt die stilistische Bedeutung in etwa mit dem semantischen Begriff *Konnotationen* bzw. *expressive Bedeutung* überein, wenn man daraus individuelle Assoziationen ausschließt. Diese Definition der Expressivität als Teil der stilistischen Bedeutung geht (ähnlich wie in der Semantik) auf den Gründer der modernen linguistischen Stilistik Ch. Bally zurück und wird vor allem im programmtischen Werk „Stilistik der deutschen Sprache" von E. Riesel und E. Schendels verankert (Riesel/Schendels 1975: 29). Interessant ist jedoch die Tatsache, dass sich bei E. Riesel und E. Schendels eigentlich keine genaue Erklärung des Terminus findet. Im Gegenteil: Bei der Beschreibung der stilistischen Bedeutung vermeiden die Autorinnen offensichtlich eine deutliche Definition der Expressivität und der expressiven Bedeutungskomponente:[40]

---

40 Diese Tatsache ist umso auffälliger, als die sozialen und funktionalen Bedeutungskomponenten sehr ausführlich beschrieben werden.

> Die expressive Komponente der Stilfärbung kann unter dem paradigmatischen Aspekt nur als Opposition expressiv/nichtexpressiv verstanden werden... Welcher Art die Expressivität ist, die einer konkreten sprachlichen Einheit innewohnt – sei es ein Affix oder ein ganzes Wort, eine morphologische Form oder eine syntaktische Konstruktion – wird erst aus dem Kontext verständlich. Aber selbst hier fällt es oft schwer, eine eindeutige und objektive Bestimmung der Expressivität zu geben (Riesel/Schendels 1975: 33).

Zuerst beschränken sich also die Autorinnen auf die Aufstellung einer Opposition, die kaum als eine aufschlussreiche Erklärung anzusehen ist, und verweisen auf allgemeine Schwierigkeiten bei der Beschreibung der Erscheinung. Der Kontext lässt jedoch annehmen, dass die Autorinnen hier genauso wie Ch. Bally die Begriffe *Expressivität* und *Emotivität* gleichsetzen. An anderen Stellen finden sich jedoch weitere Aussagen zur Expressivität, die dem oben angeführten Zitat teilweise widersprechen und die Situation weiter verkomplizieren:

> Als zweiten allgemeinen Stilzug mit großem Geltungsbereich sehen wir die für alle Typen und Sorten sprachlicher Aussage so relevante Kategorie der Expressivität an. Ohne Verwendung logischer oder/und emotionaler Mittel der Expressivität in all ihren Spielarten ist kein einiger Verständigungsbereich denkbar (Riesel/Schendels 1975: 25).

Hiermit zieht man eine deutlich weitere Grenze für die Expressivität, welche nun beides – Logik und Emotion – umfassen soll und „für alle Typen und Sorten der Aussagen" (!) relevant ist. Diese Formulierung kommt viel näher an den allgemeinsprachlichen Begriff der Expressivität (als Ausdruckskraft) und lässt keine konsequente Unterscheidung der expressiven und nichtexpressiven sprachlichen Erscheinungen zu. An einer weiteren Stelle kehren die Autorinnen dann wieder zur ursprünglichen dualen Vorstellung von Expressivität/Emotionalität zurück:

> Der Name (expressive Phraseologie) geht darauf zurück, daß hier unter den drei Möglichkeiten der Stilfärbung die expressive Komponente dominiert. Insbesondere den Idiomen eignen alle möglichen Ausdrucksformen (scherzhaft, spöttisch, satirisch, abwertend, feierlich, vertraulich u.a.m.), auf jeden Fall ist die Expressivität deutlich spürbar (Riesel/Schendels 1975: 87).

Im oben angeführten Zitat kann man bei aller Heterogenität der zur Beschreibung der expressiven Komponente verwendeten Begriffe doch genau erkennen, dass es den Autorinnen wieder in erster Linie um die emotiv-wertende Bedeutungskomponente geht.

Die allgemeine Verschwommenheit des Begriffs wird also in und durch die Arbeit von E. Riesel und E. Schendels nicht behoben. Die beiden oben genannten Versionen der Definition werden in späteren Publikationen anderer Autoren ohne grundsätzliche Veränderungen übernommen.

Die breitere Definition ist bspw. im bekannten „Kleinen Wörterbuch der Stilkunde" von S. Krahl und J. Kurz zu finden:

> **Expressivität**: 1. auch *Ausdruckswert, Stilwert*: mögliche Bezeichnung für die Summe aller begrifflichen und nichtbegrifflichen Textmerkmale, z. B. assoziative Elemente, Appellfunktion, Emotionalität; auch Stilwert 1 (Krahl/Kurz 1984: 47).

Hier relativieren die Autoren zuerst die Notwendigkeit der Verwendung des Terminus („mögliche Bezeichnung"), um dann die Expressivität pauschal als eine Art von summa summarum *„kontextuell-semantische (Emotionalität) + funktional-kommunikative (Appellfunktion) Textmerkmale + mentale Assoziationen"* zu definieren. Abschließend wird noch der Begriff *Stilwert* als Synonym eingeführt, unter dem die Autoren den „auf sprachliche Elemente bezogenen Oberbegriff für Stilfärbung und Stilschicht" verstehen (Krahl/Kurz 1984: 122).

Noch ein Beispiel einer ähnlich breiten Definition der Expressivität liefert die Arbeit (Fix/Poethe/Yos 2002). Auch hier wird *expressiv* offensichtlich mit der gesamten funktional-stilistischen Bedeutung und diese wiederum mit dem wenig hilfreichen Begriff *Konnotationen* – und sogar *Tropus* (!) – gleichgesetzt:

> ...expressive lexikalische Elemente (konnotierte Lexik: Lexik mit stilistischer, fachlicher, regionaler, sozialer und zeitlicher Markierung sowie emotionaler Komponente; Tropen) (Fix/Poethe/Yos 2002: 51)

Die Vorstellung von der Expressivität als einer kaum genau definierbaren logischen wie emotiven Ausdruckskraft der Rede kommt auch in Arbeiten wie (Fleischer/Michel 1977; Fleischer/Michel/Starke 1993; Michel 1974, 2001; Arnold 1980, 1981, 1986; Maslova 1991; Bao Hun 2003) zum Ausdruck. Hier wird die Expressivität als Gesamtheit **aller** sprachlichen Mittel im Text verstanden, die eine allgemeine Erhöhung der Ausdruckskraft des Textes durch **logische oder emotiv-wertende** Akzentuierung herbeiführen können. G. Michel betont diesbezüglich:

> Das Wesen der Expressivität wird von vielen Wissenschaftlern geradezu in der Emotionalität gesehen... Das Wesen der Expressivität sehe ich also nicht in der Emotionalität, sondern ganz allgemein im *Abgehobensein*, im *Abweichen* von einer Norm (Michel 1974: 137).
>
> Das Wesen der Expressivität beruht auf einer gedanklich oder emotional motivierten Hervorhebung bestimmter Elemente oder Komponenten in der sprachlichen Realisierung einer Mitteilungsabsicht (Michel 1974: 140).

Die Expressivität einer Aussage besteht also nach dem Gedanken des Autors darin, dass diese Aussage Lexeme, Wortverbindungen oder ganze grammatische Strukturen enthält, welche von den sprachlichen Normen abweichen und dadurch die Aufmerksamkeit des Adressaten auf sich lenken.

Diese Definition führt trotz ihrer anscheinenden Einsichtigkeit zur endgültigen Eliminierung eines konkreten linguistischen Status der Expressivität. Der Grund dafür ist der, dass alles Expressive darin schlicht als Abweichung von der Norm betrachtet wird. Da es in diesem Fall nicht nur um klare Fälle der grammatikalischen Abweichungen wie Verletzungen der Wortfolge etc., sondern um Abweichungen in einem sehr allgemeinen Sinne geht (z. B. der Gebrauch eines ungewöhnlichen Wortes), für welche es keine verbindlichen sprachlichen Regelungen und Normen gibt, gibt es folglich auch keine verlässlichen sprachlichen Grenzen bzw. Kriterien, die man zur Abgrenzung des Expressiven vom Nichtexpressiven einsetzen kann. Auch der Begriff der Hervorhebung ist in diesem Kontext kaum behilflich, weil er zu allgemein ist.

Die zweite auf die Arbeit von E. Riesel und E. Schendels zurückgehende Definitionsvariante ist vor allem in den Arbeiten der sowjetischen und GUS-Stilforscher wie (Vinokur 1980: 55; Bakhtin 1997a: 187ff.; Schmelev 2003: 107-109; Salimovskij 2003: 432-433), aber auch in der deutschen Forschung, bspw. in (Sowinski 1999), vertreten.[41] Dieser zweite Ansatz ist offensichtlich eng mit dem oben skizzierten semantischen verwandt (gehen doch beide auf das Konzept von Ch. Bally zurück). Aber in der Stilistik legt man deutlich mehr Wert auf die Expressivität in der Aussage bzw. im Text und ihren Zusammenhang mit einzelnen kommunikativen Funktionen. Der Akzent liegt also nicht mehr auf dem System, sondern auf seinen Realisierungsmöglichkeiten in Text.

Genauso wie bei E. Riesel und E. Schendels wird bei diesem Ansatz alles Expressive innerhalb der Opposition „expressiv – nicht expressiv" erfasst, wobei das markierte Mitglied der Opposition theoretisch jeweils mit einem konkreten Emotions- und Wertungstyp zusammenhängen sollte. Doch in der Praxis wird auf eine genaue Präzisierung der verbalisierten Wertungen und Emotionen verzichtet, und man verweist lediglich ganz allgemein auf die Präsenz einer solchen Emotion und Wertung und auf deren engen Zusammenhang mit der Realisierung der ästhetischen bzw. Appellfunktion hin. Es wird auch nicht näher definiert, worin genau der Unterschied zwischen Expressivität und Emotivität besteht und warum die entsprechenden Spracheinheiten zugleich als emotiv-expressiv bzw. emotiv-expressiv-wertend bezeichnet werden.[42] Auch in diesen Arbeiten ist also der Gebrauch der Termini alles andere als konsequent und kann nicht ohne weiteres als eine ausreichende Basis für den in der vorliegenden Untersuchung ausgearbeiteten diskursanalytischen Ansatz betrachtet werden.

2.1.4 Expressivität in der Pragmatik (historische Übersicht)

Die pragmatische Wende in der Sprachforschung brachte zahlreiche neue Entwicklungen mit sich, und man hätte in diesem Zusammenhang mit Recht eine

41 Einzelne Konzepte unterscheiden sich durch einige Nuancen, aber sie alle beziehen sich grundsätzlich auf die Formel „Expressivität = Emotivität + Wertung".

42 So in den Beiträgen wie (Kotjurova 2003: 456-469; Krishanovskaja 2003: 454).

Objektivierung des linguistischen Status der Expressivität erwarten können. Dies ist jedoch nicht geschehen. Zwar ging der Begriff *Expressivität* als solcher in die pragmatische Sprachtheorie ein, aber sein Gebrauch wird von Anfang an durch eine spezifische Verwendungsweise in den Arbeiten von J. Searle geprägt, der Bedeutung der Kategorie *Expressivität* herausgelöst vom innerhalb der Semantik und Stilistik gestalteten Deutungskontext definierte. Für J. Searle bezieht sich die Expressivität auf einen bestimmten (expressiven) Sprechakttyp, in dem die psychische Einstellung des Sprechenden zu dem in der Proposition vermittelten Sachverhalt ausgedrückt wird (Bußmann 2002: 641). Verallgemeinernd gesagt geht es also bei der Behandlung der Expressivität auch J. Searle um die Verbalisierung von Emotionen, doch als expressiv wird nicht mehr der semantische Gehalt, sondern die kommunikative Aufgabe (illocutionary point) bezeichnet. Inwieweit man sich unter Berücksichtigung der bereits zitierten Quellen dieser überaus populären Auffassung anschließen kann, wird unten an Hand einer ausführlichen Analyse der theoretischen Ursprünge der sprechakttheoretischen Definition der Expressivität diskutiert. Dabei wird vor allem auf folgende Fragen eingegangen:

1. Inwieweit sind die sprechakttheoretischen Grundlagen des Begriffs *Expressivität* schlüssig?

2. Kann die pragmatische Deutung des Begriffs die oben genannten Probleme um den Begriff *Expressivität* lösen und zur Beschreibung des emotiven Sprachgebrauchs beitragen?

Die Deutung des Terminus *Expressivität* innerhalb der Sprechakttheorie geht auf das Organon-Modell der Sprache von K. Bühler (Bühler 1982: 28ff.) zurück. In seinem Modell wird das sprachliche Zeichen vor dem Hintergrund seiner Beziehung zu Sachverhalten, die es abbildet, zum Sender, dessen Innerlichkeit es ausdrückt, und zum Hörer, an den es sich wendet und dessen Verhalten es steuert, betrachtet. Diese drei Aspekte werden in der wissenschaftlichen Literatur gewöhnlich als Ausdrucks-, Darstellungs- und Appellfunktion der Sprache bezeichnet und als Grundlage für die Klassifikation der Illokutionen von Äußerungen in der Pragmalinguistik gesehen.

Bei näherem Betrachten der drei von K. Bühler hervorgehobenen Funktionen fällt jedoch auf, dass das Organon-Modell in seiner ursprünglichen Form für eine Beschreibung kommunikativer Funktionen kaum geeignet ist. Der Autor selbst spricht deutlich von mehreren Aspekten der Semantik eines **sprachlichen Zeichens** (in seinem Gebrauch) (Bühler 1982: 28ff.) und nicht von Intentionen. Auch die von ihm gelieferte Beschreibung einzelner Dimensionen legt nahe, dass im Organon-Modell eigentlich zwei unterschiedliche Dimensionen der Sprache – die pragmatische (funktional-kommunikative) und die semantische – vereint sind. Die wichtigste Funktion bzw. Leistung des Sprachzeichens nach K. Bühler ist die Darstellung, unter der die Relation zwischen dem sprachlichen Zeichen und den Gegenständen und Sachverhalten verstanden wird. Diese Funktion bezieht sich offensichtlich auf die Grundeigenschaft des Zeichens, Objekte und Sachverhalte zu signifizieren, d. h. es geht hier um die kognitive (semantische) Funktion der Sprache, die nicht mit kommunikativen Funktionen gleichzusetzen ist (siehe dazu ausführlicher in Coseriu 1994: 90ff.). In späteren Werken hat die Definition der Darstellungsfunktion eine Modifizierung erfahren: Man sprach nicht mehr vom Darstellen, sondern vom Mitteilen über Darstellen. Erst nach dieser Korrektur kann diese Dimension des sprachlichen Zeichens auf derselben (kommunikativen) Ebene wie bspw. der Appell betrachtet werden.[43]

Die expressive Funktion und die Appellfunktion des Sprachzeichens scheinen im Unterschied zur Darstellungsfunktion vor allem die Funktionen „des Zeichens in seiner Verwendung, Funktionen des Redeaktes" (Coseriu 1994: 90-91) zu sein. Dies kann aber zumindest in Bezug auf die expressive Funktion angezweifelt werden, denn hier hat man mit einem ähnlichen Problem wie bei der Darstellungsfunktion zu tun. Die Eigenschaft eines „expressiven" Zeichens, auf die Gefühle des Subjekts hinzuweisen, kommt diesem nämlich nicht nur in der Kommunikation hinzu, sondern ist ihm, wie oben gezeigt, bereits im Wörterbuch eigen, und diese Eigenschaft ist keine rein kommunikativ-pragmatische, sondern in erster Linie eine semantische: Ein Zeichen kann neben der deskriptiven auch über die emotive (oder nach K. Bühler *expressive*) Bedeutungskomponente verfügen, die Informationen über die Emotionen des Subjektes enthält. Dasselbe gilt auch für ein expressives Sprachzeichen in seiner Verwendung, mit dem Unterschied, dass in der Äußerungsbedeutung die jeweilige lexikalische Bedeutung aktualisiert wird. Die kommunikative Funktion, die ein „expressives" Lexem bzw. ein entsprechender Ausdruck hat, kann mit dieser aktualisierten Bedeutung natürlich zusammenhängen, die beiden Kategorien dürfen jedoch nicht einfach gleigesetzt werden. Die Ausdrucksfunktion ist also genauso wie die Darstellungsfunktion als **semantische Leistung** eines Sprachzeichens zu erfassen. Der Unterschied zwischen den beiden stellt, wie K. Brinker treffend auf den Punkt bringt, nichts anderes als einen Unterschied zwischen zwei unterschiedlichen Referenzarten dar (Brinker 2005: 111-112). Die Darstellungsfunktion bezieht sich auf das Signifizieren der Außenwelt (Prozesse, Personen, Sachverhalte etc.), die expressive Funktion – auf den Ausdruck der psychischen Prozesse.

Die Tatsache, dass K. Bühler die expressive Leistung des sprachlichen Zeichens gesondert und gewisserweise in der Gegenüberstellung zur Darstellungsfunktion behandelt, kann darauf zurückgeführt werden, dass zum Zeitpunkt der Veröffentlichung seiner Arbeit das Interesse an der Expressivität besonders groß war, so dass vor allem in psychologisch beeinflussten Studien eine Trennung als naheliegend erschien. Hinzu kommt noch der Umstand, dass der deutsche Psychologe unter der expressiven Funktion mehr als einfach Referieren auf Emotionen verstanden hat. K. Bühler setzt die expressive Funktion mit dem verbalen Ausdruck eines psychologischen Symptoms („Symptomfunktion") gleich und meint damit,

---

43 Diese Möglichkeit wird bereits von R. Jakobson angedeutet, der in seinem Schema der Sprachfunktionen nicht mehr von „Darstellung", sondern von „Nachricht" spricht (Jakobson 1967, 1971).

dass im Kommunikationsprozess jeder Kommunikant mittels sprachlicher Zeichen unwillkürlich[44] etwas über seinen psychischen Zustand preisgeben kann (so kann z. B. zitternde Stimme ein Symptom starker Aufregung sein). Somit wird die Expressivität im Sinne von K. Bühler zu einer „sekundären semiotischen Ebene", wie ähnliche Erscheinungen von R. Barthes bezeichnet werden, d. h. sie drückt eine Emotion aus und sagt dadurch und aufbauend darauf noch etwas über den Emittenten aus. Diese breite Vorstellung von der Expressivität wird nicht nur bei K. Bühler, sondern auch bei anderen Geisteswissenschaftlern seiner Zeit vertreten, z. B. beim prominenten Philosophen und Logiker R. Carnap in seiner Arbeit „Philosophy and Logical Syntax" (Carnap (1935) 1979: 26ff.).[45]

Diese Besonderheit der Expressivitätstheorie bei K. Bühler erklärt unter anderem, warum in seinem Organon-Modell der Ausdruck von Emotionen in keine direkte Verbindung mit der Appellfunktion gebracht wird, obwohl es naheliegend wäre[46]: Die symptomatisch verstandene Expressivität ist an sich nicht kommunikativ und muss nicht mit Intentionen des Emittenten zusammenhängen.

Erst vor dem Hintergrund des Gesagten wird die Kritik von Ch. Morris am Gebrauch des Begriffs *Expressivität* in der Linguistik nachvollziehbar. Der amerikanische Semiotiker setzt sich eingehend mit dem Begriff *Expressivität* auseinander und blendet eine entsprechende Dimension in seiner Typologie der sprachlichen Zeichen entschieden aus. Dies begründet er dadurch, dass die Expressivität, wie sie z. B. bei K. Bühler dargestellt wird, nach seiner Meinung eine **zusätzliche Eigenschaft des Zeichens** ist. Dieser Zusatz an Informationen über den Emittenten ist fakultativ und wird nicht zielgerichtet an den Empfänger kommuniziert. Als solche liegt die Expressivität für Ch. Morris deshalb deutlich außer der eigentlichen Signifikation des Zeichens und bildet logischerweise auch keine Grundlage zur Differenzierung der Signifikationsmodi (Morris 1973: 151).

Wenn man die in der Sprechakttheorie übliche Vorstellung vom expressiven Sprechakt näher betrachtet, so wird schnell klar, dass sie durch das Organon-Modell von K. Bühler stark beeinflusst wurde. Der expressive Sprechakt wird hier als eine Sprachhandlung definiert, deren illokutionärer Punkt darin besteht, eine bestimmte psychische Einstellung zu einem im propositionalen Gehalt spezifizierten Sachverhalt auszudrücken (Searle 1976: 12). Die Ähnlichkeit der Definitionen ist offensichtlich, denn auch J. Searle spricht genauso wie früher K. Bühler von der Expressivität im Sinne *Ausdrucksfunktion*, geht aber dabei differenzierter vor. Erstens schließt er aus seiner Theorie den symptomatischen Charakter der

44 Ein Symptom ist semiotisch gesehen im Unterschied zu anderen Arten von Zeichen nicht intentional: Es kann zwar als ein Zeichen für einen Sachverhalt interpretiert werden, aber es wird nicht speziell für einen Adressaten gebildet.

45 Diese Deutung der expressiven Funktion wird auch außerhalb der Linguistik weiterhin benutzt, z. B. in religions- und kulturwissenschaftlichen Studien (siehe bspw. Hildebrandt 1996: 59ff.).

46 Diese Tatsache wird in (Coseriu 1994: 75) und (Hermanns 1995a: 164-165) kritisiert.

Expressivität aus. Zweitens betrachtet J. Searle die Expressivität deutlich als eine pragmatische Kategorie, für die es bestimmte semantische Indikatoren gibt. Als solche gelten performative Gefühlsausdrücke in der Form von Verben und verbalen Streckformen, z. B. *beglückwünschen, danken, fluchen, sein Bedauern ausdrücken, seine Freude zum Ausdruck bringen* etc. (Searle/Vanderveken 1985: 211; Marten-Cleef 1991: 6), die gleichzeitig auch als Benennungen für die jeweiligen Sprechaktunterarten verwendet werden können. Diese Verben treten zwar als Prädikate in der jeweiligen Äußerung auf, gehören jedoch nicht ihrer Proposition an, sondern dienen nur dem Ausdruck der Einstellung. Die Proposition, auf welche man Bezug nimmt, wird teilweise implizit ausgedrückt, z. B. *Ich freue mich auf deinen Geburtstag = Ich freue mich darauf, dass du* ***Geburtstag hast***. In diesem Beispiel drückt das Verb *sich freuen* zum einen den psychologischen Zustand („psychological state") aus, zum anderen gilt der Ausdruck dieses psychologischen Zustands auch als kommunikative Aufgabe („illocutionary point") der Äußerung. Diese Deckungsgleichheit macht das spezifische Merkmal expressiver Sprechakte aus, welches bei anderen Typen von Sprechakten nicht gegeben ist (Marten-Cleef 1991: 20-21).

Diese Vorstellung vom expressiven Sprechakt des Gefühlsausdrucks bringt aber viele Fragen mit sich. Erstens fällt auf, dass J. Searle mit seinem Begriff des expressiven Sprechakts keinen allgemeinen Äußerungstyp erfasst, sondern nur eine bestimmte grammatikalische Konstruktion unter die Lupe nimmt, bei der das performative Verb im semantischen Zentrum der Aussage steht und man den präsupponierten Sachverhalt durch syntaktische Dekomposition (meistens einer Objektergänzung) erkennen kann. Dabei werden zahlreiche andere „expressive" Äußerungstypen außer Acht gelassen, mit denen man ähnlich wie mit performativen Verben in der Searle'schen Beschreibung Gefühle ausdrückt, die aber nicht in den entsprechenden engen grammatikalischen Rahmen passen. So beginnen Probleme bereits bei den Aussagen vom Typ *Ich liebe dich,* mit denen nur ein Sachverhalt beschrieben wird, nämlich der, dass man liebt, wobei keine Umschreibung wie *Ich freue mich darauf, dass du Geburtstag hast* möglich ist. Der Ausdruck von Gefühlen bezieht sich hier auf keine weitere Proposition.

Eine weitere Schwachstelle der Definition des expressiven Sprechaktes nach J. Searle besteht darin, dass die Beschreibung der Intention des Emittenten als *Ausdruck von Gefühlen* zu kurz greift und – ein allgemeiner Nachteil der Sprechakttheorie – ausschließlich sprecherorientiert ist, was sowohl innerhalb der Sprechakttheorie (vgl. Rolf 1993: 430ff.), als auch vom allgemeineren funktional-kommunikativen Standpunkt (vgl. Brinker 2005: 112) kritisiert wird. In der Tat kann man, wenn man von den von J. Searle selbst vorgeschlagenen Definitionen und Beispielen ausgeht, kaum zwischen einem expressiven und assertiven Sprechakt unterscheiden, besonders in den Fällen, wenn man **nur** mit einer Einstellungsproposition zu tun hat, vgl. *Ich liebe dich/Ich schreibe einen Brief.* Diese Tatsache wird inzwischen auch in den sprechakttheoretischen Arbeiten anerkannt. So weist S. Marten-Cleef, die die bisher ausführlichste Arbeit zu expressiven Sprechakten vorgelegt hat, darauf hin, dass es denkbar wäre, die Expressiva als „eine spezielle Untergruppe der assertiven Sprechaktklasse" zu betrachten, deren Besonderheit darin besteht, dass sich der Sprecher im Unterschied zu anderen Assertiva nur „darauf festlegt, was in seiner Psyche der Fall ist" (Marten-Cleef 1991: 13ff.). Doch ungeachtet dieser Präzisierung bleibt die Kategorie des expressiven Sprechaktes für die Beschreibung genuin emotiver Spracheinheiten ungeeignet, und zwar aus dem einfachen Grund, dass sie an die propositionale Semantik geknüpft ist, während der emotive/expressive Anteil des Äußerungsgehalts nicht denotativ ist und somit **außerhalb des propositionalen Gehalts** liegt. Deshalb bleiben seine möglichen speziellen kommunikativen Aufgaben (z. B. Appell, poetische, phatische Funktion) in der Definition von J. Searle unberücksichtigt.

Auch wenn der innerhalb der Sprechakttheorie etablierte Begriff der Expressivität und des expressiven Sprechaktes bei weitem die bekannteste pragmatische Lösung der Sprache-und-Emotion-Frage ist, gibt es in der Pragmatik auch andere Versuche, das genannte Problem zu analysieren. In diesen Untersuchungen wird zwar nicht immer der Terminus *Expressivität* verwendet, aber es geht um mögliche kommunikative Aufgaben expressiver Spracheinheiten, weshalb diese Ansätze im Rahmen der vorliegenden Arbeit von Interesse sind.

Eine der erwogenen Möglichkeiten basiert auf der Idee, die emotiv-wertende Bedeutungskomponente außerhalb des eigentlichen Sprechaktes als eine zusätzliche Größe (semantischer oder pragmatischer Art) zu betrachten. Im Allgemeinen spricht man in diesem Zusammenhang vom sogenannten „Beziehungs- und Einstellungsbereich" der Sprache. Diese Idee geht auf das viel zitierte Buch von P. Watzlawick (Watzlawick/Beavin/Jackson 1969) zurück. Hier kann die Arbeit von P. Watzlawick nicht ausführlich referiert werden[47], es wäre jedoch sinnvoll, die Grundgedanken des Autorenkollektivs bezüglich der Einstellungen im Allgemeinen und der emotiven Einstellungen im Besonderen zu erwähnen, weil sie, wie unten gezeigt wird, eine nachhaltige Wirkung auf die weitere Behandlung der Frage in der Pragmatik hatten. Die Herangehensweise des Autorenkollektivs ist wie folgt:

1. Das Problem der Emotionalität/Expressivität gehört in den Bereich *Beziehung/Kontakt*, bei dem „ganz unterschiedliche Dinge in den Blick kommen und man relativ weit von einer einhelligen Beurteilung der Frage entfernt ist, welcher Ebene der Beziehungsaspekt zuzuordnen ist bzw. welche Fragestellungen er umgreift" (Adamzik 1984: 63). Unter der Beziehung wird ganz allgemeinen die Sphäre der persönlichen Einstellungen und des Verhaltens zwischen den Gesprächspartnern verstanden, wobei z. B. K. Adamzik in der Arbeit von P. Watzlawick insgesamt 6 mögliche Deutungen des Begriffs *Beziehung* findet;

47 Eine ausführliche Auseinandersetzung damit findet sich z. B. in (Keller 1977; Adamzik 1984).

2. Die Beziehungsebene wird der propositionalen Sprachebene explizit gegenübergestellt, was die Möglichkeit einer integrativen Untersuchung beider Aspekte in Frage stellt.

Diese und weitere Aspekte des Konzepts von P. Watzlawick wurden in neueren Publikationen kritisch bewertet und teilweise revidiert. Wichtig erscheint in dieser Hinsicht vor allem der Beitrag von R. Keller „Kollokutionäre Akte" (Keller 1977) zu sein. Der Autor betont zwar in seiner Publikation den besonderen Status der emotiv-wertenden Einstellungen neben der propositionalen Inhaltsebene, glaubt aber, dass sie sich im Rahmen der pragmatischen Sprachtheorie doch beschreiben lassen. Seine Definition emotiver Einstellungen ist ungewohnt klar. So unterscheidet er zwischen dem „Nennen von Haltungen" und dem „Zum-Ausdruck-bringen von Haltungen" (Keller 1977: 13) (mit anderen Worten zwischen den emotionsbenennenden und den emotionsausdrückenden Spracheinheiten), was für die pragmatischen Analysen eher eine Ausnahme ist. Nur beim Zum-Ausdruck-bringen emotiver Haltungen geht es nach seiner Meinung um die eigentlichen emotiv-wertenden Einstellungen, die gesondert zu behandeln sind. R. Keller schließt auch alle anderen Arten von Einstellungen aus, die nicht unmittelbar mit Emotionen zu tun haben, und reduziert somit den ansonsten sehr weit gefassten Bereich der Einstellungen auf eine übersichtliche Gruppe von Erscheinungen.

Den Kern seines Ansatzes bildet die These von einer besonderen kommunikativen Aufgabe emotiv-wertender Einstellungen: Nach R. Keller stellen sie die semantische Grundlage für den Vollzug einer als zusätzlich zum illokutionären Akt zu betrachtenden „kollokutionären Handlung" dar (Keller 1977: 22ff.). Hier liegt für den Autor der Hauptunterschied zwischen den emotiven Einstellungen, die der Realisierung zusätzlicher kollokutionärer Handlungen dienen und insoweit eigenständig sind, und den restlichen Einstellungen, welche nach R. Keller lediglich Teile des an die Proposition gebundenen Sprechaktes sind, dessen Sinn sie einfach modifizieren (Keller 1977: 8-9).

Weniger fortschrittlich bleibt R. Keller bei der Bestimmung des Wesens der kollokutionären Handlung, das nach seiner Meinung in einer Art impliziter Informierung, dem Erkennenlassen der Haltungen besteht. In diesem Punkt deckt sich der Ansatz von R. Keller offensichtlich mit der Definition der expressiven Illokution in der Sprechakttheorie. Weitere kommunikative Potenzen der emotiv-wertenden Aussageinhalte, insbesondere ihr appellatives Potential, bestreitet der Autor mit dem Verweis darauf, dass Überzeugungen, Glauben, Haltungen nicht auf Einladungen oder Aufforderungen hin verändert werden können (Keller 1977: 39). Hier kann seiner Logik nicht weiter gefolgt werden, man sollte jedoch darauf hinweisen, dass in der vorliegenden Studie diese Meinung nicht geteilt wird.

Die in (Watzlawick/Beavin/Jackson 1969) formulierten Ideen und ihre Anwendbarkeit für die linguistische Pragmatik wurden auch in anderen linguistischen Arbeiten behandelt, die sich hauptsächlich mit der Beantwortung der Frage nach dem Stellenwert des Bereichs *Beziehung/Kontakt* und seiner Nützlichkeit für die

Pragmatik befassen. Es sind insbesondere die Arbeiten von W. Holly (Holly 1979), S. Sager (1981) und K. Adamzik (Adamzik 1984) zu nennen, die das skizzierte Problem unter verschiedenen Blickwinkeln betrachten und teilweise zu einander widersprechenden Ergebnissen kommen.

W. Holly konzentriert sich in seiner Arbeit vor allem auf die rituellen Kontaktmuster (Danksagungen etc.), also auf einen Teilbereich des Beziehungsaspekts, der auf den ersten Blick nur indirekt mit der emotiven Wertung zu tun hat. Der Autor befasst sich in seiner Arbeit aber auch mit dem Ausdruck der gegenseitigen Wertschätzung und Schutz des eigenen und fremden Images vor Schädigungen (Holly 1979: 2), also mit den Themen, bei denen man zumindest bei der praktischen Analyse die Sprache-und-Emotion-Problematik nicht ignorieren kann. Leider wird in der Arbeit keine konsequente Position in Bezug auf die sprachliche Lokalisierung des Beziehungsbereichs im Allgemeinen und folglich auch des emotiv-wertenden Sprachgebrauchs im Besonderen formuliert. Zuerst scheint der Autor die Beziehung auf der Illokutionsebene anzusiedeln (Holly 1979: 6), dazu führt er den Begriff *Beziehungshandlung* ein. Da er aber einen sehr weiten Kreis von sprachlichen Erscheinungen in Betracht zieht, zwingt dessen Heterogenität den Autor dazu, diese Gleichsetzung zu revidieren und den sprachlichen Beziehungsaspekt auch auf der inhaltlichen Ebene anzusetzen, wo er in Form von speziellen Informationen auftritt, welche den Aufschluss über eine entsprechende Beziehungshandlung geben (Holly 1979: 90). Diese Lokalisierung des Beziehungsaspekts auf der Ebene der Satzsemantik und die Anerkennung der besonderen Rolle solcher „Beziehungslexeme" für die Realisierung zumindest einiger kommunikativer Aufgaben ist insoweit bemerkenswert, als damit der grundsätzlichen Ausklammerung der nichtpropositionalen Beziehungssemantik aus der pragmatischen Analyse widersprochen wird. Dabei gelangt W. Holly zu dem auch in der vorliegenden Arbeit geteilten Schluss, dass „die Unterscheidung von Inhalts- und Beziehungsaspekt keine empirische, sondern nur eine analytische ist" (Holly 1979: 14), was die Relevanz einer solchen Unterscheidung grundsätzlich in Frage stellt. Leider führt diese Beobachtung den Autor nicht dazu, auf die verwirrende doppelte Lokalisierung des Beziehungsbereichs zu verzichten und Regeln für die Abgrenzung und Beschreibung der Beziehungssemantik und der Beziehungshandlungen zu formulieren.

Für die vorliegende Untersuchung ist jedoch wichtig, dass W. Holly (genauso wie R. Keller) von der prinzipiellen Möglichkeit ausgeht, dass mit einer Aussage zwei oder mehrere sprachliche Handlungen ausgeführt werden können (eine Illokutionshandlung und eine oder mehrere Beziehungshandlungen), weshalb bei der Analyse mehrere „Sprechhandlungsschichten" anzunehmen sind (Holly 1979: 17ff.), die sich auf unterschiedliche Anteile der Satzsemantik stützen. Dieser Gedanke von W. Holly weist einen deutlichen Widerspruch zum traditionellen sprechakttheoretischen Grundsatz „eine Äußerung = eine kommunikative Funktion (Illokution)" auf.

Einen weiteren Versuch, die Kategorie *Beziehung* und somit das entsprechende breite Spektrum von sprachlichen Erscheinungen für die Linguistik fruchtbar zu machen, wurde in der Arbeit von S. Sager „Sprache und Beziehung: linguistische Untersuchungen zum Zusammenhang von sprachlicher Kommunikation und zwischenmenschlicher Beziehung" (Sager 1981) unternommen. Auch S. Sager entwickelt seine Thesen in einer polemischen Auseinandersetzung mit den in (Watzlawick/Beavin/Jackson 1969) formulierten Gedanken. Anders als R. Keller in seinem Konzept der kollokutionären Sprechhandlung und W. Holly mit dem Integrationsversuch auf der Lokutions- und Illokutionsebene setzt der Autor die Beziehung mit der Kontaktfunktion der Sprache gleich und grenzt somit seine Analyse auf einen relativ engen Bereich kommunikativer Tätigkeit ein, den er durch eine sehr breite Definition des Begriffs *Kontakt* sowie durch eine ausführliche Typologie der Kontakthandlungen bzw. „collokutiver Akte", wie er sie in Anlehnung an R. Keller nennt, zu erweitern sucht. Diese Typologie erfolgt unter Einbeziehung von Ergebnissen aus linguistischen, psychologischen und sozialwissenschaftlichen Studien. Die Konzentration auf einen einzigen Typ der Kommunikationsfunktion führt dazu, dass auch emotiv-wertende Spracheinheiten nur unter dem Aspekt ihrer möglichen Verwendung zur Herstellung und Unterhaltung des Kontakts behandelt werden. So spricht der Autor z. B. von der speziellen „Emotionalbeziehung" (Sager 1981: 44-45), die entsprechend dem Schema (Sager 1981: 226) wie alle anderen Aspekte des Beziehungssystems in den Bereich „Kontakt" mündet. Bei der Aufstellung seiner Typologie der Kontakthandlungen schenkt S. Sager den verbalisierten Emotionen nur wenig Aufmerksamkeit. Dieses Thema kommt nur in Verbindung mit dem Teilsprechakttyp *Valuative* vor. In diesem Sprechakt werden rational-wertende Spracheinheiten zusammen mit emotiv-wertenden behandelt. Die emotive Lexik als solche wird nur beiläufig bei der Differenzierung der Untertypen valuativer Sprachhandlungen erwähnt und nicht näher untersucht (vgl. Sager 1981: 284, 287).

Deutlich aufschlussreicher ist in dieser Hinsicht die Arbeit „Sprachliches Handeln und sozialer Kontakt: zur Integration der Kategorie „Beziehungsaspekt" in eine sprechakttheoretische Beschreibung des Deutschen" von K. Adamzik (Adamzik 1984). Zwar geht die Autorin auf dieselben Fragen wie W. Holly und S. Sager ein, aber ihre Abhandlung basiert auf einer kritischen Analyse der genannten Quellen, an deren Fragestellungen sie anknüpft und deren Erkenntnisse sie im Rahmen ihres eigenen Konzepts erfolgreich überarbeitet. Am nächsten steht ihr Ansatz dem Konzept kollokutionärer Akte von R. Keller, denn auch sie betont, dass „die Untersuchung der (emotionalen) Einstellungen, die Gesprächsteilnehmer zum Ausdruck bringen, einer genuinen Fragestellung gleichkommt, die mit anderen Betrachtungsebenen nicht vermischt werden sollte" (Adamzik 1984: 110). Die Schwächen des Ansatzes von R. Keller sieht K. Adamzik darin, dass R. Keller seine Thesen zu wenig an konkreten Beispielen verdeutlicht und dass sein Beitrag eher den Einführungscharakter hat.

Im Einklang mit dieser Kritik betrachtet die Autorin an Hand theoretischer Ausführungen und konkreter Beobachtungen den ganzen Beziehungsbereich, in dem sie jedoch die emotiv-wertenden Einstellungen (von K. Adamzik auch als „affektive Einstellungen" bezeichnet) als eine selbstständige Unterklasse der Beziehungssemantik hervorhebt. Leider spielt die Klasse der affektiven Einstellungen nur eine untergeordnete Rolle für die Untersuchung. Maßgebend für die Autorin bleibt auf der theoretischen Ebene der Begriff *Beziehung*, den sie ähnlich wie andere Autoren als eine „allgemeine Kategorie" bezeichnet, „entsprechend der alle Partnerkonstellationen beurteilt werden können" (Adamzik 1984: 128). Auf der praktischen Ebene befasst sich die Autorin mit den Bewertungs- und Informationshandlungen (BEWERTUNGEN und REPRÄSENTATIVA), welche nicht speziell in Verbindung mit emotiv-wertenden Spracheinheiten gebracht werden. Trotzdem kommt die Autorin im Laufe ihrer praktischen Analyse zu einigen aus der Sicht der vorliegenden Studie interessanten Ergebnissen, die vor allem für die pragmatische Beschreibungsebene der Expressivität von Bedeutung sind. So zeigt K. Adamzik am Beispiel der Repräsentativa, dass in diesen Sprachhandlungen neben dem Hauptkommunikationszweck auch das Kommunizieren von Einstellungen von Interaktanten möglich ist. Die Autorin betont, dass die Einstellungen ausdrückenden Aussageteile nicht immer einfach Indikatoren der einzigen Äußerungsillokution sind, denn sie können dieser auch widersprechen (wenn z. B. in einer anscheinend deskriptiven Aussage „beiläufige Persuasion" stattfindet). Man kann sie aus diesem Grund auch kaum als Teilakte innerhalb einer übergreifenden Illokution betrachten und mittels der *indem*-Beziehung mit der Hauptillokution in Verbindung setzen. Auch als ein indirekter Sprechakt können solche Äußerungen nicht behandelt werden, weil das „Beziehungswort" die Wirkung der Indikatoren der Illokution nicht wirklich außer Kraft setzt. Die einfachste und der Realität am nächsten liegende Lösung wäre in diesem Fall nach K. Adamzik das Vorhandensein in einer Aussage neben der Hauptillokution auch einer oder mehrerer zusätzlicher Kommunikationsaufgaben, welche trotz ihrer anscheinenden Unauffälligkeit und Zweitrangigkeit in manchen Kontexten die Hauptillokution überlagern können.

2.1.5 Historische Übersicht: Fazit

Obwohl alles Gesagte die historischen Ursprünge der Expressivität noch nicht vollständig beleuchtet, bietet es eine ausreichende Grundlage, um die wichtigsten Probleme klar zu umreißen:

1. Das erste grundlegende Problem besteht darin, dass die Expressivität zum Sprache-und-Emotion-Bereich gehört, der aus der Sprachwissenschaft lange Zeit ausgeklammert wurde. Insoweit war der linguistische Stellenwert des Terminus von Anfang an unklar. Die möglichen Definitionen wurden meist intuitiv vom allgemeinsprachlichen Gebrauch des Begriffs *Expressivität* abgeleitet und nicht speziell auf den linguistischen Bedarf zugeschnitten;

2. Diese Probleme wurden im erheblichen Maße durch den nicht differenzierten Gebrauch des Terminus in den Werken von Ch. Bally und K. Vossler bedingt. In

den dort vorgeschlagenen Definitionen und meisten späteren Ansätzen stellt die Expressivität eine Art „Ersatz-Terminus" für die deutlich besser linguistisch verankerten Begriffe wie *Emotivität, Wertung, Konnotationen* etc. Jede Wissenschaft ist jedoch um die Aufhebung jeder unnötigen Synonymie im terminologischen Bereich bemüht, daher war und bleibt der Status der Expressivität in dieser synonymischen Rolle strittig. Es liegt auf der Hand, dass man diesen „Geburtsfehler" der Expressivität beheben muss, um die Verwendung des Terminus in einer linguistischen Untersuchung zu rechtfertigen;

3. In der Pragmatik wird der Terminus *Expressivität* anders als in der Stilistik und Semantik definiert. Die bekannteste (sprechakttheoretische) Definition, die sich an den Beschreibungsansatz von K. Bühler anlehnt, scheint aber ungeeignet zu sein, als eine theoretische Grundlage für die linguistische Analyse emotiv-wertender Sprachverwendung in realer Kommunikation zu dienen.

Wenn man vom sprechakttheoretischen Ansatz absieht, so kann man schlussfolgern, dass die Expressivität in der Pragmatik als ein möglicher Untersuchungsbereich bisher einfach nicht erkannt wurde. In den meisten Arbeiten, die sich mit diesem Problem über die Grenzen der traditionellen Sprechakttheorie hinaus befassen, setzt man sich zu wenig mit dem linguistischen Status der Emotivität/Expressivität auseinander und marginalisiert die beiden Begriffe durch den Verweis in den linguistisch kaum erfassbaren Bereich *Beziehung/Haltung/Einstellung*. Dieser wird genauso wie der konnotative Bereich in der Semantik vor allem als „Restbereich" für die Erscheinungen verwendet, die in den bestehenden Rahmen der pragmatischen Theorie nicht passen (von Polenz 2008: 223).

2.2 Expressivität als linguistische Kategorie: Definitionsgrundlagen

Bei aller Unbestimmtheit des emotiv-wertenden Bereichs und der dazugehörenden Kategorie *Expressivität* in der Linguistik, kann man in den letzten 20 Jahren eine wachsende Aufmerksamkeit diesem Thema gegenüber beobachten. Als ein Meilenstein für diesen Prozess gilt der bekannte Vortrag von F. Daneš auf dem XIV. Internationalen Kongress der Linguisten 1987 in Berlin[48], dessen Veröffentlichung mehrere Linguisten dazu inspirierte, allgemeine Fragen zur Rolle von Emotionen in der Sprache vertieft zu behandeln (vgl. Schakhovskij 1987a, 1987b, 2008; Telija 1986, 1991a, 1991b, 1996; Fiehler 1990; Schwarz-Friesel 2007; Fries 1995, 2000, 2004, 2007; Hermanns 1995a, 2004). Ihre Arbeiten enthalten innovative Gedanken und decken viele bestehende Defizite auf. Einige dieser Defizite wer-

48 In seinem Vortrag hat der tschechische Linguist die Wechselbeziehung zwischen der Kognition und Emotion als einen zentralen Faktor für die Entwicklung des Wissenssystems und des Sprachwissens hervorgehoben. Daraus resultiert nach F. Daneš die Omnipräsenz der Emotion im Sprachsystem und Sprachgebrauch, für deren Untersuchung geeignete linguistische Instrumente entwickelt werden müssen (Daneš 1987: 272ff.).

den unten als Fragestellungen formuliert, die in diesem und den nächsten Abschnitten näher behandelt werden:

1. Welchen linguistischen Status haben einzelne sprachliche Erscheinungen, die regelmäßig in Verbindung mit Expressivität gebracht werden, darunter Emotivität, Bewertung, Konnotationen etc.?

2. Zu welcher sprachlichen Ebene gehört die Kategorie der Expressivität?

3. Welcher linguistische Ansatz sollte für die linguistische Untersuchung der Expressivität verwendet werden?

Wie die historische Übersicht gezeigt hat, kann eine überzeugende Definition der Expressivität nur dadurch geliefert werden, dass ihre Grenzen zu den anderen, verwandten Termini wie *emotiv, affektiv, wertend, konnotativ, modal* festgelegt werden, mit denen sie im Laufe der geschichtlichen Entwicklung der Sprachwissenschaft mehrmals gleichgesetzt wurde.

Relativ leicht fällt die Definition des Begriffs *Emotivität*. Soweit man von den restriktiven Versuchen absieht, die emotive Bedeutungskomponente aus linguistischen Untersuchungen gänzlich auszuschließen, kann man behaupten, dass mittlerweile quer durch mehrere linguistische Disziplinen die Existenz der emotiven Bedeutungskomponente anerkannt wird. Dieser Standpunkt findet in den letzten Jahrzehnten vor allem in den Arbeiten zur lexikalischen und aktuellen Bedeutung wie (Dieckmann 1975; Freitag 1977; Leech 1977; Schippan 1980, 1983, 1984; Sornig 1981; Telija 1981, 1986, 1988, 1991a, 1991b, 1996; Hermanns 1986, 1995a, 1996b, 2002a, 2002b, 2002c, 2004; Lukjanova 1986, 1991; Nikitin 1996; Schakhovskij 1987a, 1987b, 1995a, 1995b, 2002, 2008; Babenko 1989; Cruse 1986; Fiehler 1986, 1990, 1993, 2002; Fleischer/Michel/Starke 1993; Volek 1995; Apressjan 1995; Fries 1995, 1996, 2007; Lyons 1996; Koboseva 2000; Rastier 2001; Löbner 2003; Schwarz-Friesel 2007) und textlinguistischen Arbeiten wie (Rossipal 1978; Püschel 1982; Maslova 1991, 1995; Wolf 1988, 2006; Sandig 2006) u. a. zunehmende Unterstützung. Diese Bedeutungskomponente wird meistens als *emotiv*, manchmal auch als *emotional* und *affektiv* bezeichnet. Im weiteren Verlauf der Untersuchung wird sie, ähnlich wie in (Fries 1996; Schakhovskij 2008), nur als *emotiv*, die linguistische Kategorie nur als *Emotivität* bezeichnet. Somit wird hervorgehoben, dass es in der Analyse um eine linguistische (und nicht psychologische) Kategorie geht. Im Bedarfsfall lassen sich vom Adjektiv *emotiv* leicht weitere Termini wie *emotiv-wertend* ableiten.

Der Terminus *affektiv* wird zwar häufig als Synonym zu *emotiv* verwendet (vgl. Leech 1977; Bachem 1979; Schumann 1983; Bally (1913) 2003), doch es scheint sinnvoll, zwischen der affektiven und emotiv-wertenden Lexik zu unterscheiden. Die erstere umfasst eine enge Gruppe von Spracheinheiten, in deren Bedeutung die emotiv-wertende Komponente eindeutig dominiert bzw. so gut wie den ganzen semantischen Inhalt ausmacht (alle Interjektionen, viele Vulgarismen, Kosewörter etc.); die letztere ist dagegen ein Dachbegriff für alle Arten emotiver Lexik (Schakhovskij 2008: 74-75).

Was den Begriff *Wertung/Evaluation* angeht, so wird er in der wissenschaftlichen Literatur bald als Synonym zu den Termini *Expressivität* bzw. *Emotivität* verwendet, bald einfach in Verbindung damit gebracht. Im Grunde genommen bezeichnet er einen anderen Typ semantischer Informationen, die im Unterschied zur Emotivität nicht dem unmittelbaren Ausdruck der Emotionen dienen, sondern die Erfüllung oder Nichterfüllung bestimmter gesellschaftlich anerkannter Normen durch das Denotat oder eine seiner Eigenschaften angeben. Über genaue Zusammenhänge zwischen der Emotivität und Wertung gibt es bisher keine Einigkeit, deshalb wird auf ihre Beziehung in den nächsten Abschnitten ausführlicher eingegangen.

Ein weiterer Terminus, der in der linguistischen Literatur oft in Verbindung mit Emotivität/Expressivität gebracht wird, heißt Konnotation (vgl. Telija 1981, 1986, 1988, 1990, 1991a, 1991b, 1996; Schifko 1979; Bachem 1979; Salimovskij 2003; Gridin 1990; Rossipal 1979). Wie bereits gezeigt, hat man aber unter den Konnotationen von Anfang an ein breiteres Spektrum von Erscheinungen als nur emotiv-wertende/expressive Bedeutungskomponenten verstanden. Neben den Arbeiten, in denen die Konnotationen bewusst als Bedeutungskomponenten betrachtet werden (Dieckmann 1975, 1981; Hanappel/Melenk 1984; Telija 1986, 1991a, 1991b; Hoppenkamps 1977; Jahr 2000b) wird in einer ganzen Reihe von Untersuchnugen auch die Meinung vertreten, dass unter den Konnotationen alle möglichen Informationszusätze zu verstehen sind, ungeachtet davon, ob es dabei um konventionelle semantische Inhalte oder gruppenbezogene bzw. individuelle Assoziationen geht. Diese Ansätze folgen der einfachen Logik, dass für die Definition des Terminus seine Etymologie ausreicht („mit" + „gemeintes"), weshalb alles Zusätzliche, was über den begrifflichen Kern der Bedeutung hinaus geht, als konnotativ bezeichnet werden kann (vgl. bspw. die Definitionspaletten in Rössler 1979; Ludwig 1983, 1991; Schippan 1984; Garza-Cuarón 1991). Das Ergebnis solcher Beschreibungsansätze fällt so aus, dass man, wie F. Hermanns treffend formiliert, „nun den Terminus erst recht nicht mehr verwenden möchte" (Hermanns 1995a: 166). Die letztere Position ist für eine differenzierte Untersuchung der Expressivität verständlicherweise kaum akzeptabel. Es scheint naheliegend, diejenige Definition von Konnotationen beizubehalten, bei der die konnotativen Bedeutungskomponenten (dazu gehören auch die emotiv-wertenden Seme) von den individuellen semantischen Assoziationen/Vorstellungen und „kommunikativen Präferenzen" (Schuhmann 1983) abgegrenzt werden. Dadurch erhält man eine verständliche und kurze Bezeichnungsform für die Gesamtheit aller konventionellen nichtdeskriptiven Bedeutungskomponenten. Außerdem lassen sich vom Begriff *Konnotation* leicht weitere terminologische Formen wie *konnotieren, konnotative Bedeutung* ableiten.

Außerhalb der konnotativen Bedeutung bleiben, wie bereits gesagt, die Assoziationen, welche individuell (so kann die Bedeutung von *essen* regelmäßig mit dem Merkmal *im Restaurant* assoziiert werden, obwohl dieses Merkmal nicht zur Bedeutung von *essen* gehört) und daher unbedeutend sind. Auch die überindividuellen Assoziationen, die z. B. kulturell bedingt sind, und durch bestimmte kulturelle Artefakte und Praktiken (Bücher, Märchenerzählen, Anekdoten etc.) vermittelt werden, bleiben außerhalb der konnotativen Bedeutung, solange sie nicht in die aktuelle Bedeutung (z. B. infolge einer Metaphorisierung) eingehen. So wird bspw. der Hahn in der deutschen kulturellen Praxis als ein aggressiver Vogel empfunden, obwohl in der lexikalischen Bedeutung des Wortes ein solches Sem fehlt. Diese „Empfindung" führte aber zur Bildung einer usuellen Metapher *Kampfhahn*, in der das ursprünglich assoziative Merkmal *aggressiv* und die dazugehörige bildliche Bedeutungskomponente nun den Inhalt ausmachen.

Da in der Untersuchung die Expressivität auf der Text- und Diskursebene analysiert wird, wäre dieser Abschnitt unvollständig, wenn die terminologischen Schwierigkeiten im Sprache-und-Emotion-Bereich auf der Äußerungsebene nicht angesprochen würden.

Ein nicht nur für die Pragmatik, sondern auch für die Sprachwissenschaft im Ganzen geläufiger Begriff, mit dem gelegentlich die auf der Äußerungs- und Textebene verbalisierten Emotionen erfasst werden, heißt *Modalität*. Der Nutzen dieser Kategorie für die Linguistik scheint vor allem daran zu liegen, dass dadurch eine Subsumierung unterschiedlicher Propositionseinstellungen möglich ist, die mit den modallogischen Begriffen *Notwendigkeit* und *Möglichkeit* zu tun hat (Bußmann 2002: 438-439). In dieser Hinsicht sind die Begriffe *Modalität* und *propositionale Einstellung* identisch und haben in Bezug auf die Untersuchung der Emotivität/Expressivität gleiche Nachteil, denn beide sind einfach zu weite Begriffe (von Polenz 2008: 194, 212). Die Palette der Attitüden des Sprechers/Verfassers zum propositionalen Gehalt (Aussagegehalt) bzw. der Modalitäten ist sehr breit und reicht von Gewissheit und Vermutung über Distanzierung bis zu Wollen, Erwarten, Hoffen usw. Aus diesem Grund scheint der Vorschlag von R. Keller besonders plausibel zu sein, das Zum-Ausdruck-Bringen von Emotionen von den thematischen Einstellungen (auch *Sprechereinstellungen, propositionale Einstellungen* genannt) abzugrenzen.

Die oben dargestellte Eingrenzung der linguistischen Begriffe macht eine erste Annäherung an den Begriff der Expressivität möglich. Es steht nun fest, dass die in der Linguistik fest verankerten Begriffe wie *Emotivität, Wertung, konnotative Bedeutung* sowie *propositionale Einstellungen/Modalität* die gesamte Palette der nichtdeskriptiven semantischen Erscheinungen abdecken, zu deren Bezeichnung auch der Terminus *Expressivität* verwendet werden könnte. Eeine diesen Termini synonymische Definition der Expressivität wäre überflüssig und würde die ohnehin undurchsichtig gewordene Terminologie unnötig verkomplizieren.

Die Analyse der historischen Entwicklung der Expressivitätstheorie legt aber auch eine andere, pragmatische Definition nahe. Es fällt auf, dass der emotivwertenden Bedeutung, wann immer sie zum Gegenstand linguistischer Untersuchungen wird, einhellig ein besonderes pragmatisches Potential zuerkannt wird. Dieser Gedanke findet seinen Ausdruck bereits in der Definition der emotiven Bedeutung bei K. Ogden und A. Richards:

Under the emotive function are included both the expression of emotions, attitudes, moods, intentions, etc., in the speaker, and their communication, i.e., their evocation in the listener. (Ogden/Richards 1969: 149).

Vgl. auch:

> The study of expressive language deals with the description of the elements of the linguistic code (or codes) that are endowed with an emotive function, that is, elements that serve to express the speaker's attitude toward his collocutor or the thing spoken about (Stankiewicz 1967: 96).
>
> The emotive meaning of a word is the power that the word acquires, on account of its history in emotional situations, to evoke or directly express attitudes, as distinct from describing or designating them. In simple forms it is typical of interjections; in more complicated forms it is a contributing factor to poetry… Emotive terms present the subject of which they are predicated in a bright or dim light, so to speak, and thereby lead people, rather than command them, to alter their attitudes. (Stevenson 1976: 33).
>
> But for the expressive function, affective meaning ... is clearly all-important. (Leech 1977: 49).

In den neueren Arbeiten ist dieser Gedanke z. B. in (Brinker 2005: 123; Sandig 2006: 15ff.) formuliert.

Insoweit liegt es nahe, **unter Expressivität nicht die emotive Semantik als solche, sondern ihr besonderes pragmatisches Potential im Sprachgebrauch** zu verstehen.

Die vorgeschlagene Definition hat mehrere Vorteile, die bei den anderen oben genannten Deutungen des Begriffs nicht gegeben sind:

1. Diese Definition der Expressivität setzt die linguistische Tradition der Betrachtung der Expressivität im Rahmen der linguistischen Sprache-und-Emotion-Forschung fort und lässt gleichzeitig die uralte und bisher nicht gelöste Frage nach der Beziehung zwischen der Emotivität und Expressivität konsequent beantworten;

2. Dabei wird der bisher vernachlässigte oder gar ignorierte Bereich der konnotativen Bedeutung als ein eigenständiger Problemknoten mit eindeutiger Terminologie auf der semantischen und pragmatischen Ebene klar umrissen und eine Grundlage für seine Analyse geschaffen;

3. Die allgemeine Forschungsrichtung, die sich aus der vorgeschlagenen Definition ergibt, lässt die Expressivität als eine diskursive Kategorie betrachten, d. h. semantische Erscheinungen (Lexem-, Äußerungs- und Textsemantik) in ihrer „natürlichen Existenzform" (unter Berücksichtigung soziokommunikativer Aspekte) untersuchen;

4. Die Kategorie der Expressivität bietet in der vorgeschlagenen Bedeutung einen klaren theoretischen Rahmen für die Diskursanalyse des pragmatischen Potentials der emotiv-wertenden Semantik, welches bisher nur sehr knapp erforscht wurde.

Als eine pragmatische Kategorie bezieht sich die Expressivität auf die sprachlichen Mittel, die durch das Sprachsystem bereitgestellt werden (Wortschatz, grammatische Regeln und Textmusterwissen). Diese sprachlichen Mittel werden aber stets in einem qualitativ neuen dynamischen System (Text) unter Berücksichtigung seiner kontextuellen und soziopragmatischen Zusammenhänge (Diskurs) analysiert, um ihr kommunikatives Potential zu bestimmen. Somit bezieht sich die Expressivität in erster Linie auf Texte und Aussagen als relativ unabhängige Bestandteile von Diskursen. Die Lexeme als Bestandteile des Wortschatzsystems können dagegen nicht als expressiv bezeichnet werden, da sie nur über die semantische (emotiv/wertende) Dimension verfügen. Eine bestimmte expressive Ladung kommt ihnen erst im konkreten kommunikativen Kontext zu, wo sie nicht mehr als passive Teile des Sprachsystems, sondern als „aktivierte" syntagmatisch verkettete Teile eines übergreifenden kommunikativen Ganzen (des Textes und des Diskurses) fungieren.

Die Expressivität eines Textes kann deshalb schematisch als folgende 3-Ebenen-Struktur dargestellt werden:

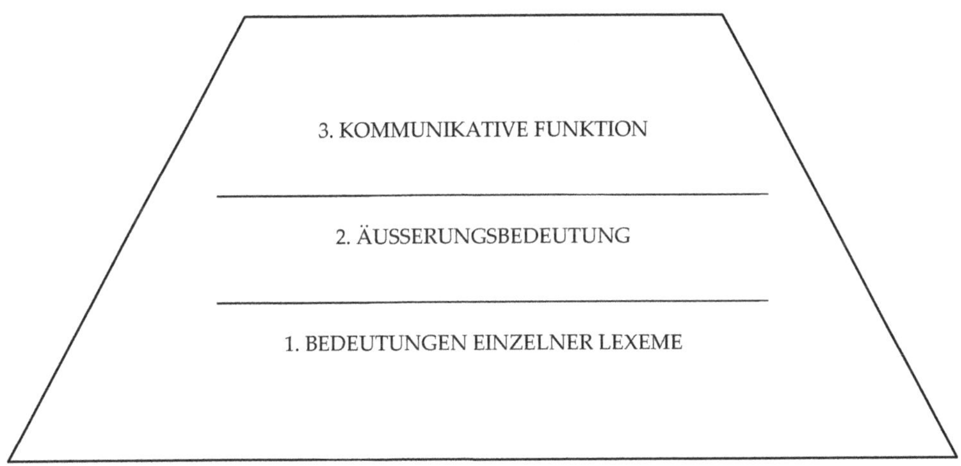

Schema 2.1 3-Ebenen-Modell der Kategorie *Expressivität*

Die erste Ebene umfasst die kontextuellen Bedeutungen einzelner Lexeme als Ergebnisse der Aktualisierung ihrer lexikalischen Bedeutungen.

Die Ebene der Äußerungsbedeutung stellt die Schnittstelle zwischen der kontextuell-semantischen und funktional-kommunikativen Dimension der Untersuchung dar. Hier werden die Äußerungsbedeutungen erschlossen. Dabei werden komplexe Bedeutungen auf Grundlage von Basisbedeutungen entsprechend dem Kompositionalitätsprinzip nach G. Frege (Löbner 2003: 72-74; Linke/Nussbaumer/Portmann 2004: 171; Schwarz-Friesel 2007: 174) beschrieben. Auf dieser Ebene ist zu beachten, dass die emotive Semantik nicht zur propositionssemantischen Äußerungsebene gehört.

Auf der obersten Ebene wird das allgemeine kommunikative Ziel der Verwendung aller zu analysierenden Einheiten eines Textes unter Berücksichtigung aller unteren Ebenen sowie des textuellen und diskursiven Kontextes festgestellt. Dieses Ziel überdeckt sich nicht unbedingt mit der Hauptillokution des Textes und kann im Bezug darauf unterschiedliche Aufgaben erfüllen, z. B. die Textfunktion unterstützen oder damit in einem (manchmal scheinbaren) Widerspruch stehen. Ein Beispiel für die kommunikative Situation vom ersten Typ wäre eine Verteidigungsrede vor Gericht. Ihre kommunikative Funktion ist ein (vor allem rationaler) Appell an die Geschworenen, den Angeklagten für unschuldig zu erklären. Die emotiv-wertenden Texteinheiten sind im diesem Fall eigentlich überflüssig, aber ihre Verwendung kann die Argumentation erheblich verstärken, weshalb solche Texte meistens expressiv sind. Ein Beispiel vom zweiten Typ wäre eine Reportage oder eine Problemdarstellung, also eine Textsorte mit einer deutlich ausgeprägten Informationsfunktion, in der die Expressivität die Hauptfunktion überlagern und teilweise konterkarieren kann.

Die Expressivität als eine besondere pragmatische Texteigenschaft, die auf speziellen semantischen Eigenschaften von Texteinheiten basiert, gehört in den Bereich der „semantisch-stilistischen Textkategorien“ (Koshina 1987, 2003; Matvejeva 2003), die anders auch als Stilzüge (Riesel/Schendels 1975; Sowinski 1999; Michel 2001; Eroms 2008) oder Stilmuster (Sandig 1986; 2006) genannt werden. Da aber die Kategorie der Expressivität offensichtlich auch außerhalb der Stilistik von Interesse ist und stilistische Kategorien wie Stilzug und Stilmuster unterschiedlich gedeutet werden, wird im Folgenden die Expressivität allgemein als **pragmatische Kategorie** bezeichnet, auch wenn die Problematik, Fragestellung und der Forschungsansatz eine aktive Anwendung der Erfahrungen der Stilistik voraussetzen.

2.3 Semantik der Expressivität

2.3.1 Emotive Wertung als Teil des konnotativen Bedeutungsmoduls

Nachdem die Frage nach dem Wesen der Expressivität und ihrer Relation zu den Begriffen *konnotative Bedeutung, Wertung, Emotivität* u. a. im Allgemeinen beantwortet wurde, kann nun die semantische Basis der Expressivität, d. h. die emotive Bedeutungskomponente, und ihre Stelle innerhalb der konnotativen Bedeutung näher beschrieben werden.

Einige Gründe für die Anerkennung der emotiven Bedeutungskomponente wurden bereits im Abschnitt „Expressivität in der Semantik" angeführt. Ihre Existenz neben dem deskriptiven Bedeutungsgehalt ist in der Sprache vor allem deshalb möglich, weil die mit einem Formativ mitgelieferten Inhalte zur Widerspiegelung nicht nur von Objekten und Prozessen der Realität, sondern auch der damit zusammenhängenden emotiven Einstellungen geeignet sind (Schippan 1980: 54). Die Notwendigkeit ihrer Existenz kann man dadurch begründen, dass viele Objekte und Prozesse der Realität vom Subjekt nicht unparteiisch betrachtet werden, sondern auf Grund ihrer Rolle im Leben des Subjekts bei diesem eine bestimmte (subjektive) Reaktion hervorrufen. Diese Reaktion sollte sich dann auch vermitteln lassen, und zwar in einer Form, die von den Adressaten auf korrekte Weise – als ein genuiner Emotionsausdruck – verstanden wird. Dazu braucht man ein konventionelles sprachliches Mittel, das in einer möglichst komprimierten Form (entsprechend dem Gesetz der Sprachökonomie) diese Emotionen zusätzlich zur Bezeichnung des Denotats ausdrücken kann. Dieses Mittel wird dann aus dem Wortschatz gewählt bzw. speziell konstruiert (okkasionelle Einheiten).

Das wichtigste Merkmal der emotiven Lexik ist die komplexe Struktur ihrer Bedeutung – sie besteht nicht nur aus einer Anzahl von deskriptiven Semen, sondern auch aus konnotativen Semen, deren Beschaffenheit und Anzahl variieren kann. Dieser grundsätzliche Unterschied in der Signifikationsart bei konnotierten Emotionen und die daraus folgenden kommunikativen Besonderheiten emotiver Spracheinheiten werden aber bis jetzt selbst in elaborierten Arbeiten zum Problem von Emotionen nur begrenzt berücksichtigt. Infolgedessen entsteht bei der Beschreibung von Emotiva immer wieder Verwirrung, weil dabei bald deskriptive, bald nur wertende Spracheinheiten als emotiv bezeichnet werden und folglich die Grenze zwischen der emotionsbezeichnenden und der emotionsausdrückenden Lexik nicht streng genug gezogen wird. So wird in der Arbeit (Schwarz-Friesel 2007) zuerst zwar zwischen der denotativen und konnotativen Bedeutung klar unterschieden, dann werden jedoch die Grenzen wieder verwischt: „Das Wort Liebe mit der Denotation (POSITIVE BASISEMOTION, BEZIEHUNGSEMOTION) hat die positive Konnotation (HÖCHSTE UND SCHÖNSTE FORM DER BEZIEHUNG ZWISCHEN MENSCHEN)" (Schwarz-Friesel 2007: 167). *Liebe* ist aber ein sogenanntes „Emotions- bzw. Gefühlswort", d. h. eine deskriptive Bezeichnung der Emotion. Insoweit gehört der semantische Gehalt *höchste und schönste Form der Beziehung zwischen Menschen* grundsätzlich zu seiner **denotativen Bedeutung**, vgl. die Definition „starkes Gefühl der Zuneigung" (Duden, Universalwörterbuch 2001: 1018), wobei die Seme *höchste* und *schönste* offensichtlich redundant sind. Wenn man hier von der Konnotation überhaupt sprechen kann, dann nur in Hinsicht auf das wertende Sem *positiv* (+), das je nach Kontext mehr oder weniger stark ausgeprägt sein kann. Die Annahme einer emotiven Bedeutung im Wort *Liebe* ist dagegen kaum berechtigt.

An einer anderen Stelle betont dann die Autorin, dass die Abgrenzung der emotionsausdrückenden von der emotionsbezeichnenden Lexik für eine linguistische Emotionsanalyse wegen „des artifiziellen und nicht nachvollziehbaren Charakters" einer solchen Abgrenzung kaum fruchtbar sei (Schwarz-Friesel 2007: 147). Nach ihrer Meinung sind beide Klassen von Spracheinheiten in vielen Aspekten gleichwertig. Die Argumente, die dabei angeführt werden, sind für das allgemeine Verständnis der Emotivität von großem Interesse. Die Forscherin bekräftigt ihre Position wie folgt:

> a) Auch Äußerungen mit emotionsbezeichnenden Wörtern drücken selbstreferenziell den inneren Zustand des Sprechers aus: „Auch auf Emotionen explizit referierende Selbstaussagen wie *Ich hasse dich, Ich ängstige mich, Ich bin glücklich* etc. drücken expressiv etwas über den Sprecher und seine emotionale Einstellung, seinen Gefühlszustand aus. Sie enthalten zwar eine bewusste, reflektierende Komponente, da der Sprecher sich des Zustandes gewahr ist, den er sprachlich benennt, doch mindert dies nicht ihren expressiven emotionsausdrückenden Gehalt."
>
> b) Eine „spontane" Liebeserklärung wie „Oh mein süßer Hase!" ist kaum eine expressivere, emotional effektivere Äußerung als „Ich liebe dich mehr als alles andere auf der Welt."
>
> c) Wirkungsvolle expressive Äußerungen beinhalten meist kombiniert beide Formen (Schwarz-Friesel 2007: 147).

Das erste Argument von M. Schwarz-Friesel scheint nicht ganz überzeugend zu sein, denn die Autorin selbst zieht an einer anderen Stelle eine klare Grenze zwischen dem Emotionsausdruck und der Emotionsbezeichnung (Schwarz-Friesel 2006: 144ff.). Über die Unterschiede zwischen dem Bezeichnen von Emotionen als etwas, was der Fall ist, und dem unmittelbaren Ausdruck der Emotionen wurde in der vorliegenden Arbeit bereits viel gesagt, so dass an dieser Stelle die wichtigsten Unterschiede nur noch in komprimierter Form formuliert werden:

1. Die emotionsausdrückende Lexik hat immer eine reichere Semantik als ihre deskriptive Entsprechung, weil Emotiva grundsätzlich aus zwei unterschiedlichen Bedeutungsmodulen – einem deskriptiven und einem konnotativen – bestehen;

2. Dementsprechend müssen die konnotierten Emotionen zusätzlich zum deskriptiven Bedeutungsgehalt beschrieben werden. Die Beschreibung konnotierter Emotionen muss ihrem besonderen Status entsprechen;

3. Das kommunikative Potential solcher Spracheinheiten unterscheidet sich von dem der rein deskriptiven Lexik und hängt direkt mit dem oben genannten semantischen Mehrwert zusammen.

Vor dem Hintergrund des Gesagten scheint auch die im Argument b) durchgeführte Gleichsetzung des emotiven Potentials der beiden Äußerungen kaum gerechtfertigt zu sein. Während in der ersten Äußerung das Sem *emotiv* oder – etwas genauer – *positiv-wertend/zärtlich* (als prototypische semantische Charakteristik der Gruppe der Kosewörter) eindeutig erkennbar ist, ist die neutrale Aussage *Ich liebe dich* in der Tat rein deskriptiv, sie beschreibt zwar das Gefühl, aber überbringt kaum Eindruck seiner Authentizität. Wie F. Hermanns treffend formuliert, wird in solchen Aussagen „eine Emotion benannt und zugeschrieben, aber das geschieht auf gänzlich kühle Art und Weise, sozusagen diagnostisch" (Hermanns 1995a: 145). Die Hinzufügung des klischeehaften Ausdrucks *über alles auf der Welt* ist bei diesem Vergleich eigentlich inkorrekt, weil die Autorin die emotive Aura nur der emotionsbezeichnenden (*lieben*) und emotionsausdrückenden (*Hase*) Lexik und nicht zusätzlicher Bedeutungen gegenüberstellt, welche den Inhalt der Aussage modifizieren können. Aber auch durch die Hinzufügung von *über alles auf der Welt* kann keine Gleichheit mit der ersten Aussage erzielt werden. Es kommt hier lediglich zur Intensivierung der denotativen Semantik von *Ich liebe dich*. Ein emotives Sem entsteht wegen des klischeehaften Charakters des Ausdrucks kaum. Die emotive Bedeutung würde hier wohl nur durch die Verwandlung der Äußerung in einen Exklamativ, bspw. *Ich liebe dich (über alles in der Welt)!* entstehen. Das Ausrufezeichen, genauso wie die Intonation im mündlichen Sprachgebrauch sind jedoch eigenständige Mittel der Emotionssteigerung und bleiben bei diesem Vergleich ausgeklammert.[49]

Als ihr drittes Argument erwähnt M. Schwarz-Friesel das Kriterium der emotiven Effektivität der Aussagen mit emotionsausdrückenden und -bezeichnenden Lexemen. Diese soll nach ihrer Meinung auch prinzipiell vergleichbar sein. An dieser Stelle sollte man an das bereits erwähnte Beispiel von Ch. Bally zurückgreifen, der in seiner bekannten Arbeit „Le Langage et la Vie" (Bally (1913) 2003) darauf hingewiesen hat, dass man die Reaktion auf die emotive Sprache von der Reaktion auf die deskriptiven Informationen doch unterscheiden sollte. Diese These erklärt er am Beispiel eines Bankiers, der nach Hause kommt und seiner Familie *Ich bin pleite* verkündet. Die psychische Reaktion auf diese Worte kann explosiv sein, was aber auf keinen Fall auf eine spezielle Wortwahl zurückgeführt werden kann. Die Reaktion hängt hier nur vom mitgeteilten Sachverhalt ab, der schwerwiegende Konsequenzen für die Familie bedeutet. Dasselbe gilt auch für den Aussagesatz *Ich liebe dich.* Obwohl darin die Emotion nur bezeichnet/mitgeteilt wird, kann diese Information für den Adressaten so wichtig sein, dass dadurch eine starke emotionale Reaktion hervorgerufen wird. Durch die Verwendung eines emotionsbezeichnenden Lexems wird aber eine solche Reaktion eindeutig nicht gefördert – im klaren Unterschied zur emotionsausdrückenden Lexik, deren Gebrauch einen klaren Appell an die Gefühle darstellt.

Aus dem Gesagten ist ersichtlich, dass die Unterscheidung zwischen der emotionsausdruckenden und der emotionsbezeichnenden Lexik kaum artifiziell bzw. unnötig ist, sondern wichtige Einsichten in prinzipielle semantische und pragmatische Differenzen des emotiven und sachlich-rationalen Sprachgebrauchs liefert.

---

49 R. Fiehler vermerkt diesbezüglich: „Die Äußerung ‚Ich bin wütend' wird üblicherweise wohl nicht als Emotionsausdruck bezeichnet, wohl aber die zitternde Stimme, mit der sie geäußert wird" (Fiehler 1990: 104-105).

Eine zusätzliche Komplikation verleiht der Frage nach dem Wesen der emotiven Bedeutung(skomponente) der Umstand, dass die Emotionen als Bestandteil der Bedeutung oft mit den Wertungen in Verbindung gebracht und sogar gleichgesetzt werden. Manchmal geht es dabei einfach um eine ungenaue Differenzierung der beiden Begriffe, wie es z. B. bei Ch. Stevenson der Fall ist, der rationalwertende Lexeme wie *gut* generell als emotiv bezeichnet (Stevenson 1976: 33ff.). Meistens werden aber beide Erscheinungen bewusst zusammen behandelt, weil Emotionen und Wertungen als untrennbar angesehen werden. Im letzteren Fall werden die beiden Erscheinungen dann gemeinsam als „die in der Wortbedeutung mitenthaltene affektiv-evaluative Kommentierung" (Bachem 1979: 47) bzw. die „diaevalutive Markierung" (Fleischer/Michel/Starke 1993: 116ff.) bezeichnet. Näher wird auf die Beziehung der beiden semantischen Größen in den beiden Quellen jedoch nicht eingegangen, ihre Verwandtschaft wird heuristisch angenommen. Gegen dieses Vorgehen wäre nichts einzuwenden, wenn dadurch die praktische Analyse der Expressivität nicht unnötig erschwert würde.

Dem Problem der Beziehungen zwischen der Emotion und Wertung wurde bisher besonders intensiv in der russischen Linguistik nachgegangen, so dass die einschlägige Literatur inzwischen „einfach unübersichtlich geworden ist" (Arutjunova 1988: 5-7; Babenko 1989: 9). Im Ergednis einer langen Diskussion herrscht inzwischen die Meinung vor, dass beide Seme, auch wenn sie sich in vielen Fällen nur analytisch trennen lassen, unterschiedlichen ontologischen Status haben. Besonders aufschlussreich sind in dieser Hinsicht die Arbeiten von N. Arutjunova und E. Wolf (Arutjunova 1986, 1998; Wolf 2006), in denen die wichtigsten sprachphilosophischen Arbeiten zur Sprache der Wertung (Abhandlungen von G. von Wright, A. Ivin, R. Hare, P. Nowell-Smith, A. Ayers etc.) analysiert und kritisch ausgewertet werden.[50] Die Zusammenhänge und Unterschiede zwischen Emotion und Wertung werden in den genannten Untersuchungen wie folgt dargestellt.

Die Grundlage der Wertung ist immer eine objektivierbare Eigenschaft des denotierten Objekts. Die Wertung selbst geht aber über die Grenzen dieser Eigenschaft hinaus und teilt mit, wie die genannte Eigenschaft nach ihrer Abbildung im Bewusstsein des Subjekts und einer entsprechenden kognitiven Bearbeitung bezogen auf sein Wertsystem eingeschätzt wird. Das Ergebnis kann dann auch in sprachlicher Form ausgedrückt werden, in deren Semantik die Tatsache des (Nicht)Entsprechens dem kognitiven Weltbild enthalten ist. Verallgemeinernd kann man diese Information als Sem der positiven und negativen Wertung bezeichnen.

Aus dem Gesagten wird klar, dass die Bewertung als solche nicht unbedingt zur Entstehung einer emotiv-wertenden Einheit führt. Wie W. Telija (Telija 1986:

50 Dass die Gleichsetzung von Bewertung und Emotion „ein Mißgriff ist" (Hanappel/Melenk 1984: 162), wird inzwischen auch von den deutschen Autoren immer häufiger betont (vgl. Schwarz-Friesel 2007).

35ff.) betont, kommt es zu einer „Verschmelzung“ von Emotionen und Wertungen nur in dem Fall, wenn der Vergleich mit dem kognitiven Weltbild nicht nur ein Urteil über die einschlägige Eigenschaft, sondern auch eine emotionale psychische Reaktion auf Grund einer bedeutenden (Nicht)Übereinstimmung herbeiführt. Erst wenn diese Reaktion vorhanden ist und sich der Emittent noch dafür entscheidet, diese Emotionen zu kommunizieren (oder wenn dies spontan getan wird), kommt es zur Verwendung einer emotiv-wertenden Einheit.

Die Nominationstätigkeit stellt im Fall der Verwendung von emotionsgeladenen Spracheinheiten also einen komplizierteren Prozess dar als die einfache Denotation bzw. Denotation + Wertung und baut auf den Eigenschaften des Denotats und ihrer Einschätzung durch das nominierende Subjekt auf. Dieser fakultative Charakter der Emotivität ist noch ein Grund für ihre häufige Bezeichnung als „Zusatzkomponente“, eine periphere Erscheinung. Aber die Ableitbarkeit der Emotivität aus der denotativen Bedeutung bedeutet nicht, dass die sie als semantische Peripherie marginalisiert werden darf.

Für die Analyse der Expressivität ist die oben durchgeführte Differenzierung zwischen den rational- und emotiv-wertenden Spracheinheiten insoweit wichtig, als nur die letzteren zur semantischen Basis der Expressivität gehören.

Die Beziehung zwischen der konnotierten Emotion und Wertung ist aber nur ein Teil der komplexen Zusammenhänge innerhalb der konnotativen Bedeutung, die zum Entstehen der Expressivität führen können. Um diese Zusammenhänge zu beleuchten, wird unten der elaborierte Ansatz von W. Telija, einer bekannten russischen Forscherin, referiert, die sich im Rahmen der von ihr gegründeten Moskauer Schule der linguistisch-kulturwissenschaftlichen Analyse der Phraseologismen (MSLCFraz) mit den sonst nur wenig erforschten Problemen der linguistischen Erfassung der konnotativen Bedeutung befasst hat (Telija 1980, 1981, 1986, 1988, 1990, 1991a, 1991b, 1996). In der Übersicht werden auch andere bedeutenden Abhandlungen zu dieser Thematik auf Russisch und Deutsch analysiert und in eine allgemeine Theorie der Expressivität integriert, in erster Linie (Hermanns 1986, 1989, 1995a, 1995b; Lukjanova 1986, 1991; Grafova 1987, 1991; Schachovskij 1987, 2008; Sandomirskaja 1991; Maslova 1991; Hartschenko 1989, Babenko 1989; Nikitin 1996; Fries 1995, 2000, 2004; Pissanova 1997; Wolf 2006; Schwarz-Friesel 2007).

Wie auf dem unten angeführten Schema gezeigt wird, bildet in den meisten Fällen die deskriptive Bedeutungskomponente den begrifflichen Kern einer (lexikalischen wie aktuellen) Bedeutung. Es gibt natürlich auch Ausnahmen wie allgemeinwertende Adjektive, in denen die denotative Komponente in der lexikalischen Bedeutung nicht zu erkennen ist, oder Interjektionen, Schimpf-, Neck- und Kosewörter, in deren Semantik die emotiv-wertende Bedeutungskomponente dominiert. In den meisten Fällen beziehen sich die in der konnotativen Bedeutung ausgedrückten Emotionen und Wertungen jedoch klar auf bestimmte in der deskriptiven Bedeutung erfasste Eigenschaften. Im Allgemeinen kann man deshalb sagen, dass der deskriptive Kern zentral und obligatorisch und die konnotative Bedeutung darauf stützend und fakultativ ist.

Schema 2.2 Allgemeine Struktur des konnotativen Bedeutungsmoduls

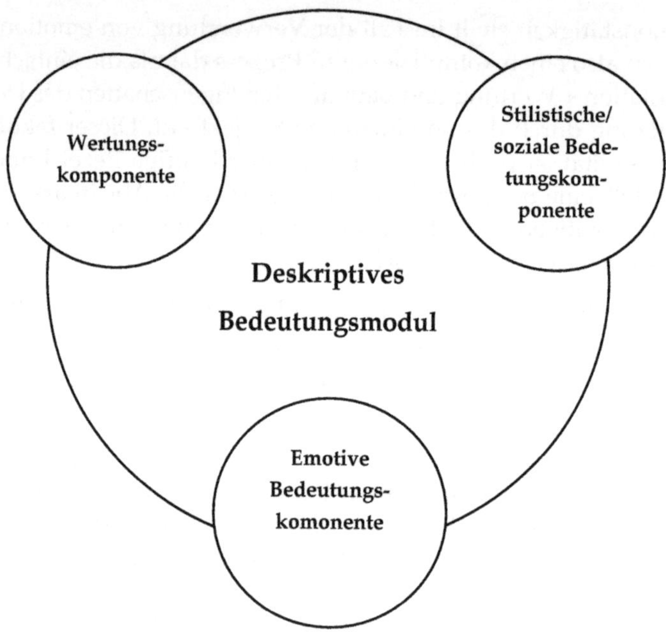

Bereits beim ersten Blick auf das Schema wird klar, dass die Bedeutung bei dieser Betrachtungsweise aus mehreren zusammenhängenden Zonen bzw. Bestandteilen besteht. Aus diesem Grund scheinen die Bezeichnungen *deskriptive Bedeutung* und *konnotative Bedeutung* nicht ganz korrekt zu sein, weil sie die Selbstständigkeit und Unteilbarkeit dieser Entitäten hervorheben, die in der Realität nicht gegeben sind. Aus diesem Grund werden im Folgenden in Anlehnung an W. Telija die Begriffe *deskriptive (denotative)* und *konnotative Makrokomponente* bzw. *denotatives (deskriptives)* und *konnotatives Bedeutungsmodul* verwendet, deren Bestandteile als Seme bzw. Komponenten (z. B. emotives Sem, wertendes Sem) bezeichnet werden.

Aus dem Schema wird ersichtlich, dass sich in der konnotativen Makrokomponente bereits bei einer allgemeinen Betrachtung bis zu drei Teilkomponenten aussondern lassen. Zwei davon können entweder zusammen auftreten (als emotiv-wertende Bedeutungskomponente) oder es kann nur wertende Komponente vorhanden sein (rationale Wertung). Hinzu kommt noch die soziale (normative) Komponente, die auf die Verwendungsnormen der Spracheinheit hinweist, z. B.

auf die Stilebene, deren Nullpunkt die normalsprachliche Stilebene ist, von der aus sich eine Skala gesenkter bzw. angehobener Markierungsvarianten (salopp, umgangssprachlich, gehoben etc.) aufbauen lässt. Neben den Informationen zur normativen Ebene kann diese Komponente noch Informationen über die gruppensprachliche, zeitliche etc. Zugehörigkeit der Spracheinheit enthalten (ausführlicher dazu siehe Riesel 1975: 29ff.; Ludwig 1991: 228ff.; Fleischer/Michel/Starke 1993: 104ff.). Auch die soziale Bedeutungskomponente kann mit der emotiven eng verknüpft sein (siehe dazu den nächsten Abschnitt).

Bei näherem Betrachten kann man neben den bereits genannten Hauptkomponenten des emotiv-wertenden Bedeutungsmoduls noch zwei weitere, zusätzliche Charakteristika (Seme) berücksichtigen, die sich vor allem auf den emotiven Bestandteil des Bedeutungsmoduls beziehen. Es geht um die **Intensität der Emotion** und die **Bildlichkeit als Grundlage für Emotion**.

Die **Intensität** ist eine relativ neue semantische Charakteristik. Man trifft sie aber immer häufiger, auch wenn ihr genauer Status dahingestellt bleibt. So hebt N. Fries die Intensität als den zweiten wichtigen Zug emotiver Bedeutungen (neben der damit verbundenen Wertung) heraus (Fries 1995: 154ff.), M. Schwarz-Friesel nennt sie unter den drei wichtigsten „Emotionsparameter" – Wertigkeit, Dauer, Intensität: „Jede emotionale Einstellung hat einen Positiv- und Negativ-Wert, kann in der Intensität variieren und ist als permanent oder nicht-permanent zu charakterisieren" (Schwarz-Friesel 2007: 84). Auch in den neueren stilistischen Arbeiten, z. B. (Fleischer/Michel/Starke 1993) wird die Intensität an die Seite der subjektiven Wertung gestellt. Entsprechend dem Gesagten kann die Intensität als ein semantisches Merkmal betrachtet werden, denn sie erfüllt die Anforderungen, die daran gestellt werden (ausführlicher dazu siehe Turanskij 1990; Beljaevskaja 1987; Lukjanova 1986; Rastier 2001; Rasinkina 2004 u. a.). Vor allem hat sie eine bedeutungsdifferenzierende Funktion: So können *Idiot* und *Dummkopf* beide als *dummer, einfältiger Mensch* definiert werden. Beide Lexeme verfügen außerdem über das konnotative Bedeutungsmodul mit den Semen *emotiv-wertend, negativ, umgangssprachlich*. Was diese Lexeme unterscheidet, ist vor allem die Intensität der Emotion, die damit ausgedrückt wird. Die Bezeichnung *Dummkopf* ist weniger intensiv abwertend, als *Idiot* (siehe auch Beispiele in Fries 1995: 154ff.).

Der semantische Status der Intensität innerhalb der Bedeutung ist aber nicht der gleiche wie bei den relativ unabhängigen Bedeutungskomponenten wie Wertung etc., denn sie stellt stets eine zusätzliche Charakteristik dar und bezieht sich auf die emotive Komponente. N. Lukjanova betont außerdem, dass die Intensivität als eine semantische Beschreibungsgröße eigentlich auf die Beschreibung nicht nur des konnotativen, sondern auch des denotativen (deskriptiven) Bedeutungsmoduls applizierbar ist. Die Intensität wird somit als ein universales semantisches Phänomen dargestellt, welches mit jeder semantischen Beschreibung identifiziert wird, bei der eine bestimmte Abweichung von der quantitativen „Norm" zu verzeichnen ist (Lukjanova 1986: 56). Zu den deskriptiven Lexemen mit dem

Sem der Intensivität gehören z. B. Farbenbezeichnungen wie *signalrot* (sehr, auffallend rot), *rennen* (schnell laufen) etc.

Aus dem Gesagten folgt, dass die Intensität eine geeignete zusätzliche Charakteristik bei der Beschreibung der emotiven Bedeutungskomponente darstellt. Sie kann in Form einer Skala mit einer frei wählbaren Anzahl von Messpunkten (zwischen „hoch" und „niedrig") betrachtet werden (vgl. Schemata in Fries 1995: 155 und Lukjanova 1986: 57), wodurch eine genauere Beschreibung der emotiven Bedeutungskomponente ermöglicht wird.

Es gibt aber auch einen besonderen Fall, wenn die Intensivität keine begleitende Erscheinung für die emotive Wertung darstellt, sondern zur Grundlage für diese wird. Das passiert, wenn in der Wortsemantik eine dermaßen hohe bzw. niedrige Quantität eines **deskriptiven** Merkmals angegeben wird, dass dadurch eine neue semantische Qualität erreicht wird und im Ergebnis ein **emotiv-wertendes** Sem entsteht. In der Sprache gibt es eine Reihe von Einheiten, die speziell zum Ausdruck solcher besonderen Qualitäten bestimmt sind. In erster Linie sind es einige allgemeinwertende Adjektive mit einer ungewöhnlichen Intensität der Wertung, z. B. *herrlich: „in einem so hohen Maße gut, schön, dass es sich nicht besser, schöner denken lässt", wunderbar „überaus schön, gut u. deshalb Bewunderung, Entzücken o. Ä. hervorrufend"* (Duden, Universalwörterbuch 2001: 762, 1831). Die besondere Rolle der Intensität in solchen Fällen wurde von N. Lukjanova (Lukjanova 1986: 56-57, 1991: 157-159) und N. Rasinkina (Rasinkina 2004: 23-24) hervorgehoben.

Bildlichkeit ist noch eine semantische Erscheinung, die häufig in Verbindung mit emotiver Wertung gebracht wird. Der Zusammenhang wurde erstmals in der Stilistik hervorgehoben. So schreibt S. Ullmann 1973 in seinem Essay „Stylistics and Semantics" (Ullmann 1973a: 44ff.), dass die Bildlichkeit (imagery) von unübertroffener Bedeutung für den Stil und somit für die Gesamtheit der nichtdeskriptiven Bedeutungskomponenten ist (Ullmann 1973a: 41). Eine ähnlich große Rolle wird der Bildlichkeit auch in der Untersuchung von E. Riesel und E. Schendels beigemessen, denn Bildlichkeit kann „gefühls- und willensmäßige Konnotationen hervorrufen" (Riesel/Schendels 1975: 26). Diese Beschreibungen sind aber zu knapp, um Aufschluss über den Zusammenhang der Bildlichkeit und der Emotivität zu geben. Unklar bleibt auch, was man unter der Bildlichkeit eigentlich verstehen sollte.

Besonders undeutlich ist die literaturwissenschaftliche Definition der Bildlichkeit, welche unterschiedlichste Aspekte der „Vorführung eines Bildes" (einer Vorstellung) vor die Augen des Lesers umfasst. Das Vorführen eines Bildes gilt dabei als ein wichtiges Mittel der Veranschaulichung der Gefühle und Gedanken des Autors und ist eine wichtige Werkdimension, die seine Ausdrucks- und Eindruckskraft sowie seine Relevanz bestimmt (Rodnjanskaja 2001: 669). Dabei bleibt auf der praktischen Ebene unklar, welche sprachlichen Mittel der Bildlichkeit es gibt und welche semantischen Prozesse den Gefühlsausdruck auf der sprachlichen Ebene ermöglichen.

In einer Reihe linguistischer Untersuchungen wurde deshalb versucht, den Begriff *Bildlichkeit* zu präzisieren und für die Linguistik brauchbar zu machen (Riesel/Schendels 1975; Lukjanova/Tscheremissina 1986; Sowinski 1999; Fix 2007 u. a.). Bei näherem Betrachten stellt sich heraus, dass man zwischen mindestens zwei unterschiedlichen Arten der sprachlichen Bilder unterscheiden sollte. Die erste Gruppe heißt im Buch von E. Riesel und E. Schendels „Bildhaftigkeit", bei B. Sowinski „unmittelbare Bildlichkeit", bei U. Fix „Anschaulichkeit durch Wortbedeutung". In diesem Fall geht es um die anschauliche Darstellung des Sichtbaren aus der Realität oder Erinnerung. So schreiben E. Riesel und E. Schendels dem Verb *gehen* auf Grund der damit verbundenen visuellen und kinästhetischen Vorstellung eine (verhältnismäßig geringe) Bildkraft zu, die sich bei seinem Synonym *trippeln* jedoch verstärkt, da es einen deutlichen Einblick in die Eigenart dieser Wirklichkeitserscheinung ermöglicht (Riesel/Schendels 1975: 207). Diese Art von sprachlichen Bildern wird im Gegensatz zur gängigen Vorstellung ohne Metaphern oder andere Stilfiguren erreicht (Sowinski 1999: 126). Sie entstehen beim Adressaten als Folge einer treffenden Beschreibung mit passenden Wörtern. Die unmittelbaren Bilder sind daher mit keinen speziellen sprachlichen Realisierungsmitteln verbunden und können so gut wie durch jedes Lexem hervorgerufen werden. Diese Deutung der Bildlichkeit ist für die Analyse der konnotativen Bedeutung kaum relevant.

Von größerem Interesse scheinen die mittelbaren Bilder zu sein, die auch als „Anschaulichkeit durch Übertragung" bzw. „die eigentliche Bildlichkeit" (nach E. Riesel und E. Schendels) bezeichnet werden. Sie haben einen linguistisch beschreibbaren Mechanismus (vor allem die Metaphorisierung), führen zu einem linguistisch erfassbaren Ergebnis (der Bildung einer übertragenen Bedeutung) und können in der Tat im Rahmen der metaphorischen Übertragung zur Grundlage einer emotiven Bedeutungskomponente werden (Lukjanova/Tscheremissina 1986: 267; Telija 1986: 68-101, 1988: 26-27; Lukjanova 1991: 159).

Die Vorstellung von der Metapher als sprachlichem Bild, welches zur Expressivitätssteigerung des Sprachgebrauchs führt, ist leider in der neueren Linguistik teilweise in Vergessenheit geraten, weil die kognitive Funktion der Metapher immer deutlicher in den Vordergrund rückt. Spätestens seit dem Erscheinen des bekannten Werkes „Metaphors We Live By" von G. Lakoff und M. Johnson (Lakoff/Johnson (1980) 2003) werden Metaphern in erster Linie als alltägliche Formen der Konzeptualisierung gesehen, die in den grundlegenden (Körper- und Umwelt-) Erfahrungen der Menschen verankert sind (Schwarz-Friesel 2007: 201). Bewundert wird dabei die einzigartige Möglichkeit, mittels der Metapher zwei unterschiedliche Bedeutungen zu verbinden und Ähnlichkeiten zwischen zwei Realitätsobjekten erkennen zu lassen. Bezeichnend ist in dieser Hinsicht z. B. die „Rhetorik" von C. Ottmers, in der die in vielen Kommunikationsbereichen zentrale Aufgabe der Metapher, „Sachverhalte indirekt zu bewerten", erst als die vierte (und letzte) „Wirkungsmöglichkeit" der Metapher genannt wird (Ottmers 2007: 177), oder „Die Einführung in die rhetorische Textanalyse" von H.F. Plett, in der ein entsprechender Metapherntyp überhaupt fehlt (Plett 2001: 111, vgl. auch Linke/Nussbamer/Portmann 2004: 191; Braun 2007: 113-118; Jost 2007: 277ff.).[51]

In der vorliegenden Arbeit wird die Metapher als ein wichtiges, wenn sogar nicht das wichtigste sprachliche Mittel zum indirekten, suggestiven Ausdruck von Emotionen und Wertungen angesehen, weshalb die grundlegende Frage nach der Stelle und Rolle der Bildlichkeit bzw. des „Bildes" in der Bedeutung der emotiv-wertenden Metapher unten näher behandelt wird.

Diese Art der Metapher dient in erster Linie nicht der genauen Bezeichnung eines neuen Sachverhalts, sondern einem aus der Sicht des Emittenten adäquaten Ausdruck der Emotion. Die Hauptbesonderheit der emotiv-wertenden Spracheinheit, die durch die metaphorische Bedeutungsverschiebung entsteht, im Vergleich zu den anderen, nicht metaphorischen Typen der Emotiva besteht darin, dass die konnotative Bedeutung nicht unmittelbar neben der deskriptiven Bedeutung besteht bzw. entsteht, sondern über ein Bild (Vorstellung) vom buchstäblich Gemeinten vermittelt wird, wobei zwischen der direkten und übertragenen Bedeutung ein Kontrast und folglich „emotive Spannung" entsteht (Telija 1988: 34-35).

Dieses motivierende Bild wird zwar in der Linguistik zur allgemeinen Erklärung des Funktionierens der Metapher regelmäßig erwähnt, doch sein semantischer Status bleibt unklar. Die Analyse der Fachliteratur lässt annehmen, dass es den Charakter eines Merkmals innerhalb der Bedeutung einer Metapher hat (Schippan 1984: 96-97; Fix/Poethe/Yos 2002: 57; Baranov 2003: 294-295). Die genaue Präsentationsform des Motivationsmerkmals lässt sich zwar kaum genau definieren, aber es kann klar vom emotiv-wertenden Merkmal in der Bedeutungsstruktur abgegrenzt werden und ist deshalb als eine selbstständige Entität zu behandeln (Telija 1991b: 45-46).

2.3.2 Innerer Aufbau des konnotativen Bedeutungsmoduls

Auch wenn man die konnotative Bedeutung manchmal vollständig mit emotiver Wertung gleichsetzt, so z. B. in (Schakhovskij 1987a), sieht ihre Struktur bereits bei einer verallgemeinerten Darstellung (siehe Schema 2.2) viel komplizierter aus. Die emotive Komponente stellt als ihr wichtiger Teil keine abgeschottete Entität dar, sondern ist im Rahmen des Moduls mit den anderen konnotativen Bedeutungskomponenten eng integriert. Infolge dieser Integration entsteht ein System der Wechselbeziehungen, durch deren Beschaffenheit das Wesen der emotiv-wertenden Bedeutungskomponente maßgeblich geprägt wird. Die Präzisierung der Zusammenhänge des emotiven Sems mit den anderen Bestandteilen des kon-

51 Eine differenziertere Betrachtungsweise findet sich in (Telija 1988; Fleischer/Michel/Starke 1993; Sowinski 1999; Michel 2001; Gibbs/Leggit/Turner 2002; Schwarz-Friesel 2007; Skirl/Schwarz-Friesel 2007). Praktische Analysen des appellativen Potentials von Metaphern siehe z B. in (Bachem/Battke 1989; Böke 1997; Koboseva 2001; Oparina 2002; Baranov et al. 2004).

notativen Moduls bildet daher die notwendige Grundlage für eine erfolgreiche Beschreibung der semantischen Dimension der Expressivität.

Den derzeit reifsten Vorstoß in diese Richtung stellen die Arbeiten der russischen Linguistin W. Telija (Telija 1981, 1986, 1991a, 1996b, 1996) dar. Die unten folgende Darstellung basiert teilweise auf ihrem Konzept, welches durch eigene Ideen erweitert und modifiziert wurde. Den Ausgangspunkt der Beschreibung des Aufbaus des konnotativen Bedeutungsmoduls bildet seine Abgrenzung vom denotativen/deskriptiven Modul (D). Zur deskriptiven Bedeutung gehört unter anderem die grammatische Bedeutungskomponente, welche mit lexikalisch-semantischen Merkmalen eng verbunden ist, so dass die beiden Komponenten „nicht prinzipiell unterschieden werden können" (Schippan 1984: 63). Die schematische Darstellung einer sprachlichen Einheit mit nur deskriptiver Bedeutung sieht demnach wie folgt aus:

((D) (G))

Das konnotative Bedeutungsmodul wird in Form einer komplexen Struktur mit mehreren möglichen Konstellationen von Komponenten dargestellt. Zu diesen Komponenten zählen:

(S) – sozionormative Komponente;

(R/W) – rational-wertende Bedeutungskomponente;

(E/W) – emotiv-wertende Bedeutungskomponente;

(B) – bildliche Bedeutungskomponente;

(I) – Intensivitätskomponente.

Der Status der hier aufgezählten Komponenten ist offensichtlich nicht gleich. Während sich die sozionormative Bedeutungskomponente, rational-wertende und emotiv-wertende Komponente empirisch als eigenständige semantische Entitäten feststellen lassen, ist die Stellung und das Wesen der bildlichen Komponente in der Linguistik noch nicht eindeutig definiert, und die Intensität, wie bereits gesagt, hat grundsätzlich keinen eigenständigen Wert, sondern ist stets auf andere Seme bezogen. Dennoch werden die beiden Komponenten in den unten angeführten Schemata wegen ihrer wichtigen Rolle für die Bildung der Emotivität gesondert eingeführt.

Das in der Linguistik am häufigsten erwähnte Modell der konnotativen Bedeutung, welches seit geraumer Zeit unter anderem auch in die politolinguistischen Untersuchungen einbezogen wird, weist neben der lexikalischen und grammatischen Bedeutungskomponente das wertende Sem auf:

Modell 0: { (D) (G) } { (R/W) }

Diese semantische Struktur ist für die Lexeme wie *Demokratie, Freiheit* etc. charakteristisch, denen neben der Wertungskomponente manchmal noch der Ausdruck einer bestimmten Emotion zuerkannt wird. Wie bereits oben betont wurde, kann man in diesem Fall von der Anwesenheit emotiver Bedeutungskomponente kaum sprechen. Man könnte zwar einräumen, dass solche Lexeme bei Mitgliedern einer bestimmten Bevölkerungsgruppe, Partei etc. eventuell emotive Reaktionen hervorrufen können, aber das sind persönliche bzw. gruppenspezifische Assoziationen, die nicht konventionalisiert sind und im Sprachgebrauch generell keine Rolle spielen.[52] Diese Tatsache wird unter anderem von W. Fleischer hervorgehoben:

> Ein besonderes Problem stellt die ideologisch motivierte Wertung durch Schlagwörter dar… Fahnenwörter „für politische Grundrechte" wie Freiheit, Menschenwürde, Frieden, Demokratie u. a. bezeichnen generell positiv bewertete Begriffe, ohne daß sie eine diaevalutive Markierung im Sinne der vorstehend behandelten Stilfärbung haben, wenngleich sie in der politischen Auseinandersetzung emotionalisiert werden (Fleischer/Michel/Starke 1993: 119).

Für die vorliegende Untersuchung ist also dieses Modell kaum relevant. Von Interesse sind im Gegenteil die Spracheinheiten, in deren Bedeutung Wertung mit konnotierter Emotion zusammenwirkt. Die Struktur des konnotativen Bedeutungsmodels sieht in diesem Fall wie folgt aus:

Modell 1: { (D) (G) } { (I)∈ (E/W) }

Dieses Modell umfasst eine heterogene Gruppe sprachlicher Mittel, bei denen sich kein Einfluss zusätzlicher konnotativer Bedeutungskomponenten auf das Entstehen der Emotivität erkennen lässt, z. B. *Umtriebe, Spelunke* etc. Solche Struktur des konnotativen Bedeutungsmoduls weisen unter anderem die ursprünglich bildlichen Spracheinheiten auf, bei denen der Zusammenhang mit dem Benennungsmotiv nicht mehr erkennbar ist (vollidiomatisierte/unmotivierte Einheiten nach Lüger 1999: 15). Das sind unter anderem Phraseologismen wie *jmdn. den Kopf waschen*. Sie dienen immer noch dem Ausdruck einer Emotion, obwohl ihre semantische Motivation nicht mehr erkennbar ist.

Die emotive Wertung kann auch direkt aus der grammatischen Bedeutung ableitbar sein, wie z. B. in den Lexemen *Gedränge, Streiterei* etc. Aus lexikologischer Sicht geht es dabei um die morphematische Motivierung, durch welche „die Morpheme ihre Bedeutungen in die Struktur der Wortbedeutung einbringen" (Schippan 1984: 92-94). In der deutschen Sprache gibt es einige Affixe, die speziell zum Ausdruck der emotiven Wertung dienen, z. B. *-ler, -ei, -elei* (eine ausführliche Beschreibung solcher Affixe für das Deutsche findet sich in Ladissow 1983; Fleischer/Michel/Starke 1993: 117ff.; Fleischer/Barz 1995: 148ff.; Wolf 1997). Im Unter-

---

52 Auch die Wertung als Bestandteil der Bedeutung von Lexemen wie *Demokratie* oder *Freiheit* kann nicht ohne weiteres als fester Teil ihrer Bedeutung betrachtet werden. Wie W. Dieckmann treffend bemerkt, ist die Bedeutung solcher Lexeme stets in Veränderung begriffen (Dieckmann 1964: 38-39). Erst wenn die Einstellung zum entsprechenden Sachverhalt durch den Gebrauchskontext nachhaltig verändert wird, kommt es (oft nach einer längeren Zeit) auch zu einer Bedeutungsveränderung (Dieckmann 1964: 57).

schied zur ersten Gruppe ist die Bedeutung solcher Spracheinheiten deutlich durch das die grammatische Bedeutungskomponente motiviert:

Modell 2: { (D) (G) }
↓
{ (I)∈ (E/W) }

Bei einigen Spracheinheiten weist das konnotative Bedeutungsmodul unter Einfluss emotiv-wertender Affixe eine kompliziertere Struktur als im Modell 2. Die Besonderheit von Affixen/Affixoiden wie *-chen, -lein, ge- + (e), super-* besteht darin, dass ihre Emotivität nicht direkt durch die Hinzufügung eines emotiv-wertenden Sems aus der grammatischen Bedeutung, sondern mittelbar – über die Intensivierung des jeweiligen deskriptiven Merkmals – erfolgt, welche als übermäßig empfunden wird und zur Basis für emotive Seme wird. Die Intensivität als semantisches Merkmal tritt dabei nicht mehr als ein zusätzliches quantitatives Charakteristikum der emotiven Wertung auf (wie im Modell 1 und 2), sondern als die eigentliche Grundlage für das Entstehen emotiver Wertung. Das Modell sieht dabei folgendermaßen aus:

Modell 3: { (D) (I)∈ (G) }
↓
{ (I)∈ (E/W)) }

Eine genauso komplizierte Struktur hat das konnotative Bedeutungsmodul, wenn das metaphorische Bild im Lexem noch nicht verblasst ist wie im Modell 1. In diesem Fall wird die Emotivität durch das zur Bedeutung gehörende „lebendige Bild" begründet:

Modell 4: { (D) (G) } { (M) → (I)∈ (E/W) }

Die Emotivität kann durch normative Beschränkungen für den Gebrauch eines Lexems verstärkt werden, vor allem durch seine Zugehörigkeit zu einer bestimmten Stilebene auf der Skala „gespreizt - vulgär". So sind z. B. viele emotive Lexeme und Phraseologismen nur in der Umgangssprache gebräuchlich. Wenn sie außerhalb des eigentlichen Kommunikationsbereichs verwendet werden, wird ihre Emotivität erheblich verstärkt (vgl. *Depp, Trottel, Vollidiot* beim Gebrauch in der Jugendszene und in einer wissenschaftlichen Diskussion).

Auch Lexeme mit nur normativen Einschränkungen, aber ohne emotive Bedeutungskomponente können durch ihre Verwendung außerhalb des typischen Kommunikationsbereichs emotiv aufgeladen werden (Stilbruch) (siehe auch Riesel/Schendels 1975: 261; Fleischer/Michel/Starke 1993: 62ff.):

Modell 5: { (D) (G) } {(S) → (I)∈ (E/W) }

Die Modelle 1-5 stellen die wichtigsten Varianten des Aufbaus des konnotativen Bedeutungsmoduls dar, die das Vorhandensein der Emotivität bedingen. Es sei jedoch betont, dass es dabei um die Grundmodelle geht. Es ist nicht ausgeschlossen, dass im Sprachgebrauch noch weitere Modelle bestehen, die nur durch empirische Untersuchungen erfasst werden können. Weiterhin gibt es in der Sprache auch emotiv-wertende Spracheinheiten, welche die Merkmale mehrerer Modelle in sich vereinen (das betrifft insbesondere die in der deutschen Sprache so verbreiteten Okkasionalismen, insbesondere okkasionelle Komposita), wodurch ihre Expressivität zusätzlich erheblich gesteigert wird.

Die durchgeführte Analyse der Grundmodelle der konnotativen Bedeutungen mit emotiv-wertendem Sem legt nahe, dass die Emotionen und Wertungen in der lexikalischen und aktualisierten Bedeutung auf unterschiedliche Weise realisiert werden und mit den anderen Komponenten der konnotativen Bedetung zusammenwirken. Dadurch kann ihre Expressivität erheblich beeinflusst werden. Aus diesem Grund ist das konnotative Bedeutungsmodul als Basis der Expressivität während der praktischen Analyse in seiner Ganzheit zu berücksichtigen.

2.3.3 Linguistische Beschreibung der emotiven Bedeutungskomponente

Nachdem die wichtigsten Zusammenhänge innerhalb des konnotativen Bedeutungsmoduls beschrieben worden sind, kann man zur Frage nach der inneren Beschaffenheit und Beschreibungsmöglichkeiten der emotiven Bedeutungskomponente übergehen. Solche Beschreibung wird erst durch eine differenzierte Behandlung der Palette relevanter Merkmale bzw. Dimensionen der emotiven Bedeutungskomponente möglich. Diese Dimensionen sind in wissenschaftlicher Literatur teilweise bereits erwähnt worden, aber es gibt bisher keine Quelle, in der die Ergebnisse aus linguistischer Sicht vollständig erfasst wurden. Daher wird in der vorliegendedn Studie der Versuch unternommen, eine solche Klassifikation der Merkmale aus der Perspektive der linguistischen Diskursanalyse zu entwickeln. Diese Ziesetzung lässt aus der Analyse von Anfang an einige Ansätze ausschließen, die trotz grundsätzlicher Ähnlichkeit der Fragestellungen am Ende viel zu weit von der diskurslinguistischen Perspektive entfernt sind, wie z. B. die psycholinguistische Methode des semantischen Differentials von Ch. Osgood (Osgood 1976) oder die kognitiv-semantische Prototypenanalyse von A. Wierzbicka (Wierzbicka 1996).

Der Hauptnachteil des Ansatzes von Ch. Osgood besteht darin, dass mittels seiner Methode nicht die konnotative Bedeutungskomponente als solche, sondern nur bestimmte Assoziationen erfasst werden, welche die Adressaten aus einer speziell vorbereiteten Liste im Laufe eines Experiments wählen, um ihre persönlichen Eindrücke zu erfassen (ausführlicher dazu siehe Zillig 1982: 64-65; Bußmann 2002: 593).

Die Prototypenanalyse der australischen Linguistin A. Wierzbicka wäre allein schon deshalb von Interesse, weil die Autorin verbalisierte Emotionen mit Hilfe von speziell ausgearbeiteten semantischen Hilfsmitteln (elementaren semantischen Primitiva wie *good, bad, want* etc.) beschreibt. Leider sieht diese Methode keine Unterscheidung zwischen der Benennung von Emotionen und ihrem unmittelbaren Ausdruck vor und ist nicht zur Beschreibung konkreter Bedeutungen, sondern zur Erfassung der grundlegenden Emotionskonzepte entwickelt worden.

Näher an die formulierte Fragestellung kommen die Arbeiten aus den Bereichen der Semantik, Lexikologie und Lexikographie. In den meisten linguistischen Analysen, die das Problem der emotiven Bedeutung anschneiden, wird auf das traditionelle lexikographische Inventar von Termini zurückgegriffen (Ladissov 1983; Lukjanova 1986; Babenko 1989; Fleischer/Michel/Starke 1993; Fleischer 1995; Fix/Poethe/Yos 2002; Wolf 1997) u. a. So operiert bspw. W. Fleischer mit den Termini *abwertend (pejorativ), aufwertend (meliorativ), vertraulich* und *kosend* und fügt später noch *scherzhaft, spöttisch* und *ironisch* hinzu. Eine ausführliche Liste solcher Termini, wie sie in den wichtigsten deutschen Wörterbüchern (WDG, Duden-GWB, HDG, Wahrig-DW, Wahrig-dtv etc.) verwendet werden, findet sich in der Untersuchung von K.-H. Ludwig (Ludwig 1991). Da in seiner Liste eine Zusammenfassung aller möglichen sozialen und emotiv-wertenden Markierungen vorgestellt ist, wird unten eine etwas verkürzte Version seiner Liste mit den aus der Sicht der vorliegenden Untersuchung relevanten Begriffen angeführt:

- scherzhaft
- spöttisch
- ironisch
- verhüllend
- übertrieben/übertreibend
- vertraulich
- nachdrücklich
- abwertend
- abschätzig
- geringschätzig
- verächtlich
- emotional
- emotional positiv
- emotional negativ
- Schimpfwort (Ludwig 1991: 250-251)[53]

Wie aus der dargestellten Liste ersichtlich ist, sind die in der Lexikologie verwendeten Begriffe sehr uneinheitlich und stützen sich in Bezug auf die Charakterisie-

---

53 Siehe auch eine ähnliche Liste in (Sowinski 1999: 129).

rung emotiver Seme auf keine gemeinsame theoretische Basis. Einige der Ausdrücke, welche zur Beschreibung der emotiv-wertenden Bedeutungskomponente geeignet sind, werden hier nicht genannt. Gleichzeitig scheinen einige der üblicherweise verwendeten Termini nicht wirklich auf die Emotivität bezogen zu sein und sollten deshalb aus der Analyse ausgeschlossen werden. Dieser Tatsache ist sich K.-D. Ludwig offensichtlich selbst bewusst, deshalb betont an er mehreren Stellen, dass der Wert der aufgelisteten Markierungen hinterfragt werden sollte.

Dabei ist die kategoriale Inkonsistenz bei der Beschreibung der Emotivität auf keinen Fall ein Problem nur der germanistischen Lexikologie, sondern vielmehr eine Frage von internationaler Bedeutung, denn z. B. auch in der Russistik wurde das Problem bisher nicht gelöst. Der Bestand an Termini, der im Russischen zur Beschreibung der konnotativen Makrokomponente angewendet wird, erinnert sehr an die Liste von K.-D. Ludwig. So kommen in der russischsprachigen Lexikologie Termini wie *ласк. (kosend), одобр. (aufwertend), неодобр. (abwertend)* vor, dazu noch *восторж/восх. (begeistert), насмеш. (spöttisch), пренебр. (geringschätzend), презр. (verachtend), отвр./омерзение (angewidert)* vor.

Die Notwendigkeit eines praxisnahen Forschungsansatzes zur Beschreibung der emotiven Bedeutungskomponente wurde bereits in zahlreichen Beiträgen betont (Käge 1982; Strauß 1983; Kühn 1984; Lukjanova 1986; Hermanns 1995a, 1996, 2002c; Penkovskij 2004). Leider geht man in den meisten Fällen bei der Behandlung des Problems nicht über kritische Bemerkungen bzw. die Aufstellung ähnlicher Listen an Hand der Analyse mehrerer Wörterbücher unterschiedlicher Art hinaus (vgl. Lukjanova 1986; Babenko 1989).

Zu den wenigen Arbeiten, in denen ein praktisch anwendbarer Beschreibungsansatz für die emotive Bedeutungskomponente ausgearbeitet wurde, zählen die Arbeiten von N. Fries (Fries 1995; Fries 2004; Fries 2007), dessen Ansatz teilweise auch von anderen Autoren, vor allem in (Jahr 2000b; Schwarz-Friesel 2007), übernommen wurde.

N. Fries schlägt vor, die semantische Beschreibung von Emotiva (Spracheinheiten, in denen neben dem deskriptiven Bedeutungsmodul auch das emotive Sem vorhanden ist) unter Anwendung spezieller typisierter Merkmale zu formalisieren und somit zu vereinheitlichen. Die Anzahl und Art dieser Komponenten variiert in einzelnen Publikationen. Die neuste Variante (Fries 2007: 307ff.) zählt folgende Merkmale bzw. Dimensionen der emotiven Bedeutungskomponente auf:

1. emotionale Polarität (Affirmation/Negierung);

2. emotionale Erwartung (erwartet/unerwartet);

3. emotionale Intensität (Intensität der Erregung).

Alle Merkmale werden als Teile eines dreidimensionalen emotiv-semantischen Koordinatensystems betrachtet:

> Formalisieren kann man diese Zusammenhänge mit Hilfe dreier Maßfunktionen, die ich als ‚EMpol', ‚EMexp' und ‚EMint' bezeichne: Sie ordnen einer emotionalen Einstellung *e* die Zahl 0 oder eine andere, positive oder gegebenenfalls negative Zahl zu. Hierbei ist zu beachten, dass es sich bei ‚EMpol', und ‚EMexp' um *Bewertungen* handelt, welche sich auf *zwei verschiedene Skalen* beziehen: Etwas, das als emotional negativ bewertet wird, hat ebenso einen gewissen positiven Wert auf einer Negativ-Bewertungsskala wie etwas, das als emotional positiv bewertet wird, einen positiven Wert auf einer Positiv-Bewertungsskala hat; desgleichen gilt dies für ‚EMexp'-Bewertungen. Im Unterschied hierzu handelt es sich bei ‚EMint' um *Bestimmungen*, welche sich nur *auf eine Skala* beziehen. Die Eigenschaft von *e*, einen Wert 0 bzw. positiven oder negativen Wert zu haben, notiere ich als ‚EMpol0', ‚EMpol+', ‚EMpol-', ‚EMexp0', ‚EMexp+', ‚EMexp-', ‚EMint0', ‚EMint+'. Eigenschaften dieser Art bezeichne ich im Folgenden als *EMpol-Werte, EMexp-Werte* und *EMint-Werte*. Allgemein spreche ich in diesem Zusammenhang von *emotionalen Werten* als Bezeichnung von Eigenschaften emotionaler Einstellungen *e*. (Fries 2007: 307).

Dieser Ansatz ist im Rahmen der vorliegenden Untersuchung insoweit von Interesse, als hier die grundsätzliche Ähnlichkeit mit der im vorherigen Abschnitt beschriebenen allgemeinen Struktur der konnotativen Bedeutung deutlich erkennbar ist:

1. Die Anzahl der Operatoren wird nach Möglichkeit auf eine übersichtliche Kleinzahl beschränkt;

2. Die Emotivität wird an Hand von zwei damit integrativ verbundenen Merkmalen *Intensität* und *Wertung* beschrieben.

Die dritte Komponente „erwartet/unerwartet", die vom Autor ins allgemeine Konzept recht spät eingeführt wird und nach Angaben von N. Fries auf Marketing-Studien zur Zufriedenheit von Kunden zurückgeht, scheint im Gegenteil zu den ersteren zwei weniger wichtig für die Beschreibung der emotiven Bedeutungskomponente zu sein. Hier kann man eher M. Schwarz-Friesel zustimmen, wenn sie das Schema von N. Fries durch die Einführung der Dimension der emotionalen Nähe modifiziert, welche das Involviertsein des Individuums in das Erleben seiner Beziehung zu einem Ding oder Sachverhalt zum Ausdruck bringt (Schwarz-Friesel 2007: 148).

Eine etwas andere Herangehensweise wird von S. Jahr (Jahr 2000b) vorgeschlagen. Die Autorin bezieht zwar auch die Dimensionen *Intensität* und *Wertung* in ihre Untersuchung ein (Die Intensität der Emotion wird dabei zum Hauptfaktor, welcher durch eine komplizierten Formel errechnet wird) (Jahr 2000b: 36), aber im Unterschied zu N. Fries erweitert S. Jahr den Beschreibungsansatz auf eine andere Weise, indem die im Text vorkommenden Emotionen nicht nur quantitativ (nach ihrer Intensität) beschreibt, sondern auch mit Emotionsbezeichnungen operiert. Die notwendigen Bezeichnungen entnimmt sie dem sehr elaborierten psychologischen Emotionskatalog von U. Mees (Mees 1991). Das Schema von Mees wird dabei etwas verkürzt, da nicht alle Emotionsgruppen und Emotionstypen für die Untersuchung relevant sind. Trotzdem wird im Grunde genommen die der Arbeit von Mees zu Grunde liegende psychologische Klassifikation der Emotionen beibehalten.

Leider ist der heuristische Wert dieser Arbeit für die vorliegende Untersuchung stark dadurch gemindert, dass S. Jahr nicht konnotierte Emotionen analysiert, sondern eine Rekonstruktion der Gefühle von Autoren wissenschaftlicher Texte vornimmt. Insoweit interessiert sich die Autorin nicht dafür, welche Emotionen in Texten zum Ausdruck kommen, sondern dafür, was man an Hand der Texte über Gefühle der Autoren schließen kann. Die sprachlichen Mittel dienen in der Analyse also eher als Indizien für eine breite Bandbreite von Emotionen, die dem Autor **unterstellt** werden.[54] Entsprechend diesem Ziel werden in die Untersuchung zunehmend auch rational-wertende Spracheinheiten, nichtemotive Substantive wie *Hoffnung* und Adverbien wie *nur noch, so* (z. B. *so umfassend*) einbezogen.

Interessant ist im Rahmen der vorliegenden Untersuchung dagegen der Versuch der Autorin, emotive Seme qualitativ durch die Identifizierung mit einer der Emotionen aus dem Katalog von U. Mees zu beschreiben. Die Anwendbarkeit der sehr weiten Liste der Emotionen aus dem Modell von U. Mees in einer linguistischen Analyse ist jedoch wenig aussichtsreich. Viele dieser Emotionen, z. B. Abwehr-Gefühl, Vorwurf-Gefühl, Unmut lassen sich nur als ein allgemeiner Eindruck beim Adressaten oder z. B. durch eine phonetische Analyse der Intonation registrieren und könnten kaum auf konkrete konnotierte Bedeutungen zurückgeführt werden. Außerdem können zahlreiche Emotionen auf der sprachlichen Ebene nur durch direkte Benennung ausgedrückt werden (Fries 1995: 145), weshalb sie wiederum aus der Analyse der Expressivität auszuschließen wären.

Strittig ist der Versuch, einzelne konnotative Emotionen mittels einer sehr ausführlichen Emotionsklassifikation zu beschreiben, auch aus dem Grund, dass der Emotionsausdruck im konnotativen Bedeutungsmodul vergleichsweise vage ist und die Möglichkeit der genauen Differenzierung einer großen Anzahl von Emotionen, welche oft als Unterarten und Varianten voneinander auftreten, deutlich begrenzt ist. Das sieht auch U. Mees ein: „Es gibt sicherlich mehr Emotionsnamen (=Varianten) als qualitativ unterscheidbare bzw. erlebbare Emotionen" (Mees 1991: 169). Die Anzahl der zu analysierenden Emotionen ist aus diesem Grund nach Möglichkeit kleinzuhalten. Das „Körnigkeits-Niveau" hängt dabei nach Meinung von U. Mees von der Zielsetzung der Analyse ab (Mees 1991: 173).

54 Die Zweckmäßigkeit der linguistischen Rekonstruktion der von den kommunizierenden Menschen tatsächlich erlebten Emotionen ist grundsätzlich anzuzweifeln, da der Ausdruck von Emotionen auf keinen Fall das Erleben dieser Emotionen bedeutet. Im Gegenteil: Im weiten Bereich der ritualisierten Sprachhandlungen und beim suggestiven Sprachgebrauch im politischen Diskurs ist es beinahe Normalität, dass die Emotionen nur vorgetäuscht werden.

Basierend auf dem Gesagten kann man davon ausgehen, dass die künstliche Ausdifferenzierung möglichst vieler Emotionen keinen qualitativen Fortschritt für eine linguistische Untersuchung des emotiven Sprachgebrauchs liefern kann. Sie würde im Gegenteil die Analyse unübersichtlich und zu subjektiv machen. Als ein aussichtsreicherer und im Rahmen einer linguistischen Analyse realisierbarer Ansatz werden deshalb in der vorliegenden Studie einige prototypische, für den jeweiligen Diskurs relevante Emotionen berücksichtigt, die im konnotativen Bedeutungsmodul tatsächlich zum Ausdruck kommen können. Ein solches praxisbezogenes Raster kann und sollte offensichtlich nicht auf der Grundlage psychologischer Ansätze aufgebaut werden, weil darin die speziell linguistischen Fragestellungen nicht berücksichtigt werden. Die Arbeiten wie jene von U. Mees können dabei aber trotzdem von Nutzen sein, weil sie eine allgemeine Charakteristik von Emotionen und Emotionsklassen enthalten.

Um das Emotionsraster für die linguistische Untersuchung der Emotivität zu formulieren, werden in der vorliegenden Untersuchung die bereits bestehenden Ansätze aus dem lexikologischen und semantischen Bereich unter Berücksichtigung der bereits genannten theoretischen Grundlagen und nach einem einheitlichen Beschreibungsmuster aufgearbeitet. Die Aufarbeitung sieht die Beschränkung der Anzahl der üblicherweise zur Beschreibung der emotiven Bedeutungskomponente verwendeten Begriffe/Bezeichnungen von Emotionen sowie eine systematische Ergänzung der Liste durch weitere Begriffe, soweit diese für die Analysezwecke erforderlich sind.

Die Verschlankung der in der Semantik und Lexikographie verwendeten Emotionsliste ist aus dem Grund wichtig, weil viele ihre Elemente eigentlich kaum dafür geeignet sind, die konnotierten Emotionen zu erfassen. So beziehen sich z. B. die Charakteristika wie *Schimpfwort* und *spöttisch* lediglich auf die jeweiligen Sprachhandlungen SCHIMPFEN und SPOTTEN, welche unter Verwendung der jeweiligen Spracheinheit vollzogen werden können. *Nachdrücklich* kann überhaupt kaum als semantische Charakteristik betrachtet werden, sie gibt nur an, dass das Gesagte mit Nachdruck geäußert wird. *Verhüllend* verweist auf ein spezifisches semantisches Verhältnis zwischen zwei Lexemen. *Übertrieben/übertreibend* gibt an, dass die jeweilige Spracheinheit eine Hyperbel ist, d. h. ein semantisches Merkmal in ihrer Bedeutung so intensiv ist, das dies zur Entstehung eines emotiven Sems führen kann, vgl. bspw. *politischer Gigant*. Somit wird durch die Markierung *übertrieben/übertreibend* eigentlich der semantische Mechanismus angegeben, der zur Emotionalisierung der Bedeutung führen kann, über die emotive Bedeutungskomponente wird dagegen nichts gesagt. *Ironisch* ist eine formale Charakteristik, sie bezieht sich auf eine rhetorische Figur, bei der das Gemeinte das Gegenteil vom Gesagten darstellt (Näheres zur Ironie siehe in Oomen 1983; Groeben 1986). *Scherzhaft* bedeutet eine besondere Einstellung zut Proposition, jedoch keine Emotion. Somit bleiben nur noch sehr wenige Bezeichnungen übrig, die direkt mit der Konnotierung von Emotionen verbunden werden können. Einige davon wie *emotional positiv* und *negativ, abwertend* sind zu allgemein, um als Beschreibungsgrundlage zu gelten. Es bleiben am Ende also nur noch *geringschätzig* und *verächtlich* als mögliche Varianten übrig. Dieses Inventar an Emotionen ist eindeutig zu arm, um als Grundlage für die Beschreibung der Emotivität zu dienen, und muss deshalb ergänzt werden.

Aufschlussreich erscheinen in dieser Hinsicht einige Beiträge im Sammelband zum Fragenkomplex um die Begriffe Expressivität/Emotivität „Menschlicher Faktor in der Sprache: Sprachliche Mechanismen der Expressivität" (Grafova 1991; Sandomirskaja 1991) zu sein, in denen weitere Bezeichnungen für konnotierte Emotionen basierend auf den Ergebnissen der praktischen Untersuchung von T. Grafova und im Anschluss an die früher erschienenen theoretischen Arbeiten und praktische Untersuchungen (Telija 1981, 1986; Tripolskaja 1985; Lukjanova 1986; Grafova 1987) vorgeschlagen werden. Die größte Aufmerksamkeit wird dabei den negativen Emotionen gewidmet, die nach einigen Angaben bis zu 80 % des emotiven Wortschatzes in einzelnen Sprachen ausmachen können (Grafova 1991: 67; Schakhovskij 1995a: 8). T. Grafova hat eine relativ ausführliche Liste der Emotionen für eine semantische Analyse emotiv-wertender Lexik mit den Semen der Verachtung, Verurteilung, Missbilligung und Geringschätzung ausgearbeitet. Diese Liste scheint auch im Rahmen der vorliegenden Untersuchung als besonders geeignet für die praktische Analyse zu sein, erstens weil sie in gewissem Maße mit den lexikografischen Markierungen (siehe oben) übereinstimmt (abwertend/verächtlich → Geringschätzung, Verachtung; emotional negativ → Verurteilung, Missbilligung) und zweitens weil sich die genannten Emotionen, wie unten gezeigt wird, im Rahmen einer logischen Matrix leicht aufeinander abstimmen lassen.

Die Seme der Missbilligung und Verurteilung signalisieren negative Emotionen auf Grund der gegen soziale Normen verstoßenden Eigenschaften des Objekts. Bei ihrem Ausdruck ist die negative Bewertung durch das Subjekt und die entstehende Emotion nicht so sehr in persönlichen Einstellungen, sondern eher in den sozial anerkannten Normen verwurzelt, deren Verletzung eine entsprechende Reaktion hervorruft. Dabei bezieht sich das Sem der Missbilligung auf die Charakteristik der Prozesse/Personen/Sachverhalte, welche zwar die Normen verletzen, aber keine gravierende Durchbrechung darstellen und deshalb nicht unbedingt strafbar sind bzw. sich leicht wiedergutmachen lassen. Das Sem der Verurteilung gibt im Gegenteil an, dass der jeweilige Verstoß seriös ist, was eine intensivere Emotion hervorruft.

Die Seme der Geringschätzung und Verachtung konnotieren die Emotionen mit größerer persönlicher Anteilnahme, die bei einem Widerspruch mit den tief verinnerlichten Werten auftreten und eine größere Involvierung zur Folge haben. Die Intensität der Emotion steigert sich in Richtung von Geringschätzung (wenn ein Objekt etc. als unbedeutend bzw. wertlos für den Sprechenden dargestellt wird) zu Verachtung (wenn ein Objekt nicht nur einfach als wertlos gesehen wird, sondern auf ihn wird noch mit Abscheu herabgesehen). In der Tabelle 2.1 werden diese Emotionen an Hand einer dreiteiligen Beschreibungsmatrix mit den

Dimensionen **Wertung, Intensität, Involviertheit (persönliche Nähe)** näher beschrieben.

Weniger deutlich ist die Situation im Bereich der positiven Emotivität, da der Ausdruck positiver Emotionen im konnotativen Bedeutungsmodul quantitativ stark unterlegen und qualitativ gesehen labiler ist, weshalb sie sich nicht so leicht gruppieren und gegenüberstellen lassen. Im weiteren Verlauf der Untersuchung werden auf Grund der einschlägigen Analysen in anderen Arbeiten und den eigenen praktischen Erfahrungen vier positive Emotionen berücksichtigt – Billigung, Achtung, Mitleid und Zärtlichkeit. Zwei dieser Emotionen – Billigung und Achtung – stellen ein Gegenüber den Emotionsgruppen Missbilligung/Verurteilung und Geringschätzung/Verachtung dar. *Mitleid* und *Zärtlichkeit* haben dagegen keine direkte Entsprechung unter den negativen Emotionen.

Tabelle 2.1 Charakteristik emotiver Seme

Emotionstyp	**Beschreibungsdimensionen**		
	Wertung	**Intensität**	**Involviertheit**
Missbilligung	-	niedrig	niedrig
Verurteilung	-	hoch	niedrig
Geringschätzung	-	niedrig	hoch
Verachtung	-	hoch	hoch
Billigung	+	niedrig	niedrig
Achtung	+	mittel	mittel
Mitleid	+	mittel	hoch
Zärtlichkeit	+	hoch	hoch

Die Beschreibungsmatrix lässt schließen, dass sich die Emotivität des Diskurses auf zwei Weisen erhöhen kann – durch die Steigerung der Intensivität und durch die Erhöhung der Anteilnahme. Die minimale Emotionalisierung erfolgt z. B. beim Konnotieren der Missbilligung (niedrige Intensität, niedrige Involviertheit), die maximale – beim Ausdruck der Verachtung (maximale Intensivität, hohe persönliche Involviertheit).

In der praktischen Analyse von Texten des deutschen politischen Diskurses (Kapitel 3) werden Expressiva durch die Angabe von zwei Charakteristika – des Wertungszeichens (+ oder -) und der Emotionsbezeichnung – beschrieben, wobei in jeder Emotionsbezeichnung entsprechend der oben angeführten Tabelle ein fester Satz von zwei Merkmalen – der Intensität und der Involviertheit – „eincodiert" ist.

2.3.4 Sprachmittel zum Konnotieren von Emotionen

In den Publikationen zum Sprache-und-Emotion-Problem werden gelegentlich Versuche unternommen, die wichtigsten Typen emotiver Spracheinheiten aufzulisten (siehe z. B. Volek 1987, 1995; Adamzik 1984: 243; Schakhovskij 1987a: 100ff., 2008: 233; Hermanns 2002c; Jahr 2000b: 86ff.). Diese Listen bieten eine gute Orientierungshilfe für den Einstieg in die Problematik. Ihr heuristischer Wert ist jedoch eher mittelmäßig, da nur ein Teil von Expressiva bedingungslos emotiv ist, d. h. in ihrer lexikalischen Bedeutung über eine emotive Komponente verfügt, die in jedem Kontext aktualisiert wird (siehe z. B. Modelle 1 und 2). In vielen Fällen entsteht die konnotative Bedeutungskomponente jedoch erst im Kontext der Verwendung, z. B. als Folge einer semantischen Operation wie Metaphorisierung. Aber auch formale Listen mit der Aufzählung solcher Operationen, wie sie in der Rhetorik üblich sind, reichen nicht aus, denn keine semantische Operation führt automatisch zum Entstehen der Emotivität. So werden in wissenschaftlichen Texten recht oft Metaphern und Metonymien verwendet, die überhaupt nicht emotiv sind. Das in der Linguistik immer noch verbreitete pauschalisierende Vorgehen, bei dem rhetorische Figuren zusammen mit den nichtfigurativen wertenden Wörtern und Wendungen als emotive Spracheinheiten betrachtet werden, wie in (Große 1976: 18), ist daher abzulehnen. Es kann nur um die Auflistung **potentiell** emotiver Spracheinheiten und grammatikalischen Formen gehen wie z. B. in (Kotjurova 2003; Krishanovskaja 2003; Bao Hun 2003, Drescher 2003; Kostrova 2004), die lediglich als eine allgemeine Orientierung dienen können. Die Welt des Diskurses ist reicher als die der lexikalischen Semantik, und die darin vorkommenden Expressiva können ad hoc mit ganz unerwarteten sprachlichen Mitteln gebildet werden. Das induktive Analyseverfahren hat hier also eindeutig den Vorsprung vom deduktiven.[55]

An dieser Stelle lassen sich nur einige allgemeine Weichen für eine systematische Beschreibung von Expressiva im praktischen Teil der vorliegenden Arbeit setzen. So können alle Expressiva nach zwei Kriterien charakterisiert werden:

1. ob sie spontan unter Anwendung der Sprachmittel der Expressivitätsbildung gebildet sind oder als Ergebnisse solcher Wortbildung dem festen Wortschatzbestand angehören (Kriterium usuell/okkasionell). Dabei kann man davon ausgehen, dass okkasionelle Expressiva intensivere Emotionen ausdrücken, weshalb sie „zu stark“ für viele Kommunikationsbereiche sind;

2. ob sie semantischer Ebene (Ausdruck der Emotion im Rahmen eines Bedeutungsmoduls), semantisch-syntaktischer Ebene (Zusammenspiel von zwei oder mehreren Bedeutungen), syntaktischer Ebene (spezielle syntaktische Form, z. B. Ausrufesatz), textueller Ebene (Zusammenspiel emotiv-wertender Bedeutungen als durchgehende semantische Textschicht) bzw. intertextueller Ebene (intertex-

55 Eine ausführlichere Formulierung und Begründung dieser Regel findet sich in den Arbeiten von H.F. Plett (Plett 1990, 2000, 2001) und D. Breuer (Breuer 1974, 1990).

tuelles Zusammenspiel von Bedeutungen) angehören. Die letztere ist in der Linguistik bisher kaum untersucht. Einen guten Einblick in die Problematik bietet die Arbeit (Gudkov 2003), in der vor allem intertextuelle emotiv-wertende Metaphern (als Präzedenzphänomene bzw. Präzedenzeinheiten bezeichnet) betrachtet werden.

2.3.5 Kontextuelle Emotivität: Abgrenzung des emotiven Äußerungsgehalts

Entsprechend dem Schema 2.1 setzt die Untersuchung der Expressivität eine semantische Analyse nicht nur lexikalischer Bedeutungen von Spracheinheiten, sondern auch ihrer Bedeutungen im Kontext voraus. In einer Äußerung treten emotive Spracheinheiten jedoch stets als Teile eines größeren Ganzen auf und sollten deshalb als solche analysiert werden. Wichtig ist dabei, genauso wie bei der Analyse einzelner Wörter auf die besondere Rolle emotiv-wertedner Lexik in der Äußerungssemantik einzugehen. In diesem Abschnitt wird kurz dargestellt, über welche signifikanten Unterschiede der emotiv-wertende Anteil der Äußerungssemantik verfügt und welche Rolle er im Gesamtinhalt einer Äußerung spielt.

Um den Stellenwert der emotiven Semantik genau zu beschreiben, sollte man mehrere Varianten der sogenannten Einstellungssemantik analysieren, die in unterschiedlichen Studien mehr oder weniger direkt mit dem Ausdruck von Emotionen in Verbindung gebracht werden. Eine Äußerung mit deskriptiver Semantik vom Typ (P) bildet dabei den Ausgangspunkt für weitere Beschreibung, z. B.: *Er kommt heute zur Versammlung.*

In dieser Aussage wird dem Objekt eine bestimmte Eigenschaft prädiziert, ohne dass dabei eine beliebige Beziehung des Emittenten zum Sachverhalt ausgedrückt wird.

Komplizierter wird die Äußerung, wenn zum rein deskriptiven Inhalt eine Einstellung hinzukommt. Die meisten solcher propositionalen Einstellungen haben aber nichts mit Emotivität zu tun und drücken vor allem die Wahrscheinlichkeit eines Sachverhalts in Bezug auf die Realität aus. Dabei bleibt die Semantik solcher Einstellungswörter rein deskriptiv oder eine Emotion wird hier nur genannt, jedoch nicht zum Ausdruck gebracht. So sind z. B. die futurischen Einstellungen.

Die futurischen Einstellungen werden gewöhnlich in zwei Typen – die präferenziellen und expektativen Einstellungen – unterteilt. Zur ersten Gruppe zählt P. von Polenz die Einstellungspropositionen (EP) vom Typ *Ich habe Interesse daran...*, zur zweiten – *Ich hoffe/befürchte...* (von Polenz 2008: 220ff.). Im ersten Fall (Interessenbekundung) geht es strikt gesagt nicht um eine Emotion, sondern um einen kognitiven Zustand der Fokussierung auf ein Objekt bzw. Sachverhalt (Mees 1991: 45-47, 169). Im zweiten Fall geht es zwar um die Emotionen, aber es liegt auf der Hand, dass ein bestimmter psychologischer Zustand (z. B. *Befürchtung*) lediglich genannt wird. Bei solchen expektativen Einstellungsbekundungen wird **mitgeteilt** erstens, dass ein Ereignis möglich ist, und zweitens, dass man eine negative Emotion (Furcht bzw. Angst) vor dem Auftreten dieses Ereignisses empfindet. Zusätzliche konnotative Informationen, die diesen denotativen Gehalt überlagern würden, gibt es in solchen Fällen nicht. Hier gilt also die bereits mehrmals angesprochene Regel zur Differenzierung zwischen den emotionsbezeichnenden und emotionsausdrückenden Spracheinheiten.

Dasselbe gilt auch für die evaluativen und emotionsbezeichnenden[56] Einstellungen. Eben diese Gruppen werden gelegentlich als emotiv/expressiv bezeichnet (siehe z. B. Schwarz-Friesel 2007: 173ff.). Hier hat man entweder mit rationalem Bewerten (*Ich finde es gut, dass...*) oder, genauso wie oben, mit der Beschreibung von Emotionen (*Ich bedauere es, dass...*) zu tun.

Alle genannten Einstellungen können auf zwei verschiedene Weisen ausgedrückt werden:

a) durch eine explizite Einstellungsbekundung in einem zusammengesetzten Satzinhalt, den man mit der Formel EP(P) ausdrücken kann, wobei unter EP eine selbstständige Einstellungsproposition verstanden wird;

b) mit der Einstellungsbekundung innerhalb eines einfachen Satzes: E(P). Hier wird die Einstellung durch ein Wort oder eine Wortverbindung ausgedrückt.

Im letzteren Fall spricht man manchmal von den „untergeschobenen Prädikationen" (von Polenz 2008: 125) bzw. den „nebenbei ausgedrückten Einstellungen zum Aussagengehalt" (Lüger 1995: 131). Diese Art der Einstellungsbekundung ist aus der Sicht der Linguisten für eine sprachkritische Textanalyse besonders wichtig, denn sie prägt die Darstellungsweise so, dass die ausgedrückten Einstellungen als selbstverständlich und ohne weitere Begründung dargestellt und übernommen werden. Man könne sie kaum in Frage stellen oder verneinen, weil diese Handlungen automatisch auf die Hauptproposition bezogen werden. Diese Annahme ist jedoch nur beschränkt richtig, denn solche Einstellungen lassen sich problemlos als zusätzliche Einstellungspropositionen syntaktisch dekomponieren und danach in Frage stellen bzw. verneinen, vgl.:

***Vermutlich** veranlasste der Präsident seine neokonservativen Hardliner zur Unterbrechung einer politischen Aktion. = **Ich vermute**, dass der Präsident seine neokonservativen Hardliner zur Unterbrechung einer politischen Aktion veranlasst hat. (Vermutest du wirklich, dass...?)*

***Leider** veranlasste der Präsident seine neokonservativen Hardliner zur Unterbrechung einer politischen Aktion. = **Es tut mir leid**, dass der Präsident seine neokonservativen Hardliner zur Unterbrechung einer politischen Aktion veranlasste. (Tut es dir wirklich leid, dass...?)*

---

56 Bei K. Brinker, der diese Art von Einstellungen gesondert nennt (Brinker 1994: 37), heißen sie „emotive Einstellungen". Diese Bezeichnung wird für die Zwecke der Untersuchung modifiziert, da das eigentlich Emotive entsprechend den Ergebnissen der Untersuchung nur konnotiert werden kann.

Bei diesem Punkt wird der wichtigste Unterschied solcher objektiven Einstellungen von der konnotativen Äußerungssemantik deutlich, denn auch die konnotierten Emotionen kommen in der Äußerung zusätzlich zu deren propositionalem Gehalt vor, aber sie lassen sich **nicht** dekomponieren. Die damit ausgedrückten Emotionen umgehen grundsätzlich das kognitive Filter des Adressaten und können weder in Frage gestellt noch verneint werden, vgl.:

Der Präsident hat seine neokonservativen Hardliner ***zurückgepfiffen*** = *Der Präsident veranlasste die ihn unterstützenden Politiker zur Unterbrechung einer politischen Aktion* (+ negative Bewertung + Geringschätzung).

Wenn man diese „zusätzlich" ausgedrückten Emotionen und Wertungen zu dekomponieren und anzufechten versucht, so kommt man höchstens zu einer komplizierten und in der realen Kommunikation kaum vorstellbaren Konstruktion, die sich aber auch dann lediglich auf eine deskriptive Umschreibung der konnotierten Inhalte beziehen und deshalb fehlschlagen würde, vgl.:

Hat er denn wirklich seine neokonservativen Hardliner zur Unterbrechung einer politischen Aktion veranlasst (und bewertest du das wirklich negativ und empfindest die Emotion der Geringschätzung dabei, die ich nach deinem Wunsch womöglich übernehmen sollte?).

Alles Gesagte zeugt davon, dass sämtliche Fälle des emotiven Sprachgebrauchs ungeachtet der genauen Stellung in der Aussage einen prinzipiellen Unterschied zu allen anderen Einstellungsarten haben, welche durch deskriptive und rationalwertende Bedeutungen ausgedrückt werden: Sie beschränken sich nicht auf die Modifizierung des Aussageninhalts durch Angabe seiner Beziehung zur Realität, Nennung von Gefühlen bzw. gleichzeitige Bewertung von Sachverhalten, sondern drücken Emotionen des Emittenten auf eine verdeckte Weise aus, welche sich jeder Hinterfragung bzw. Verneinung (die im Falle deskriptiver expliziter wie impliziter Prädikationen immer möglich ist) widerstrebt. Insoweit ist die ansonsten wichtige Gegenüberstellung „explizit vs. implizit" für die Beschreibung der emotiv-wertenden Bedeutungskomponente der Aussage eher von untergeordneter Bedeutung, denn die emotiv-wertende Bedeutung ist ungeachtet ihrer genauen „Lokalisierung" im semantischen Gehalt der Aussage (im Prädikat oder in zweitrangigen Satzteilen) **immer** als implizit zu betrachten.

2.4 Funktional-kommunikative Dimension der Expressivität

2.4.1 Wertungen, Emotionen und Präskriptionen: Die „starke" Theorie

Nachdem die semantische Grundlage der Expressivität – die emotive Bedeutungskomponente des konnotativen Bedeutungsmoduls – beschrieben worden ist, kann man zur Frage übergehen, was der Gebrauch einer emotiven Spracheinheit bzw. emotiven Äußerung zur Kommunikation beiträgt (Expressivitätsbildung im Text) und auf welche Weise dieser Beitrag linguistisch erfassbar ist.

Sollte man die emotive Semantik unter dem Blickwinkel ihrer Rolle in der kommunikativen Handlungsstruktur von Texten betrachten, so stellt man schnell fest, dass im Rahmen der Linguistik keine eindeutige Antwort auch auf diese Frage zu finden ist. Das Problem wird bereits bei der Analyse des rhetorischen Ansatzes ersichtlich, der als erster dieses Thema beansprucht hat. Interessanterweise zeigt aber die Geschichte der Rhetorik unter Ausnahme der sophistischen Arbeiten und der viktorianischen Dichtung kein besonderes Interesse an der „Affektenlehre", die im Vergleich zur Argumentationstheorie deutlich vernachlässigt wird. Eine entsprechende Tendenz kann man bis zur „Rhetorik" von Aristoteles (Aristoteles 1999) zurückverfolgen. Zwar führt der Autor die für die Weiterentwicklung der linguistischen Emotionstheorie zentralen Begriffe *Pathos* und *Ethos* ein und listet einzelne Gefühle auf, welche in Bezug auf den jeweiligen Kommunikationsbereich durch sprachliche Mittel auszulösen sind (denn man kann die Zuhörerschaft leichter überzeugen, wenn sie in einem entsprechenden psychologischen Zustand ist). Aber gleichzeitig wird die Affektenlehre klar als „Beiwerk" und „Nebensächlichkeit" bezeichnet (Aristoteles 1999: 7). Der Hauptteil der Arbeit von Aristoteles wird der Argumentation und insbesondere dem Enthymem als dem wichtigsten Argumentationstyp gewidmet. Diese Auffassung wird später zusammen mit dem gesamten Werk von Aristoteles in die Rhetorik als kanonisch übernommen und ist insoweit maßgeblich für die Weiterentwicklung der Linguistik gewesen.

Einen nicht unerheblichen Beitrag dazu, dass das kommunikative Potential emotiver Spracheinheiten ignoriert wird, leistete auch die Tatsache, dass zumindest seit Gorgias die Affekterregung im Unterschied zur Argumentation von der *inventio* und *dispositio* ausschließlich an die *elokutio* überführt wird, weshalb der emotive Sprachgebrauch lediglich als ein zusätzliches Schmuckmittel auf der sprachlichen **Formulierungsebene**, also nur als eine Form, ein Gestaltungsmittel, betrachtet wird. Im Laufe der Zeit wurde die Analyse der Emotivität deshalb immer stärker auf die Aufstellung formalistischer Klassifikationen von rhetorischen/stilistischen Figuren beschränkt, wobei der funktional-kommunikative Aspekt vollständig ausgeblendet wurde.

Auch die moderne Rhetorik versteht sich in erster Linie als „eine Theorie der Argumentation" (Perelman 1991: 325) und nicht der expressiven Gemütsbewegung. Die Affektenlehre bleibt dabei nach wie vor „ein Stiefkind der Rhetoriktheorie" (Ottmers 2007: 122). Weitere Gründe dafür (neben der seit der altgriechischen Zeit bestehenden Tradition) sind nach C. Ottmers die generelle Vorstellung von emotivem Sprachgebrauch als einem unsachlichen, sogar manipulativen bzw. „unwürdigem" Verfahren sowie die prinzipielle Schwierigkeit einer nichtformalistischen Betrachtung des Problems (Ottmers 2007: 121).

Aus den genannten Gründen wird auch im breiteren Kreis der pragmatisch inspirierten Arbeiten, die sich eingehender mit der Einstellungssemantik befassen, von der Beschreibung des funktional-kommunikativen Potentials speziell emotivsemantischen Äußerungs- und Textebene abgesehen. Wenn das Thema schon angeschnitten wird, so geht man angesichts des ungewöhnlich vagen Status der emotiven Bedeutungskomponente in der Linguistik mehr oder weniger direkt zur Analyse des **wertenden** Äußerungsgehalts und der einschlägigen kommunikativen Handlung über, weil dieser als evaluative Modalität bzw. Einstellung in der Grammatik, Pragmatik und Logik ein größeres Ansehen genießt. Interessanterweise kommen dann bei der praktischen Analyse wertender Spracheinheiten doch auch Fälle des emotiv-wertenden Sprachgebrauchs vor, wobei darauf nicht speziell hingewiesen wird und der Terminus *Wertung* gewissermaßen als „stellvertretend" für beide Komponenten auftritt (siehe z. B. theoretische Ausführungen und praktische Beispiele in Zillig 1982: 63ff.; Sager 1982; Strauß/Zifonun 1984: 410; Sornig 1981: 93ff; Adamzik 1984: 241ff.; von Polenz 1984: 219, 254; Klein 1994, 1997; Moilanen 1994, 1996; Sandig 1996, 2004; Golovanevskij 2002; Mikołajczyk 2004: 73ff.; Wolf 2006: 37ff. u. v. a.). Die Emotivität wird als gewissermaßen „gesteigertes Bewerten" dargestellt, bei dem die Bewertung „erlebt" wird (Fiehler 1990: 36ff., 2002: 84-85; Jahr 2000b: 76; Sandig 2006: 249-250, 256ff.). Die Privilegierung der Wertung auf Kosten der Emotivität scheint in der modernen Linguistik immer noch selbstverständlich zu sein und wird nur selten kritisiert.

Ein Argument für die Behandlung der emotiven Sprache durch das Prisma der Wertung ist der Verweis darauf, dass die Emotivität (emotive Wertung) nur eine Unterart der Wertung ist, weshalb ihre grundlegenden Eigenschaften an Hand der Analyse der Wertung zu erfassen wären. Man sollte jedoch berücksichtigen, dass die emotive Wertung nicht als eine einfache Summe von Wertung und Emotion betrachtet werden darf. In der emotiven Bedeutungskomponente bildet die Wertung nur eine der Charakteristika in der Beschreibungsmatrix der darin ausgedrückten Emotion, denn jede Emotion ist entweder positiv oder negativ. Den Kern bildet dabei aber die Emotion selbst, was zu wichtigen semantischen Unterschieden zwischen rationaler und emotiver Wertung führt (das konnotative Bedeutungsmodul mit emotiv-wertendem Sem ist erheblich komplizierter aufgebaut und weist besondere Eigenschaften auf), weshalb auch von bestimmten Unterschieden in ihren kommunikativen Aufgaben auszugehen wäre.

Bevor man aber zu den besonderen kommunikativen Eigenschaften emotiver Spracheinheiten und Äußerungen übergeht, ist eine Frage zu behandeln, die sich sowohl auf emotive als auch auf rationale Wertung bezieht. Es geht um die oft ausgedrückte Annahme, dass man mit Wertungen, darunter auch emotiven Wertungen, dem Adressaten etwas vorschreiben kann und dass Wertungen demzufolge ein präskriptives kommunikatives Potential haben (Appell zum Handeln). In der vorliegenden Untersuchung wird diese Meinung nicht geteilt, sondern es wird davon ausgegangen, dass die sprachlichen Wertungen sowohl zum Informieren, als auch zum Appellieren an den Adressaten gebraucht werden können, wobei am informierenden Rand dieses kommunikativen Funktionsspektrums die rationale Wertung, vor allem in Form von Meinungsprädikaten liegt, während sich am anderen Rande die emotive Wertung und Suggestion eines Gefühls befinden (vgl. dazu Wolf 2006: 39-42).

Wenn man vom präskriptiv-appellierenden Charakter der Wertungen spricht, so muss man berücksichtigen, dass in der Philosophie, Ethik, Logik und Linguistik bei weitem kein Konsens in Bezug auf das Wesen des Appells besteht. Der geschichtlich gesehen ältere Standpunkt, den man als „starke" Theorie bezeichnen kann, geht von einer direkten Verbindung zwischen der deontischen Logik und Wertungen aus. Innerhalb dieser Theorie werden wertende Aussagen schlicht mit deontischen Äußerungen (Geboten, Verboten etc.) gleichgesetzt. Der Grundgedanke dahinter ist: Wenn man etwas bewertet, so sagt man nicht nur, dass man etwas schätzt oder nicht schätzt, sondern man teilt auch dem Adressaten mit, wie er sich gegenüber dem bewerteten Objekt zu verhalten hat. Besonders bekannt ist in diesem Zusammenhang z. B. der Ausdruck des bedeutenden deutsch-amerikanischen Philosophen R. Carnap: „But actually a value-statement is nothing else than a command in a misleading grammatical form" (Carnap 1979: 24). Ihre logische Fortsetzung fand diese Vorstellung bspw. in den logischen und philosophischen Arbeiten von Ch. Stevenson (Stevenson 1976), A. Ivin (Ivin/Nikiforov 1997) und R.M. Hare, der in seinen Arbeiten (Hare 1972, 1983) mehrmals auf den präskriptiven Charakter von Wertungen hinweist und ihre grundlegende Ähnlichkeit mit Imperativen hervorhebt. Diese Vorstellung wird auch in den semiotisch inspirierten Arbeiten wie (Klaus 1971; Morris 1973) geteilt.

Die aus der Philosophie stammende „starke" Theorie wird aber nicht zuletzt in der Philosophie selbst der Kritik unterzogen. Besonders scharf wird die Angleichung der beiden Erscheinungen vom bekannten finnischen Philosophen und Logiker, dem Begründer der modernen deontischen Logik G. von Wright kritisiert (von Wright 1972, 1977, 1994), der die Ursprünge dieser pauschalisierenden Herangehensweise darin sieht, dass die Untersuchung von Wert-Begriffen in den logischen und philosophischen Untersuchungen nie zu hauptsächlichen Bestandteilen der logischen Theorie gehörte. Da die sogenannte „Präferenzlogik" (Logik der Bewertungen) von Anfang an keine enge Verbindung zur etablierten logischen Theorie hatte, versuchte man sie mit dem (an sich auch nicht unproblematischen) Zweig der deontischen Logik zu verbinden (von Wright 1994: 87-88).

Dass eine wertende Aussage kaum als eine Anweisung für den Adressaten zu verstehen ist, wäre bereits deshalb nachvollziehbar, weil für eine Handlungsanweisung folgende Voraussetzungen erfüllt werden müssen:

1. Der Adressat muss jemand sein, der an Hand der erfolgten Bewertung eine vom Emittenten erwartete Handlung vollziehen kann;

2. Der Adressat muss die erfolgte negative oder positive Bewertung als einen ausreichenden Anlass für den Vollzug einer entsprechenden Handlung ansehen.

Dass in realen Kommunikationsbedingungen diese Voraussetzungen bei rationalen Bewertungen bei weitem nicht immer erfüllt werden, lässt sich an folgendem Beispiel zeigen: Mit der Äußerung *Seine Berufung auf den Posten des Pressesprechers war eine schlechte Entscheidung* kann unter Umständen eine Empfehlung an die zuständige Person ausgedrückt werden, den berufenen Sprecher zu entlassen. Sie kann aber genauso gut von einer nicht persönlich interessierten Person an einen Gesprächspartner gerichtet werden, der den jeweiligen Pressesprecher zum ersten Mal im Fernsehen sieht und nun den allgemeinen Eindruck diskutieren möchte. Der Emittent ist dann an einer Einflussnahme einfach nicht interessiert und der Adressat könnte die Kündigung des Pressesekretärs gar nicht bewirken. In diesem wie in vielen ähnlichen Fällen (z. B. in harten Nachrichten etc.) stellt die Bewertung eigentlich im Dienste der Informierung. Dasselbe gilt z. B. für eine Diskussion im Vorstandsrat, dessen Mitglieder den Pressesprecher wirklich entlassen könnten. Hier muss die angeführte Aussage nicht unbedingt zu einer entsprechenden Handlung Impuls geben, denn die Vorstände können sich z. B. im Klaren sein, dass es zurzeit keinen besseren Anwärter auf diesen Posten gibt. Somit kann auch in diesem Fall die Aussage rein informativ sein.

Man kann also sagen, dass wertenden Aussagen generell eine bestimmte kommunikative Zweideutigkeit (Informieren oder Beeinflussung) eigen ist, die erst im konkreten Kontext gelöst werden kann. Interessanterweise scheint der Mechanismus dabei derselbe sein, wie z. B. bei den ambiguen deontischen Äußerungen, die je nach Situation deskriptiv oder präskriptiv gedeutet werden können, vgl. *Sie können hier Ihr Auto parken* als Erlaubnis und als Information, dass es eine solche Erlaubnis (z. B. für Nicht-Einwohner) gibt (von Wright 1977: 104-105, 134).

Aber auch in den Fällen, wenn ihr Gebrauch mit einem deutlichen kommunikativen Zweck der Beeinflussung des Adressaten erfolgt, sind die Aussagen mit Wertungskomponente nicht wirklich präskriptiv in dem Sinne, wie z. B. Imperativsätze sowie modale Empfehlungs- und Erlaubnissätze es sind. Der Unterschied kann in komprimierter Form so formuliert werden: „Jemand zu sagen, etwas zu tun oder zu unterlassen, unterscheidet sich davon, jemand eine Präferenzeinstellung zu vermitteln". Im ersteren Fall wird dem Adressaten einfach direkt gesagt, welcher Pflicht er nachzugehen hat. Die soziale Rollenverteilung ist dabei so präkonfiguriert, dass diese Ausdrucksweise für den verfolgten kommunikativen Zweck als effizient und angemessen erscheint: Der Emittent ist eine Autorität oder beruft sich auf eine Autorität, die ihm die direkte Anweisung einer anderen Person möglich macht. So spricht man bspw. mit Kindern, Untergebenen, Soldaten etc. In vielen anderen Kommunikationsbereichen, insbesondere im politischen Diskurs, ist diese „bevormundende" Ausdrucksweise kaum möglich, deshalb treten Präskriptionen deutlich in den Hintergrund der Kommunikation zurück, während wertende Äußerungen rapide zunehmen.[57] Erst für autoritäre politische Diskurse werden direkt auffordernde Handlungen wirklich prägend, weil die politische Obrigkeit klar vorgeben kann, was die Bürger zu tun haben.

---

57 Vgl. die Definition typischer kommunikativer Absichten sprachlich Handelnder im politischen Diskurs, wie sie von F. Liedtke formuliert werden: „... den Adressaten der Äußerung(en) bestimmte Auffassungen nahezubringen, sie zu bestimmten Überzeugungen zu bringen, bestimmte Einstellungen zu induzieren etc., die sich auf politisch relevante Sachverhalte beziehen" (Liedtke 1994: 178).

Der Unterschied zwischen Bewertung und Präskription besteht auch darin, dass durch die Bewertung keine Handlung spezifiziert wird, die es zu erfüllen gilt, sondern es wird lediglich eine wertende Einstellung ausgedrückt, die vom Adressaten zu übernehmen ist und ihn erst im Nachhinein zu einer bestimmten Handlungsreaktion bewegen kann. Dieses weitere Verhalten wird in der Äußerung nicht spezifiziert und gehört nur zu möglichen perlokutiven Effekten einer wertenden Äußerung, nicht zu ihrer Illokution. Das gilt sowohl für einzelne Aussagen als auch für ganze Texte, z. B. Zeitungskommentare, Rezensionen etc.

2.4.2 Die „schwache" Theorie: Wertungen, Emotionen und Appell

Der Frage nach den kommunikativen Aufgaben der Wertung wird seit geraumer Zeit auch in der sprachwissenschaftlichen Literatur nachgegangen. Hier ist unter anderem die Vorstellung vom „abgeschwächten" präskriptiven Charakter der Wertungen vertreten, d. h. es wird angenommen, dass mit der Wertung nur eine „Präskription", diese Wertung zu übernehmen, erteilt werden kann[58] (vgl. Große 1976; Hoppenkamps 1977; Sager 1982; Klein 1989, 1994, 1997; Moilanen 1994). Diese besondere Präskriptionsart wird dann als *Appell* bezeichnet, auch wenn dieser Terminus in anderen Ansätzen auch zur Bezeichnung der eigentlichen Aufforderungen/Präskriptionen wie Imperativsätze verwendet wird. Diese Flexibilität des Terminus *Appell* kommt z. B. in der Definition der Appellfunktion von K. Brinker deutlich zum Vorschein, in der beide typisierte Intentionen vereint werden, vgl.:

> Appellfunktion: Der Emittent gibt dem Rezipienten zu verstehen, daß er ihn dazu bewegen will, eine bestimmte Einstellung einer Sache gegenüber einzunehmen (Meinungsbeeinflussung) und/oder eine bestimmte Handlung zu vollziehen (Verhaltensbeeinflussung) (Brinker 2005: 117).

Eine bewusste Ausweitung des Begriffs *Appell* auf die Fälle **sowohl** der Einstellungslenkung **als auch** der direkten Handlungsanweisung scheint jedoch für die praktische Anwendung etwas zu unspezifisch zu sein. Das ist auch dem Autor selbst klar und führt ihn zur weiteren (leider nicht explizit formulierten) Differenzierung zwischen dem *direkten* und *indirekten* Appell (Brinker 2005: 118ff.). Auch B. Volek weist auf die Notwendigkeit einer solchen Unterscheidung hin:

> The appellative aspect is thus an indirect aspect of emotive signs; for these do not constitute direct exhortation to action by the addressee as do truly appellative signs of language (the most typical example is the imperative).This suggests that appellative devices in language should be divided

---

58 Dass die sprachliche Bewertung nicht unbedingt mit der Suggestion zu tun hat, wurde bereits gezeigt (vgl. auch Rolf 2000: 428; Brinker 2006: 116; Lüger 1995: 66ff.; Hanappel/Melenk 1984: 164-165; Holly 1982).

> into direct and indirect. The indirect appellative means only affect an addressee without demanding performance of an action (Volek 1987: 232).[59]

Leider ist auch eine solche Differenzierung etwas irreführend, weil der Mechanismus der Einwirkung auf den Adressaten in den beiden Fällen zu unterschiedlich ist, als dass man beide Funktionen unter einem Begriff subsumieren könnte. In der Tat wird beim Ausdruck der Wertungen keine imlizite Präskription erteilt, diese zu übernehmen in dem Sinne, wie dies von K. Brinker formuliert wird („Der Emittent gibt dem Rezipienten zu verstehen…"). Im Gegenteil: Eine Bewertung wird in einer Äußerung zum Ausdruck gebracht, die alle Merkmale einer Informationshandlung hat. Deshalb bewegt sich die Bewertung, wie bereits oben gezeigt, zwischen Meinungsäußern und Beeinflussen, wobei das letztere nie bestätigt wird. Der Emittent will mit seiner meinungsbeeinflussenden Bewertung gar nicht klar machen, dass er den Adressaten zu einer bewussten Übernahme der Einstellung gegenüber dem Bewertungsobjekt bewegen will. In allen Kommunikationssituationen, in denen die Wertungen eindeutig als Suggestionsmittel verwendet werden (politische Kommunikation, Massenmedien, Werbung, alltägliche Streitgespräche etc.) will man die jeweilige Äußerung als informativ verstanden wissen:

> Man geht davon aus, daß den Bürgern die Handlungsziele einerseits nicht klar sind, daß sie aber andererseits auch nicht klar werden dürfen, da sie sonst zum Gegenstand eines Meinungsstreits werden, der die Akzeptanz gefährdet und Integration verbaut (Holly 1990: 15).

Insoweit stellt der Ausdruck der Bewertungen zum Ziel der Meinungsbeeinflussung einen „begrenzt kommunikativen" Sprachgebrauch[60] im Unterschied zur Präskription dar, bei der dem Adressaten völlig klar ist, welche Absicht der Emittent verfolgt.

In der Linguistik gibt es aber auch Ansätze, in denen die kommunikativen Besonderheiten der Bewertung losgelöst von Präskription behandelt werden. Einer davon besteht darin, dass man neben der präskriptiven Handlung noch die *Bewertungshandlung* einführt (vgl. Sager 1981, 1982; Zillig 1982; Weber-Knapp 1994; Tiittula 1994; Lüger 1995; Sandig 1986, 1996, 2004), die wie folgt beschrieben wird: „Bewerten kann allgemein als eine Handlung angesehen werden, bei der einem Objekt ein positiver oder negativer Wert zugeschrieben wird" (Tiittula 1994: 227). Leider hat das Konzept der Bewertungshandlung einen entscheidenden Nachteil. Sie lässt sich nicht wirklich auf der Ebene kommunikativer Sprachhandlungen wie Informieren, Auffordern etc. ansiedeln. Wie W. Holly zu Recht vermerkt, ist das Bewerten keine kommunikative Handlung, sondern nur Handlung in dem

---

59 B. Volek spricht hier speziell über die Eigenschaften emotiv-wertender Zeichen. Diese Charakteristik kann aber genauso gut auf die wertende Lexik im Ganzen appliziert werden.

60 Näheres zum kommunikativen und nichtkommunikativen Sprachgebrauch siehe in (W. Holly 1990: 10ff.).

Sinne, dass man dadurch „einem Referenzobjekt ein Prädikat zuschreibt, also ein spezieller Fall des ‚Prädizierens' " (Holly 1983: 59).

Eine andere erwähnenswerte Lösung wird von E. Rolf vorgeschlagen, der den Begriff *Appell* als „zu schwach" für die Zusammenfassung sämtlicher Fälle der „Durchsetzung des verfolgten Anliegens an den Adressaten" hält. Vor allem die umfangreiche Gruppe der bindenden (direktiven) Textsorten bleibt dann nicht korrekt behandelt, denn „Appelle werden ausgesprochen in Situationen, in denen auf seiten des oder der Sprecher weder Macht noch Autorität noch sonst irgendeine Form von Druckmittel gegeben ist" (Rolf 2000: 429). Dabei geht es um suggestives „Ansprechen" des Adressaten, in dem Sinne, wie *sex appeal* Vernunft und Gefühle ansprechen kann (Bühler 1982: 29). Der Ansatz von E. Rolf wird in der vorliegenden Untersuchung als Ausgangspunkt genommen, um das umfangreiche Spektrum der Sprachhandlungen zwischen Suggestion von Wertungen/Emotionen und Befehl differenziert zu behandeln, indem der Versuch des Emittenten, die evaluativen Einstellung des Adressaten zu modifizieren, als Appell und die Handlungsanweisung, in der der Wunsch zur Handlungsausführung direkt zum Ausdruck kommt, als Aufforderung/Präskription definiert werden. Somit wird eine klare terminologische Basis für die weitere Analyse des kommunikativen Potentials emotiver Wertungen auf der Äußerungs- und Textebene geschaffen.

Bisher wurde in diesem Abschnitt nur von allgemeineren Aspekten der Wertung gesprochen, die auch für die emotiv-wertende Bedeutungskomponente gelten können. Die letztere weist aber im Vergleich dazu auch bestimmte Sondereigenschaften auf.

Erstens werden konnotierte Emotionen im Unterschied zur rationalen Wertung nie zum Informieren/Meinungsäußern verwendet. Sie dienen ausschließlich der Einwirkung auf den psychischen Zustand des Adressaten zum Zweck seiner Stabilisierung bzw. Destabilisierung, sobald sie nicht autokommunikativ (unmittelbarer Ausdruck von Schmerz, Erstaunen etc., spontan und nicht ohne Adressaten) verbalisiert werden (vgl. Stankiewicz 1967; Ogden/Richards 1969; Leech 1977; Hermanns 1986: 168; Volek 1987: 232-233; Rolf 1993: 75, 2000: 432; Wolf 2006: 166-167). Somit stimmt das kommunikative Potential emotiv-wertender und rational-wertender Spracheinheiten teilweise nicht überein.

Zweitens sind deutliche Unterschiede auch dann erkennbar, wenn zwei scheinbar fast gleichartigen Appellhandlungen verglichen werden, die durch rational-wertende und emotiv-wertende Spracheinheiten realisiert werden. Dlie letzteren stellen nicht einfach eine „spezifische Form der Kommunikation von Bewertungen" dar (Fiehler 1993: 153). Es geht um einen Versuch, den Adressaten mit konnotierten **Emotionen** „anzustecken", zu deren Wesen, wie bereits gezeigt, auch die wertende Dimension gehört. Den Unterschied kann man am folgenden Beispiel verdeutlichen: Wenn man jemand als „dumm" bezeichnet, um den Adressaten für diese Ansicht zu gewinnen, so werden dabei deskriptive Informationen und in Anknüpfung daran sekundär eine rational-wertende Einstellung übermittelt. Wenn man dabei Erfolg hat, dann übernimmt der Adressat die Bewertung. Wenn man jemand dagegen „dämlich" nennt, so übermittelt man damit nicht nur eine Wertung, sondern eine bestimmte **Emotion** (Geringschätzung) an den Adressaten, die über rationale Wertung deutlich hinausgeht.

Es wäre daher nahelegend, die beiden Typen des Appells terminologisch zu differenzieren. Der Hauptunterschied liegt hier in der sprachlichen Formulierung des Appells (Verwendung rational- oder emotiv-wertender Spracheinheiten), was sich auch auf kommunikative Eigenschaften abfärbt. Ein möglicher Ausweg wäre deshalb die Bezeichnung des letzteren Appelltyps als *emotiv,* was jedoch terminologisch inkorrekt wäre: Die Termini *Emotivität* und *emotiv* sind in der vorliegenden Arbeit zur Bezeichnung brestimmter Teile des konnotativen Bedeutungsmoduls reserviert. Der Ausdruck *emotiver Appell* würde daher so viel wie Appell unter Verwendung emotiver Spracheinheiten bedeuten, was natürlich nicht falsch ist, aber streng gesagt nichts über kommunikative Eigenschaften des Appells (Suggestion von Emotionen) aussagt. Deshalb wäre logisch, ein terminologisches Pendant für den Begriff *emotiv* auf der funktional-kommunikativen Ebene einzuführen, wozu, wie bereits oben gesagt, der Begriff *expressiv* besonders gut geeignet ist. Der *expressive Appell* ist demnach der Appell unter Verwendung emotiv-wertender Sprachmittel, mit dem ein einschlägiger emotiver Zustand auf den Adressaten projiziert wird.

Entsprechend dem Gesagten sollte auch die linguistische Methode der Beschreibung des Appells in emotiv-wertenden Äußerungen spezifisch sein. Während bei rationalem Appell die Angabe des positiven/negativen Charakters der Wertung dafür ausreicht, wäre bei der Analyse des expressiven Appells logisch, den Appell an Hand der im Appell übermittelten Emotionen zu spezifizieren, denn es sind diese Emotionen, die das Wesen des Appells ausmachen. Dieser Ansatz wird unter anderem auch von B. Sandig (zuerst in Bezug auf ein breiteres Spektrum von Einstellungen) befürwortet:

> Alle die Ausdrücke, die hier Stil spezifizieren, können auch verwendet werden um die Stilwirkung zu spezifizieren... Es scheint also für die Beteiligten einen engen Zusammenhang zu geben zwischen dem stilistischen Ausdrücken von Einstellungen und den möglichen Stilwirkungen; das Ausdrücken von Einstellungen oder Haltungen wirkt offenbar stark auf den Rezipienten (Sandig 2006: 15).

Nach B. Sandig kann man zur Beschreibung der kommunikativen Aufgaben solcher Einstellungen eine offene, nicht systematisierte Liste von Einstellungsbezeichnungen z. B. in Anlehnung an (Frey 1975; Braselmann 1981) verwenden. Dazu gehören unter anderem *nüchtern, kühl, albern, sensibel, hochtrabend, träumerisch, melancholisch, heiter* (Sandig 2006: 39). Diese Liste ist aber zu allgemein und spiegelt eher die literaturwissenschaftliche, stark subjektive Herangehensweise an die Beschreibung der Einstellungen wieder. Insoweit kann man der Kritik von H. Stöckl voll zustimmen, wenn er darauf hinweist, dass „eine konkrete stilstrukturelle Beschreibung dieser intersubjektiv variablen und wertenden Begriffe … unmöglich ist" (Stöckl 1997: 65).

Eine passendere Grundlage zur Beschreibung der Expressivität liefert die im Abschnitt 2.3.3 angeführte Liste emotiver Seme, die systemhaft und praxisorientiert ist, wodurch die Nachteile des oben beschriebenen Ansatzes (Willkürlichkeit und Unstrukturiertheit) behoben werden. Dementsprechend lässt sich die kommunikative Aufgabe emotiv-wertender Ausdrücke nicht einfach ganz allgemein als Appell (an die Emotionen des Adressaten) beschreiben, sondern kann dann an Hand der vorgestellten Matrix der prototypischen Emotionsgruppen spezifiziert werden.

Ein weiterer Unterschied im kommunikativen Potential rational- und emotivwertender Spracheinheiten besteht darin, dass der rationale Appell stets insoweit eingeschränkt wird, als hier die Wertung eng mit der deskriptiven Bedeutung verbunden, amalgamiert ist. Unabhängig davon, ob die Wertung oder Deskription im Vordergrund steht (z. B. *gut* oder *klug*), ist dem Emittenten und Adressaten klar, dass die Evaluierung jeweils an Hand konkreter dem Objekt zugeschriebener Eigenschaften erfolgt, welche entweder gleich in der deskriptiven semantischen Basis genannt oder aus dem Kontext klar werden. Insoweit kann der Adressat mit kritischem Verstand jede Zeit die prädizierte Wertung zurückweisen, sobald ihm die zugescrhiebene Eigenschaft, auf deren Basis die Wertung erteilt wird, nicht adäquat erscheint. Dieser rationale Kern sorgt dafür, dass rationale Bewertung immer ein Spannungsfeld zwischen Appell und Meinungsäußerung bildet. Eben aus diesem Grund kommen rationale Wertungen in appellativen (auf die Meinungsänderung orientierten) Texten nicht alleine vor, sondern immer im Rahmen eines Argumentationsstranges, dessen Teil sie werden (Herbig/Sandig 1994: 61-62). Wie im Abschnitt 2.3.5 gezeigt wurde, haben emotiv-wertende Spracheinheiten im Unterschied dazu spezielle Eigenschaften, die ihre logische Bestreitung unmöglich machen. Als direkter Ausdruck von Gefühlen erlauben konnotierte Emotionen, „die Peinlichkeit, Umständlichkeit und Angreifbarkeit einer ausdrücklichen Beurteilung" zu ersparen, die „ja immer eine rationale Struktur hätte und beim Adressaten eine rationale, das Urteil kritisch prüfende Haltung auslösen könnte" (Bachem 1979: 48, siehe auch Ogden/Richards 1969: 150-151; Leech 1977: 26, 50; Moilanen 1994: 50-51). Die Kommunikation erfolgt somit direkt von „Gefühl zu Gefühl".

2.5 Text- und Diskursanalyse der Expressivität

Bisher wurde das kommunikative Potential der emotiven Wertung ganz allgemein und ohne Anknüpfung an die Diskursproblematik beschrieben. Wie man sich aber bereits aus der Übersicht der historischen Anfänge der Expressivität vergewissern konnte (Abschnitt 2.1.4), bereitet eben diese praxisnahe Etappe die meisten Schwierigkeiten, bedingt durch den besonderen semantischen Status emotiv-wertender Spracheinheiten in der Äußerung und im Text.

Grundsätzlich lassen sich zwei Möglichkeiten ihrer Berücksichtigung im Rahmen der funktional-kommunikativen Analyse einzelner Äußerungen und ganzer Texte ausmachen, die einander nicht ausschließen, sondern eher gegenseitig ergänzen. Die erste geht davon aus, dass das Vorhandensein entsprechender Spracheinheiten ein zusätzlicher Indikator für den Vollzug einer auf die ganze Äußerung/Text bezogenen Sprachhandlung ist. K. Brinker verweist in diesem Zusammenhang auf eine besondere Rolle evaluativer Einstellungen – und darunter versteht er mitunter emotiv-wertende Bedeutungselemente – bei der Bestimmung der Textfunktion (vgl. Brinker 2005: 105, 120ff.). Innerhalb deses Konzeptes kommt emotiv-wertenden Textelementen keine eigenständige kommunikative Aufgabe hinzu.

G. Fritz spricht dagegen etwas differenzierter von kommunikativen Aufgaben innerhalb einer Sprachhandlung, die nicht „mit Einzelintentionen gelöst werden". Solche „Teilhandlungen" unterstützen die Hauptintention (Fritz 2002: 197). Bei diesem Ansatz beschreibt man die Rolle emotiv-wertender Spracheinheiten an Hand der Erzeugungsrelation (indem-Relation), wie dies von H. Heringer (Heringer 1974: 46ff.) vorgeschlagen wurde. Diese drückt aus, dass man eine Handlung ausführt, *indem* (= dadurch, dass) man eine Metapher konstruiert und in der Äußerung verwendet. So kann man z. B. behaupten, dass in der Äußerung *Amerika wird bereits von vielen als kapitalistischer Moloch und kulturlose Wüste gesehen* ein sprachlicher Appell an Gefühle des Adressaten dadurch zustande kommt, dass entsprechende metaphorische Ausdrücke mit bestimmter emotiver Semantik verwendet werden. Diese Herangehensweise stellt aber den Forscher vor ein kaum lösbares Problem, denn in den meisten Fällen scheint eine eindeutige Identifizierung der Sprachhandlung durch die Analyse des emotiv-wertenden Sprachgebrauchs kaum möglich zu sein. Im Gegenteil: Emotive Wertungen kommen häufig eingebettet z. B. in eine Informationshandlung vor, deren Leistung sie nicht unterstützen. Stattdessen haben sie eher eine zusätzliche oder gleichzeitige Wirkung (vgl. entsprechende Ausführungen in Adamzik 1984: 240ff.; Lüger 1995: 56-57, 130-131).

So kann die Äußerung wie *Durch diese Entscheidung der Eurokommission wurde unserer Regierung ein möglicher Ausweg aus der Krise* ***verbarrikadiert*** durchaus als informativ aufgefasst werden: Ein Politiker stellt in einem Nachrichten-Interview fest, dass ein Antikrisen-Plan gescheitert ist. Die emotiv-wertende Metapher *verbarrikadiert,* welche den Aussagengehalt und auch funktional-kommunikative Struktur der Äußerung deutlich komplexer macht, lässt sich in diesem Fall nicht durch die indem-Relation erklären. Man kann kaum sagen, dass der Politiker die Zuschauer informiert, indem er eine emotiv-wertende Metapher verwendet und somit an ihre Gefühle appelliert. Vielmehr drückt der Emittent mittels des Verbs *verbarrikadieren* etwas **zusätzlich** zur Informationshandlung, nämlich seine Verurteilung der ungeschickten oder direkt „feindlichen" Handlungen der Eurokommission, indem er ein entsprechendes mentales Bild einer Barrikade vermittelt, also einer militärischen Schutzbarriere auf dem Rettungsweg des Staates. Die angedeutete Situation zeigt die Eurokommission in einem negativen Licht als unbeholfene, nicht rationale oder eventuell auch als feindlich gesinnte Organisation. Die mit der Metapher verbalisierte Emotion (Verurteilung) muss dem Autor dabei helfen, im Hintergrund einer assertiven Aussage die erforderliche emotiv-wertende Einstellung auf den Adressaten zu projizieren.

Dass solche beigegebenen emotiven Wertungen für den politischen Diskurs ein Regelfall sind, kann man mit F. Liedtke damit erklären, dass der Sprecher zum Hervorrufen einer Überzeugung nachvollziehbare, glaubwürdige Assertionen äußern muss, die in der Lage sind, den gewünschten Effekt bei den Adressaten hervorzurufen (Liedtke 1994: 179). Die Politiker versuchen tatsächlich den Adressaten zu informieren und ihm die Realität zu vermitteln, deshalb werden Wertungen und Emotionen als „Beigabe" jeweils in einen deskriptiven Rahmen eingebettet. Nur selten ist eine Äußerung dermaßen mit Einstellungen aufgeladen, dass die darin ausgedrückte emotive Wertung den deskriptiven Propositionsgehalt, den Satztyp und weitere eventuelle Indikatoren der Informierungshandlung „ausschalten" und die Sprachhandlung in eine rein appellative verwandeln kann. In allen anderen Fällen, d. h. wenn die emotive Wertung als Zusatz im Rahmen einer Äußerung vorkommt, ist man, wenn emotiv-wertende Spracheinheiten nur als Indikatoren für eine Illokution/Textfunktion betrachtet werden, in ein Prokrustesbett einer Entweder-oder-Entscheidung gezwungen, bei der wichtige Analyseergebnisse verloren gehen.

Die zweite Möglichkeit sieht eine Modifizierung bzw. Weiterentwicklung der traditionellen Sprechakttheorie voraus, indem man annimmt, dass mit einer Äußerung mehrere kommunikative Aufgaben neben der Illokution erfüllt werden können. Diese bereits bei P. von Polenz angedeutete Lösung (von Polenz 2008: 229-230), wird allmählich von immer mehr Linguisten anerkannt (siehe z. B. (Breuer 1974, 1990; Sandig 1978, 1986, 2006; Holly 1979; Sager 1981, 1982; Skirl/Schwarz-Friesel 2007). Es wird seit längerer Zeit auch darauf hingewiesen, dass diese zusätzlichen kommunikativen Aufgaben vor allem durch emotive Lexik wahrgenommen werden (Badura 1974: 46ff.; Dieckmann 1975: 78; Adamzik 1984: 243ff.; Gloning 1996: 150; Ortak 2004: 100). Ihre ausführliche theoretische Fundierung findet diese These in den Arbeiten von F. Hermanns (Hermanns 1986, 1989, 1995a, 1995b, 2002a, 2002b, 2002c, 2004).

F. Hermanns kam im Laufe seiner langjährigen Beschäftigung mit den Fragen aus dem Bereich der lexikalischen Semantik und Lexikographie zur Einsicht, dass eine umfassende Bedeutungsanalyse viel weiter gefasst sein sollte, als dies in den semantischen Standardwerken formuliert ist. Diese „reiche(re) Semantik" (Hermanns 2004: 81) sollte nach seiner Meinung neben der Kognition noch die Emotion und Volition umfassen, d. h. die emotive und direktive Bedeutungskomponente (Hermanns 1995a: 138ff.; Hermanns 2002a: 344ff.; 2004: 75ff.), denen ein selbstständiges kommunikatives Potential zuerkannt wird (Hermanns 1986: 156ff.). Der Autor geht dabei deutlich von zwei unterschiedlichen zusätzlichen Komponenten der Bedeutung aus (der emotiven und volitiven/deontischen). Die erstere davon hat nach seiner Meinung die kommunikative Aufgabe, Gefühle und Wertungen zu suggerieren, die letztere schreibt ein bestimmtes Verhalten direkt vor.

Leider schlägt F. Hermanns kein genaues Vorgehen für eine Sprachhandlungsanalyse vor, in der sich mehrere kommunikative Absichten einer Äußerung berücksichtigen ließen. Ein solches Vorgehen wurde aber in dern Arbeiten von K. Adamzik (Adamzik 1984) und B. Sandig (Sandig 1978, 1986, 2006) im Anschluss an die Überlegungen von H. Heringer (Heringer 1974) ausgearbeitet. Die Autorinnen gehen dabei davon aus, dass die Sprechaktebene mit den Teilakten *Lokution, Illokution* und *Perlokution*, aber auch dem Begriff des indirekten Sprechaktes nicht ausreichend ist, um mögliche kommunikative Aufgaben einer Äußerung mit emotiv-wertendem Gehalt zu beschreiben. Diese weiteren Aufgaben wären innerhalb der kommunikativen Struktur einer Äußerung parallel zur Illokutionsebene anzusiedeln (Adamzik 1984: 102-103). Für solche zusätzlichen kommunikativen Aufgaben bzw. Handlungen wurde in der einschlägigen Literatur die Bezeichnung *Zusatzhandlung* vorgeschlagen (Sandig 1978: 82ff., 1986: 59ff.; Lüger 1995: 57), die auch in der vorliegenden Untersuchung übernommen wird. Dass diese Handlungen als zusätzlich bezeichnet werden, soll lediglich zeigen, dass sie zusätzlich zur Äußerungsillokution vollzogen werden, genauso wie man die emotiv-wertende Äußerungssemantik als zusätzlich zur propositionalen Semantik betrachten kann. Das soll jedoch nicht heißen, dass diese Handlung weniger relevant als die Illokution ist. Im Gegenteil: Vor allem in der politischen Kommunikation kann ihre Rolle je nach dem Kommunikationskontext mindestens genauso wichtig sein.

Die emotiv-wertenden Spracheinheiten können also in einer Äußerung entweder zur Realisierung der Hauptillokution des expressiven Appells beitragen (in diesem Fall dominiert die emotive Wertung über dem propositionalen Aussagegehalt) oder der Ausführung einer zusätzlichen Handlung **neben** der Illokution dienen, die aber nicht als eine „zweite Illokution", sondern zusätzlich zur illokutiven Ebene realisiert wird. Für den zweiten Fall kommen nach B. Sandig grundsätzlich zwei unterschiedliche Analysevorgehen in Frage:

1. Diese „sebstständigen" Sprachhandlungen jeweils getrennt von der jeweiligen Haupthandlung zu registrieren (auch wenn dabei die ganze Äußerung für die Interpretation wichtig bleibt);

2. Die ganze kommunikative Struktur der Äußerung zu beschreiben (z. B. Illokution + Zusatzhandlung).

B. Sandig sieht die zweite Variante jedoch als unökonomisch, wenn man komplexere Handlungsmuster beschreiben will, denn „Muster für Zusatzhandlungen werden regelhaft mit sehr verschiedenen Illokutionsarten verwendet" (Sandig 1978: 84). Diese Meinung wird hier geteilt: Offensichtlich tragen die emotivwertenden Einheiten, wenn sie eine zusätzliche kommunikative Aufgabe realisieren, zur Umsetzung eines eigenen Handlungsmusters auf der Textebene bei, das nicht immer direkt auf die Hauptillokutionen zurückzuführen ist.

Mit dieser Annahme wird der Übergang von der lokalen zur globalen Textebene geleistet, was für eine Untersuchung der Expressivität ganzer Texte und Diskurse unabdingbar ist. Die Möglichkeit des Zusammenwirkens einzelner emotiver Spracheinheiten im Text wurde bisher in der Linguistik kaum berücksichtigt.[61] Man darf jedoch annehmen, dass die Erarbeitung einer solchen Analyse zumindest für einzelne Kommunikationsbereiche von großem praktischem Wert sein kann. Als theoretische Grundlage für diesen Ansatz wurden drei etablierte Analyseverfahren aus dem Bereich der Textlinguistik/Diskursanalyse erwogen: die Illokutionsstrukturanalyse (W. Motsch, I. Rosengen, D. Viehweger), der textfunktionale Ansatz (K. Brinker) und die strategische Text- und Diskursanalyse (O. Issers, N. Ortak, A. Tillmann, O. Parschina), die im Folgenden auf ihre Tauglichkeit für die abgesteckten Ziele analysiert werden.

Die Illokutionsstrukturanalyse, wie sie z. B. in (Schwitalla 1981; Henne 1983; Motsch/Pasch 1987) und vielen weiteren Publikationen formuliert wurde, „stellte ... mindestens für ein Jahrzehnt so etwas wie einen ‚main stream' der Linguistik dar (Heinemann/Heinemann 2002: 85), solange die (Text)linguistik ihre Aufgabe hauptsächlich in einer unkritischen Übertragung des sprechakttheoretischen Konzepts auf die Textebene sah. Bei diesem Herangehen wird angenommen, dass ein Text als eine Illokutionskette dargestellt werden kann, wobei jede Illokution mit einer Äußerung realisiert wird und mit den anderen Illokutionen in bestimmte hierarchische Beziehungen tritt. Die „wichtigste", also dominierende Illokution, die in dieser Hierarchie von keiner anderen Illokution abhängt, wird mit der Textfunktion identifiziert. Offensichtlich eignet sich dieser Ansatz genauso wenig wie die Sprechakttheorie auf der Äußerungsebene für die Analyse der Expressivität, weil sie extrem propositionszentriert ist. Die emotive Bedeutungsebene mit ihrem „zusätzlichen" kommunikativen Charakter sowie einige andere wichtige Komponenten des Texthandlungskomplexes bleiben dabei ausgeblendet bzw. als Illokutionsindikatoren verallgemeinert (siehe z. B. Motsch 1979; Rosengren 1984). In dieser Arbeit wird deshalb die Meinung vertreten, dass die komplexe Handlungsstruktur von Texten mit Illokutionen allein kaum erfolgreich beschrieben werden kann.

Weitere aus der Sicht der eingeplanten Analyse wichtige Kritikpunkte sind bspw. die Übernahme des 1:1-Verhältnisses zwischen der Illokution und Textäußerung, was den sprachlichen Realien kaum entspricht (Heinemann/Heinemann 2002: 85-86; Ortak 2004: 95ff.; Brinker 2005: 99) sowie die „Kategoriearmut" (man geht von einer äußerst begrenzten Anzahl der Sprechakttypen aus) (Adamzik 2000: 98-99; Ortak 2004: 98). Strittig ist auch der Versuch, die Textfunktion mit einer dominierenden Illokution innerhalb der Textstruktur gleichzusetzen, was an Hand vor-

61 Es finden sich in der einschlägigen Literatur nur einzelne Verweise darauf, dass dies durchaus möglich ist, vgl: „In Texten lassen sich auch konnotative Ketten oder Stränge ermitteln, die an der Herstellung der Textkohärenz beteiligt sind" (Schippan 1983: 274).

handener Erfahrungen in vielen Fällen nicht stimmt (Heinemann/Heinemann 2002: 86; Ortak 2004: 97-98), praktische Beispiele siehe in (Burkhardt 1986: 396ff.; Brinker 2005: 100, 121), allgemeine Kritik an der Illokutionsanalyse siehe in (Drescher 1996).

Eine andere Möglichkeit der funktional-kommunikativ orientierten Textanalyse bietet K. Brinker mit seinem bereits erwähnten textfunktionalen Ansatz. Im Unterschied zur Illokutionsstrukturanalyse geht er davon aus, dass der Text ein zusammenhängendes Ganzes darstellt, dem nur auf der obersten (Text)Ebene eine kommunikative Aufgabe eigen ist. Einzelne Textäußerungen verlieren somit ihre kommunikativ-funktionale Selbstständigkeit und sind nur auf der textsemantischen Ebene als Mittel der Themenentfaltung relevant. Die Art der Themenentfaltung (deskriptive, narrative, explikative und argumentative) sowie weitere semantische Texteigenschaften (performative Formeln, thematische Einstellungen, kontextuelle Indikatoren) dienen als Indikatoren der Textfunktion. Das Konzept von K. Brinker hat unumstritten einige Vorteile im Vergleich zur Illokutionsstrukturanalyse. Sein größtes Problem scheint aber darin zu liegen, dass der Autor infolge seiner Kritik an der aszendenten Herangehensweise der Illokutionsstrukturanalyse zur Entscheidung kommt, die „lokale" funktional-kommunikative Textebene vollständig zu ignorieren. Der Verzicht auf die Analyse kleinerer kommunikativer Einheiten unter der Textebene scheint jedoch problematisch zu sein und führt zum Ignorierung vieler wichtiger Fragestellungen. Sinnvoller wäre daher ein Analysevorgehen, in dem die von K. Brinker und anderen Linguisten ausgedrückte Kritik berücksichtigt wird, ohne dass man sich bei der Analyse der Textstruktur nur auf die Auflistung der Indikatoren der Textfunktion beschränkt.

Ein aus dieser Perspektive aussichtsreicheres Vorgehen wäre daher die kommunikativ-strategische Analyse (Issers, Tillmann, Ortak, Parschina). Diesem Konzept liegt die Vorstellung zu Grunde, dass die konventionelle Textfunktion als eine verallgemeinerte Kommunikationsabsicht des Emittenten abhängig vom Kontext durch eine oder mehrere **kommunikativen Strategien** realisiert werden kann. Diese liegen auf einer niedrigeren Abstraktionsebene als die Textfunktion und sind nicht damit zu verwechseln. Unter einer kommunikativen Textstrategie versteht man einen Handlungsplan (Handlungsmuster), d. h. einen Plan für die Realisierung einer Sequenz von einfacheren kommunikativen Aufgaben mit einem gemeinsamen Ziel (vgl. Fritz 1977: 49; Ehret/Walther 1977: 222; Rehbein 1977: 310; Hoffmann 1983: 15; Issers 2006: 54; Parschina 2007: 10-13). Eine Strategie kommt immer dann zum Einsatz, wenn das Ziel nicht direkt erreicht werden kann, und kann einen unterschiedlich komplexen Charakter haben. Dieser Ansatz lässt gut an Hand der bereits erwähnten *indem-Relation* beschreiben: Das übergeordnete kommunikative Ziel wird durch eine Reihe kleinerer kommunikativer Züge realisiert.

So kann man sagen, dass die Appellfunktion eines politischen Textes realisiert wird, indem die Demontage des Rufs eines Opponenten durchgeführt wird (strategische Ebene). Die Demontage erfolgt, indem man den Opponenten stigmatisiert, ihm ein bestimmtes Image aufdrückt, ihn als unprofessionell darstellt etc. (dies ist die taktische Ebene[62], die „Basisebene" für die strategische Textbeschreibung, die im Unterschied zu den recht allgemeinen Strategien an Hand konkreter Spracheinheiten ausführlich beschrieben werden kann). Jede dieser kleineren kommunikativen Aufgaben kann ihrerseits durch elementare kommunikative Einheiten realisiert werden (z. B. durch emotiv-wertende Spracheinheiten), die manchmal in Anlehnung an den Strategie-Begriff der Spieltheorie auch *kommunikative Züge* genannt werden (vgl. Fritz 1977: 49; Issers 2006: 110ff.). Der strategische Ansatz verfügt über einige Vorteile für die Analyse des emotiv-wertenden Sprachgebrauchs. Diese werden unten vor allem unter Berücksichtigung der Arbeit (Issers 2006) angeführt, in der die angesprochene Thematik ihre ausführlichste theoretische Behandlung erfahren hat:

1) Das konstituierende Merkmal einer kommunikativen Strategie ist ihre Flexibilität. Je nach der Kommunikationssituation kann eine Strategie durch eine große Auswahl von Taktiken, Zügen, Sprachmitteln realisiert werden;

2) Der strategische Ansatz erlaubt eine Mehrebenen-Analyse eines Textes, bei der sich einzelne Ebenen durch die *indem-Relation* klar und logisch aufeinander beziehen lassen. Somit kann man sowohl lokale kommunikative Aufgaben (z. B. einzelne Sprachhandlungen) als auch globale Ziele, die dennoch unter der Ebene der Textfunktion liegen, erfassen;

3) Die Interpretation erfolgt jeweils deszendent: Im Mittelpunkt der Analyse steht zuerst der Text als Ganzes und seine Textfunktion;

4) Die Abgrenzung von kommunikativen Zügen und Taktiken erfolgt ohne Anbindung an die Sprechakttheorie und Fomel „1 Proposition : 1 Illokution" und gewinnt auch dadurch an Flexibilität. In der Analyse können je nach Fragestellung sowohl Äußerungsillokutionen als auch Zusatzhandlungen (oder beides zugleich) erfasst werden;

5) Die Bezeichnungen für die kommunikativen Einheiten (Strategien und Taktiken) werden induktiv durch eine Verallgemeinerung ermittelt, damit die Typologie möglichst realitätsnah ist.

Der strategische Ansatz weist theoretische Ähnlichkeiten mit einigen anderen Beschreibungsansätzen auf, bspw. mit der funktional-kommunikativen Sprachbeschreibung von W. Schmidt (Funktional-kommunikative Sprachbeschreibung… 1981), der aber deduktiv von einer recht geringen Anzahl von Kategorien (kommunikativer Verfahren) ausgeht und in Bezug auf das Wesen dieser Verfahren sehr inkonsequent ist. So wird z. B. das *Beschreiben* zu den kommunikativen Verfahren gezählt, obwohl es sich dabei eigentlich um ein semantisches Textmuster der Themenentfaltung handelt.

62 Manchmal werden die Taktiken auch als „Techniken" bezeichnet (vgl. Tillmann 1989).

3. PRAKTISCHE ANALYSE DER EXPRESSIVITÄT DES DEUTSCHEN POLITISCHEN DISKURSES

3.1 Theoretische Basis der linguistischen Diskursanalyse der Expressivität

Der theoretische Teil der vorliegenden Untersuchung bildet die Grundlage für die Ausarbeitung einer praxisorientierten Untersuchungsmethode der Beschreibung der Expressivität im deutschen politischen Diskurs. Diese Methode wird nun im praktischen Teil ausführlicher dargestellt und dann zur Analyse des politischen Diskurses angewendet.

Das Verfahren, welches für die Analyse der Expressivität ausgearbeitet wurde, zeichnet sich durch seinen synergetischen Charakter aus. Es vereint in sich quantitative, qualitative und vergleichende Ansätze, um dem komplexen Gegenstand der Untersuchung gerecht zu werden.

Den Ausgangspunkt der Analyse bildet die Zusammenstellung des Materialkorpus nach den Kriterien, die im nächsten Abschnitt ausführlich behandelt werden. Dann wird das Textkorpus auf Vorhanden von Expressiva überprüft und die Analyseergebnisse ausgewertet und interpretiert. Die allgemeine Ausrichtung der Analyse ist dabei von einzelnen emotiv-wertenden Spracheinheiten und ihren Verbindungen im Rahmen einzelner Aussagen zu ihrer Rolle im Textganzen unter Berücksichtigung der soziopragmatischen Einbettung von Texten, die in Form einer einführenden Charakteristik jeder Textsorte präsentiert wird. Somit wird im Endeffekt die Rolle expressiver Spracheinheiten im Rahmen der semantischen Makrostruktur von Texten gezeigt sowie das kommunikative Potential nicht nur einzelner Expressiva, sondern ihrer Verbindungen (auf der taktischen und strategischen Ebene) erfasst. Diese bottom-up-Reihenfolge der Analyse ist in erster Linie aus dem Grund vorteilhaft, dass über die Rolle der Expressivität im Rahmen der semantischen Makrostruktur von Texten sowie über einzelne expressive Strategien und Taktiken noch wenig bekannt ist. Die erste Etappe der Analyse kann man somit als **mikrotextuell**, die zweite als **makrotextuell** bezeichnen.

In der anfänglichen Phase der **mikrotextuellen Analyse** werden zuerst quantifizierende Zugänge angewendet, um die notwendigen sprachlichen Erscheinungen zu lokalisieren und eine Übersicht über die Häufigkeitswerte von Expressiva in einzelnen Texten und Textsorten sowie über die Häufigkeit einzelner sprachlicher Mittel der Expressivitätsbildung zu verschaffen. Zahlreiche Sprachmittel dieser Art wurden bisher teilweise nur in der Rhetorik und Stilistik beschrieben, wo sie unter den Bezeichnungen ‚rhetorische' bzw. ‚stilistische Figuren/Elemente' bekannt geworden sind. In der vorliegenden Arbeit werden die im Rahmen der oben genannten Disziplinen ausgearbeiteten Klassifikationen berücksichtigt, jedoch mit einem entscheidenden Unterschied: Bei der Behandlung der Expressiva wird nicht nur dem strukturell-formalen, sondern in erster Linie dem inhaltlichen Prinzip gefolgt. Das heißt erstens, dass nicht alle Spracheinheiten, welche die Form einer rhetorischen Figur haben, automatisch als Expressiva betrachtet werden. Nur diejenigen davon, die tatsächlich eine emotiv-wertende Bedeutungskomponente aufweisen, werden in die Analyse einbezogen. Zweitens beschränkt sich die Mikroanalyse auf keinen Fall auf die im Rahmen der Rhetorik und Stilistik beschriebenen Sprachmittel, sondern bezieht auch andere Typen emotiv-wertender Spracheinheiten (Mittel der expressiven Wortbildung, Phraseologismen etc.) ein, die im rhetorischen Figurenkatalog kaum berücksichtigt werden. In dieser Hinsicht sind insbesondere okkasionelle Zusammensetzungen mit den ihnen eigenen komplizierten Prozessen der Metaphorisierung, Komprimierung, Kontrastierung der unmittelbaren Bedeutungskonstituenten zu erwähnen, die sich zu höchst expressiven Komplexen entwickeln können. An dieser Stelle erfolgt der Übergang von quantifizierenden Zugängen zu einer qualitativen Analyse, bei der auch die Zuordnung festgestellter emotiv-wertender Seme im Rahmen eines speziell für dieses Ziel ausgearbeiteten Analyserasters erfolgt und eine allgemeine Interpretation der auf der Mikroebene gewonnenen Ergebnisse erfolgt.

Die Aufgabe der **Makroanalyse** besteht erstens darin, expressive Strategien und Taktiken auf der Basis der bereits festgestellten sprachlichen Realisierungsmittel zu erfassen, ihre textsortenspezifischen Unterschiede aufzudecken und diese unter Berücksichtigung der für sie relevanten kommunikativen Faktoren zu interpretieren. Den Ausgangspunkt bildet hier die Hypothese über die semantisch-pragmatische Verbindung zwischen einzelnen Expressiva in Texten des deutschen politischen Diskurses, wo sie eine zusätzliche, konnotative Bedeutungsebene bilden und über ein gemeinsames kommunikatives Potential verfügen können.

Eine weitere wichtige Aufgabe der makrotextuellen Analyse der Expressivität des politischen Diskurses bildet die Aufdeckung der Zusammenhänge zwischen der propositionssemantischen Makrostruktur des Textes bzw. der Art der Themenentfaltung (van Dijk/Brinker) und den Expressiva, die in die Struktur der entsprechenden Äußerungen eingehen, jedoch kein Teil der Propositionssemantik sind. Man kann kaum davon ausgehen, dass im Textganzen Expressiva eine „isolierte Existenz", getrennt von dem denotativen Textgehalt, führen, vielmehr wirken sie untereinander und mit ihrem unmittelbaren propositionssemantischen Kontext zusammen. Diese Zusammenwirkung ist vom Verfasser intendiert und ist auch der Grund dafür, dass Expressiva an den Stellen vorkommen, wo ihre Verwendung am wirksamsten ist. Sie stellt einen wichtigen zusätzlichen Faktor bei der Entfaltung der thematischen Struktur des Textes dar, der eine bestimmte Verschiebung semantischer Akzente für den jeweiligen Typ der Themenentfaltung bedeutet. Diese Verschiebung wird durch den scheinbar „nebensächlichen" Ausdruck einer negativen oder positiven Emotion gegenüber den im propositionalen Gehalt genannten Objekten und Handlungen herbeigeführt, der aber entsprechend dem Prinzip der sprachlichen Ökonomie nie nebensächlich im Sinne von „unwichtig" ist, sondern nur im Sinne von „weniger vom Adressaten beachtet, der in erster Linie die allgemeine Logik der Themenentfaltung verfolgt", zumal eine logische Analyse der Berechtigung emotiver Wertung, wie im theoretischen Teil gezeigt, unmöglich ist.

Die genannte Modifikation hat – und dies ist die „sekundäre" Verschiebung von Akzenten – neben der semantischen auch eine funktional-kommunikative Dimension, die mit dem besonderen appellativen Potential der Expressiva zusammenhängt. Grundsätzlich sind die Themenentfaltungstypen, d. h. die standardmäßige Art und Weise, in der propositionale Inhalte einzelner Sätze miteinander verbunden werden, wichtige, wenn auch nicht immer eindeutige, Indikatoren einer bestimmten Textfunktion (auf der Textebene) bzw. einer bestimmten kommunikativen Taktik (auf der Ebene einer oder mehrerer Äußerungen). So verbindet sich die deskriptive und explikative Themenentfaltung meistens mit der informativen oder instruktiven Funktion, die argumentative in erster Linie mit der Appellfunktion, seltener mit der informativen Funktion. Die Verwendung der Expressiva führt aber dazu, dass sich die kommunikative Funktion des Textes nicht mehr so leicht erkennen lässt, weil darin eine zusätzliche kommunikative Ebene entsteht und die kommunikative Struktur des Textes erheblich komplexer wird.

In politischen Texten wird das Thema meistens argumentativ entfaltet.[63] Die argumentative Makrostruktur bildet dabei einen wichtigen Indikator und semantische Basis für den sachlichen, rationalen Appell an die Adressaten, für die Überzeugung des Adressaten durch Aufdeckung logischer Zusammenhänge zwischen einzelnen Erscheinungen und ist somit ein eigenständiges und selbstgenügsames sprachliches Mittel der Realisierung der Appellfunktion. Wenn sich Politiker mit dieser weit verbreiteten sprachlichen Form des Appells an den Adressaten jedoch nicht zufrieden geben (sollten), so gilt es, Gründe und Auswirkungen dafür aufzudecken.

Für die Analyse der Makrostrukturen ist ein möglichst flexibler und offener „Instrumentenkasten" erforderlich. Im Folgenden wird dazu das analytische Schema verwendet, welches von W. Graustein und W. Thiele (Graustein/Thiele 1987) vorgeschlagen und bspw. in (Stöckl 2005) für die Analyse englischsprachiger Werbung erfolgreich angewendet wurde. Der Vorteil dieses Ansatzes besteht darin, dass je nach Analysegegenstand ein offenes System von Kategorien zur Beschreibung der semantischen Makrostruktur eingesetzt werden kann. Im Unterschied zu (Graustein/Thiele 1987) wird in der vorliegenden Untersuchung die Anzahl solcher Kategorien jedoch eingeschränkt, denn es geht hier nicht darum, alle möglichen Typen solcher semantischen Blöcke zu erfassen, sondern die Häufigkeitsrate der Expressiva in den typischen Blöcken festzustellen.

Die abschließende Etappe der Analyse umfasst eine vergleichende Analyse der Expressivität innerhalb jeder einzelnen Textsortengruppe sowie die Gegenüber-

---

63 In der vorliegenden Arbeit wird somit der Meinung nicht gefolgt, dass die Argumentation (genauso wie Deskription, Explikation etc.) eine kommunikative Handlung sei. Vielmehr geht hier um makrosemantische Mittel der Herbeiführung einer Sprachhandlung (siehe dazu ausführlicher in Holly 1990: 71ff.; van Dijk 1992: 245-246).

stellung und Interpretation dieser Ergebnisse auf einer allgemeineren Ebene des deutschen politischen Diskurses.

3.2 Grundsätze der Zusammenstellung des Materialkorpus und seine allgemeine Charakteristik

In der vorliegenden Untersuchung wird der deutsche politische Diskurs an Hand seiner drei Sektoren – des politischen Journalismus, der öffentlich-politischen Meinungsbildung und der Parteidokumente – untersucht. Jeder Sektor wird durch je zwei für den deutschen politischen Diskurs relevante Textsorten repräsentiert. Das sind:

- für den **politischen Journalismus**: Interview und Kommentar;
- für die **öffentlich-politische Meinungsbildung**: Abgeordnetenreden im Bundestag und die Parteitagsreden;
- für die **Parteidokumente**: Wahl- bzw. Regierungsprogramme und Parteitagsbeschlüsse.

Um das Materialkorpus sinnvoll zusammenzustellen, wurden in Bezug auf den Untersuchungszeitraum und die Eigenschaften der zu analysierenden Texte einige Einschränkungen vorgenommen, die teilweise für das ganze Korpus und teilweise nur innerhalb einzelner Textsortengruppen Gültigkeit haben.

3.2.1 Allgemeine Einschränkungen

1. Zeitliche Einschränkung. Erstens war zu beachten, dass in der Arbeit keine diachronische Analyse des deutschen politischen Diskurses angestrebt wird, weshalb die zeitlichen Grenzen nicht zu weit gezogen werden durften. Zweitens wurde bei der zeitlichen Festlegung der Tatsache Rechnung getragen, dass die gewählten Texte unter dem Blickwinkel der darin widerspiegelten politischen Entwicklungen möglichst homogen erscheinen und einer aktuellen und politisch und geschichtlich gesehen deutlich abgrenzbaren Zeitperiode entstammen müssen. Aus diesem Grund wurde die Zeitperiode von 2001 bis 2004 gewählt, in der ununterbrochen die Parteien SPD und Bündnis 90/Die Grünen regierten und der politische Diskurs durch gleiche politische Themen dominiert wurde.

2. Thematische Einschränkung. In der genannten Zeitperiode entwickelte sich der deutsche politische Diskurs konsistent und wurde nachhaltig durch vier wichtige Prozesse geprägt: weltpolitisch – durch die Kriege in Afghanistan und im Irak und durch die daraus folgenden Spannungen mit den USA, europapolitisch – durch den EU-Integrationsprozess, innenpolitisch – durch die eingeleiteten Reformen in den Bereichen Wirtschaft und innere Sicherheit. Diese Themen gelten insbesondere bei der Auswahl von Texten aus den Sektoren des politischen Journalismus und der politisch-öffentlichen Meinungsbildung als eine wichtige

Orientierung, um ihre diskursive Homogenität und Relevanz zu sichern. In den Parteitagsbeschlüssen wird die thematische Einschränkung nur nach Möglichkeit berücksichtigt, weil es hier um eine begrenzte Textauswahl geht und die Themen durch die Fragestellungen des jeweiligen Parteitages bestimmt werden, die nicht in allen Fällen mit den oben dargestellten allgemeinen Bereichen übereinstimmen. Für die Wahlprogramme ist das Kriterium des Themas nicht relevant, weil in jedem einzelnen Text dieser Textsorte das gesamte Spektrum wichtiger politischer Themen abgedeckt wird.

Je nach Textsortengruppe wurden Texte den jeweils üblichen Quellen entnommen. Bei der Analyse des politischen Journalismus wurden elektronisch gespeicherte Texte von drei renommierten schriftlichen Massenmedien – der „Frankfurter Rundschau", „Der Zeit", der „Süddeutschen Zeitung" – verwendet. Es geht dabei um zwei überregionale (nationale) Tageszeitungen und eine politische Wochenzeitung. Die beiden Zeitungstypen stehen nach ihrem Inhalt und Verbreitung jedoch einander sehr nahe (Schulze 1997: 49), weshalb ihre Einbeziehung in die Analyse methodologisch gesehen keine Schwierigkeiten bereitet.

Texte politischer Reden wurden vor allem von der Archiv-Webseite www.documentArchiv.de, aber auch von den offiziellen Internetseiten deutscher politischer Parteien bezogen.

3. Umfang: Hier galt die Regel, sich nach Möglichkeit auf die durchschnittliche Textlänge zu orientieren. So wurde bei politischen Interviews und Kommentaren die Obergrenze bei 2500 Wortformen, die Untergrenze bei 600 Wortformen gezogen. Bei den Reden wurde der Umfang zwischen 1000 und 2000 Wortformen (ohne Zwischenrufe, Worte des Bundestagspräsidenten und Notizen über die Reaktion der Abgeordneten) angesetzt. Die einzige Ausnahme bilden hier die Reden von Kartin Göring-Eckhardt und Edmund Stoiber, die aber im Rahmen der Entwicklung des politischen Diskurses nach der Regierungserklärung des Bundeskanzlers Gerhard Schröder „Mut zur Veränderung" besonders interessant sind. Bei den Parteitagsreden wurden die Grenzen etwas breiter gehalten, weil ihr Umfang je nach dem Parteitag und Partei erhebliche Schwankungen aufweist. Die einzige Ausnahme in Bezug auf die Umfangsbeschränkung bilden die Texte der Wahlprogramme, welche grundsätzlich erheblich länger sind. Um die Vollständigkeit der Analyse zu sichern, wurde die Analyse der gesamten Wahlprogramme der beiden größten deutschen „Spieler" auf der Bundesebene, des Blocks CDU/CSU und der SPD, durchgeführt, deren Gesamtumfang 44244 Wortformen beträgt.

3.2.2 Spezielle Beschränkungen für einzelne Textsorten

Im Sektor des politischen Journalismus ist die Anzahl der in den Jahren 2001 bis 2004 in den genannten Quellen verfassten politischen Interviews und Kommentare sehr hoch, so dass zur Sicherung der Ausgewogenheit des Materialkorpus aus der „Süddeutschen Zeitung" und „Der Zeit" nach dem Prinzip der Zufallsauswahl jeweils 2 Texte aus den Jahrgängen 2002, 2003, 2004 gewählt wurden, die den oben beschriebenen allgemeinen Voraussetzungen entsprachen. Im Fall der „Frankfurter Rundschau" wurden 3 Texte je Jahrgang 2002 und 2003 ausgewählt, da ein elektronisches Gesamtkorpus für das Jahr 2004 für die Analyse nicht verfügbar war.

Die Texte der parlamentarischen Debattenreden entstammen den Debatten in den Jahren 2001-2003. Es wurde jeweils versucht, die Reden der führenden Politiker der jeweiligen Bundestagsfraktion zu den oben genannten Themen in die Analyse einzubeziehen. Für jedes Jahr wurden die Reden der Politiker von 4 verschiedenen Parteien ausgewählt (insgesamt 12 Reden), um das Prinzip der Ausgewogenheit des Materialkorpus zu wahren. Genauso ausgewogen ist auch die Vertretung einzelner Themen in den analysierten Reden: Entweder sind alle 4 Reden pro Jahr einem der oben aufgezählten Themen gewidmet, oder je zwei Reden einem der zwei diskursprägenden Themen.

Bei der Analyse der Parteitagsreden wurde außerdem dem Prinzip der Machbarkeit gefolgt, denn leider war keine Sammlung von Parteitagsreden der Partei Bündnis 90/Die Grünen verfügbar. Sogar auf der offiziellen Internetseite der FDP ließen sich die meisten Texte (Parteitagsreden und Parteitagsbeschlüsse) weder öffnen noch herunterladen (Fehlermeldungen), so dass praktisch nur die Reden eines einzelnen Parteitages zur Verfügung standen. Aus diesem Grund wurden in die Analyse die Reden aus den drei folgenden Parteitagen: der FDP (04.-06.05.2001 in Düsseldorf), der CDU (11.11.2002 in Hannover) und der SPD (13.-15.11.2003 in Bochum) – in die Analyse einbezogen.

Texte politischer Reden unterscheiden sich von dem restlichen Korpus dadurch, dass sie mündlich auf der Grundlage von Manuskripten vorgetragen werden und später in Form stenographischer Niederschriften zugänglich sind. Die stenographischen Berichte zeigen aber bezogen auf die semantischen und funktional-kommunikativen Fragestellungen der vorliegenden Untersuchung die gleichen Auswertungsmöglichkeiten wie normale schriftliche Texte auf. Die Unterschiede zwischen der mündlichen Version der Rede und ihrer Niederschrift (Behebung von Sprachfehlern und Selbstkorrekturen in den Niederschriften, Unmöglichkeit der Übergabe von Besonderheiten der Aussprache) sind in diesem Fall irrelevant.

Die Parteitagsbeschlüsse wurden nach ähnlichen Prinzipien wie Parteitagsreden gesammelt, mit dem einzigen Unterschied, dass die Parteitagsbeschlüsse der Partei Bündnis 90/Die Grünen auf der offiziellen Seite der Partei in einer verwertbaren Form zugänglich sind. Auffallend sind bei Parteitagsbeschlüssen in erster Linie relativ große Unterschiede in ihrem Umfang: Dieser kann von 1000 bis 10000 und mehr Wortformen betragen. Für die Analyse wurden Texte von zwei Parteitagsbeschlüssen je Partei (Bündnis 90/Die Grünen, die CDU, die SPD und die FDP) ausgewählt, deren Gesamtumfang vergleichbar mit dem Gesamtumfang anderer analysierten Textsorten ist.

3.3 Analyse der Textsorten des politischen Journalismus

Bei der Beschreibung der soziopragmatischen Einbettung der analysierten Textsorten des deutschen politischen Diskurses wird das allgemeine Beschreibungsraster aus Kapitel 1 (siehe Abschnitt 1.4) verwendet. Im Zentrum der Aufmerksamkeit stehen dabei folgende allgemein gültige Kommunikationsfaktoren:

1) Kommunikationsfunktion(en);

2) Kommunikationssituation (Institution, Emittent, Adressat)

3) Kommunikationsform: mündlich oder schriftlich, dialogisch oder monologisch.

Diese Liste kann ggf. modifiziert werden, um die Kommunikationsbedingungen in Einzelfällen besser beschreiben zu können.

3.3.1 Allgemeine Charakteristik der politischen Interviews und Kommentare

3.3.1.1 Politisches Interview

Die Texte des politischen Journalismus liegen an der Grenze zwischen dem politischen und Massenmedien-Diskurs. Ein politisches Interview weist äußerlich die Züge eines typischen Massenmedientextes auf: Journalisten gelten als Mitverfasser, der Text selbst wird unter den eigenen Publikationen eingereiht. Somit wird vorausgesetzt, dass das Massenmedium in diesem Fall nicht nur die Übertragungsfunktion übernimmt. Journalisten und Politiker arbeiten am Interview zusammen, obwohl ihre Funktionen und, wie unten gezeigt wird, ihre Ziele doch verschiedener Natur sind.

Die kommunikativen Bedingungen des politischen Interviews sind einerseits durch seinen allgemeinen institutionellen Status einer Pressetextsorte und die daraus resultierenden Zwänge und Anforderungen, die an die Presse im Bereich der politischen Kommunikation gestellt werden, andererseits durch die Realität des politischen Diskurses, Ziele und Interessen von Politikern geprägt. Die starke Beeinflussung der Massenmedien durch unterschiedliche gesellschaftliche Gruppen mit weit auseinandergehenden Interessen und die Notwendigkeit, den vielseitigen Herausforderungen des Wettbewerbs zwischen einzelnen Typen der Massenmedien zu entsprechen, haben zu einer starken Erweiterung des Spektrums der kommunikativen Funktionen der Massenmedien im Allgemeinen und der Presse im Besonderen geführt. Es gibt unterschiedliche Klassifikationen dieser Funktionen (politologische, soziologische, kommunikationswissenschaftliche etc.). Unten wird in etwas überarbeiteter und an linguistische Fragestellungen angepasster Form die überzeugende und überschaubare Klassifikation aus (Schulz 1997: 47ff.) angeführt:

1. Informationsfunktion: Sammlung und Übertragung von Informationen;
2. Unterhaltungsfunktion: Kreierung einer attraktiven fiktiven Realität;

3. Interpretation und Bewertung: Meinungsbildung, wobei häufig die Frage gestellt wird, ob in den Massenmedien und somit auch in der Presse nur Meinungsbildung oder auch Meinungslenkung („Propaganda" nach dem Ausdruck von Holly/Kühn/Püschel 1986: 2) betrieben wird.

Diese allgemeine Klassifikation lässt jedoch die Frage offen, wie das Verhältnis zwischen einzelnen Funktionen im Massenmedium Presse und insbesondere in einzelnen Textsorten dieses Massenmediums ist.

Was die Textsorte *Interview* angeht, so scheint es hier zwei unterschiedliche Meinungen zu geben, die sich jedoch partiell überschneiden. Die erste, „klassisch" kommunikationswissenschaftliche Auffassung, die auf die einflussreiche Definition in (Koszyk/Pruys 1970: 168) zurückgeht, betrachtet Interviews als eine typische informative Textsorte, die sich hervorragend zur Darstellung eines Persönlichkeitsbildes und somit zur Mitteilung eines Sachverhalts eignet, siehe eine fast wörtliche Wiederholung dieser Definition in (Brand/Schulze 1997: 150). Eine ähnliche Meinung wird in (Lüger 1995) vertreten, der zwischen den informations- und meinungsbetonten Interviews unterscheidet, wobei die Feststellung einer besonderen „bewertenden" Kommunikationsfunktion, die **zwischen** Informieren und Appellieren liegt, davon zeugt, dass auch Lüger eher die informative Seite des Interviews hervorhebt.

Ein anderer Standpunkt wird in (Holly/Kühn/Püschel 1986: 28-34) bezugnehmend auf politische Fernsehdiskussionen, die ja in gewisser Hinsicht nicht sehr weit von politischen Interviews liegen, formuliert. Die Autoren drücken die Meinung aus, dass in Fernsehdiskussionen alle drei kommunikativen Hauptfunktionen der Massenmedien vertreten sind. Die wichtigste Rolle wird aber dem Appell beigemessen, wobei die Unterhaltungsfunktion als eine Art Unterstützungsfunktion für Informieren/Appellieren verstanden wird. Der informative Wert von Fernsehdiskussionen wird von den Autoren vor allem deshalb in Frage gestellt, weil Politiker fast nie sich etwas entlocken lassen, wenn sie diese Informationen nicht speziell im Gespräch lancieren wollten. Daher ist die Information grundsätzlich in Propaganda eingebettet (Holly/Kühn/Püschel 1986: 31). Auch wenn politische Presseinterviews einen engeren Raum für den Appell an die Leserschaft bieten als Fernsehdiskussionen, in denen Politiker nicht nur das Wort, sondern auch das Bild zu ihren Gunsten gebrauchen können und mehr Möglichkeiten für eine ausführliche Stellungnahme und einen rhetorischen Angriff auf Opponenten haben, sind die Erwägungen von Holly/Kühn/Püschel auch für diese Textsorte von Interesse. Der Appell kommt in den Interviews vor allem deshalb zum Ausdruck, weil die Kommunikation im Interview in zwei Kreisen nacheinander erfolgt: Zuerst im „inneren Kreis" im Rahmen eines Dialogs, dann in einem viel größeren (und für den Politiker auch bedeutenderen) äußeren Kreis mit den Lesern als Rezipienten (Burger 2005: 147). Infolge dieser doppelten Adressierung der Worte des interviewten Politikers stellt das Interview einen speziellen Fall der für eine ganze Reihe der Textsorten des politischen Diskurses charakteristischen trialogischen Kommunikation dar, die in den Arbeiten von (Strauss 1986b:

170-171, Klein 1991: 268-269) näher beschrieben wurde. Sie zeichnet sich dadurch aus, dass sich der Emittent in einer bestimmten Kommunikationssituation formal an den unmittelbaren Rezipienten wendet, während die von ihm präsentierten Inhalte für einen anderen Adressaten bestimmt sind und eine andere kommunikative Aufgabe haben. Die Realität der Kommunikation zwischen dem Politiker und Journalisten, d. h. der informative bzw. informativ-unterhaltende Dialog, wird nur inszeniert, während die wahre Absicht des Politikers im Appell besteht. Somit wird von politischen Akteuren den Versuch unternommen, die Textsorte politisches Interview zumindest teilweise zu „annektieren". J. Klein spricht in diesem Zusammenhang von der „Fremdnutzung" der massenmedialen Textsorten für die Zwecke z. B. der Wahlkampfwerbung (Klein 1991: 261).[64]

Aus dem trialogischen Charakter und der Mehrfachadressiertheit des politischen Interviews geht hervor, dass man diese Textsorte kaum als monofunktional (informativ) betrachten kann. Weder Unterhaltung, noch Appell lassen sich ausschließen, wobei das genaue Verhältnis zwischen den Funktionen in jedem konkretem Text anders aussehen kann (Burger 1990: 323-324; Lüger 1995: 124-125).

Was die Unterhaltungsfunktion angeht, so spielt sie zumindest in der seriösen, analytischen Presse eine untergeordnete Rolle, indem sie für die nicht nachlassende Aufmerksamkeit des Lesers sorgt. Die Politiker selbst beklagen aber gerne die vermeintliche Vorherrschaft der Unterhaltungsfunktion in den modernen Massenmedien, darunter auch in der Presse, wobei sie ihren eigenen Beitrag zum Interview bezeichnenderweise nur auf Informieren reduzieren:

> In Wahrheit benutzen sie (Massenmedien) Politik zu Unterhaltungszwecken. Es gibt eine Entertainisierung von allem und jedem – eben und gerade von Politik. Es gibt in den Medien einen erdrückenden Trend, der Unterhaltung gegenüber der Information den Vorrang zu geben, den Bildern gegenüber den Texten, den Überschriften gegenüber den Sachverhalten, den Schlagzeilen gegenüber der Analyse ...
>
> (Interview mit Norbert Lammert, Spiegel Nr. 12/21.03.11, S. 160)

Die dialogische Form des Interviews sowie einige Merkmale der mündlichen Kommunikation wie Interjektionen bleiben in der Endversion beibehalten und verleihen dem Text den Eindruck von Wirklichkeitsnähe und Authentizität. In der Realität ist es jedoch ein schriftlicher Text mit einem einheitlichen Thema, der größtenteils auch beim Weglassen der Fragen des Interviewers als ein zusammenhängendes Ganzes empfunden wird. Dieser Umstand lässt sich unter anderem dadurch erklären, dass besonders bei einem Interview mit Politikern und zu heiklen Themen kein Spontangespräch stattfindet. Ein solches Interview wird

---

64 Eine ausführlichere Beschreibung der inszenierten trialogischen Kommunikation siehe unten im Abschnitt 3.4.1, wo diese Erscheinung an Hand des typischen Beispiels der parlamentarischen Debattenrede behandelt wird.

sorgfältig vorbereitet, der Journalist nutzt „einen womöglich unvorbereiteten Moment nicht, will nicht überrumpeln" (Spiegel 2/8,1.07, S. 23), es geht um die Vermittlung einer Botschaft, weshalb das Textkonzept vom Politiker und seinen Beratern im Voraus an Hand bereits bekannter Fragen formuliert wird, so dass der Text selbst konzeptionell teils schriftlich, teils mündlich ist (Burger 2005: 146-147).

Abschließend sollte man darauf hinweisen, dass der dialogische Charakter des Interviews, auch wenn er im politischen Interview teilweise nur inszeniert wird, für seine sprachliche Gestaltung trotzdem von Bedeutung ist, denn er zwingt den Politiker zur (zumindest scheinbar) kooperativen Kommunikation. Er muss die Interessen des Journalisten als Gesprächsteilnehmers beachten und kann sich nicht an ihm vorbei direkt an den (für ihn in erster Linie relevanten Leser) wenden. Weiterhin muss sich der Politiker nach außen womöglich als ein ruhiger, logischer und besonnener Kommunikationspartner zeigen, der mit dem Journalisten im Prozess der Wahrheitsdarstellung und -findung erfolgreich kooperieren kann. Der Appell des Politikers bleibt deshalb in Grenzen. Der Appell trägt einen konsensorientierten Charakter. Die Rolle des Interviewers als Dialogpartner kommt hier dadurch zur Geltung, dass er diese kooperative Einstellung überprüfen und zumindest theoretisch aufrecht erhalten kann.

3.3.1.2 Politischer Kommentar

Der politische Kommentar verfügt über eine wichtige Besonderheit im Vergleich zu politischen Interviews: Er wird nicht in Kooperation mit Politikern gestaltet, sondern stellt eine „externe" journalistische Textsorte dar, in der auf politische Ereignisse Bezug genommen wird. Der Journalist braucht im Unterschied zum Politiker keine Inszenierung als kooperative Person, die sachlich und kompromissbereit über wichtige politische Probleme diskutiert. Dementsprechend findet auch keine trialogische Kommunikation statt.

Diese Textsorte – das folgt bereits aus dem Namen – sieht nicht nur das Informieren, sondern auch eine explizite Stellungnahme zu den beschriebenen Sachverhalten vor. Der anerkannte polemische Charakter des Kommentars und die Möglichkeit, eine scharfe Diskussion ohne symbolische Handlungen zu führen, führen dazu, dass im politischen Kommentar der Ausdruck der persönlichen Meinung des Journalisten einen deutlichen Vorrang gegenüber dem Informieren gewinnt. Wie genau die entsprechende Kommunikationsfunktion des politischen Kommentars zu bezeichnen ist, darüber besteht in der Sprach- und Kommunikationswissenschaft keine Einigkeit, denn neben Informieren und Unterhalten nennt man mit dem Verweis auf die Unparteilichkeit der Presse noch die Meinungsäußerung bzw. Interpretation als dritte Funktion (vgl. Koszyk/Pruys 1970: 185-186; Medienkundliches Handbuch 1997: 161), was aber logisch gesehen kaum zufriedenstellend ist. Erstens ist der Unterschied zwischen *Meinungsäußern* und *Informieren* zu undeutlich und zweitens trägt dieser Begriff kaum Rechnung dem in politischen Kommentaren enthaltenen Versuch, die Meinung der Leserschaft zu beeinflussen. H.-H. Lüger vertritt deshalb die Meinung, dass man zwischen meinungsbetonten (informativen) **und** appellativen Kommentaren unterscheiden sollte (Lüger 1995: 144-147). In einigen anderen Werken wird der Kommentar als eine Textsorte mit zwei gleichrangigen Kommunikationsfunktionen – der informativen und appellativen – dargestellt (Geis 1987: 8-17; Straßner 1997: 18-19), oder der Appell wird als die wichtigste kommunikative Funktion anerkannt (Burger 1990: 331; Brinker 2005, 118). Auch in der vorliegenden Untersuchung wird diese Meinung geteilt, weil sie eine objektive Analyse dieser Textsorte ermöglicht, wie sie derzeit in den Medien vorkommt und nicht wie sie idealerweise aussehen sollte.

Der politische Kommentar hat nur einen Adressaten – den Leser – und ist normalerweise monologisch aufgebaut. Somit gibt es darin keine spezifische Rollenverteilung, die Themenentfaltung und Wortauswahl wird vom Autor selbst vollständig kontrolliert.

Tabelle 3.1. Vergleichende Charakteristik der Textsorten *politisches Interview* und *politischer Kommentar*

Textsorte	**Kommunikations-funktion**	**Kommunikationssituation**		
		Komunikationsform	**Emittent**	**Adressat**
Interview	Polyfunktional mit einem variierenden Funktionsverhältnis: informativ, unterhaltend, appellativ	Inszenierter Dialog, zugänglich in schriftlicher Form	Journalist, Politiker	mehrfach-adressiert: primärer Adressat: der Leser sekundärer Adressat: Journalist/Politiker
Kommentar	Polyfunktional mit Primat der Appellfunktion: informativ, unterhaltend, appellativ	Schriftlicher Monolog	Journalist	Leser als einzelner Adressat

3.3.2 Die mikrotextuelle Analyse der politischen Interviews

Die Ergebnisse der Analyse politischer Interviews zeigen, dass der durchschnittliche Gehalt von Expressiva in dieser Textsorte 7 Einheiten pro 1000 Wortformen beträgt, weshalb sie nach diesem quantitativen Parameter auf der allgemeinen

Skala mit quantitativen Ergebnissen der Analyse einzelner Textsorten des deutschen politischen Diskurses im mittleren Bereich anzusiedeln ist (siehe Anlage B.4). Generell beläuft sich die Anzahl von Expressiva in politischen Interviews auf 6-12 Einheiten pro Text. Die Schwankungen weiter nach unten sind nicht wesentlich (der untere Grenzwert liegt bei 4 Einheiten pro Text), nach oben dagegen beträchtlich: In einzelnen Texten wurden 16 bis 20 Expressiva festgestellt (Angaben zu einzelnen Texten siehe Anlage B1.1).

Der Großteil der für politische Interviews üblichen sprachlichen Mittel der Expressivitätssteigerung gehört zum semantischen Bereich: Lediglich 9 Expressiva bzw. ca. 5,6 % von den insgesamt 160 Einheiten gehören zum syntaktisch-semantischen Bereich, darunter Ausrufesätze (1,3 %), Wortspiele (1,9 %), Antithesen (1,3 %) und Vergleiche (1,3 %). Unter den am häufigsten verwendeten sprachlichen Mitteln, mit denen Expressivität gebildet wird, zeichnen sich vor allem Metaphern (63 Einheiten, 39,4 % aller Expressiva), Phraseologismen (25 Einheiten, 15,6 %) und emotiv-wertende Lexik (20 Einheiten, 12,5 %) durch ihre Häufigkeit aus (siehe auch Diagramm 3.1).

Diagramm 3.1. Sprachliche Mittel der Expressivitätsbildung in politischen Interviews

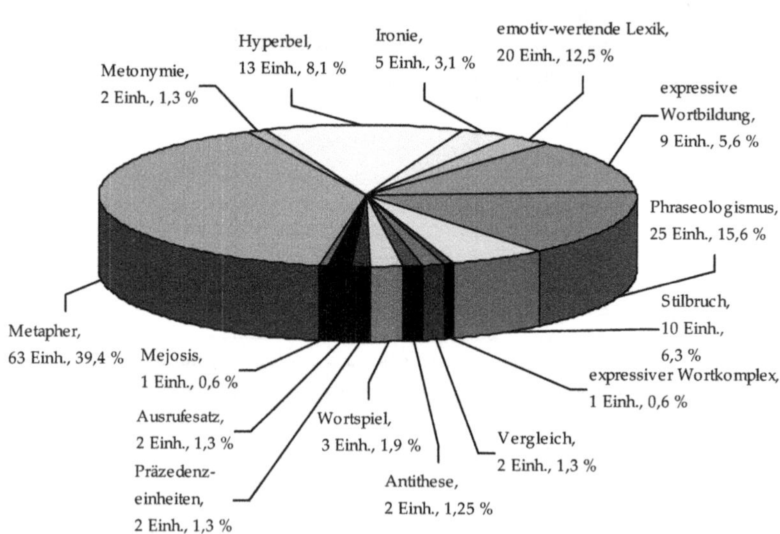

Die Metapher als das häufigste und wichtigste Mittel der Expressivitätsbildung wird zum Ausdruck aller in den Interviews vorkommenden Emotionstypen verwendet – von leichter Missbilligung (***Weltmeister in Subtilitäten***) bis zur intensiven Verurteilung (Leidet Ihre Partei immer noch **Sinnhunger**?), von der Verachtung (***willfährige, leicht manipulierbare Verfügungsmasse** des Bundeskanzlers*) bis zur Achtung (*Eine **Wiege des Christentums***). Alle anderen Mittel der Expressivitätsbildung werden im Vergleich zur Metapher eher sporadisch verwendet. Besonders selten sind neben den syntaktisch-semantischen Mitteln auch expressive Metonymie, Mejosis, Vergleich, genauso wie die intertextuellen Mittel der Expressivitätssteigerung: Insgesamt wurden nur 2 Präzedenzeinheiten festgestellt.

Eine weitere Besonderheit der Metaphern in politischen Interviews besteht darin, dass der Großteil davon usuell ist. Man kann zwar in diesem Fall kaum von festen Zahlen ausgehen, da viele Metaphern Übergangserscheinungen darstellen, die z. B. noch in keinem Nachschlagewerk mit einer entsprechenden Definition versehen sind und trotzdem in dieser Bedeutung in mehreren Texten vorkommen (z. B. *Wunderheiler, Nullsummenspiel etc.*) bzw. nach gängigen Wortbildungsmodellen gebildet werden. Trotzdem kann man beim Betrachten expressiver Metaphern in politischen Interviews deutlich erkennen, dass sie überwiegend usueller Natur sind. Nur in einigen Texten, siehe z. B. das Interview „Die Zusage an die Türkei gilt auch für die Union" (Interview 2), ist der Anteil okkasioneller Metaphern beträchtlich. Das ist ein weiterer Nachweis der eher mittelmäßigen Expressivität politischer Interviews.

Diagramm 3.2. Spektrum emotiv-wertender Bedeutungen in politischen Interviews

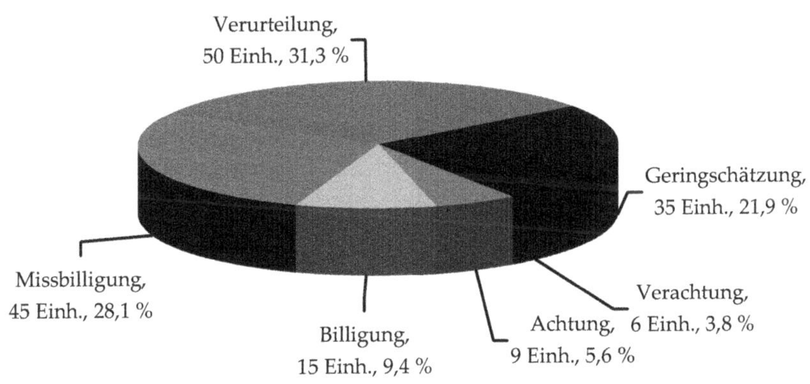

Auffällig ist auch der häufige Gebrauch von Phraseologismen (15,6 % aller Einheiten). Diese dienen als eine Art Volkswahrheit, ein festes Konzept zur Charakterisierung politischer Akteure und Ereignisse, deshalb kann man mit ihrer Hilfe die Subjektivität der ausgedrückten Emotionen und Wertungen kaschieren („So sagt man halt, wenn jemand so was tut").

Vom eher mittelmäßigen expressiven Potential der politischen Interviews zeugen nicht nur die Häufigkeit und Auswahl ihrer sprachlichen Realisierungsmittel, sondern auch die zum Ausdruck kommenden Emotionen. Es herrschen die negativen Emotionen der Missbilligung (28,1 %) und der Verurteilung (31,25 %) vor. Die Geringschätzung (21,9 %) kommt deutlich seltener, Verachtung fast gar nicht (3,8 %) vor. Auffällig ist, dass in politischen Interviews negative Emotionen mit Abstand dominieren – ein Phänomen, das, wie später gezeigt wird, so gut wie in allen analysierten Textsorten des deutschen politischen Diskurses erkennbar ist. Auf die positiven Emotionen Billigung und Achtung entfallen nur 9,4 % und 5,6 % aller expressiven Einheiten.

3.3.3 Die makrotextuelle Analyse der politischen Interviews

3.3.3.1 Expressive Taktiken und Strategien

Wie bereits im theoretischen Teil gezeigt, bietet die Analyse einzelner Expressiva nur beschränkte Möglichkeiten für die Untersuchung des politischen Diskurses, weil die Expressivität des Textganzen keine mechanische Summe autonomer Expressiva, sondern ein kompliziertes Ergebnis ihrer Interaktion untereinander und mit ihrer unmittelbaren textuellen Umgebung, ist. In diesem Abschnitt werden deshalb zunächst solche Interaktionen zwischen einzelnen Expressiva beschrieben und mit Hilfe entsprechender funktional-kommunikativer Kategorien (kommunikative Züge, Taktiken und Strategien) erfasst. Im zweiten Teil des Abschnitts wird die Zusammenwirkung der Expressiva mit ihrem sprachlichen Kontext thematisiert. Erst danach wird das expressive Potential der Textsorte *politisches Interview* ersichtlich.

Die kommunikativen Aufgaben der Expressiva werden im Text schrittweise realisiert, wobei mehrere Einzelschritte (Züge) Teile eines größeren Ganzen, einer Taktik, bilden.[65] Im weiteren Verlauf der Analyse der Expressivität politischer Interviews werden diese Züge und Taktiken sowie die ihnen zu Grunde liegenden Strategien ausführlich beschrieben.

Insgesamt werden bei der Analyse drei Strategien berücksichtigt, die durch eine abstrahierende Betrachtung der festgestellten Taktiken im Materialkorpus gewonnen wurden. Keine der Strategien kommt in sämtlichen untersuchten Texten vor, auch die Taktiken variieren erheblich. Unten wird eine kurze Charakteristik aller in politischen Interviews vorkommenden Strategien vorgestellt, die jedoch auch für die Analyse weiterer Textsorten von Bedeutung sind, weil sie auch dort vorkommen. Die in politischen Interviews vorherrschenden Strategien sind folgende:

---

65 Die Ausnahme bilden in dieser Hinsicht die Texte, in denen Expressiva eine Randerscheinung darstellen. In diesem Fall lassen sie sich auf keinen übergreifenden kommunikativen Zweck zurückführen. Somit kann man hier kaum von strategischer Verwendung von Expressiva sprechen.

1. Die Strategie der DISKREDITIERUNG. Das allgemeine strategische Ziel besteht hier in der Veränderung der emotiven Einstellung des Adressaten gegenüber dem Sachverhalt, wobei die Veränderungsrichtung „positiv/neutral → negativ" ist. Hier geht es um Rufschädigung, Vertrauensverlust, Durchsetzung von Vorurteilen und Voreingenommenheit. Die Veränderung der Einstellung kann indirekt auch zu bestimmten Verhaltensveränderungen des Adressaten führen, insbesondere seines Wahlverhaltens;

2. Die Strategie der IMAGESTEIGERUNG. Die Auswahl dieser Strategie verfolgt das Ziel der Einstellungsveränderung in Richtung „negativ (neutral) → positiv". Auch wenn diese Strategie grundsätzlich als ein Pendant der Strategie der DISKREDITIERUNG zu betrachten ist, bedeutet das nicht, dass auch einzelne Taktiken der beiden Strategien in einem Gegensatz-Verhältnis zueinander stehen (vgl. Tabelle und Definitionen in der Anlage D). Dies lässt sich in erster Linie durch qualitative und quantitative Unterschiede in der Verwendung von Expressiva zur Realisierung der beiden Strategien erklären: negative Emotionen kommen unvergleichlich häufiger vor, sie sind vielfältiger, intensiver, weshalb ihre kommunikativen Funktionen deutlich anders als Funktionen positiv gefärbter Expressiva ausfallen;

3. Die Strategie der VERHALTENSSTEUERUNG. Im Unterschied zu den zwei bereits genannten Strategien, die in erster Linie auf die Einstellungsveränderung ausgerichtet sind, wird diese Strategie nur in der Anwesenheit des Opponenten eingesetzt, der gleichzeitig den primären Adressaten darstellt. Hier zielt die expressive Ausdrucksweise nicht nur auf die Einstellungsänderung ab, sondern auf eine unmittelbare Reaktion (eine Antwort, Ablenkung vom Thema etc.).

Als die wichtigste expressive Strategie in politischen Interviews hat sich die Strategie der DISKREDITIERUNG mit ihren Taktiken der STIGMATISIERUNG und DISQUALIFIZIERUNG erwiesen (eine kurze Beschreibung aller erfassten expressiven Taktiken siehe in der Anlage D2).

Beim expressiven DISQUALIFIZIEREN besteht das Ziel des Emittenten in der Kritik an der beruflichen Qualifizierung des Angesprochenen, insbesondere seiner Eignung für ein Amt oder Stelle. Dem Adressaten wird im Zusammenhang mit dieser mangelnden Eignung die Emotion der Missbilligung, Verurteilung und teilweise der Geringschätzung gegenüber der denotierten Person (bzw. einer Organisation, Institut etc.) vermittelt, vgl.:

*Stoiber: Die Bundesregierung betreibt hier eine Politik, die sich in ihrer handwerklichen Qualität mit dem **Maut-Desaster (1)** oder*	Im Interview wird vom Politiker die expressive Strategie der DISKREDITIERUNG unter Anwendung der Taktik der DISQUALIFIZIERUNG realisiert. Die ersten Züge der Taktik behandeln die Tätigkeit der Bundesregierung, in Bezug auf welche die Verurteilung (1 und 2, Präzedenzeinheiten, W-) ausgedrückt wird. Die beiden Spracheinheiten beziehen sich auf kontroverse Gesetze, die viel heftige Kritik und emotionale Reaktion in der

dem ***Dosenpfand*** ***(2)*** *vergleichen lässt.*	Öffentlichkeit hervorgerufen haben. Somit erlangten die Lexeme *Maut* und *Dosenpfand* eine eigene emotiv-wertende „Aura", die nicht auf ihre eigentliche Bedeutung, sondern auf den Kontext ihrer Verwendung zurückzuführen ist. Diese Aura wird erst in bestimmten Kontexten aktiviert, wobei die Assoziationen Teil der kontextuell bereicherten Bedeutung werden (Sornig 1986: 258). Die Expressivität der Spracheinheit (1) wird zusätzlich durch die Bildung eines okkasionellen Kompositums verstärkt, dessen zweiter Teil eine expressive Hyperbel darstellt. Das Zusammenspiel der beiden emotiv-wertenden Bedeutungskomponenten sowie die semantische Komprimierung innerhalb der Bedeutung des Kompositums sorgen für zusätzliche „semantische Spannung" und Erhöhung der Intensivität der ausgedrückten Emotionen.
Stoiber: In dieser unsicheren Phase kann man nicht ***Erweiterungsphantasien*** ***(3)*** *pflegen und gleichzeitig sagen, wir können das alles nicht finanzieren. Das ist unehrliche Politik.*	In der zweiten Äußerung wird die DISQUALIFIZIERUNG der Bundesregierung durch die Verwendung des Expressivs (3, Metapher, W-, Geringschätzung) fortgesetzt, wobei der Eindruck ihrer Inkompetenz (Fantasten ohne jede Bodenhaftung) und die damit verbundenen negativen Emotionen weiter verstärkt werden.

(Interview 1)

Das STIGMATISIEREN des politischen Opponenten stellt im Unterschied zum DISQUALIFIZIEREN in erster Linie seine moralisch-ethischen Eigenschaften in Frage. Hier konzentriert sich der Emittent auf die persönlichen Eigenschaften des kritisierten Politikers, die den moralisch-ethischen Normen der Gesellschaft nicht entsprechen sollen (Lügner, Egozentriker etc.).[66] Dieses Thema bedeutet einen größeren Grad der persönlichen Involvierung auf der Seite des Kritikers und sehr schwere Folgen für den Ruf der kritisierten Person, weshalb sich diese Taktik durch ihre größere emotionale Aufgeladenheit (es herrschen die Emotionen der Verurteilung, der Geringschätzung und Verachtung vor) auszeichnet.

Die Taktiken der DISQUALIFIZIERUNG und STIGMATISIERUNG sind die Hauptmittel der Realisierung der Strategie der DISKREDITIERUNG in politischen Interviews (sie wurden jeweils in 10 und 7 von insgesamt 18 Texten festge-

66 In einigen Fällen kann keine „saubere" Trennungslinie zwischen dem DISQUALIFIZIEREN und STIGMATISIEREN gezogen werden, weil sich der verbale Angriff sowohl gegen die berufliche Eignung als auch moralische Integrität gerichtet wird. In solchen Situationen wird in jedem konkreten Fall gesondert eine Entscheidung getroffen, welche der beiden Kritikrichtungen vorherrschend ist.

stellt). Alle anderen Taktiken, die man zu Realisierungsformen der DISKREDITIERUNG zählen kann, wie VERSPOTTUNG, BELEIDIGUNG und PROJIZIERUNG EINES NEGATIVEN BILDES, kommen deutlich seltener vor.

Die expressiven Taktiken der VERSPOTTUNG und BELEIDIGUNG, die, wie später gezeigt, in anderen Textsorten des deutschen politischen Diskurses durchaus verwendbar sind, werden in politischen Interviews auf Grund der spezifischen soziopragmatischen Einbettung dieser Textsorte eindeutig gemieden, um den funktionalen Verstoß zu vermeiden. Sowohl BELEIDIGUNG als auch VERSPOTTUNG haben einen deutlich dissensorientierten Charakter und widersprechen somit dem Bestreben des Politikers, möglichst kooperativ zu wirken.

Die Tatsache, dass auch die Taktik der PROJIZIERUNG EINES NEGATIVEN BILDES in Interviews selten vorkommt, lässt sich darauf zurückführen, dass die Konstruktion eines sprachlichen Bildes nur unter Verwendung mehrerer zusammenhängender, ausdrucksstarker sprachlicher Mittel möglich ist, was im Rahmen eines zur Kürze zwingenden und thematisch verzweigten Interviews schwer realisierbar ist.[67] Ein seltenes Beispiel dieser Taktik stellen die Aussagen der Bundesministerin für Gesundheit und Soziale Sicherung Ulla Schmidt dar, wenn sie auf die Kritiker der umstrittenen Hartz-Reform Bezug nimmt:

*SZ: Zurück zur Gegenwart. Sie haben eine Kommission unter Leitung von Professor Rürup eingesetzt, und Vize-Fraktionschef Stiegler nennt ihn einen **Schwätzer**. Soll Rürup mürbe gemacht werden?* *Schmidt: Nein. Herr Rürup hat mein Vertrauen. Er ist ein anerkannter Fachmann. Ende nächsten Jahres wird die Kommission ihre Vorschläge machen, und wir werden diese so zügig wie möglich umsetzen. Herr Stiegler ist eben ein bayerischer **Temperamentsbolzen (1)**.*	In der ersten Aussagen-Sequenz unternimmt die Politikerin den Versuch, die Kritik an den Leiter der von der Ministerin unterstützten Kommission dadurch zu entschärfen, dass sein Kritiker als jemand dargestellt wird, der seinen Emotionen in offiziellen Gesprächen nicht Herr werden kann und somit unseriös, kindisch wirkt (1, Stilbruch, W-, Missbilligung).
SZ : Das sagt auch Horst Seehofer. *Schmidt: Herr Seehofer **steht** derzeit **mosernd (2) im Abseits (3)**. Die hohe Arbeitslosigkeit führt zu weniger Einnahmen. Deshalb sind die Hartz-Pläne so wichtig.*	In der zweiten Sequenz charakterisiert die Politikerin auch einen weiteren Opponenten als unreif und unbeherrscht (2). Insoweit wirkt auch die Verurteilung seiner politischen Abseitsposition (3) als nachvollziehbar.

(Interview 3)

67 Diese Besonderheit unterscheidet politische Interviews von politischen Kommentaren, in denen, wie unten gezeigt, komplexe sprachliche Bilder zu einem wichtigen Mittel der Expressivitätsbildung werden.

Im Resultat dieser sehr kurzen, an Hand von nur zwei Expressiva realisierten Taktik entsteht ein Sammelbild der Kritiker der Rürup-Kommission als unbeherrschter Nörgler, deren Worten man logischerweise kaum Aufmerksamkeit schenken sollte.

Viel seltener als die Strategie der DISKREDITIERUNG wird in politischen Interviews die Strategie der IMAGESTEIGERUNG verwendet. Ihre taktische Umsetzung erfolgt in der Form der PROJIZIERUNG EINES POSITIVEN BILDES, der WERTSTEIGERUNG und SELBSTKRITIK (insgesamt 6 Fälle, siehe Anlage D).

Besonders auffällig ist die Verwendung der Taktik der SELBSTKRITIK, die aber äußerst selten mit expressiven Mitteln realisiert wird:

Zeit: Die Koalitionsverhandlungen haben noch nichts davon erkennen lassen.

*Müntefering: Das ist richtig. Wir haben uns damals beeindrucken lassen von einer Liste, die nur fiskalisch orientiert war, aber ohne einen Blick für Strukturveränderungen. Es war ein Fehler, dass keiner das **Ding** in den **Papierkorb geschmissen** hat. Wir haben uns da eben bärenstark gefühlt, weil wir bei der Wahl doch noch so gut durchgekommen sind. Wir dachten, na ja, das machen wir jetzt auch noch locker…*

Zeit: Empfinden Sie so etwas wie Scham, dass Sie das Land so weit in die Krise haben laufen lassen?

*Müntefering: Scham ist ein großes Wort. Wir hätten früher kämpfen sollen. Wir hätten die Erkenntnisse, die wir jahrelang **feuilletonistisch** diskutiert haben, in die Tat umsetzen müssen. Das haben wir alle nicht getan. Es war uns zu schwer. Jetzt sind wir sehr spät dran. Die neunziger Jahre haben wir in Deutschland wirklich **verschlafen**. Den Fehler kann die SPD aber wieder gutmachen.*

(Interview 9)

In diesem Text wird vom Politiker eine expressive Ausdrucksweise gewählt, wie sie eigentlich von seinen Opponenten bzw. vom Journalisten zu erwarten wäre. Durch den Ausdruck der Missbilligung (*feuilletonistisch*) und Geringschätzung (*das Ding in den Papierkorb geschmissen*) versucht Franz Müntefering offensichtlich, der ohnehin bereits starken und emotionsgeladenen Kritik der Presse und der eigenen Wählerschaft durch die Verwendung identischer Formulierungen vorauszugreifen und dadurch ihre Schärfe zu nehmen.

Dass diese expressive Taktik fast nie vorkommt, zeugt davon, dass die Politiker sich über das besondere appellative Potential von Expressiva völlig im Klaren sind und die negativen emotiv-wertenden Charakteristika stets für die Außenwelt, die positiven Expressiva dagegen für die eigene Person bzw. Partei reservieren. Jede andere Ausrichtung des expressiven Appells ist untypisch.

Durch diese Regel erklärt sich auch die häufige Verwendung der expressiven Taktik der WERTSTEIGERUNG in politischen Interviews. Der interviewte Politiker konzentriert sich oft auf die positiven Seiten seiner eigenen Tätigkeit bzw. der

Tätigkeit seiner Partei. Deshalb ist ein relativ großer Anteil der in dieser Textsorte eher seltenen Expressiva der Betonung der eigenen wichtigen Rolle, der Relevanz bestimmter politischer Projekte etc. gewidmet. Für diese Taktik ist neben den üblichen expressiven Sprachmitteln wie Metaphern und Phraseologismen auch die Verwendung von Hyperbeln als eines speziellen, für diese Taktik typischen Sprachmittels charakteristisch:[68]

> **Eichel:** *Eine Reformpause wird es nicht geben, die Lage ist nicht so. Nach dem* ***Riesenpaket (1)*** *muss es nun Schritt um Schritt konsequent weitergehen...*
>
> **Eichel:** *Das heißt ja nicht Stillstand in der Steuerpolitik. Wir haben jede Menge zu tun: die Besteuerung der Altersvorsorge - ein* ***Riesenthema (2)*** *-, das Außensteuerrecht, etwa die Vereinheitlichung der Unternehmensbesteuerungsgrundlage in der EU, dazu die Bekämpfung des Umsatzsteuerbetrugs...*
>
> *(Interview 8)*

In den beiden angeführten Äußerungen werden Hyperbeln (1) und (2) mit dem bedeutungsverstärkenden Suffixoid *Riesen-* verwendet. Dadurch hebt der Emittent die außerordentliche Wichtigkeit und Größe der von der Regierung gepackten Aufgaben hervor und drückt gleichzeitig seine Billigung aus.

Besondere Aufmerksamkeit verdient unter den positiven Taktiken die PROJIZIERUNG EINES POSITIVEN BILDES, die in zwei Interviews vorkommt. In diesen Texten gelingt es dem Interviewten ein zusammenhängendes sprachliches Bild zu schaffen. Solche Bilder sind für die Vermittlung nachhaltiger emotiv-wertender Einstellungen vor allem deshalb von großer Bedeutung, weil das entstandene Bild sehr einprägsam ist und lange im Gedächtnis bleibt. Somit können die einschlägigen Emotionen immer „aufgefrischt" werden, solange sich dieses sprachliche Bild aus dem Gedächtnis aufrufen lässt. Im Unterschied z. B. zur übernommenen Argumentation lässt es sich später nicht durch neue Argumente „entschärfen" und kann nur durch neue entsprechend gelungene sprachliche Bilder zurückgedrängt werden. Im Interview „Die Zusage an die Türkei gilt auch für die Union" in der „Süddeutschen Zeitung" wird ein solches Bild von V. Rühe mittels Metapern aus dem Straßen- und Maschinenbau zur Unterstützung der eigenen, von der Meinung der meisten Parteikollegen abweichenden Position in Bezug auf den EU-Beitritt der Türkei projiziert:

Rühe: Die Union, die eine Türkei aufnehmen würde, wäre größer als die, die wir jetzt haben... Das wird aber eine andere Union sein, eine ***Union mit mehreren Geschwindigkeiten (1)****, in unterschiedlichen Berei-*	Der erste taktische Zug wird an Hand der okkasionellen Metaphern (1, W+, Billigung) und (2, W+, Billigung) realisiert, die Europa wie eine mehrspurige Fernstraße darstellen, auf der es genug Platz für alle gibt und des-

68 Diese Taktik gehört somit zu einer relativ kleinen Gruppe expressiver Taktiken (neben den Taktiken der PROJIZIERUNG EINES POSITIVEN und NEGATIVEN BILDES), bei denen man das Vorhandensein typischer sprachlicher Mittel der Expressivitätsbildung annehmen kann.

chen. *Rühe: Es wird einen Kern der Euro-Länder geben, andere werden in der Schengen-Gruppe sein, wieder andere werden in der Verteidigungspolitik kooperieren. Ein* ***Europa der unterschiedlichen Geschwindigkeiten*** *(2) eben.*	halb die Anwesenheit mehrerer sich voneinander stark unterscheidender Staaten als möglich und sogar vorteilhaft erscheint. Damir wird die Diskussion auf eine praktische Ebene gerückt, die dem Adressaten näher und verständlicher ist. Die metaphorische Gleichsetzung der EU mit einer Autobahn dient aber nicht nur dazu, die Situation besser zu erklären, sondern sie ruft auch die positive Emotion der Billigung hervor, die als Reaktion auf den Ausbau einer Autobahn bei den Autofahrern kaum ausbleiben kann.
Rühe: Es wäre eine weltpolitische Leistung der europäischen Union, wenn sie die Türkei einbindet. Es wäre der ***Brückenbau (3)*** *hin zum Nahen und Mittleren Osten,* ***eine euro-islamische Brücke (4)****... Die Türkei wäre ein* ***Transmissionsriemen (5)*** *für die Stabilisierung dieser Nachbarregion.*	Im weiteren Verlauf des Interviews führt V. Rühe weitere Metaphern ein, die den Beitritt der Türkei als eine „technische Neurüstung des Bauwerks Europa" erscheinen lassen. Die Metaphern (3, W+, Billigung) und (4, W+, Billigung) entstammen genauso wie (1) und (2) dem Baubereich, die Metapher (5) – dem Maschinenbau. Die Türkei wird in allen drei Metaphern als ein unverzichtbares Element von Europa dargestellt. Somit wird die Emotion der Billigung weiter verstärkt.

(Interview 2)

Die Verwendung der Taktik der PROJIZIERUNG EINES POSITIVEN BILDES ermöglicht eine möglichst vorsichtige Behandlung dieses heiklen Themas (die Opponenten sind zum Großteil die Mitglieder und Führung der eigenen Partei). Statt explizite Bewertungen abzugeben, wird deshalb ein vielschichtiges sprachliches Bild gezeichnet. Auf der denotativen Ebene scheint dieses Bild nicht ganz einheitlich zu sein (Metaphern aus unterschiedlichen Bereichen). Dafür wird die Einheitlichkeit auf der emotiv-wertenden semantischen Ebene erzielt (die Emotion der Billigung), was in diesem Kontext funktional gesehen viel wichtiger ist.

Wie bereits mehrmals betont, sind Expressiva stark kontextabhängig und entwickeln ihre volle kommunikative Wirkung erst unter Berücksichtigung des näheren Kontextes bzw. des Textganzen. Neben den Fällen, in denen die Bedeutung und Funktion erst unter Berücksichtigung des Kontextes nachvollziehbar wird (z. B. bei okkasionellen Spracheinheiten), oder wenn der Verwendungskontext den Expressiva ihre Ausdrucksschärfe nimmt (z. B. bei der Verwendung expressiven Vokabulars zur Selbstkritik), gibt es kommunikative Situationen, in denen das Emotionszeichen des Expressivs in sein Pendant umschlagen kann. Ein Beispiel dafür liefert das Interview "Amerika ist kein Modell, aber..." (Interview 13). In diesem Text wird das Vorgehen der USA im Irak-Krieg kritisch analysiert, wobei Expressiva wie *dumpfes Grollen, jetzt wird gestreut, auf den Tisch hauen* verwendet werden. Diese Spracheinheiten scheinen beim ersten Blick unter Berücksichtigung des Themas und der Überschrift (*Amerika ist kein Modell*) negativ gefärbt zu sein und der Projizierung eines in den deutschen Massenmedien und weiteren Bereichen des deutschen politischen Diskurses teilweise verbreiteten Bildes der USA als eines aggressiven, wenig von der internationalen Kooperation und diplomatischen Lösungen haltenden Staates zu dienen. Erst bei näherem Hinschauen wird klar, dass der sprachliche Kontext diese erste Deutungsvariante widerlegt. Die darin enthaltenen Hinweise fördern eine Umdeutung der Expressiva, die nun als Lob gegenüber den USA und ein dezenter Ausdruck der Achtung und Billigung wahrgenommen werden:

Die Amerikaner werden das zum Thema der nächsten Monate machen - und leider ist die Forderung glaubwürdiger, wenn sie untermalt wird vom ***dumpfen Grollen*** *(1) militärischer Drohungen.*	Das *Grollen* als eine metaphorische Beschreibung für einen von den USA geplanten Krieg wird im Äußerungskontext als eine gerechtfertigte Reaktion verstanden, deren naturgemäße Gewalt die rechtmäßigen Forderungen der internationalen Gemeinschaft ernst nehmen lässt und die Verbrecher in gerechte Angst versetzt. Die USA werden hier mit einer Respekt einflößenden „höheren Gewalt" gleichgesetzt.
Die amerikanische Methode - Schluss mit Sentimentalitäten, ***jetzt wird gestreut*** *(2) - birgt das Risiko, dass der Schuss nach hinten losgeht.* *Aber wenn die Amerikaner* ***auf den Tisch hauen*** *(3), kann das durchaus erwünschte Ergebnisse zeitigen.*	Auch in den Fällen (2) und (3) geht es um die Akzentverschiebung von der Rücksichtslosigkeit der USA auf ihre Bereitschaft, sich für gerechte Sache mit allen Mitteln einzusetzen, – eine Charakteristik, die eigentlich Achtung verdient.

(Interview 13)

Außer den beschriebenen Strategien der DISKREDITIERUNG und IMAGESTEIGERUNG kommt in politischen Interviews noch eine expressive Strategie vor – die Strategie der VERHALTENSSTEUERUNG, die in politischen Interviews durch ihre zentrale Taktik der PROVOKATION vertreten ist.[69] Diese Taktik kommt im Unterschied zu allen bisher beschriebenen in den Fragen der Journalisten vor. In diesen Fragen werden verschiedene für den Interviewten unangenehme Meinungen ausgedrückt, deren Expressivität einerseits den am Interview teilnehmenden Politiker zu mehr Offenheit, insbesondere zu einer spontanen Reaktion bringen und andererseits den Unterhaltungswert des Interviews erhöhen sollte. Diese Taktik ist in einer mehr oder weniger offenen Form im Großteil

69 Wie im späteren Verlauf der Analyse gezeigt wird, ist dies nicht die einzige taktische Variante der Umsetzung der Strategie der VERHALTENSSTEUERUNG, auch wenn sie offensichtlich das markanteste Beispiel dieser Strategie darstellt.

der analysierten Texte präsent und ist eine der meistverbreiteten expressiven Taktiken des politischen Interviews, für deren Realisierung das gesamte Spektrum der sprachlichen Mittel der Expressivitätssteigerung eingesetzt wird, darunter auch diejenigen, die sonst für diese Textsaorte eher untypisch sind (z. B., emotiv-wertende Lexik wie *Schwätzer, liebesdienerische Politik,* emotive Phraseologismen wie *Hört, hört!, da kann man nur lachen,* expressive Wortbildung in Lexemen wie wie *Gelaber, Kungelei* etc.). Ihr expressiver Charakter wird aber teilweise dadurch gemindert, dass die Journalisten solche Expressiva oft als Zitat verwenden und sich somit von der darin ausgedrückten emotiv-wertenden Einstellung deutlich distanzieren.

Mit dem Einsatz dieser Taktik wird offensichtlich den nominalen Aufgaben des Interviews, wie sie in publizistischen und medienkundlichen Wörterbüchern formuliert werden, Rechnung getragen: Durch raffiniert formulierte Fragen dem Politiker Geheimes zu entlocken und somit den „News-Wert" des Interviews zu steigern (wobei zugespitzte Formulierungen und spontane Reaktionen zweifellos auch den Unterhaltungswert des Interviews erhöhen würden). Diese Rechnung geht jedoch, wie bereits betont wurde, fast nie auf. Stattdessen erfolgt als Reaktion eine entgegengerichtete Expressivitätssteigerung durch den Interviewten, der versucht, die in der PROVOKATION verwendeten negativ gefärbten Expressiva durch die DISKREDITIERUNG der Quellen zu „entschärfen":[70]

Fischer: Möllemann ist interessegesteuert. Er ist Vorsitzender der Deutsch-Arabischen Gesellschaft. Ansonsten weiß ich nicht, was ihn treibt. Ich finde auch weniger Möllemann das Problem als vielmehr Westerwelle, der das in diese Richtung treiben lässt. Er trägt die Verantwortung.

Zeit: Auch Herr Lamers von der CDU hat Sie als ***Lakai der Israelis*** *attackiert.*

Fischer: Dieser Vorwurf hat mich nicht eine Sekunde Nachtschlaf gekostet. Das ist einfach ***Blödsinn****. Das weiß auch Lamers.*

(Interview 11)

Oft reagieren Politiker dabei ziemlich heftig und verwenden dabei solche für diese Textsorte eher untypischen Expressiva wie *Blödsinn, Unsinn* etc. Es kommen jedoch auch Fälle von, in denen die Abwehr eine raffiniertere Form hat, z. B.:

Sommer: Ich denke beim Thema demokratischer Sozialismus an das wunderschöne Buch "Schwarzenberg" von Stefan Heym, das mit der Aussage endet: Es war nur ein ***Traum****. Ein* ***Traum*** *allerdings, den ich nach wie vor* ***träumen*** *werde. Weil ich*

70 Interessant ist, dass auch in den Fällen, wenn der Ursprung der expressiven Ausdrücke nicht eindeutig erkennbar ist, in den Antworten des Politikers nicht der Interviewer, sondern jeweils die angebliche Quelle der Kritik angegriffen wird, zu deren Profil die vom Journalisten zitierte Äußerung passt. Somit zeigt sich bei dieser Reaktion nochmals der trialogische Charakter der Kommunikation in Interviews: Gestritten wird nicht mit dem Journalisten, sondern mit den politischen Opponenten, appelliert wird nicht an den Journalisten, sondern an den Leser.

davon ausgehe, dass Kapitalismus pur nicht der Ausdruck einer humanen, lebenswerten und zukunftsfähigen Gesellschaft ist.

FR: Hat Schröder dann aber nicht Recht, wenn er findet, dass ***Träume*** *nicht ins Parteiprogramm gehören?*

Sommer: Er hat deshalb Unrecht, weil auch Gerhard Schröder eigentlich ***Visionen*** *bräuchte.*

(Interview 17)

Hier wird vom Journalisten „stellvertretend" für den Bundeskanzler Gerhard Schröder eine Diskussion mit dem Interviewten über die politische Neuorientierung der SPD geführt. Nachdem der interviewte Politiker ein mit positiven Emotionen geladenes Bild der von ihm verteidigten Entwicklungsrichtung einführt, versetzt der Journalist mit Verweis auf die Worte von Gerhard Schröder die Schlüssel-Metapher *Traum* in einen neuen Kontext, in dem ihre Bedeutung negativ geladen wird. Diese Umdeutung, mit der die mangelnde berufliche Eignung von Sommer angedeutet wird, wird dann nicht einfach als Unsinn zurückgewiesen, sondern wiederum geschickt umgedeutet: *Träume = Visionen,* so dass diesmal schon Gerhard Schröder eine wichtige Eigenschaft des Politikers (Visionär zu sein) abgesprochen wird.

Es kommt auch eine weitere Variante der Abwehr vor, indem die zur Realisierung der PROVOKATION verwendeten Expressiva durch abgeschwächte Synonyme ersetzt werden, vgl. Expressiva (1) und (2) in dem unten angeführten Zitat:

Hartz: Nein. Wenn man die Bundesanstalt für Arbeit rationalisiert, dann werden unter dem Strich Finanzmittel frei... Die öffentlichen Zeitarbeitsagenturen werden nicht mehr kosten, sondern vom ersten Tag an Geld sparen. Die sollen ja im Wettbewerb mit privaten Zeitarbeitsfirmen stehen.

SZ: Doch keine ***Monster-Büros (1)****.*

Hartz: Wir wollen keinen ***Riesen-Staatsbetrieb (2)*** *aufmachen mit Millionen von Arbeitslosen.*

(Interview 6)

Hier wird vom Autor der Hartz-Reform ein im Vergleich zum provozierenden Okkasionalismus *Monster-Büros* deutlich schwächerer (insoweit als Präfixoid *Riesen-* weniger intensiv als Präfixoid *Monster-* ist) Expressiv verwendet.

Eine expressive Reaktion des Politikers beim Einsatz der Taktik der PROVOKATION durch den Journalisten tritt jedoch bei weitem nicht immer auf. Nicht selten bleiben die Antworten des Interviewten trotz Provokationsversuchen neutral, was genauso wie einige andere oben beschriebene Spezifika der Expressivität des politischen Interviews auf seine soziopragmatische Einbettung (Zwang zur Kooperativität, Sachlichkeit) zurückzuführen ist.

Die oben angeführten Beispiele zeigen, dass in politischen Interviews ein Zusammenspiel expressiver Taktiken möglich ist. Solche Zusammenspiele stellen einen komplexen Fall der Expressivitätssteigerung im politischen Diskurs dar, die über die einfache Realisierung einzelner expressiver Taktiken hinausgeht. Sie sind in politischen Interviews jedoch nicht besonders verbreitet. In den meisten analysierten Texten liegen nur eine bis zwei expressive Taktiken vor, die teilweise keinen Bezug aufeinander nehmen. Die häufigste und bedeutendste Form der taktischen Interaktion stellt die Sequenz PROVOKATION + STIGMATISIERUNG / DISQUALIFIZIERUNG dar.

Neben den oben angeführten Fällen ist auch das Zusammenspiel von zwei und mehr Taktiken im Rahmen **einer** expressiven Strategie möglich. Dies ist in erster Linie bei der Umsetzung der Strategie der DISKREDITIERUNG der Fall, wenn sich der Emittent für gleichzeitiges DISQUALIFZIEREN und STIGMATISIEREN entscheidet. Es kann aber auch um zwei gleichartige Taktiken gehen, die an unterschiedlichen Stellen des Interviews zur Kritik unterschiedlicher Sachverhalte, Personen etc. eingesetzt werden.

3.3.3.2 Expressivität im Rahmen der semantischen Makrostruktur

Die Spannung zwischen der Informations- und Appellfunktion in politischen Interviews, das Bestreben, den Text möglichst informativ und interessant zu gestalten auf der Seite des Journalisten, und der Versuch, die eigenen Positionen möglichst überzeugend darzustellen auf der Seite des Politikers, haben zur Folge, dass die semantische Makrostruktur dieser Textsorte heterogen ist. Darin findet sich sowohl die argumentative Themenentfaltung als Indikator und Realisierungsmittel der Appellfunktion als auch die deskriptive Themenentfaltung als Indikator und Realisierungsmittel der Informationsfunktion. Die argumentative Themenentfaltung kommt dabei nicht in ihrer klassischen, in der Rhetorik festgelegten Form, sondern ziemlich mosaikhaft, d. h. als kleinere, oft miteinander nicht verbundene Segmente vor. Eine klare Einteilung in Redeteile fehlt und ihre Reihenfolge wird nicht eingehalten. Weitere Besonderheiten der semantischen Makrostruktur politischer Interviews bestehen darin, dass darin neben der argumentativen Themenentfaltung regelmäßig EXPLIKATIONEN und wiederkehrende interrogative THEMATISIERUNGEN vorkommen. Das Vorhandensein dieser Blöcke verstärkt die Mosaikhaftigkeit der semantischen Makrostruktur politischer Interviews, vgl.:

> *Rühe: Europa wird nicht zu groß. Es wächst. Manche wünschen sich den exklusiven Klub des Europas der Sechs zurück, nennen das heute Kerneuropa und wollen Schutzzäune um die EU ziehen. Aber Instabilität kann man nicht aussperren.*
>
> *SZ: Sie klingen fast so, als sei ein EU-Beitritt für Sie schon fast beschlossene Sache.*

Rühe: Nein. Die Türkei wird vor einem Beitritt die Kriterien erfüllen müssen, die für alle anderen Beitrittskandidaten auch galten und gelten. Rabatt wird es keinesfalls geben. Und ich sage: Für die Türkei wird das noch ein sehr langer Weg, mit Veränderungen, die denen vergleichbar sind, wie sie Atatürk vor 80 Jahren gebracht hat.

Zuerst argumentiert V. Rühe gegen die Meinung, die EU sei nur in den bestehenden Grenzen überlebensfähig. Nach einer themenpräzisierenden Frage des Journalisten kommt dann noch eine explizierende Aussage und abschließend eine Behauptung ohne argumentative Abstützung.

Insgesamt wurden also bei der Untersuchung der semantischen Makrostruktur des politischen Interviews folgende Typen der Makrostruktur (Typen der Themenentfaltung nach K. Brinker) festgestellt:

1. **die deskriptive** Themenentfaltung;
2. **die argumentative** Themenentfaltung;
3. **die explikative** Themenentfaltung.

Unten wird eine kurze Charakteristik dieser in politischen Interviews vorkommenden Typen der Themenentfaltung und ihrer einzelnen makrosemantischen Blöcke angeführt, die auch für weitere Textsorten des politischen Diskurses zutreffen:

1. Die **deskriptive Makrostruktur**: Die deskriptive Themenentfaltung verfolgt das Ziel, einen Sachverhalt in seinen Komponenten und Zusammenhängen darzustellen und in einen bestimmten zeitlich-räumlichen Rahmen einzubetten. In politischen Interviews ist sie, wie bereits gesagt, eng mit explizierenden und argumentierenden Passagen verflochten. Die deskriptive Makrostruktur in politischen Interviews besteht aus folgenden makrosemantischen Blöcken:

a) Im TITEL des Interviews wird typischerweise ein Zitat aus dem einschlägigen Text verwendet, das dem Leser einen Einblick in das Thema und gleichzeitig in die vom Interviewten vertretene Position gewährt;

b) Im UNTERTITEL wird dann eine ausführlichere Beschreibung des im Titel genannten Themas geliefert;

c) Außerdem gehören zur deskriptiven Themenentfaltung auch die Beschreibungen einzelner Sachverhalte (DARSTELLUNGEN) sowie Stellungnahmen in INTERROGATIVEN PROBLEMATISIERUNGEN, die insoweit deskriptiv bleiben, als sie eine Charakteristik geben, ohne dass diese Charakteristik weiter argumentativ abgestützt bzw. expliziert wird.

2. Die **argumentative Themenentfaltung**: Das klassische Schema der „wohlgeformten" Argumentation geht auf die rhetorische Tradition zurück und wurde noch von Aristoteles' Nachfolger Theophrast formuliert und später von Cicero weiterentwickelt (Ottmers 2007: 80-83). Seine moderne Form hat das Schema in

der Arbeit von Toulmin (Toulmin 1974) angenommen, der sich vor allem für die alltagslogische Stichhaltigkeit der Argumentation interessierte und wenig Wert auf formallogische Aspekte wie Wahrhaftigkeit der THESEN und ARGUMENTE legte. Das Schema von Toulmin wurde vor allem vor dem Hintergrund ihrer Anwendungsmöglichkeit in gerichtlichen Verfahren entwickelt und zeichnet sich durch einen relativ hohen Schwierigkeitsgrad aus. Neben den standardmäßigen Bestandteilen der Argumentation wie These, Argument, und Konklusion als Bestätigung der These kommen hier solche weiteren Argumentationskomponenten wie **Stützung der Schlussregel**, **Modaloperator** und **Ausnahmebedingung** (Brinker 2005: 79-81; Ottmers 2007: 81-82). Dementsprechend wird aus einem einfachen Argumentationsstrang mit drei bzw. vier (wenn man die meistens implizite Schlussregel hinzufügt) Gliedern wie bspw. dieser:

THESE — deren Strittigkeit eliminiert oder zumindest vermindert werden muss (dadurch verwandelt sie sich abschließend in KONKLUSION);

Es wird bald regnen

↓

ARGUMENT — Beweis für die Richtigkeit der These

Ich habe die Wettervorhersage im Internet gelesen

↓

SCHLUSSREGEL: — eine allgemein gehaltene Regel zur Unterstützung der Relevanz des Arguments (meistens implizit), z. B.: *„Wenn in der Wettervorhersage etwas über das Wetter mitgeteilt wird, dann muss es stimmen"*

↓

KONKLUSION — die (fakultative) Wiederholung der These, nachdem ihre Strittigkeit durch das Argument aufgehoben worden ist

Also wird es regnen

eine komplexe Struktur mit zusätzlicher Abstützung der Schlussregel (*Der Wetterdienst ist ja bestens ausgerüstet*), einem Modaloperator (z. B. *wohl*) und einer Ausnahmebedingung (*Vielleicht habe ich bei der Wettersuche den falschen Tag eingegeben*).

Der grundsätzliche Unterschied der Argumentation in politischen Interviews besteht darin, dass solche elaborierten Argumentationen in dieser Textsorte so gut wie nie vorkommen. Der meistverbreitete Strukturtyp der Argumentation in politischen Interviews umfasst nur zwei von den genannten Bestandteilen – die THESE und das ARGUMENT, denn diese verkürzte Form entspricht besser dem dialogischen Charakter des Interviews, in dem oft mehrere Aspekte eines Themas in einer ganzen Reihe von Fragen und Antworten behandelt werden und somit keine Möglichkeit bzw. kein Wunsch auf der Seite des Politikers besteht, elaborierte Argumentationen aufzubauen.

3. Die **explikative Themenentfaltung** dient im Unterschied zur argumentativen nicht der Abstützung von strittigen Aussagen, sondern dem Wissenstransfer, indem der Emittent dem Adressaten einen Sachverhalt erklärt, seine wichtigen logischen Zusammenhänge aufdeckt. Im Allgemeinen gibt es zu diesem Typ der Themenentfaltung weit weniger Fachliteratur als z. B. zur Argumentation (zwei wichtige Abhandlungen sind Jahr 2000a; Brinker 2005). Die explikative Themenentfaltung kann man grundsätzlich in zwei Teile aufteilen: Der zu erklärende Sachverhalt, Prozess etc. wird als Explanans dargestellt, darauf folgt eine Erklärung, das Explanandum (Brinker 2005: 75). Einzelne das Denotat erklärende Propositionen werden miteinander in logische Verbindungen gebracht, die für den Adressaten einsehbar sein und die Nachvollziehung des jeweiligen Sachverhalts ermöglichen sollten. Weder das Explanans noch das Explanandum werden vom Adressaten grundsätzlich in Frage gestellt.

Ein Paradebeispiel für explikative Texte sind fachspezifische Abhandlungen zu wissenschaftlichen Fragen bzw. Bedienungsanleitungen für Geräte. Aber bereits bei Bedienungsanleitungen kommt man schnell zu dem Schluss, dass eine saubere Trennung explikativer und z. B. informativer Textteile schwer fällt, weil in dieser Textorte zumindest genauso viel beschrieben wie erklärt wird. Auf die Schwierigkeit einer Trennung und das ständige Ineinandergreifen von explikativen und deskriptiven bzw. argumentativen Themenentfaltungstypen wird auch in der wissenschaftlichen Literatur hingewiesen (siehe Jahr 2000a: 387; Brinker 2005: 77-79).

In politischen Interviews, in denen ein Politiker einerseits als Experte in bestimmten Fragen um Stellungnahme gebeten wird und andererseits immer wieder die eigene Position argumentativ abstützen muss, schwebt die thematische Entfaltung oft an der Grenze zwischen Explikation und Argumentation, vgl. z. B. folgende Aussagen aus einem Interview des CSU-Politikers Horst Seehofer:

> *SZ: Die Union kann nicht ernsthaft die Wiedereinführung des von ihr gewollten demografischen Faktors ablehnen.*
>
> *Seehofer: Der rot-grüne Nachhaltigkeitsfaktor ist etwas anderes als unser Demografiefaktor. Unser Demografiefaktor hat die längere Rentenlaufzeit berücksichtigt, und das auch nur zur Hälfte. Der Nachhaltigkeitsfaktor berücksichtigt längere Lebensarbeitszeit, Rentenlaufzeit die Arbeitsmarktentwicklung sowie das Verhältnis Beitragszahler und Rentenempfänger nicht.*
>
> *SZ: Beide Faktoren wirken aber ähnlich, die Renten steigen langsamer.*
>
> *Seehofer: Aber sehen Sie die Folgen (...)*
>
> *(Interview 4)*

Separat betrachtet scheint die erste Äußerungssequenz von Horst Seehofer eine sachliche Erklärung zur Frage nach Unterschieden in den ähnlichen Konzepten der Koalitionen CDU/CSU und SPD/Grüne zu sein. Dem Adressaten werden diese Unterschiede an Hand des „Expertenwissens" des Politikers deutlich gemacht. Die Situation ändert sich jedoch, sobald die Redaktion die Relevanz dieser Unterschiede und somit die Kompetenz bzw. Glaubwürdigkeit von Horst Seehofer in Frage stellt. Ab diesem Moment (*Aber sehen sie die Folgen…*) wird eine argumentative Basis für etwas aufgebaut, was in der Explikation als eine unbestrittene Tatsache vorausgesetzt wurde. In solchen und ähnlichen Fällen lässt nur der Kontext entscheiden, welche Art der Themenentfaltung in den jeweiligen Aussagen tatsächlich vertreten ist.

Die Ergebnisse der Analyse zeigen, dass Expressiva in sämtlichen oben genannten Typen der semantischen Makrostruktur und in allen einzelnen semantischen Blöcken vorkommen. Die Häufigkeitswerte der Expressiva sind jedoch höchst unterschiedlich (siehe Tabelle C1 in der Anlage C), was eine besondere Rolle von Expressiva in denjenigen Blöcken der Makrostruktur, wo diese Werte hoch sind, annehmen lässt.

Die niedrigsten Werte wurden in den deskriptiven Blöcken TITEL und UNTERTITEL (jeweils 1,9 % bzw. 3 Expressiva) festgestellt. Diese vom Journalisten verfassten Teile des Interviews fallen auffällig neutral aus. Die TITEL sind, wie bereits gesagt, meistens Zitate aus dem jeweiligen Interview, z. B. „Wir hätten früher kämpfen sollen", „Wir werden nicht zu viel versprechen" etc. Die Verwendung von Zitaten in TITELN kann dadurch erklärt werden, dass somit erstens eine deutliche kataphorische Verbindung mit einem weiter im Text ausgedrückten Gedanken hergestellt wird, was das Verständnis des Interviews erheblich erleichtert, und dass zweitens solche Überschriften enigmatisch wirken, indem sie in Form eines entkontextualisierten Textauszugs dem noch unbekannten Textinhalt vorausgreifen.

Anders als in Titeln werden in den UNTERTITELN politischer Interviews keine Zitate verwendet. Als Pendant zu den TITELN, in denen der Interviewte zitiert wird, bringen sie eine vom Interviewer formulierte kurze und sachliche Umformulierung des Zitats, die auch dann sachlich bleibt, wenn die Überschrift expressiv ist:

> ***„Sozialstaat nicht zum Sozialhilfestaat machen"***
>
> *Der Partei-Linke aus Düsseldorf warnt vor einer Gesellschaft, die nur von ökonomischen Faktoren bestimmt wird.*
>
> *(Interview 4)*

Der fast immer vorhandene UNTERTITEL ersetzt somit als kurze einführende Informationen den semantischen Block der EINFÜHRUNG, der in Interviews nicht vorkommt.

Durch hohe Häufigkeitswerte von Expressiva (28,8 %) zeichnet sich der problematisierende Teil der semantischen Makrostruktur politischer Interviews aus, der vom Journalisten formuliert wird. Grundsätzlich dient dieser Textteil als ein Impuls für die weitere Themenentfaltung durch den Politiker bzw. enthält eine Beschreibung von Situationen oder Meinungen, die vom Interviewten kommentiert werden sollten. Im ersteren Fall hat er die Form einer Frage und ist minimal informativ, im letzteren sind es problematisierende DARSTELLUNGEN, Beschreibungen, die zur Themenentfaltung beitragen. Diese DARSTELLUNGEN realisieren als Block der deskriptiven Makrostruktur meistens informative Funktion: Das kommunikative Ziel solcher Darstellungen ist die In-Kenntnis-Setzung der Leserschaft, dass es zu einem gewissen Problem auch eine andere Meinung gibt, und die Konfrontation des Interviewten mit dieser Meinung (also grundsätzlich eine informative Sprachhandlung). Dass in solchen PROBLEMATISIERENDEN DARSTELLUNGEN auch Expressiva vorkommen, verändert aber den kommunikativen Wert dieses Textteils, indem eine **zusätzliche**, auf der konnotativen Ebene realisierte kommunikative Handlung (expressive PROVOKATION) hinzukommt.

Interessant ist, dass sehr viele Expressiva – insgesamt in allen drei berücksichtigten semantischen Blöcken sind es 38,8 % und somit noch deutlich mehr als in PROBLEMATISIERUNGEN – auch in den argumentativen Strukturen des Interviews vorkommen, insbesondere in der THESE (16,3 %) und in den Argumenten (18,1 %). Weniger reich an Expressiva ist dagegen die KONKLUSION mit 4,4 %, wobei dieser Unterschied offenbar nur damit zusammenhängt, dass KONKLUSIONEN in der gekürzten argumentativen Struktur politischer Interviews selten explizit formuliert werden.

Der überdurchschnittlich hohe Häufigkeitswert von Expressiva im argumentativen Teil politischer Interviews bedarf einer ausführlichen Analyse. Ein Argumentationsstrang entsteht auf Grund bestimmter logischer Relationen zwischen den propositionalen Gehalten einzelner Teile der Argumentation – der These, des Arguments und der Konklusion, wobei die in der These formulierte Proposition als strittig gilt und durch eine weitere, als unstrittig geltende Proposition in den Status einer unstrittigen überführt wird. Da es sich dabei um die propositionalen (denotativen) Inhalte geht, ist für das argumentative Verfahren die emotiv-wertende Semantik grundsätzlich irrelevant: Sie kann die Logik des Argumentierens nicht beeinflussen. Eben aus diesem Grund werden die dem Ausdruck von Emotionen dienenden rhetorischen Figuren in einem argumentativen Text vom Gründer der Argumentationslehre Aristoteles als „Beiwerk" und „Nebensächlichkeit" bezeichnet (Aristoteles1999: 7). Dass die Expressiva keinen Bezug auf die innere Logik der Argumentation haben können, bedeutet jedoch nicht, dass ihre Verwendung innerhalb der argumentativen Teile von Interviews sprachlich irrelevant ist. Im Gegenteil: Die häufige Verwendung von Expressiva speziell in Thesen kann z. B. dazu führen, dass beim Adressaten noch vor der eigentlichen Beweisführung eine bestimmte emotiv-wertende Einstellung entsteht, die eine unkritische Übernahme der Argumente erleichtert. Sogar wenn die Argumente im Endeffekt fehlschlagen, bleibt die Einstellung bestehen:

FR: Wäre auch die Berücksichtigung deutscher Firmen beim Wiederaufbau eine Bedingung für das Engagement?

Volmer: Wir sind keine ***Kriegsgewinnler (1)****. Der gesamte Prozess sollte so geregelt werden, dass er der irakischen Bevölkerung und der politischen Stabilität dient. Deshalb sollte auch die Frage des wirtschaftlichen und infrastrukturellen Wiederaufbaus über die UN behandelt werden.*

(Interview 16)

Hier wird vom Journalisten in einer etwas verschleierten Form die heikle Frage nach der Möglichkeit der Beteiligung der deutschen Firmen am Wiederaufbau der irakischen Erdölindustrie[71] angesprochen, die einerseits für Deutschland sehr Gewinn bringend sein könnte, aber andererseits ethische Bedenken hervorrufen würde. Ludger Volmer als außenpolitischer Sprecher der Regierungspartei „Bündnis 90/Die Grünen" ist in dieser Frage eher kritisch gesinnt. Seine Argumentation dabei ist wie folgt:

THESE: Die Beteiligung der deutschen Firmen ist als eine Voraussetzung für die Unterstützung durch Deutschland ausgeschlossen.

ARGUMENT: Der Wiederaufbau soll den Interessen des irakischen Volkes dienen.

KONKLUSION: Über die Beteiligung am Aufbau sollte die UNO, nicht Deutschland entscheiden.

Die Argumentation, wie sie oben formuliert ist, stellt jedoch eine Umformulierung dar, um die argumentativen Beziehungen klarer aufzuzeigen. Die größten Unterschiede ergeben sich in der These, die im Interview bewusst expressiv formuliert wird (1, emotiv-wertende Lexik, W-, Verachtung). Da sich der Adressat nicht mit einem Kriegsgewinnler assoziieren möchte, stellt er sich automatisch an die Seite von Ludger Volmer und seiner Argumentation. Im Ergebnis kommt es in dieser Sequenz zu einer Amalgamierung des rationalen Appells, realisiert durch die argumentative Makrostruktur, und des expressiven Appells, realisiert durch die Spracheinheit *Kriegsgewinnler*, wodurch Synergieeffekte entstehen.

Am häufigsten werden in den THESEN der argumentativen Themenentfaltung in Interviews Lexeme wie *Unsinn* verwendet, mit denen ein kurzer und gleichzeitig intensiver Ausdruck der Emotion der Geringschätzung erfolgt:

zeit: Wird das Argument der "Wettbewerbsfähigkeit" nicht auch ein bisschen scheinheilig benutzt, und zwar immer dann, wenn sich Unternehmen gegen etwas wehren wollen, was ihnen unbequem ist?

71 Wie heikel diese Frage für den deutschen politischen Diskurs ist, beweist der Rücktritt des Bundespräsidenten Horst Köhler 2010 nach seinen als Befürwortung von „Wirtschaftskriegen" gedeuteten Äußerungen zum Bundeswehr-Einsatz in Afghanistan.

Strube: ***Unsinn****, das sind doch Vorstellungen der achtziger Jahre. Ich habe die Erfahrung gemacht, dass beispielsweise die chemische Industrie als ausländischer Investor in Asien große Aufmerksamkeit auf gleichermaßen ökonomische wie ökologische Produktionsformen legt.*

(Interview 10)

Die Verwendung von Expressiva in der THESE ist in politischen Interviews umso wichtiger, als in dieser Textsorte wegen ihres dialogischen Charakters der Politiker kaum Möglichkeit hat, elaborierte zusammenhängende Argumentationen zu formulieren. Die Argumentation wird im Gegenteil abgekürzt und weicht vom klassischen Schema ab, so dass eine zusätzliche Abstützung ihrer Glaubwürdigkeit mit sprachlichen Mitteln, die keine logische Analyse zulassen, von besonderer Bedeutung ist.

Der Grund für die Verwendung der Expressiva in den auf die THESE folgenden Argumenten ist der gleiche wie oben: Im Ergebnis entsteht auch hier neben der propositionssemantischen eine zusätzliche konnotativ-semantische Ebene, welche die Aufmerksamkeit des Adressaten von der Argumentation ablenkt und durch den Ausdruck einer emotiv-wertenden Einstellung ihre sachliche Beurteilung erschwert. Im Endeffekt wird dadurch der Akzent in Richtung des expressiven Appells auf Kosten des sachlichen verschoben, vgl.:

FR: Die Union will nun aber doch zusätzlich die Flächentarifverträge aushöhlen und betriebliche Bündnisse für Arbeit fördern… *Sommer: Was die Union betriebliche Bündnisse für Arbeit nennt, würde zur dauerhaften* ***Zerrüttung (1)*** *von Wirtschaft und Gesellschaft führen. Es würde zu einem für alle Beteiligten - Arbeitgeber und Arbeitnehmer –* ***ruinösen (2)*** *Wettbewerb um niedrigere Löhne kommen. Warten Sie mal ab, was die Union am Ende wirklich fordern wird…*	Hier wird die emotiv-wertende Einstellung nicht mehr nur in der THESE (1, emotiv-wertende Lexik, W-, Verurteilung), sondern auch im ARGUMENT (2, Metapher, W-, Verurteilung) ausgedrückt. Diese „nebenbei" ausgedrückte Verurteilung verstärkt den in der Argumentation vermittelten Eindruck, die Union (CDU/SCU) möchte mit ihren Reformen der deutschen Wirtschaft schaden.

(Interview 17)

Im oben angeführten Beispiel ist jedoch die Verschiebung semantischer Akzente und somit auch die Rolle des expressiven Appells im einschlägigen Textteil minimal: Er hat einen deutlich unterstützenden Charakter. Die Analyse zeigt jedoch, dass die Durchdringung der Argumentation mit Emotionen rasant zunehmen kann, wenn es sich um besonders heikle Fragen geht. Ein Paradebeispiel dafür stellt das Interview von Volker Rühe mit der Süddeutschen Zeitung dar, welches bereits im vorigen Abschnitt zitiert wurde. Wie oben gezeigt, wird in diesem Interview eine komplexe Taktik der PROJIZIERUNG EINES POSITIVEN BILDES realisiert, mit dem kommunikativen Ziel, ein positiv gefärbtes emotiv-wertendes Bild der Türkei als eines möglichen EU-Mitglieds und der EU nach dem eventuellen Beitritt der Türkei zu vermitteln. Wenn man die Realisierung dieser Taktik unter Berücksichtigung der architektonischen Struktur der Argumentation analysiert, so fällt auf, dass die Plazierung einzelner Expressiva im Rahmen der argumentativen Makrostruktur offenbar nicht zufällig ist. Die zahlreichen expressiven Metaphern im Text dienen der zusätzlichen Abstützung der nur beschränkt überzeugenden Argumentation. Die logische Struktur der Argumentation von Volker Rühe lässt sich zusammenfassend so formulieren:

1. **These**: Eine Vergrößerung der EU würde keine negativen Folgen haben,

Argument: der EU-Beitritt der Türkei würde zu einer Umgestaltung der EU führen, bei der sich neue nützliche Formen der Zusammenarbeit herauskristallisieren würden. Einige Länder würden sich an allen EU-Veträgen beteiligen, andere – nur am Schengen-Abkommen oder an anderen Projekten.

2. **These**: Das Wachstum der EU ist eine natürliche und vorteilhafte Erscheinung,

Argument: Man kann nur dadurch die Instabilität in Grenzen halten.

3. **These**: Die Türkei ist im Unterschied z. B. zu Tunesien und Russland ein Teil Europas,

Argument: weil das Hauptprinzip für die Bestimmung der Grenzen von Europa kein geografisches, sondern ein kulturelles ist. In der Türkei entstand das Christentum, deshalb ist sie a priori ein Teil Europas und daher der EU.

4. **These**: Der EU-Beitritt der Türkei würde eine weltpolitische Leistung der EU sein,

Argument: die Türkei würde zu einem Verbindungsglied zwischen Europa und Asien.

Die oben dargestellte Umformulierung der Äußerungen zeigt, wie wenig überzeugend diese Argumente bei genauerem Hinsehen sind. So kann sich ARGUMENT 1 genauso gut auf die EU in ihrer heutigen Form (und Grenzen) beziehen, in der einige Mitglieder bereits voll integriert sind, während andere sich nur an einigen Formen der Zusammenarbeit beteiligen. ARGUMENT 2 ist zu unspezifisch. ARGUMENT 3 ist besonders auffallend, weil hier eine offensichtlich strittige Bestimmung als ein axiomatisches Konzept dargestellt wird (zu Europa gehören politisch gesehen alle Gebiete, die damit kulturelle Gemeinsamkeiten haben und insbesondere für die Entwicklung des Christentums wichtig waren). Dies ist insoweit heikel, weil erstens auch zahlreiche Staaten in der ganzen Welt (die USA, Kanada, Australien etc.) enge kulturelle und religiöse Verbindungen mit Europa haben, ohne ein Teil davon zu sein, und gleichzeitig einzelne Teile Europas in puncto Religion klare Abweichungen vom dargestellten Konzept aufweisen (z. B. Teile des ehemaligen Jugoslawiens mit muslimischer Bevölkerung). Zweitens versucht der Politiker, an Hand dieses eingeführten Kriteriums die Möglichkeit des theoretischen EU-Beitritts von Russland zu bestreiten, was kaum logisch ist, denn Russland hat enge Kontakte mit Europa im kulturellen und im religiösen Bereich und gehört sogar geografisch gesehen teilweise dazu. Drittens ist dieses Argument auch geschichtlich gesehen ungenau, weil der kleinasiatische Raum als Wiege des Christentums viele Jahrhunderte vor der Gründung des Osmanischen Reiches existierte und die genannte „Wiege" somit nichts mit der Türkei und ihrer Kultur zu tun hat.

Vor dem Hintergrund dieser kaum überzeugenden Argumentation ist die Rolle der Expressiva besonders wichtig, die immer wieder in einzelnen ARGUMENTEN vorkommen und als Züge einer umfangreichen expressiven Taktik die Basis für eine unkritische Übernahme dieser Argumentation vorbereiten. Hier geht es um einen für politische Interviews ziemlich seltenen Fall, wenn der „nebensächliche" emotive Appell allmählich in den Vordergrund rückt und das notwendige Fundament für das Funktionieren der Argumentation bildet. Solche Fälle sind in politischen Interviews jedoch relativ selten.

Abschließend sollte man noch darauf hinweisen, dass die komprimierte Ausdrucksweise in Interviews häufig keine Möglichkeit gibt, Meinungen argumentativ zu begründen. Dies wird auch nicht angestrebt, denn die Meinung wird in Form einer kurzen STELLUNGNAHME (deskriptive Themenentfaltung) formuliert. Darin kommen 11,9 % aller Expressiva vor, die sich zum Ausdruck der persönlichen, emotiv gefärbten Meinung besonders gut eignen.

3.3.4 Die mikrotextuelle Analyse der politischen Kommentare

Im Unterschied zu politischen Interviews liegt der durchschnittliche Gehalt von Expressiva in deutschen politischen Kommentaren weit über dem allgemeinen Durchschnitt: Mit 13,9 Einheiten pro 1000 Wortformen ist diese Textsorte die expressivste von allen untersuchten. Genauso wie bei Interviews wird ein Großteil der Expressiva auf der semantischen Ebene gebildet, die semantisch-syntaktischen Strukturen der Expressivitätsbildung sind nach wie vor selten. Die Anzahl der intertextuellen Mittel der Expressivitätsbildung (Präzedenzeinheiten) bleibt weiterhin niedrig (4 Einheiten bzw. 1,7 %).

Das wichtigste Mittel der Expressivitätssteigerung ist genauso wie in politischen Interviews die Metapher, (37 % aller Expressiva in Kommentaren und 39,8 % in Interviews, siehe auch Diagramm 3.3 unten). Während der prozentuelle Anteil von Metaphern in den beiden Textsorten quantitativ gesehen beinahe gleich bleibt, lässt sich beim qualitativen Vergleich ein klarer Unterschied erkennen: In politischen Kommentaren nimmt die Anzahl von okkasionellen Metaphern stark zu (von ca. 30 % in politischen Interviews auf ca. 50 % in Kommentaren). Diese Okkasionalismen werden gebildet, um die dem Autor wichtigen Schattierungen der Emotion und ihre Intensität möglichst genau wiederzugeben, weil die usuellen lexikalischen Einheiten dafür nicht ausreichen.

Diagramm 3.3. Sprachliche Mittel der Bildung der Expressivität in politischen Kommentaren

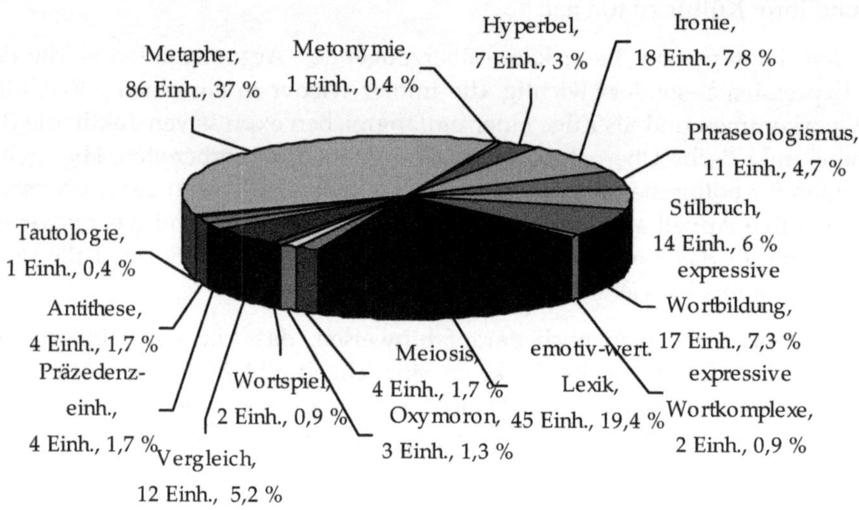

Die Kreativität und Ungewöhlichkeit solcher Metaphern tragen zur Intensivierung der damit ausgedrückten Emotionen erheblich bei:

***Rechsaußen-Imperium** (in Bezug auf die DVU)* (W-, Verurteilung)

*Landstagskandidat nach dem Muster „**deutscher Schäferhund**“* (W-, Verachtung)

Krankengeld-Amputation (W-, Verurteilung)

*Rot-grüne **Reparaturwerkstatt*** (W-, Geringschätzung)

*Lothar Bisky als traurig-besorgte **Ost-Onkel*** (W-, Geringschätzung)

***Umfragengebannte** Politiker etc.* (W-, Verurteilung)

Neben solchen expressiven Spracheinheiten werden in Kommentaren nicht selten aber auch Metaphern verwendet, die dem Ausdruck einer speziellen, scherzhaften Modalität dienen und somit die für die Textsorte *politischer Kommentar* zusätzliche kommunikative **Unterhaltungsfunktion** realisieren. Ihr Vorkommen markiert eine unseriöse, theaterhafte bzw. auf den künstlerischen Effekt abzielende Kommunikationsweise und deutet somit auf eine entsprechende Einstellung gegenüber der kommunikativen Funktion einer Aussage bzw. eines Textes hin (Sandig 1986: 284-286). Solche Metaphern drücken jedoch keine Wertungen und Emotionen aus und werden in der vorliegenden Untersuchung deshalb nicht berücksichtigt.

Eine wichtige Besonderheit der Expressivität in politischen Kommentaren besteht darin, dass einzelne Expressiva nicht wie in Interviews eher sporadisch in einzelnen Textteilen vorkommen, sondern auf relativen kurzen Abschnitten (z. B. in einzelnen Sätzen) akkumuliert werden, um den expressiven Effekt zu maximieren, vgl.:

> *Frey ist ein **Egomane**, dem es in seinem **Rechtsaußen-Imperium** vor allem um Geld geht, das er mit **NS-Devotionalien** und Landser-Büchern verdient (Kommentar 1).*

Durch die Verwendung der Expressiva im oben angeführten Satz wird Folgendes erzielt:

1) Es wird eine emotiv-wertende Einstellung gegenüber einer Person ausgedrückt: *Frey ist ein **Egomane***. Das Lexem *Egomane* hat neben dem denotativen auch den konnotativen (emotiv-wertenden) Bedeutungsmodul, der dem Ausdruck der negativ-verurteilenden Haltung dient. Diese emotive Charakteristik wird durch zwei okkasionelle Komposita (*Rechtsaußen-Imperium* und *NS-Devotionalien*) unterstützt, in denen das Streben nach Selbstherrschaft in der Partei verurteilt und die Geringschätzung gegenüber den Versuchen ausgedrückt wird, die ideologische Basis der DVU zum Geldverdienen auszunutzen.

2) Durch die Anhäufung emotiv-wertender Spracheinheiten kommt ein **kumulativer (verstärkender) Effekt** zustande. Wichtig ist dabei die semantische „Kongruenz" der zum Ausdruck kommenden Emotionen (in diesem Fall der Ausdruck intensiver negativer Emotionen). Jeder hinzukommende Expressiv folgt fast unmittelbar auf den vorausgehenden und ist auf diesen auf konnotativer Bedeutungsebene abgestimmt (d. h. der Vektor der ausgedrückten Emotionen stimmt überein). Die Erscheinung der Akkumulation hat wichtige Folgen insbesondere auf der makrotextuellen Ebene, wie weiter unten gezeigt wird.

Die überdurchschnittliche Expressivität der Textsorte *politischer Kommentar* lässt sich auch an Hand der Ergebnisse der qualitativen Analyse der emotiv-wertenden Semantik bestätigen, in erster Linie am wachsenden Anteil der Emotion der Verachtung (9,5 % gegenüber 3,75 % in politischen Interviews). Außerdem lässt sich eine allgemeine Tendenz zur Akzentverschiebung von der relativ schwachen Missbilligung (-7 % im Vergleich zu Interviews) auf die intensivere Verurteilung (+8,75 % im Vergleich zu Interviews) feststellen. Die Emotion der Geringschätzung ist in den beiden Textsorten ähnlich stark vertreten (die Schwankungen betragen weniger als 2 %).

Interessant ist, dass der deutliche Anstieg des Anteils stärkerer Emotionen nur im Bereich negativer Emotionen erkennbar ist (siehe Diagramm 3.4). Die positiven Emotionen sind mit 6 % dagegen sehr schwach vertreten und spielen mit einigen seltenen Ausnahmen so gut wie keine Rolle bei der Erxpressivitätssteigerung dieser Textsorte.

Diagramm 3.4. Spektrum emotiv-wertender Bedeutungen in politischen Kommentaren

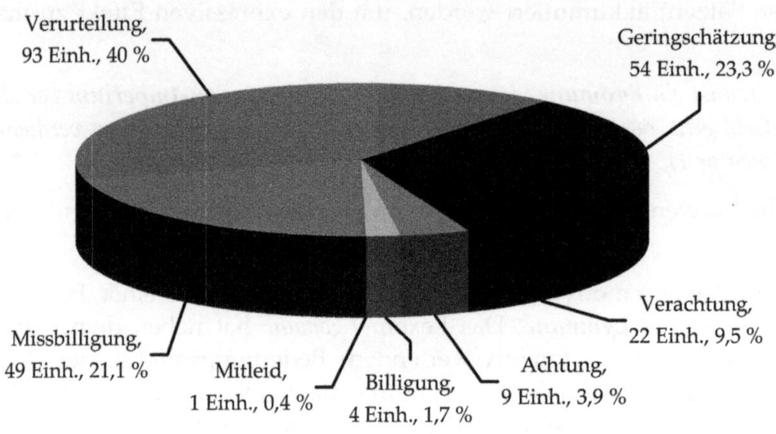

3.3.5 Die makrotextuelle Analyse der politischen Kommentare

3.3.5.1 Expressive Taktiken und Strategien

In politischen Kommentaren werden im Unterschied zu Interviews nur zwei expressive Strategien realisiert – die Strategie der IMAGESTEIGERUNG und der DISKREDITIERUNG. Die Strategie der VERHALTENSSTEUERUNG ist dagegen nicht vertreten. Der Grund dafür ist der, dass politische Kommentare als monologische schriftliche massmediale Texte einen typischen Fall der zeitlich verschobenen Kommunikation darstellen, bei der keine unmittelbaren Zuhörer präsent sind und deshalb keine direkten Reaktionen erwartet werden. Solche verhaltenssteuernden Taktiken wie bspw. expressive PROVOKATION des Kommunikationspartners (politische Interviews) bzw. psychologische UNTERDRÜCKUNG – eine, wie unten gezeigt, in politischen Reden präsente Taktik – sind daher in politischen Kommentaren nicht benötigt. Die Strategie der DISKREDITIERUNG, die, wie man bereits aus den Ergebnissen der Mikroanalyse schließen kann (das Dominieren negativer Emotionen), in Kommentaren eine weit wichtigere Rolle als die Strategie der IMAGESTEIGERUNG spielt, wird durch die Taktiken der DISQUALIFIZIERUNG, STIGMATISIERUNG und PROJIZIERUNG EINES NEGATIVEN BILDES realisiert.

Die beiden erstgenannten Taktiken wurden bereits am Beispiel von Interviews ausführlich behandelt und werden daher in diesem Abscnitt nicht weiter analysiert. Die Taktik der PROJIZIERUNG EINES NEGATIVEN BILDES gewinnt dagegen erst in politischen Kommentaren an Bedeutung, und zwar aus zwei Gründen: Erstens bietet der Kommentar als monologischer Text, dessen Aufbau und Inhalt vollständig vom Emittenten kontrolliert werden, bessere Möglichkeiten zur Einführung eines sprachlichen Bildes; zweitens wird die Verwendung bildlicher Ausdrücke in Kommentaren renommierter Zeitungen als Merkmal des „intellektuellen Journalismus" geradezu erwartet. Der starke Anstieg bildhafter Beschreibungen wird jedoch nur im Bereich negativer Emotionen beobachtet, während das positive taktische Pendant – PROJIZIERUNG EINES POSITIVEN BILDES – nur in 2 Fällen festgestellt wurde (siehe Angaben in der Anlage D.1).

Eine weitere wichtige Tendenz ist das häufige Vorkommen der Taktik der VERSPOTTUNG. Die Taktik der VERSPOTTUNG stellt einen Angriff auf die Persönlichkeit des Politikers dar, der über die übliche Kritik an professionellen bzw. moralischen Schwächen hinausgeht. Bei der Verspottung geht es darum, den politischen Opponenten als albern, dumm etc. in einem komischen Licht zu zeigen. Die als Objekt der Verspottung gewählte (vermeintliche) Schwäche wird nicht einfach bloßgestellt, sondern auch instrumentalisiert, um über diese Schwachpunkte zu frohlocken, sich über den Kritisierten lustig zu machen und sein Ansehen dadurch möglichst stark zu beschädigen. Für die Realisierung dieser Taktik sind in erster Linie die Emotionen der GERINGSCHÄTZUNG und der VERACHTUNG wichtig, bei denen der notwendige Grad persönlicher Nähe gegeben ist.

Die zur Verspottung eingesetzten Expressiva sind nicht immer gleich als solche zu erkennen und müssen zunächst unter Berücksichtigung des Kontextes analysiert werden. Der erste Schein kann hier trügen. Ein Beispiel solcher semantischen "Doppelbödigkeit" liefert der Kommentar „Harter Bush, milder Bush" (Kommentar 2), in dem die aktuelle außenpolitische Lage der USA analysiert wird. Bereits dem Titel, der in Form einer Antithese formuliert wurde, kann man entnehmen, dass der Autor eine ironische Ausdrucksweise wählt. Trotzdem lässt sich nicht gleich feststellen, ob die USA kritisiert oder doch eher komplimentiert werden:

> *Wenn der amerikanische Präsident in wenigen Tagen seine Rede zur Lage der Nation hält, muss er nur die Schlagzeilen der vergangenen Wochen zitieren, um sich den Applaus des Kongresses abzuholen: Libyen, Syrien, Iran, Nordkorea, Indien und Pakistan – die* ***Schurken*** *machen Annäherungsversuche. Abrüstungsversprechen, Kontrollreisen,* ***diplomatische Ouvertüren*** *– die potenziellen Unruhestifter auf dem Globus* ***überbieten sich fast schon in ihrer neuen Offenheit****. George Bush wird sich all das auf seine Rechnung schreiben und dem versammelten Kongress sagen können:* ***Nichts ist erfolgreicher als der Erfolg****.* ***Amerika spannt die Muskeln an, zieht Saddam Hussein aus dem Erdloch, und schon schlottern den Potentaten der Erde die Knie****.*

Im angeführten Ausschnitt wird mittels zahlreicher Mittel der Expressivitätssteigerung (Hyperbeln, Metapher, emotiv-wertende Lexik, Tautologie und Metonymie) die Situation so dargestellt, dass man den Text trotz mancher Bedenken doch als eine positive Bewertung der US-amerikanischen Außenpolitik interpretieren kann. Der Spott scheint hier allein den Schurkenstaaten und ihren Leitern zu gelten, die durch eine übertrieben-umgangssprachliche Ausdrucksweise in einem lächerlichen Licht (*überbieten sich, aus dem Erdloch, schlottern die Knie*) erscheinen. Das man hier auch mit verdecktem Spott in Bezug auf die USA und ihren Präsidenten zu tun hat, wird erst dann klar, wenn die vermeintlichen „Schurken" in Anführungszeichen erscheinen, und darauf folgende Passage kommt:

> *Amerikas Macht kann jetzt eingebunden werden, weil die Regierung Bush wegen des Wahlkampfs in einer Ausnahmesituation ist. Washington ist milder, weil die neokonservativen Hardliner* ***zurückgepfiffen*** *werden und weil die Opposition endlich wieder ausreichend an Gewicht gewonnen hat.*

Hier tritt die Metapher *zurückgepfiffen* als eine Art Lackmuspapier auf, denn die darin ausgedrückte emotiv-wertende Bedeutung hat eine eindeutig negative emotiv-wertende Bedeutungskomponente (W-, Verachtung) und lässt rückwirkend weitere, nicht so eindeutige Stellen auch in einem anderen Licht erscheinen. Somit lässt sich die überschwängliche Beschreibung der Erfolge von G. Bush im einführenden Teil des Kommentars unter Berücksichtigung der teilweise auffällig platten Ausdrucksweise (Tautologie *Nichts ist erfolgreicher als Erfolg*) und einer simplifizierenden Beschreibung der Handlungen der US-Regierung (jetzt kann man sie mit Sicherheit als Sichtweise von G. Bush und nicht des Journalisten interpretieren) als ein Baustein für die Realisierung der Taktik der VERSPOTTUNG interpretieren.

Die Taktik der BELEIDIGUNG besteht in einer betont groben emotiven Einschätzung der vermeintlichen Nachteile der kritisierten Person. Ihre Verwendung stellt somit einen klaren Verstoß gegen den institutionellen Rahmen für die Massenmedien im demokratischen Staat, insbesondere gegen die Regelungen wie Pressekodex, dar, weshalb diese Taktik in politischen Kommentaren im Unterschied zu VERSPOTTUNGEN offensichtlich gemieden wird. Insgesamt wurde nur ein Fall der Beleidigungstaktik festgestellt:

> ***Scharfschreiber (1);*** *Die Leit- und Massenmedien und* ***die Macht des Blöden (2)***
>
> *...Bild ist das* ***Geschlechtsteil*** *(3) der deutschen Massenmedien...*
>
> *(Kommentar 4)*

Der erste kommunikative Zug der Taktik kommt im Titel des Kommentars (1) vor. Durch die Verwendung des expressiven Okkasionalismus *Scharfschreiber* (gemeint wird darunter in erster Linie die Zeitung „Bild" und ihre Mitarbeiter) werden gleich zwei Bedeutungsmerkmale des Adjektivs *scharf: 1) sexuell erregend; 2) aggressiv einstimmend* als mögliche Deutungsvarianten aktiviert. Die dadurch verursachte Undeutlichkeit der Bedeutung und eine ungewöhnliche Verbindung semantischer Merkmale in der Bedeutung des Okkasionalismus tragen zur Verstärkung der damit ausgedrückten Emotion der Geringschätzung bei.

Im zweiten Zug wird ein umgangssprachlicher Invektiv (2) verwendet, mit dem im Gegenteil zum etwas vage bleibenden Okkasionalismus *Scharfschreiber* eine **direkte** negative Charakterisierung des von der Zeitung ausgehenden Einflusses durch eine okkasionelle Modifikation der stehenden Redewendung *die Macht des Bösen* gegeben wird. Dadurch kommt es zu einem sehr intensiven unmittelbaren Ausdruck der Emotion der Geringschätzung.

Im dritten Zug wird dann die Zeitung als *Geschlechtsteil* (W-, Verachtung) bezeichnet, d. h. es findet eine metaphorische Übertragung aus dem im politischen Diskurs tabuisierten semantischen Bereich *Sex/Genitalien* statt.

Für eine nähere Beschreibung des taktisch-strategischen Potentials der Expressivität in politischen Kommentaren ist die im Rahmen der Mikroanalyse bereits erwähnte Tatsache von zentraler Bedeutung, dass politische Kommentare sehr reich an Expressiva sind und dass diese Expressiva in bestimmten Teilen von Kommentaren akkumuliert werden. Dadurch kann erstens eine Taktik mit einer hohen Anzahl von Zügen realisiert werden, und zweitens wird eine parallele Verwendung mehrerer untereinander zusammenwirkender Taktiken in relativen kurzen Abschnitten ermöglicht. Nicht selten sind sogar Fälle, wenn das gesamte Spektrum der Taktiken der DISKREDITIERUNGSSTRATEGIE in einem einzelnen Text zu finden ist. So lassen sich in dem oben erwähnten Text „Scharfschreiber" neben der BELEIDIGUNG noch folgende Taktiken erkennen:

1)die PROJIZIERUNG EINES NEGATIVEN BILDES der Bild-Zeitung, vgl.:

*Dabei zählt das Blatt **im Halbschlaf** nur die wechselnden Stimmungen, die gleich **Schafswölkchen** über die deutsche **Gemütslandschaft ziehen**.*

2)die DISQUALIFIZIERUNG der deutschen Politiker im Allgemeinen:

*a) Ein Auftritt bei Sabine Christiansen oder ein Zitat im Bild gelten inzwischen als **politischer Existenznachweis** im eigenen Wahlkreis.*

*b) Doch eine der unvorhergesehenen Folgen dieser **Mesalliance** zwischen Politik und Massenmedien ist die offenkundige Verachtung…*

*c) Ihre Redakteure … gleichen … den **umfragengebannten** Politikern…*

3)die STIGMATISIERUNG der Boulevard-Presse (in erster Linie der Bild-Zeitung):

*a) …Gerhard Schröder brachte seine hohe Einschätzung der Billigzeitung auf die Formel, für ihn zählten „**Bild und Glotze**"…*

*b) Alle Texte offenbaren eine **klammheimliche** Freude…*

Durch einen besonders hohen Grad der Komplexität zeichnet sich die Taktik der PROJIZIERUNG EINES NEGATIVEN BILDES aus. Ihre Züge durchziehen manchmal den ganzen Kommentar, so dass am Ende eine durchgehende Metaphorisierung des Textes entsteht. Somit wird eine Allegorie gebildet. Im Unterschied zu literarischen Allegorien geht es dabei jedoch nicht (nur) darum, dem

Adressaten etwas zu veranschaulichen, sondern (auch) darin, eine einheitliche emotiv-wertende Einstellung zu einem **auf der Textebene** dargestellten Konzept[72] durchzusetzen, indem jedes im Text vorhandene Element dieses Konzeptes konsequent metaphorisiert wird. Unten wird ein Beispiel einer solchen durchgehenden Metaphorisierung präsentiert:

*„EINE **HALBHERZIGE THERAPIE (1)**“*	Der erste kommunikative Zug der Taktik wird im Titel realisiert, in den eine medizinische Metapher zur Betonung des akuten Charakters des im Text behandelten Problems eingeführt wird. Verstärkt wird die Expressivität der Metapher und der ganzen kommenden Allegorie dadurch, dass im Kommentar die Reform des Gesundheitswesens thematisiert wird, weshalb in der Metapher *Therapie* zusätzliche „semantische Spannung“ zwischen der direkten und übertragenen Bedeutung entsteht. Als eindeutig negativ-wertend kann dieses Lexem dank dem Adjektiv *halbherzig* erkannt werden.
*Doch selbst wenn die politischen Widerstände überwunden werden, steht der - für den Kanzler - "wichtigste Teil der innenpolitischen Erneuerung" auf wackligem Fundament. Zu vielfältig sind die Ziele der **Operation (2)**, zu widersprüchlich die **Eingriffe (3)** und zu halbherzig bislang die **Therapie (4)**.*	Die medizinische Allegorie wird um weitere Komponenten (2, 3) erweitert, deren Einführung der Intensivierung der negativ-wertenden Färbung der Allegorie dient. Es geht dabei um die Metaphorisierung der Reformtätigkeit der Regierung (Eingriffe, Operation), deren negativ-wertende Bedeutungskomponente genauso wie im Titel durch den unmittelbaren Kontext signalisiert wird: Unter *Operation(seingriffen)* werden Fehleingriffe verstanden, die, wie dem Adressat bekannt ist, gravieren-

72 Der Terminus *Konzept* wird in der Semantik unterschiedlich definiert. In der vorliegenden Untersuchung wird das Konzept in Anschluss an (Löbner 2002: 256-258) als eine mentale Wissensrepräsentation mit unterschiedlichem Komplexitätsgrad – von Einzelbedeutungen bis zu höchst umfangreichen Repräsentationen für komplexe Erscheinungen (vgl. Konzept der Fussballweltmeisterschaft) – verstanden.

	de Folgen haben können.
Über die schlimmsten ***Leiden (5)*** *des deutschen Gesundheitswesens herrscht unter Fachleuten Einigkeit: Es fehlen Anreize für Wirtschaftlichkeit und Qualität.*	Hier wird die Situation zum ersten Mal durch eine Metapher (5) beschrieben, die auch ohne Kontext eine intensive negativ-wertende Bedeutungskomponente aufweist (W-, Verurteilung).
Der medizinische Fortschritt treibt die Kosten in die Höhe. Mit der Alterung der Gesellschaft verschärft sich das Problem. Gleichzeitig schrumpft die Einnahmebasis durch eine sinkende Lohnquote und die hohe Erwerbslosigkeit. *An dieser* ***Diagnose (6)*** *muss jede Reform ansetzen. Insofern verdient Ministerin Ulla Schmidt trotz mancher Kritik im Detail die volle Unterstützung der Koalition, wenn sie nach zweijährigem planlosem* ***Herumdoktern (7)*** *nun endlich die Kartelle von Ärzten, Apothekern und Pharmakonzernen aufs Korn nimmt.* *Längst haben sich bei den Kassen Lasten aufgetürmt, die eigentlich eine Anhebung des Satzes von 14,3 in Richtung 14,8 Prozent erfordern würden. Um den Trend abrupt ins Gegenteil zu kehren, muss die Regierung* ***zum Skalpell greifen (8)*** *...* *Das spart den Arbeitgebern fünf Milliarden Euro... An den wirklichen Problemen der gesetzlichen Versicherung ändert es aber so wenig wie ein* ***Fiebersenker an der Grippe (9)****.*	In diesem Abschnitt wird neben Metaphern, Phraseologismen und Vergleichen als standardmäßigen Mitteln der Expressivitätssteigerung im Rahmen der Taktik der PROJIZIERUNG EINES NEGATIVEN BILDES (6, 8, 9) ein weiteres Sprachmittel der Expressivitätssteigerung – expressive Wortbildung – verwendet. So tritt im Expressiv *Herumdoktern* die Vorsilbe *herum-* als ein Marker der Intensivierung der negativen emotiv-wertenden Bedeutungskomponente auf, die bereits im Lexem *doktern* vorhanden ist.
Damit nicht genug. Gleichzeitig treiben andere regierungsamtliche Versuche zur Bekämpfung der Wirtschaftskrise die Beitragskurve nach oben. So führen die abgabenfreien Minijobs, die Verkürzung des Arbeitslosengelds und die Reduzierung der Arbeitslosenhilfe zu kräftigen Einbußen bei AOK, Barmer & Co. - von den Beitragsverlusten durch die betriebliche Altersvorsorge ganz zu schweigen. Wenn der Kanzler verhindern will, dass die Wirkung seiner ***Krankengeld-Amputation (10)*** *komplett verpufft, muss er diesen* ***Aderlass (11)*** *sofort stoppen und gesamtgesellschaftliche Aufgaben aus Steuermitteln finanzieren.*	Im letzten Textteil werden noch zwei Metaphern (10, W-, Verurteilung) und (11, W-, Verurteilung) in den Text eingeführt. Sie stellen eine logische Fortsetzung der hier konstruierten Allegorie der (Fehl)behandlung einer schweren Erkrankung dar, vgl. die Gedankenkette: Therapie – Eingriff – Skalpell – Aderlass – Amputation.

(Kommentar 14)

Eigentlich geht es hier um einen relativ einfachen Fall der Expressivitätsbildung: Es gibt nur **eine** Taktik und somit nur **einen** Vektor der emotiven Einstellung.

Dementsprechend wird diese Taktik durch eine konsequente Projizierung eines Konzeptes auf ein anderes realisiert[73], vgl.:

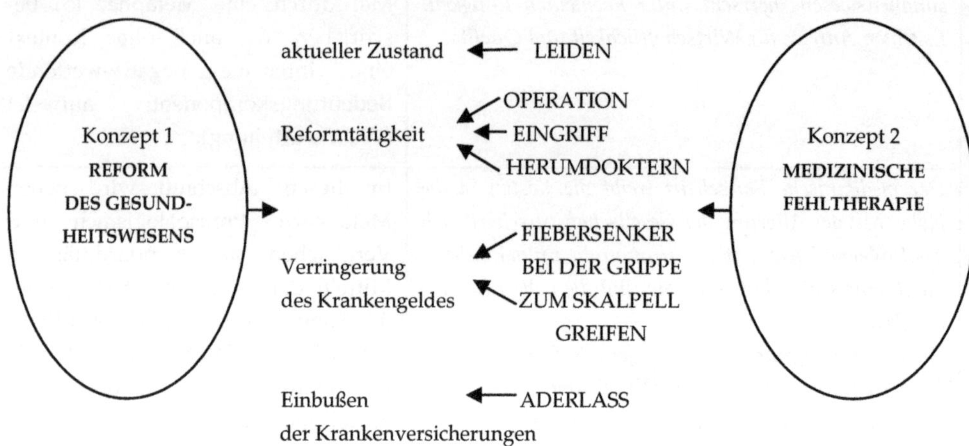

Während der Makroanalyse der Expressivität politischer Kommentare wurden jedoch auch Fälle festgestellt, in denen nicht nur eine, sondern gleich zwei Taktiken der PROJIZIERUNG EINES NEGATIVEN BILDES eingesetzt werden. In solchen Fällen gibt es keine einheitliche Metaphorisierung des Textes, sondern es werden zwei unterschiedliche sprachliche Bilder aufgebaut. Diese wirken nicht, wie in einigen anderen Fällen, die sich vom metaphorisierten Konzept „Reformieren als Fehltherapie" nur quantitativ unterscheiden und deshalb hier nicht näher behandelt werden, einander ergänzend zusammen, sondern gegeneinander. Die Idee, zwei expressive Taktiken agonal einzusetzen, scheint im Rahmen des monologisch aufgebauten politischen Kommentars auf den ersten Blick unlogisch zu sein – bisher wurde die Entschärfung einer expressiven Taktik durch eine andere als eine Besonderheit des Interviews (z. B. Sequenz PROVOKATION-STIGMATISIERUNG) beschrieben. Eine Entschärfung kann aber auch in Kommentaren vollzogen werden, wobei zuerst eine emotive Einstellung zum Ausdruck kommt, die vom Emittenten eigentlich nicht geteilt ist, und dann eine zweite expressive Taktik (in unserem Fall geht es in den beiden Fällen um die Taktik der PROJIZIERUNG EINES NEGATIVEN BILDES) zum Umschlagen des Emotionsvektors eingeführt wird. Ein Beispiel dafür liefert der Kommentar „Das Glück, ein Vasall zu sein" (Kommentar 10). Hier wird vom Autor zuerst ein emotivwertend gefärbtes sprachliches Bild des „Imperiums und seiner Vasallen" dargestellt, wie er üblicherweise in den US-kritischen Pressebeiträgen präsentiert wird, vgl.:

73 Ein weiteres Beispiel einer solchen durchgehenden konsequenten „Einbahn"-Metaphorisierung siehe im Text „Unter Schwestern" (Kommentar 18), in dem eine Parallele zwischen einem Familienzwist und der Situation im Parteiblock CDU/CSU gezogen wird.

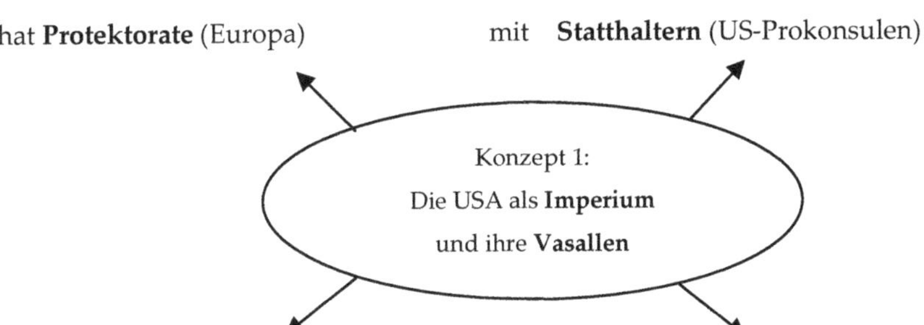

fördert **Vasallentum** (von Großbrittanien) und **Schosshunde** (Politiker wie Blair)

Somit wird im ersten Teil des Kommentars eine deutlich US-kritische Stellung bezogen. Des Weiteren distanziert sich der Autor jedoch von den durch die genannten expressiven Metaphern ausgedrückten Emotionen, indem er eine Alternative zum ersten sprachlichen Bild darstellt (eine multipolare Welt unter der Führung der UNO), die mit noch „düstereren Farben" beschrieben wird:

> Die UNO: *Die globale amerikanische Hegemonie dürfte jenen Zustand darstellen, der einer erträglichen Weltverfassung noch am nächsten kommt. Die höhere Dignität der Vereinten Nationen, wo die* ***Folterer (1)*** *und* ***Handabhacker (2)*** *aus aller Herren Länder Sitz und Stimme haben, ist ein schwer begründbares Vorurteil.*
>
> Die multipolare Welt mit mehreren Einflusszentren: *Aber dass wir, mit unserem ganz passablen Englisch und eher mittelmäßigen Chinesisch, dabei besser fahren als unter der Pax Americana, ist kaum zu glauben. Systeme des Kräftegleichgewichts, wie die "multipolare Welt" eines wäre, sind rechtlich und moralisch besonders anspruchslos, Realpolitik pur, Carte blanche für jede* ***Schurkerei (3)*** *im Innern der* ***sakrosankten (4)*** *Einflusszonen.*
>
> Allgemeine Perspektive aus der geschichtlichen Erfahrung: *Doch was auch immer das für den Hellenenstolz bedeutet haben mag, der zivilisationssatte Geschichtsherbst unter römischer Führung war für die Bürger von Athen, Korinth oder Theben gewiss eine erfreulichere Zeit als der* ***Bruderzwist (5)*** *und die* ***Selbstzerfleischung (6)*** *im Peloponnesischen Krieg, als die griechischen Stadtstaaten noch unabhängig waren.*

Im ersten sprachlichen Bild „Imperium und seine Vasallen" wird die Emotion der Geringschätzung gegenüber dem Verhalten einzelner Staaten und Politiker ausgedrückt, welches mit dem politischen Ideal einer Freiheitsdemokratie nur bedingt vereinbar ist. Im zweiten Bild kommt dagegen eine starke Verurteilung (4, 5 und 6) und sogar Verachtung (1, 2, 3) zum Ausdruck, indem die Eigenschaften genannt werden, welche einen krassen Verstoß gegen allgemeine ethisch-moralische Normen bedeuten und daher eine unbedingte Ablehnung hervorrufen:

repräsentiert durch **Folterer** und **Handabhacker**

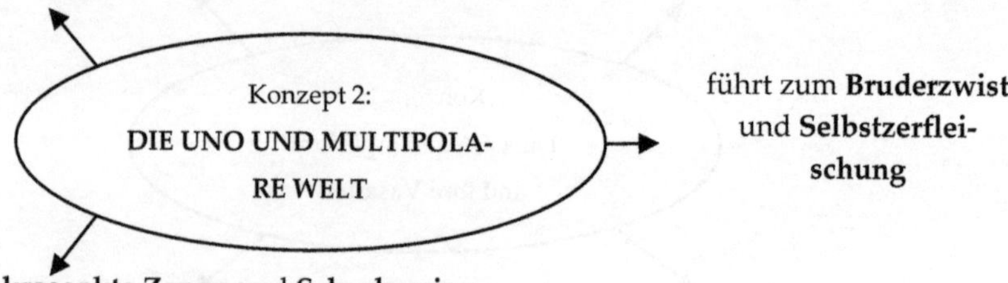

ermöglicht **sakrosankte Zonen** und **Schurkereien**

Es fällt auf, dass vor dem Hintergrund der letzteren Alternative die proamerikanische Option deutlich attraktiver aussieht. Somit scheint das „Vasallentum" keine so schlimme Variante mehr zu sein. Das negativ geladene Sprachbild wird somit „entschärft".[74]

Es wurde bereits hervorgehoben, dass die Taktik der PROJIZIERUNG EINES NEGATIVEN BILDES in politischen Kommentaren um ein Vielfaches häufiger als ihr positiv-wertendes Pendant verwendet wird. Dieses quantitative Verhältnis gilt für die ganze Landschaft der expressiven Strategien und Taktiken in politischen Kommentaren. Der Anteil der positiv gefärbten expressiven Taktiken an der Gesamtzahl der registrierten Taktiken (2 von 38, bzw. 5,3 % von der Gesamtzahl) entspricht in etwa dem Anteil der Expressiva mit der positiven emotiv-wertenden Bedeutungskomponente an der Gesamtzahl der registrierten Expressiva (nur 6 % von allen Expressiva, siehe auch Diagramm 3.4). Die beiden positiven expressiven Taktiken gehören zum Typ PROJIZIERUNG EINES POSITIVEN BILDES und kommen in den Kommentaren „Schröders großer Vorteil" (Kommentar 6) und „Worte wie Bömbchen" (Kommentar 12) vor. Man sollte jedoch an dieser Stelle zusätzlich darauf hinweisen, dass man nur im zweiten der beiden genannten Texte die positive expressive Taktik als wirklich vorrangig und kommunikativ gesehen besonders relevant betrachten kann. In „Schröders großer Vorteil" ist die positiv-wertende Taktik dagegen deutlich zweitrangig, denn das positive Bild des politischen Duos Schröder/Fischer (*fulminanter politischer Einsatz, Schröder-Bonus*) wird nur zum Kontrast mit der komplexen mehrzügigen DISKREDITIERUNG des Ministerkabinetts der Koalition und der Opposition (Taktiken der VERSPOTTUNG und PROJIZIERUNG EINES NEGATIVEN BILDES) eingeführt. Dieses allgemeine Vorherrschen negativer expressiver Strategien und Taktiken lässt sich darauf zurückführen, dass der politische Kommentar vor allem der Kritik an gesellschaftlich-politischen Prozessen dienen soll, weshalb der Journalist kein besonderes Interesse an der Vermittlung positiver Emotionen hat.

---

74 Natürlich werden die Metaphern jeweils in Argumentationsstränge eingebaut, so dass der Appell im Allgemeinen eine kompliziertere Form hat. Solche Zusammenhänge werden im nächsten Abschnitt näher betrachtet, während an dieser Stelle in erster Linie die Beziehungen zwischen einzelnen expressiven Taktiken deutlich gemacht werden.

3.3.5.2 Expressivität im Rahmen der semantischen Makrostruktur

Der Kommentar ist eine streng monologische Textsorte, in der eine strittige Situation bzw. ein Sachverhalt aus dem gesellschaftlichen Leben aufgegriffen und analysiert, verschiedene Meinungen gegeneinander abgewogen und ein Appell zur Übernahme der im Kommentar als richtig dargestellten Meinung vollzogen werden. Diesem problematisierenden Vorgehen und dem Gebot eines begründeten Appells an den Adressaten mit zumindest teilweiser Wahrung seines Rechtes auf eine unabhängige Meinungsbildung entspricht im Allgemeinen der argumentative Texttyp der Themenentfaltung. Daher wird der (nicht nur politische) Kommentar grundsätzlich zu den Textsorten zugerechnet, in denen die argumentative Themenentfaltung dominiert (Lüger 1995: 127, Brinker 2005: 81-87). Im Unterschied zu politischen Interviews gibt es hier deshalb kein Nebeneinander verschiedener Makrostrukturtypen, sondern eine geregelte Entwicklung entsprechend den Regeln des Argumentierens, z. B. im Einklang mit dem bereits angesprochenen Argumentationsmodell von Toulmin. Dabei weist H.-H. Lüger jedoch darauf hin, dass „in Kommentartexten die Verhältnisse meist komplizierter und die argumentationsspezifische Komponenten nicht immer so eindeutig bestimmbar sind" (Lüger 1995: 128). Dieser semantische Kern kann je nach kommunikativer Situation erweitert, in mehrere Zyklen geteilt[75] bzw. modifiziert werden.

Neben dem argumentativen gibt es in Kommentaren auch einen deskriptiven Teil (z. B. in Form einer Einführung), welcher der allgemeinen Einbettung des thematisierten Ereignisses und somit der Orientierung des Lesers dient. In der vorliegenden Studie werden folgende deskriptive Blöcke berücksichtigt: TITEL, UNTERTITEL, EINFÜHRUNG, DARSTELLUNG. Außerdem kommen in Kommentaren explikative Einschübe, z. B. zwischen der THESE und dem ARGUMENT bzw. zwischen einzelnen ARGUMENTEN, vor (siehe dazu auch die Darstellung in der Anlage E.2).

Unten wird eine typisierte semantische Makrostruktur des politischen Kommentars dargestellt:

TITEL: bestimmt das Thema des Kommentars, wird oft „enigmatisch" formuliert

⇩

EINFÜHRUNG: beschreibt den Sachverhalt und bietet alle Informationen an, die für das weitere Verständnis des Textes notwendig sind

⇩

THESE: stellt die vom Autor vertretene Meinung zu dem im Kommentar behandelten Problem dar

⇩

75 In den meisten Fällen weist die semantische Makrostruktur des politischen Kommentars keine lineare, sondern eine zyklische Form, für die eine mehrfache Wiederholung deskriptiver und argumentativer Teile charakteristisch ist.

ARGUMENTE: beweisen die Korrektheit der THESE und widerlegen gegensätzliche Meinungen und Argumente

In politischen Kommentaren ist die Häufigkeitsrate der Expressiva in argumentativen Teilen noch höher als in Interviews: 60,3 % bzw. 140 von 232 Expressiva in Kommentaren gegen 50,5 % bzw. 81 von 160 Expressiva in Interviews. Somit kann man davon ausgehen, dass die sich bereits in Interviews klar abzeichnende Tendenz zur Unterstützung des logischen Appells durch die Verwendung von Expressiva in Argumentationssträngen in Kommentaren weiter verstärkt wird. Einige Aspekte der Zusammenwirkung der propositionssemantischen und konnotativen Ebene im Rahmen der argumentativen Themenentfaltung wurden bereits bei der Analyse politischer Interviews behandelt. Unten wird deshalb nur auf die Zusammenhänge der propositionalen und konnotativen Semantik speziell in politischen Kommentaren näher eingegangen.

In dieser Textsorte wird die Durchdringung von THESEN und ARGUMENTEN mit Expressiva zur Regel. Dabei können die durch Expressiva ausgedrückten Emotionen den deskriptiven Gehalt des jeweiligen makrosemantischen Blocks überlagern und ihn in den Hintergrund rücken:

> *Hohe Zeit also, die Frage aufzuwerfen, wohin Schröder seine SPD noch führen wird.* ***Quo vadis, Kanzler****? Die Schwäche des an Visionen wenig interessierten SPD-Chefs, diese Frage über den Tag hinaus zu beantworten, war selten so fatal für eine ganze Generation seiner Partei. Denn sie ist jetzt landauf, landab der Prügelknabe.*
>
> *(Kommentar 13)*

Hier stellen die geflügelten Worte in Form einer rhetorischen Frage eine von der rein deskriptiv-inhaltlichen Seite überflüssige Paraphrase dar, denn die eigentliche Frage wurde bereits im vorausgehenden Satz gestellt. Da durch ihre Verwendung jedoch ein intertextueller Zusammenhang mit einer bekannten apokryphen Geschichte entsteht, ein entsprechendes Bild des von seinen Pflichten davonlaufenden Petrus auf Gerhard Schröder projiziert und infolgedessen eine starke Emotionalisierung der THESE erzielt wird, rücken die geflügelten Worte in den Vordergrund. Hier gelingt es dem Emittenten, gleichzeitig mit der Aufstellung der THESE und bereits vor ihrer Abstützung durch Argumente eine negativ-wertende emotive Einstellung gegenüber dem kritisierten Politiker zu vermitteln. Im Endeffekt wird Gerhard Schröder als ein von seinen Pflichten abgerückter Politiker bereits verurteilt, bevor die rationale Basis für eine negative Bewertung überhaupt geschaffen worden ist.

In den Argumenten können Expressiva genauso wie in Interviews eine **unterstützene Rolle** spielen, indem gleichzeitig mit dem Argumentieren auch Emotionen geschürt werden, die eine unkritische Übernahme der möglicherweise nicht ganz schlüssigen Argumente erleichtern (vgl. dazu auch den unten angeführten Argumentationsstrang):

THESE: *Die Kanzler-SPD säße aber ausweglos in der Falle, wenn sie sich nun auf die Alternative zwischen Reform- und "**Beton"-Flügel (1)** einließe, die ihr die Wirtschaftsklientel empfiehlt.*

Umformuliert: Die Entscheidung für neue Reformen auf Drängen der Wirtschaft als eine Alternative der linkskonservativen Linie wäre falsch[76]

ARGUMENT: *Für mehr Neoliberalismus, auch in der **weich gewaschenen Variante mancher Testballons (2)** aus dem Hause Clement, wurde die Sozialdemokratie noch nie gewählt.*

Umformuliert: Die Wähler erwarten von der SPD keine neoliberalen Reformen

STÜTZUNG: *Ihre Stärke und unverzichtbare Funktion im politischen Spektrum bleibt es, das Gerechtigkeitsprinzip zeitgemäß zu interpretieren.*

Umformuliert: Die SPD wählt man zur Unterstützung der sozialen Gerechtigkeit

ARGUMENT: *Gerade jetzt kommt es hier auf Klarheit und Eindeutigkeit an - statt des üblich gewordenen **unausgegorenen (3), richtungslosen Modernisierungsgeredes (4)**.*

Umformuliert: Die Wähler erwarten ein klares und eindeutiges Bekenntnis zu den soziodemokratischen Werten, keine unreife Reformen

(Kommentar 13)

In politischen Kommentaren wurden jedoch auch Fälle registriert, in denen die Häufigkeit und Art der Verwendung von Expressiva in der Argumentation von einer gewissen „Verselbstständigung" der Expressivität und ihrer dominierenden Rolle im Rahmen der Argumentation zeugen, wobei die Argumentation selbst ausgehöhlt wird und eher als eine Art Attrappe für die Realisierung des expressiven Appells angesehen werden kann.

Vielleicht den auffälligsten Fall stellt eine durchgehende Metaphorisierung des Textes bis zur Bildung einer Allegorie dar. Diese Erscheinung wurde bereits im vorausgehenden Abschnitt vom funktional-kommunikativem Standpunkt ausführlich beschrieben. Im Ergebnis solcher Metaphorisierung entstehen komplexe sprachliche Bilder, die an Stelle von Argumenten zur Begründung der im Text ausgedrückten Meinung kommen. So kann man behaupten, dass ein Reformversuch schlecht ist und ihn dann zur Begründung mit einer Amputation vergleichen. Insoweit als die Amputation in der modernen Gesellschaft kaum als ein

76 Bei einigen Beispielen ist eine Umformulierung des Inhalts von Nutzen, da die Argumentation in ihrer ursprünglichen Form sehr verwickelt ist bzw. nicht ganz nach konventionellen rhetorischen Modellen erfolgt, weshalb man sie ohne Kontext schwer verfolgen kann.

erwünschtes therapeutisches Mittel angesehen wird, scheint nun auch der amputationsähnliche Reformversuch nicht mehr attraktiv zu sein.

Ein weiterer wichtiger Marker der Beeinträchtigung der Argumentation durch Expressiva auf der „lokalen" Textebene, d. h. in einzelnen Textabschnitten, ist die Einführung illustrativer Beispiele[77], die durchgehend metaphorisiert werden und somit genauso wie Allegorien auf der Textebene nicht einfach der Veranschaulichung der Argumentation, sondern hauptsächlich dem Ausdruck von Emotionen und Wertungen dienen (vgl. den Textausschnitt unten):

> THESE: *Wenn eine Regierung den Glauben an den* ***Sofortismus*** *weckt, und Schröder hat das in den vergangenen Tagen getan, dann schadet sie sich selbst.*
>
> ARGUMENT 1: INDUKTIVES BEISPIEL[78]: *Die großen Bismarckschen Sozialgesetze, die das Fundament des deutschen Sozialstaates bilden, sind in über zehn Jahren geschaffen worden, gegen sehr große Widerstände.*
>
> SCHLUSSREGEL: *Großreformen brauchen eben Zeit – das gilt damals wie heute.*
>
> STÜTZUNG: *Es geht ja nicht nur um die Abarbeitung zweckrationaler Pläne, sondern um sensible Experimente mit der sozialen Wirklichkeit. Es klingt simpel, aber ist es einfach so: Es geht nicht um* ***Bauklötzchen****, sondern um Menschen.*
>
> ILLUSTRATIVES BEISPIEL: *Der deutsche Sozialstaat ist Heimat. Beschimpfen kann ihn nur der, der keine Heimat braucht. Und den* ***Abriss*** *wird nur der verlangen, der in seiner* ***eigenen Villa*** *wohnt; ob er sich dann dort noch sehr lange wohl fühlen würde, ist höchst fraglich. Das* ***Gebäude*** *Sozialstaat ist 120 Jahre nach Baubeginn zwar ziemlich* ***verwinkelt*** *und auch* ***sanierungsbedürftig****. Aber die Erfahrung aus dem Städtebau zeigt, dass ein* ***saniertes stolzes Gründerzeithaus*** *schöner und wohnlicher dasteht als der* ***billige Fertigbeton-Bau****, der an seiner Statt errichtet wird.*
>
> *(Kommentar 3)*

Das angeführte Zitat beginnt ohne signifikante Abweichungen von den Normen der alltagslogischen Argumentation: Auf die These folgt ein induktives Beispiel mit der anschließenden Schlussregel, die explizit formuliert wird, um dem Leser den Übergang zur Konklusion zu vereinfachen, und einer zusätzlichen Abstützung. Danach kommt ein illustratives Beispiel, welches jedoch nicht, wie es die Argumentationsregeln erfordern, auf das vorausgehende Argument bezogen ist, sondern semantisch gesehen selbstständig ist, was einen Verstoß gegen die Ar-

---

77 Mehr über illustrative Beispiele (siehe Ottmers 2007: 85-86).

78 Ein induktives Beispiel bildet im Gegenteil zum illustrativen ein eigenständiges Argumentationsverfahren. Zur Unterstützung der These wird vom Emittenten ein ähnlich gelagerter Fall angeführt, von dem durch den Übergang vom Besonderen zum Allgemeinen eine Schlussregel erst konstruiert wird (Ottmers 2007: 83-85; Janich 2005: 89-90). Ein illustratives Beispiel erlaubt dagegen keine Verallgemeinerung und dient nur der Veranschaulichung der Argumentation.

gumentationsregeln bedeutet. Dass dieses Beispiel seine Funktion trotzdem erfüllt, ist in erster Linie darauf zurückzuführen, dass darin eine im heutigen politischen Sprachgebrauch häufige Metapher *Staat/Heimat ist ein (altes und stolzes) Haus* (positiv-wertend, Achtung) in einer sehr komplexen Form verwendet wird, so dass im Endeffekt eine durchgehende Metaphorisierung des Konzeptes *Sozialstaat* erfolgt. Schnelle und radikale Reformen werden der inneren Logik des Konzeptes folgend als *Abriss* (negativ-wertend, Verurteilung) dieses alten und stolzen Gründerhauses und das Ergebnis solcher Reformen unter *billiger Fertigbetonbau* (negativ-wertend, Geringschätzung) zusammengefasst. Somit kommt es zu einer emotionspolarisierenden Gegenüberstellung des positiv gefärbten sprachlichen Bildes des bestehenden Staates (*ein Gründerhaus, zwar verwinkelt und sanierungsbedürftig, aber alt und stolz, die Heimat*) und des stark abwertenden Bildes von Deutschland nach dem *Abriss* als einem *billigen Fertigbeton-Bau*, in dem nur diejenigen zu wohnen haben, die keine eigene *Villa* besitzen. Dabei wird die Frage nicht beantwortet, warum das Ergebnis der Reformen ausgerechnet „ein grauer Betonbau" sein soll. Diese Metamorphose scheint allein schon deshalb plausibel zu sein, weil der Leser ähnliche Erfahrungen in seinem Alltagsleben gemacht hat. Somit erfüllt das induktive Beispiel die Rolle eines vollwertigen Arguments, wobei sich die Richtigkeit der in der THESE formulierten Bewertung allein aus den im induktiven Beispiel zum Ausdruck gebrachten emotiven Wertungen ergibt.

Eine weitere Aufgabe kommt den Expressiva in einigen relativ emotionsarmen Kommentaren zu, in denen sie zusätzlich zur Unterstützung der Argumentation als eine verdeckte Weichenstellung bei einer zweiseitigen Argumentation fungieren. Grundsätzlich werden bei einer zweiseitigen Argumentation zuerst Argumente gegen die aufgestellte These angeführt, die dann durch „bessere", treffendere Gegenargumente widerlegt werden (Janich 2005: 94). In einzelnen Kommentartexten wird das Prinzip der Unparteilichkeit jedoch so weit getragen, dass die Analyse der Argumente keine entscheidende Antwort auf die Frage bringt, welche der zwei präsentierten Positionen vom Autor selbst unterstützt wird. So wird im Kommentar „Worte wie Bömbchen" (Kommentar 12) die Rolle von Angela Merkel als der Vorsitzenden der CDU eingehend analysiert, ohne dass eine eindeutige Pro- oder Contra-Position eingenommen wird. In einem Fall wie diesem lassen sich die Präferenzen des Autors nur durch die Analyse der Expressivität ermitteln. Im Text kommen 8 Expressiva vor, 6 davon werden zur Charakterisierung der Parteigegner von Angela Merkel und nur 2 zur Charakterisierung von Angela Merkel selbst eingesetzt. Alle Expressiva der ersten Gruppe sind negativ-wertend, alle Expressiva der zweiten Gruppe sind positiv-wertend. Dabei geht es in einem dieser Fälle um einen expressiven Ausdruck, der zuerst als ein Zitat der innerparteilichen Kritiker von Angela Merkel angeführt, dann aber durch eine geschickte Umformulierung in ein Wortspiel modifiziert wird, wodurch die negativen Emotionen „entschärft" werden und mit dem neu entstandenen Wortspiel gar eine positive emotiv-wertende Einstellung zum Ausdruck gebracht wird:

*Und wenn Jörg Schönbohm davor warnt, dass **konservative Tafelsilber zu verscherbeln**, weiß Merkel die Antwort: Sie wolle **nichts** davon **verschleudern**, **sondern alles zum Funkeln bringen**...*

Somit zeigt erst die Analyse der Expressivität deutlich, dass im Kommentar eher die Position von Angela Merkel und nicht ihrer innenparteilichen Kritiker verteidigt wird, auch wenn diese Tatsache durch eine gekonnt formulierte zweiseitige Argumentation verschleiert wird.

Abschließend sollte man auf die Rolle der Expressiva in den nicht argumentativen Teilen der Makrostruktur politischer Kommentare, insbesondere in den TITELN und EINFÜHRUNGEN, eingehen. Der TITEL stellt den kürzesten Bestandteil der semantischen Makrostruktur dar. Seine Eigenschaften können je nach Diskurs und Textsorte variieren. Während die TITEL in politischen Interviews in erster Linie informativ und authentisch gestaltet werden und meistens aus einem Textzitat bestehen (vgl. „Mit ewigen Bedenken kommen wir nicht weiter"), werden die TITEL für Kommentare nach einem deutlich anderen Prinzip, in erster Linie unter Berücksichtigung der ausgeprägten Multifuktionalität dieser Textsorte, gewählt. Wie die Analyse der TITEL politischer Kommentare zeigt, gibt es neben den rein informativen Überschriften („Die EU-Erweiterung"), die jedoch deutlich in der Minderzahl sind, auch solche, die eine Art Rätsel (Enigma) darstellen und somit einen unterhaltenden Charakter haben. Man muss den Text lesen, um die Bedeutung des Titels zu „erraten" (vgl. „Das Genossen-Trauma"). Bezeichnenderweise kommen in den TITELN und den fakultativen, nur in einigen Kommentaren vorhandenen ABSCHNITTSTITELN (siehe z. B. Kommentar 12), die durchschnittlich aus 2-8 Wortformen bestehen und somit weniger als 1 % des durchschnittlichen Textinhalts betragen, relativ viele Expressiva (7,3 %) vor. Mehr als 50 % aller Titel sind emotiv-wertend gefärbt. Dies zeugt deutlich davon, dass auch die TITEL aktiv zur Realisierung des expressiven Appells in Kommentaren eingesetzt werden. So fängt bspw. in den beiden Kommentaren mit expressiven Allegorien („Die halbherzige Therapie" und „Unter Schwestern") die Umsetzung der expressiven Allegorie und somit der Taktik der PROJIZIERUNG EINES NEGATIVEN BILDES jeweils im TITEL an, um dann im Haupttext fortgesetzt zu werden. Dabei bleibt das expressive Potential des TITELS beim ersten Hinschauen und ohne Kontext in einigen Fällen zunächst verborgen (siehe die oben stehenden Beispiele) und wird dann erst auf Grund kataphorischer Beziehungen mit den weiteren im Text präsenten Expressiva erkannt.

Die sprachlichen Mittel der Expressivitätsbildung im TITEL zeichnen sich durch ihre relative Vielfältigkeit aus (expressive Metaphern, modifizierte Phraseologismen, okkasionelle expressive Komplexe, emotiv-wertende Lexik). Wie kompliziert die Semantik einer Überschrift in politischen Kommentar sein kann, lässt sich am Beispiel des Beitrags „Aufstand der Unanständigen" (Kommentar 7) zeigen. Eine gewisse Spannung entsteht zwischen den beiden Wörtern im Titel bereits auf Grund der lautlichen Ähnlichkeit (gleicher Wortstamm) einerseits und der impliziten Unvereinbarkeit auf der konzeptuellen Ebene andererseits, denn ein Aufstand wird üblicherweise gegen Unrecht und deshalb eigentlich von den „Anständigen" organisiert. In der Tat ist jedoch die Bedeutung des Ausdrucks noch komplizierter aufgebaut, weil der Titel des Kommentars, in dem die politische Tätigkeit der radikalen Linken und Rechten in Deutschland kritisiert wird, auf ein Pamphlet mit dem Titel „Aufstand der Anständigen" und einer großen gesellschaftlichen Resonanz, veröffentlicht vom bekannten deutschen rechtsextremen Politiker Horst Mahler, sowie auf einen bekannten Ausdruck des Bundeskanzlers Gerhard Schröder anspielt, wodurch eine einschlägige intertextuelle Verbindung entsteht. Dass der Autor durch den Titel eine deutlich negative Einstellung gegenüber den denotierten Personen und Parteien vermitteln will, lässt sich bereits bei der Analyse des TITELS ohne weiteren Kontext daran erkennen, dass hier aus den ursprünglich „Anständigen" „Unanständige" werden, d. h. es kommt zu einer ironischen Umdeutung des ursprünglichen Ausdrucks und Projizierung der Emotion der Geringschätzung auf Rechts- und Linksextreme.

Der fakultative UNTERTITEL erläutert den oft enigmatisch formulierten Titel, präzisiert das Thema, nennt handelnde Personen und lokalisiert Ereignisse. Im Vergleich zum TITEL ist er viel weniger expressiv (lediglich 1,3 %)

Nicht frei von den Expressiva sind auch weitere Blöcke der deskriptiven Themenentfaltung in politischen Kommentaren. So kommen 6,5 % aller Expressiva in der EINFÜHRUNG und 13,8 % in der DARSTELLUNG DES THEMAS vor. Auf die fakultative explikative Themenentfaltung entfallen 10,8 %. Dies zeugt davon, dass der emotive Appell grundsätzlich in jedem semantischen Block der Makrostruktur realisiert werden kann.

3.3.6 Die vergleichende Analyse der Expressivität der Textsorten des politischen Journalismus

Die Ergebnisse der Analyse zeigen, dass in politischen Kommentaren das expressive Potential viel höher und die kommunikativen Aufgaben der Expressiva wesentlich vielfältiger als in politischen Interviews sind.

Erhebliche Unterschiede lassen sich bereits an Hand der quantitativ-qualitativen Mikroanalyse der Expressivität beider Textsorten erkennen:

1. Quantitativ gesehen ist der Gehalt von Expressiva pro 1000 Wortformen in politischen Kommentaren (13,9/1000) beinahe doppelt so hoch wie in Interviews (7/1000);

2. Qualitativ gesehen lassen sich sowohl Gemeinsamkeiten, bedingt durch die Zugehörigkeit zu demselben Bereich des deutschen politischen Diskurses, wie Unterschiede feststellen. Ähnlich sieht in erster Linie die Palette der sprachlichen Mittel der Expressivitätsbildung auf der semantischen, semantisch-syntaktischen und syntaktischen Ebene aus. Die semantische Ebene herrscht mit den seltenen Ausnahmen von Wortspiel, Antithese, Oxymoron, Tautologie (nur in Kommentaren) und Ausrufesatz (nur in Interviews) deutlich vor. Ähnlich sind auch die

Häufigkeitswerte einzelner Typen der semantischen Mittel der Expressivitätsbildung, in erster Linie der peripheren Mittel wie Mejosis, Metonymie und expressive Wortkomplexe. Dies lässt sich darauf zurückführen, dass zumindest einige dieser Mittel über ein niedriges expressives Potential verfügen (bspw. Metonymien), während andere wie expressive Wortkomplexe viel Kreativität erfordern.

Bestimmte Unterschiede bestehen in der Häufigkeit der Verwendung zentraler Mittel der Expressivitätsbildung, darunter der emotiv-wertenden Lexik, der expressiven Wortbildung, Ironie, Phraseologismen, Ironie und Hyperbel. Die Phraseologismen und Hyperbeln sind deutlich häufiger in politischen Interviews vertreten (vgl. Diagramme 3.1 und 3.3), was man als ein Indiz für ihr schwächeres expressives Potential betrachten kann. Die Hyperbeln, die in den Textsorten des politischen Journalismus vorkommen, werden nach üblichen Modellen unter Anwendung der Affixoide *Riesen-* und *Super-* gebildet, deren Expressivität durch den hohen Grad an Klischeehaftigkeit des Modells erheblich beschränkt wird. Dasselbe gilt auch für die Phraseologismen, durch deren Verwendung ein „Autoritätsbezug" hergestellt wird, mit dem die Verantwortung für die ausgedrückte Einstellung auf die Autorität kollektiver Erfahrung (Lüger 1993: 263-264) verschoben wird. Außerdem tritt ihre bildliche Bedeutungskomponente als Basis für die Emotion und Wertung mit der Zeit immer weiter in den Hintergrund, so dass die Intensität der Emotion nachlässt. Hochexpressive modifizierte Phraseologismen wurden dagegen trotz allgemeiner Senkung der Häufigkeit der Phraseologismen um 9,9 % nur in politischen Kommentaren registriert. Auch die Rolle der expressiven Wortbildung (in erster Linie Substantive mit dem Präxis ge- und Suffix -ei) sowie der Ironie, die zum Ausdruck von Emotionen hoher Intensität besonder gut geeignet sind, steigt in Kommentaren an.

3. Der Anteil der emotiv-wertenden Metaphern als des häufigsten Mittels der Expressivitätsbildung bleibt in den Textsorten fast gleich. In den Kommentaren bahnt sich jedoch ein deutlicher Anstieg okkasioneller Neubildungen an. Dies führt zur Intensivierung der ausgedrückten Emotionen.

4. Politische Kommentare sind im Vergleich zu Interviews auf die Vermittlung von Emotionen höherer Intensivität und größerer Eindeutigkeit ausgerichtet. So nimmt in dieser Textsorte die Anzahl der Expressiva zu, die dem Ausdruck der Emotionen der Verachtung (+5,75 %) und Verurteilung (+8,75 %) dienen, auf Kosten der relativ schwachen Emotion der Missbilligung (-7 %) und der allgemeinen Abnahme der Häufigkeit positiver Emotionen (-9 %). Dementsprechend vergrößert sich das Konfliktpotential der Texte.

Auf der Makroebene lassen sich die im Rahmen der mikrotextuellen Analyse festgestellten Unterschiede und Gemeinsamkeiten unter funktional-kommunikativem Blickwinkel wie folgt interpretieren:

1. Eine der grundlegenden Besonderheiten des politischen Interviews besteht darin, dass in einer Reihe von Texten mit niedriger Expressivität die in politischen Kommentaren so gut wie immer vorhandene semantische Verbindung

zwischen einzelnen Expressiva und somit die Voraussetzung für eine strategische Verwendung von Expressiva nicht erkennbar ist.

2. In politischen Kommentaren werden zahlreiche Expressiva in bestimmten Textteilen akkumuliert, wodurch sich der Beeinflussungseffekt offensichtlich vergrößert.

3. Die expressiven Taktiken in politischen Interviews sind sehr kurz und bestehen nur selten aus mehr als 2-3 kommunikativen Zügen. In politischen Kommentaren wurden nicht selten Fälle registriert, in denen eine expressive Taktik, vor allem die Taktik der PROJIZIERUNG EINES NEGATIVEN BILDES, aus 8-12 Zügen bestand.

4. Die Strategien und Taktiken in den beiden Textsorten überschneiden sich teilweise (in erster Linie geht es hier um die Strategien DISKREDITIERUNG und IMAGESTEIGERUNG mit den einschlägigen Taktiken), was auf die Ähnlichkeiten im soziopragmatischen Setting zurückgeführt werden kann. Es gibt jedoch auch klare Unterschiede. So tritt nur in politischen Interviews die Taktik der PROVOKATION auf, was durch den spezifischen, dialogischen Charakter des Interviews und eine entsprechende Verteilung kommunikativer Rollen erklärt werden kann, bei der ein Journalist als Vertreter der kritisch eingestellten Öffentlichkeit den Interviewten zu klaren Aussagen und spontanen Reaktionen zu bewegen hat.

Die Strategien der DISKREDITIERUNG und IMAGESTEIGERUNG werden in politischen Interviews vorsichtig eingesetzt, so dass hauptsächlich die Taktiken der STIGMATISIERUNG und DISQUALIFIZIERUNG vorkommen. Auf die Taktiken der VERSPOTTUNG und BELEIDIGUNG, die in politischen Kommentaren registriert wurden, verzichtet man weitgehend, weil diese einen explizit kompetitiven Charakter haben und in einem Dialog kaum annehmbar sind.

Auch die Taktik der PROJIZIERUNG EINES NEGATIVEN BILDES, für deren Realisierung die relativ kurzen Antworten keinen ausreichenden Raum lassen, ist in politischen Interviews schwach vertreten.

Die Strategie der IMAGESTEIGERUNG mit ihren Taktiken der PROJIZIERUNG EINES POSITIVEN BILDES, WERTSTEIGERUNG und SELBSTKRITIK wird in dieser Textsorte dagegen deutlich häufiger verwendet (es wurden 6 Fälle registriert), als in politischen Kommentaren, in denen trotz der deutlich höheren Expressivität nur 2 Fälle (PROJIZIERUNG EINES POSITIVEN BILDES) registriert wurden.

Das taktisch-strategische Potential der Expressivität des politischen Kommentars zeichnet sich durch seine besondere Vielfältigkeit aus. Da diese Textsorte monologisch aufgebaut ist, gibt es für den Autor keine für ein politisches Interview üblichen Beschränkungen wie z. B. ein Journalist als Gespächspartner. Wichtig ist nur der allgemeine institutionelle Rahmen (Gebot der Unparteilichkeit und Informativität der Massenmedien) und die sich daraus ableitende Polyfunktionalität, die traditionell als Triade Informierung / Unterhaltung / Meinungsbildung definiert wird, wobei man eher von Appell, Information und Unterhaltung sprechen sollte. Dass der Appell und insbesondere der expressive Appell dabei dominiert, zeigen unter anderem die vielfältigen Realisierungsmöglichkeiten der expressiven Strategie der DISKREDITIERUNG. Zur Realisierung dieser Strategie werden häufig die Taktiken PROJIZIERUNG EINES NEGATIVEN BILDES, STIGMATISIERUNG, DISQUALIFIZIERUNG und VERSPOTTUNG verwendet. Außerdem wurde in einem Fall die Taktik der direkten BELEIDIGUNG registriert. Eine besonders wichtige Rolle kommt der Taktik der PROJIZIERUNG EINES NEGATIVEN BILDES zu, bei deren Einsatz eine durchgehende Metaphorisierung des Textes erfolgt, so dass alle wichtigen Ereignisse (wie in „Halbherzige Therapie") und/oder Personen (wie in „Unter Schwestern") unter Einsatz von Metaphern paraphrasiert werden.

Bezogen auf die Verteilung der Expressiva in der semantischen Makrostruktur der beiden Textsorten lässt sich Folgendes sagen:

Die Verteilung der Expressiva in politischen Interviews ist stark durch den dialogischen Charakter dieser Textsorte geprägt. So kommt ein erheblicher Teil von Expressiva im semantischen Block PROBLEMATISIERUNG vor, der einerseits die themensteuernde, präzisierende Funktion erfüllt, andererseits auch darauf abzielen kann, eine möglichst offene und spontane Reaktion des Interviewten hervorzurufen. Im letzteren Fall werden in Fragen des Interviewers häufig emotiv-wertende Spracheinheiten verwendet (Taktik der PROVOKATION). In dem vom Politiker gestalteten Teil des Interviews werden Expressiva vor allem in argumentativen Sequenzen verwendet, in denen 50,5 % aller Expressiva festgestellt wurden. In den oft kurz gefassten, gegen die klassischen Argumentationsregeln verstoßenden Argumenten können die Expressiva eine argumentationsverstärkende Rolle spielen (das Argument wird erst dadurch überzeugend, dass eine entsprechende emotive Wertung in die Argumentationsstruktur eingeführt wird) und nur in sehr seltenen Fällen die Argumentation zurückdrängen, insbesondere wenn die Argumentation schwach ist und die Expressiva ein deutlich stärkeres Appellpotential haben.

Neben der argumentativen Makrostruktur sind Expressiva auch im deskriptiven Teil von Interviews relativ häufig vertreten (10,6 % aller Expressiva), wo sie die Plausibilität der thesenartigen Behauptungen ohne darauf folgende Argumentation verstärken.

In politischen Kommentaren kommt es zu einer noch massiveren Verwendung von Expressiva in der argumentativen Makrostruktur, die den zentralen Typ der Themenentfaltung in dieser Textsorte darstellt. Durch die Einführung von Expressiva in einzelne semantische Blöcke der Argumentation können verschiedene Effekte erzielt werden: die Verstärkung der Argumentation, der „verselbstständigte" emotive Appell neben der scheinbar intakt bleibenden Argumentation, die „Vernebelung " der Argumentation mit der anschließenden Verlagerung des Akzentes vom sachlichen auf den emotiv-wertenden Appell (insbesondere durch die Einführung zahlreicher komplexer emotiv-wertender Metaphern/Vergleiche) sowie die wertende Weichenstellung bei einer ausgebauten zweiseitigen Argumentation ohne eindeutige Parteinahme.

Neben dem argumentativen Teil fällt die Häufigkeit der Verwendung von Expressiva im TITEL und anderen Blöcken der deskriptiven Makrostruktur von Kommentaren auf. Im Titel erfüllen die Expressiva gleichzeitig zwei Aufgaben: Sie sind ein eye-catching-Mittel und sie vermitteln Emotionen und Wertungen ohne Begründung und Erklärung. In DARSTELLUNGEN werden Expressiva dazu verwendet, um in Beschreibungen von Situationen, Personen und Prozessen die Meinung des Adressaten „beiläufig" beeinflussen können.

3.4 Analyse der Textsorten der politischen Rede

3.4.1 Allgemeine Charakteristik der parlamentarischen Debattenreden und Parteitagsreden

3.4.1.1 Parlamentarische Debattenrede

Die Kommunikation im Bundestag ist zu einem zentralen Untersuchungsgegenstand der deutschen Politolinguistik geworden. Die in der vorliegenden Untersuchung analysierte Textsorte *Bundestagsabgeordnetenrede* – oder, wie sie von J. Klein bezeichnet wird, „parlamentarische Debattenrede" (Klein 1991: 268ff., 2000: 749)[79] – kann man vom Standpunkt ihrer Wichtigkeit für die Gestaltung des deutschen politischen Diskurses als zentral bezeichnen. Nicht jede im Bundestag gehaltene Rede kann jedoch als parlamentarische Debattenrede bezeichnet werden, daneben gibt es mehrere weitere Redetypen, z. B. Fraktionsdebattenrede oder Kanzlererklärung, die einer parlamentarischen Debatte vorausgehen und sie auf bestimmte Weise prägen, jedoch wichtige außersprachliche wie sprachliche Unterschiede aufweisen (Überblick der Analyse anderer Textsorten politischer Rede im Parlament siehe z. B. in Simmler 1978; Tillmann 1989; speziell zur Kanzlerrede siehe Volmert 2005).

Die parlamentarische Debattenrede bildet eine Schnittstelle für mehrere Kommunikationsbereiche innerhalb des politischen Diskurses, an der Ergebnisse fraktionsinterner Diskussionen, Koalitionsverhandlungen etc. präsentiert werden, die externe Selbstprofilierung von Politikern stattfindet und eine Informationsbasis für die mediale Präsenz der Partei geschaffen wird.

---

79 Im Folgenden werden beide Bezeichnungen synonym verwendet, wobei darauf hingewiesen wird, dass für die linguistische Diskursanalyse der politischen Kommunikation im Bundestag der Begriff „Rede" von entscheidender Bedeutung ist. Die Bezeichnung wie *Bundestagsdebatte* für die ganze Textsorte und einzelne Textbeispiele, wie z. B. in (Elspaß 1998: 10ff.) mit Hinweis auf J. Klein (Klein 1991) scheint nicht ganz zutreffend zu sein, denn somit wird kein klarer Unterschied zwischen der Debatte als einem ganzen Diskursstrang, der mehrere Texte umfasst, und dem Einzeltext und dem dahinter stehenden Textmuster gezogen.

Die **Kommunikationssituation**: Die parlamentarische Debattenrede wird im Unterschied zu den bereits analysierten Textsorten des politischen Journalismus in einem festgelegten institutionellen Rahmen vorgetragen, was zu einer bestimmten Einschränkung von Ausdrucksmöglichkeiten, insbesondere im Bereich der emotiv-wertenden Lexik, führt. Der Plenardebattenstil wird zumindest teilweise in den Geschäftsordnungen an Hand ihrer Auslegung im Parlamentsrecht geregelt, die Einhaltung der Regelungen wird vom Bundestagspräsidenten überwacht. Nichtsdestoweniger kommt es in den letzten Jahrzehnten zu einer allmählichen Lockerung des Debattenstils, weil die Rolle des Bundestags als Schauplatz rhetorischer Kämpfe wächst. Ein deutlicher Hinweis dafür ist z. B. die Verwendung der Zwischenrufe:

> Betreffend die Wortwahl in einem Zwischenruf könnte eine vorsichtige Hypothese sein, daß man heutzutage solche Wörter verwendet, die früher, z. B. in den 50er Jahren, als zu gewagt galten (Olschewski, 1991: 16).

Die **Kommunikationsform**: Die besonderen Bedingungen der Kommunikation im Bundestag führen dazu, dass sich die parlamentarische Debattenrede zwischen Dialog und Monolog befindet. Dialogfördernd sind z. B. die Geschäftsordnung, die eine freie und ungestörte Meinungsäußerung garantiert, sowie die verkürzten Redezeiten, dialogstörend ist unter anderem die Größe des Parlaments: Es treten nur einige ausgewählte Sprecher auf, während die sogenannten Hinterbänkler so gut wie nie zu Wort kommen (Acherberg 1984: 576ff.).

Grundsätzlich stellt die parlamentarische Debattenrede einen mündlich vorgetragenen, auf einem schriftlichen Manuskript beruhenden monologischen Text größeren Umfangs dar, in dem jedoch drei Dialogizitätsmerkmale feststellbar sind:

1. Die wechselseitige Bezugnahme in einzelnen Reden. In einigen Texten wird der Vorredner direkt angesprochen, um diesen Bezug deutlich zu machen.

2. Zwischenfragen der Abgeordneten. Für die Zuhörer besteht die Möglichkeit über den Bundestagspräsidenten eine Frage an den Redner zu stellen.

3. Zwischenrufe der Abgeordneten. Der „Drang zum Zwischenrufen" (Burkhardt 2004: 9) ist für die Dialogisierung der Debattenrede insoweit wichtig, als in der Rede auf die Zwischenrufe manchmal spontan reagiert wird.

Die **Kommunikationsfunktionen**: Das deutsche Parlament stellt ein so genanntes „Arbeitsparlament" dar, d. h. ein Parlament, in dem der Prozess der Entscheidungsfindung außerhalb der Plenarsitzungen in Ausschüssen und Fraktionen stattfindet (Achterberg 1984: 577; Dieckmann 1984, 81; Klein 2000: 749; Burkhardt 2005: 85). Insoweit kann ein Abgeordneter kaum damit rechnen, dass sein Auftritt eine Meinungsänderung bei seinen Kollegen herbeiführen kann: Das Abstimmungsverhalten ist schon vorher im Laufe der Fraktionsdebatten festgelegt worden, und auch diejenigen Abgeordneten (mit wenigen Ausnahmen), die vom Votum ihrer Fraktion abweichen, haben sich dazu vor der Parlamentsdebatte entschieden. Die Parlamentsdebatten erwecken jedoch den Eindruck, dass politische Entscheidungen dadurch im starken Maße beeinflusst werden. Dies lässt sich darauf zurückführen, dass das Parlament in den Augen der Öffentlichkeit immer noch als der eigentliche Ort der Beratung über das Gemeinwohl zwischen gewählten Vertretern, die die Gesamtheit der Bürger repräsentieren, gilt (Burkhardt 2005: 85). Demzufolge sind das gegenseitige Informieren und eine sachliche Diskussion auf der Suche nach einem Konsens die kommunikativen Handlungen, die von der Öffentlichkeit erwartet werden, weshalb sie von politischen Akteuren auch ausgeführt werden. Diese Ausführung hat aber nur einen äußerlichen Charakter. In der wissenschaftlichen Literatur herrscht seit längerer Zeit der Konsens vor, dass die informierenden und appellierenden kommunikativen Handlungen basierend auf argumentativen Verfahren nur zur Schau gestellt, inszeniert[80] werden.

Dieses Phänomen wurde bereits von Edelman (Edelman 1976/2005) als „Dopplung politischer Realität" beschrieben. Darunter versteht der Autor, dass alle politischen Handlungen in zwei Dimensionen – eine tatsächliche politische Handlung und eine symbolische Darstellung – geteilt werden können. W. Dieckmann hat die allgemeinen Gedanken von M. Edelman speziell an die Untersuchung sprachlicher Erscheinungen angepasst. Dabei rückte er von der Dichotomie „(tatsächlicher) Inhalt – (symbolische) Form" ab, die nach M. Edelman grundlegend für die Doppelung politischer Realität ist, und formulierte die These von der Möglichkeit „verschiedener Funktionszuweisungen" in Bezug auf ein politisches Phänomen (z. B., einen Auftritt), die seinem Konzept der trialogischen Kommunikation zugrunde liegt (Dieckmann 1981: 265). Mit den anderen Worten erfolgt durch die Inszenierung der zur Schau getragenen „kooperativen" Kommunikationshandlungen die Realisierung weiterer, für den Adressaten verdeckter Kommunikationsziele. Diese Ziele entsprechen bei weitem nicht den oberflächlichen.

Da bei den Parlamentsdebatten keine Möglichkeit für Verhandlungen und Entscheidungsfindung besteht, wird dieser Kommunikationsbereich hauptsächlich zur Beeinflussung der Wählerschaft (in erster Linie über die Massenmedien) und der Kollegen im Bundestag, also zur Meinungslenkung und Selbstprofilierung bzw. Profilierung der eigenen Partei ausgenutzt. Es geht darum, die eigene Meinung (bzw. die Meinung der Partei) durchzusetzen, das eigene Image aufzupolieren und das Image der Gegenseite zu beschädigen, einen Vorteil im Wettbewerb um die Gunst der Fraktion, Presse und Öffentlichkeit zu sichern:

> Parlamentsredner ... interessiert das Plenum nicht als beeinflußbarer Abstimmungskörper – was es ja nicht ist – sondern als Resonanzboden für ein rhetorisches Gemeinschaftserlebnis mit der eigenen Fraktion als Schauplatz verbaler Gefechtsübungen im Umgang mit dem politischen Gegner – damit

80 Aus diesem Grund hat sich für den Bundestag in der deutschen Politolinguistik inzwischen die Bezeichnung „Schaufensterparlament" etabliert (siehe z. B. Burkhardt 2005: 85).

auch ein Profilierungsforum für das eigene politische Fortkommen (Klein 2000: 749).

Grundsätzlich geht es hier also um den Umstieg von der kooperativen zur **kompetitiven** Kommunikation[81], bei dem die Suche nach dem „besten Argument" und einem politischen Kompromiss grundsätzlich aufhört. Dieser Umstieg bedeutet in funktional-kommunikativer Hinsicht erstens die Steigerung der Bedeutung des nichtargumentativen und insbesondere expressiven Appells auf Kosten der Informationsfunktion und des sachlichen Appells.

Ob diese trialogische und kompetitive kommunikative Verhaltensweise der Politiker ihnen bewusst oder bereits voll automatisiert ist, bleibt dahingestellt. Interessant ist in dieser Hinsicht jedoch der Verweis von J. Klein darauf, dass „auch dann, wenn alle wissen, jetzt läuft keine Fernsehkamera, es sitzt kein Journalist mehr auf der Pressetribüne, in ganz ähnlichem Stil debattiert wird, wie wenn Massenmedien dabei wären" (Klein 1991: 269). Dasselbe gilt auch für Regionalparlamente, die wenig Beachtung in den Massenmedien finden. Das lässt annehmen, dass einerseits „die Möglichkeit des öffentlich Bekanntwerdens das Verhalten der politischen Akteure auch in Situationen beeinflusst, deren Öffentlichkeitsgrad gering ist oder die strikt nichtöffentlich sind" (Dieckmann 1981: 268). Andererseits liegt die Annahme nahe, dass der verdeckte Appell in den Bundestagsreden nicht nur bewusst mit Bezug auf die Öffentlichkeit stattfindet, sondern – und hier geht man schon über die Grenzen des ursprünglichen Bildes der doppeladressierten politischen Kommunikationen hinaus – auch für den engeren Kreis der Abgeordneten praktiziert wird (Klein 1991: 269).

Ein weiteres wichtiges Merkmal der Bundestagsabgeordnetenreden ist ihre **Personalisierung**. Im Rahmen der Selbstprofilierung entwickelt jeder Redner eine ihm eigene Ausdrucksweise. Dieser persönliche Ausdrucksstil des Politikers führt zu bestimmten Schwankungen/Vorlieben im Gebrauch einzelner sprachlicher Mittel, darunter auch Expressiva, die auf den Einfluss keiner anderen soziopragmatischen Faktoren zurückgeführt werden können.

3.4.1.2 Parteitagsrede

Die **Kommunikationssituation**. Die Parteitagsreden stellen im gewissen Maße ein Pendant für parlamentarische Debattenreden dar. Auch sie werden vor einem politischen Gremium vorgetragen und haben zumeist trialogischen Charakter, wobei sowohl die unmittelbar anwesenden Parteimitglieder als auch die mittelbar über die Massenmedien erreichbaren Wähler berücksichtigt werden. Der entscheidende Unterschied besteht darin, dass die Rede jeweils für die Mitglieder

81 In der Linguistik werden diese zwei Typen der Kommunikation als kompetitiv/kooperativ (Fiehler 1993), konsensorientiert/dissensorientiert (Brinker 2005) bzw. agonal/nicht agonal (Schejgal 2000) bezeichnet.

der eigenen Partei im Rahmen einer den innenparteilichen Zusammenhalt verstärkenden und das Selbstbewusstsein der Partei prägenden Veranstaltung vorgetragen wird. Dieser grundsätzliche Unterschied hat Auswirkungen auf weitere Charakteristika der Parteitagsreden.

Erstens wird dadurch der Zwang des institutionellen Rahmens wesentlich geschwächt. Zwar wird auch der Verlauf des Parteitages durch eine entsprechende Geschäftsordnung geregelt, die mit der Geschäftsordnung des Parlaments zum Großteil übereinstimmt, aber die Besetzung des Vorstandes ausschließlich durch die Vertreter der eigenen Partei bedeutet, dass verbale Attacken auf politische Opponenten nicht strafbar sind und sogar erwartet werden (Klein 2000: 750).

Zweitens wird dadurch die Agonalität der Parteitagsrede beeinflusst. Im Vergleich zu den Bundestagsdebattenreden können sich hier theoretisch stärkere Schwankungen ergeben, da zusätzliche Faktoren in beide Richtungen wirken können. So kann die Agonalität und somit auch die Expressivität partiell abgeschwächt werden, weil zumindest einige Texte (oder einzelne Redeteile) unweigerlich der Festlegung der Positionen der eigenen Partei, der Komplimentierung ihrer politischen Position und der Weichenstellung für die Zukunft gewidmet werden. In diesen Fällen wird die agonale, kompetitive Ausdrucksweise durch die kooperative ersetzt, was bestimmte Auswirkungen auf die Wortwahl, Argumentation etc. haben kann. Das heißt bei weitem nicht, dass solche Reden und Redeteilen keinen expressiven Appell enthalten können, aber die allgemeine Ausrichtung auf die Stärkung des Identitätsgefühls und auf die fruchtbare innerparteiliche Kooperation kann zumindest die allgemeine Intensivität der Emotionen senken (die stärkeren und häufigeren negativen Emotionen bleiben hier aus). Auf der anderen Seite kann es auch zu einem heftigen rhetorischen Angriff auf die Opponenten kommen, der in einem abgeschwächten institutionellen Rahmen eine deutliche schärfere sprachliche Form annehmen kann. Der von A. Tillmann ausgedrückten Meinung, dass sich Parteitagsreden von Bundestagsreden hauptsächlich durch die Abwesenheit politischer Gegner unterscheiden, die aber in beiden Textsorten gleich aktiv angegriffen werden (Tillmann 1989: 92), kann man also ausgehend von dem bereits Gesagten kaum zustimmen. Offensichtlich gehen die Unterschiede in der soziopragmatischen Einbettung über die einfache Tatsache der Abwesenheit/Anwesenheit von Opponenten hinaus.

Eine weitere kommunikative Besonderheit der Parteitagsreden besteht darin, dass hier neben der Diskussion zu parteipolitischen Fragen teilweise auch Anweisungen und Aufrufe an die Parteimitglieder gerichtet werden, weshalb dieser Textsorte neben der Appellfunktion im bestimmten Maße auch die instruierende Funktion eigen ist, auch wenn ihre Rolle deutlich untergeordnet ist.

Nicht alle Texte, die im Rahmen eines Parteitages (bzw. einer Bundesdeligiertenkonferenz, wie diese Veranstaltung bei „Bündnis 90/Die Grünen" bezeichnet wird) vorgetragen werden, können als Parteitagsreden bezeichnet werden. Ein Parteitag ist ein komplexes kommunikatives Ereignis, bei dem unterschiedliche Textsortenmuster eingesetzt werden. Zur Textsorte *Parteitagsrede* zählt man nur diejenigen Reden, die von den Spitzenpolitiker einer Partei an herausgehobener, im Programm ausgedruckter Stelle zu zentralen Fragen oder zum Gesamtspektrum der Politik gehalten werden. Üblicherweise sind das Gruss- und Schlussreden (Grussworte bzw. Schlussworte) sowie Rechenschaftsberichte (z. B. über die Tätigkeit der Parlamentsfraktion), die in Form einer Parteitagsrede gestaltet werden (Klein 2000: 750).

Die **Kommunikationsform**: In Parteitagsreden gibt es weniger formale Dialogizitätsmerkmale als in den Bundestagsabgeordnetenreden (keine Zwischenfragen und Zwischenrufe).

Tabelle 3.2. Vergleichende Charakteristik der Textsorten *Parlamentarische Debattenrede* und *Parteitagsrede*

Textsorte	**Kommunikationsfunktion**	**Kommunikationssituation**		
		Komunikationsform	**Emittent**	**Adressat**
Bundestagsabgeordnetenrede	Polyfunktional: appellativ (agonal)	Monologischer Vortrag eines Manuskripts, dialogische. Einschübe möglich	Mitglied der Bundestagsfraktion	mehrfachadressiert: primär an die Öffentlichkeit sekundär an die anderen Abgeordneten
Parteitagsrede	Polyfunktional: appellativ instruierend informativ	Monologischer Vortrag eines Manuskripts	Spitzenpolitiker der Partei	mehrfachadressiert: primär an die Parteimitglieder sekundär an die Öffentlichkeit

3.4.2 Die mikrotextuelle Analyse der parlamentarischen Debattenreden

Die parlamentarischen Debattenreden zeichnen sich durch eine starke Schwankung der Häufigkeitswerte der Expressiva aus. In 2 Reden wurde ein äußerst niedriges Expressivitätsniveau festgestellt (Reden von Friedrich Merz und Roland Claus), so dass man in diesen Fällen grundsätzlich von nichtexpressiven Texten sprechen kann, während z. B. in den Reden von Gernot Erler und Werner Hoyer bei relativ kleinem Umfang ein weit überdurchschnittliche Häufigkeit der Expressiva beobachtet wird (über 9 Einheiten pro 1000 Wortformen). Eine Gegenüberstellung der Texte und der gewonnenen quantitativen Ergebnisse lässt annehmen, dass die starken Schwankungen auf zwei Variablen zurückgeführt werden können. Die erste Variable stellt, wie bereits bei der Beschreibung des Textkorpus hervorgehoben wurde, das Thema dar. In mehreren Fällen sind die Häufigkeitswerte für alle Texte zu ein und demselben Thema vergleichbar und unterscheiden sich gleichzeitig von den Häufigkeitswerten in den Texten zu einem anderen Thema. So weisen die beiden Texte 1 und 2, die der Europadebatte gewidmet sind, einen etwas niedrigeren Expressivitätsgrad als Texte 3 und 4 (Bekämpfung des Terrorismus). Jeder der Texte, die der deutschen Außenpolitik und dem Irak-Krieg gewidmet sind (Texte 9 und 10), zeichnet sich wiederum durch einen viel höheren Expressivitätsgrad als die bereits genannten aus. Ähnlich verhält es sich auch mit den Texten 11 und 12. In den Texten 5-8 mit einem mehr oder weniger vergleichbaren Umfang und gleichem Thema fällt dagegen eine deutliche Unregelmäßigkeit auf: Die Rede von Friedrich Merz enthält nur eine expressive Einheit. In diesem Fall kann man davon ausgehen, dass der Faktor des Themas durch einen anderen – den Faktor der Personalisierung – ausgeschaltet wird. Der genannte Politiker vermeidet offensichtlich Expressiva, auch wenn seine Rede deutlich agonal aufgebaut ist. Hier hat man mit persönlichen Präferenzen des Vortragenden zu tun, die das allgemeine Bild stark beeinflussen.

Die durchschnittliche Häufigkeit von Expressiva in parlamentarischen Debattenreden beträgt 7,6 Einheiten pro 1000 Wortformen, also viel niedriger als bei politischen Kommentaren (13,9 Einheiten pro 1000 Wortformen) und nur unwesentlich höher als bei politischen Interviews (7 Einheiten pro 1000 Wortformen), weshalb diese Textsorte quantitativ gesehen in der Mitte der allgemeinen Expressivitätsskala anzusiedeln wäre.

Dieser Folgerung entsprechen teilweise auch die Ergebnisse der qualitativen Mikroanalyse der sprachlichen Mittel der Expressivitätsbildung. Das wichtigste sprachliche Mittel der Expressivitätsbildung bleibt die Metapher (38,9 %), auch wenn die Anzahl der okkasionellen Metaphern im Vergleich zu Kommentaren wieder zurückgeht (von ca. 50 % auf ca. 27 %). Solche sprachlichen Mittel wie expressive Wortbildung und expressive Wortkomplexe, die sich durch eine besonders hohe Intensität ihrer emotiv-wertenden Bedeutungskomponente auszeichnen, sind in den parlamentarischen Debattenreden schwach vertreten (siehe Diagramm 3.5 unten), was auf stilistische Einschränkungen der institutionalisierten Ausdrucksweise zurückgeführt werden kann. Interessanterweise kommen fast alle in dieser Textsorte festgestellten Fälle der expressiven Wortbildung wie *Gequatsche, Rumgeeiere, Gezerre, Affentheater, Eierei* in einer einzelnen Rede (Rede 11 von Katrin Göring-Eckardt), vor, weshalb man auch hier von einer personalisierten Ausdrucksweise sprechen kann. Anstatt „gewagter" Ausdrücke nach dem Modell mit Affixen „ge + e" und „-ei" gewinnen modifizierte Phraseologismen an Bedeutung, die – so kann man annehmen – als ein „subtileres" sprachliches Mittel des Emotionsausdrucks zur Schärfung des eigenen rhetorischen Profils eingesetzt wird, vgl.:

> *In ihrer heutigen Rede hätten Sie etwas mehr* ***über den deutschen Tellerrand schauen*** *müssen (Rede 6).*

> *Das ist ihre Politik und Ihr Dreistufenkonzept nach dem Motto „****Doppelt gemoppelt hält besser****" (Rede 7).*

Im ersten Zitat wird der Phraseologismus *über den Tellerrand schauen (über seinen eingeschränkten Gesichtskreis hinausblicken, um etw. richtig einzuschätzen)* an den Kontext der Rede angepasst, um den Adressaten (Gerhard Schröder) als einen engstirnigen Politiker darzustellen und somit eine negative Bewertung und Emotion der Geringschätzung zu vermitteln. Im zweiten Zitat erfolgt eine Verschmelzung von zwei Phraseologismen *Doppelt gemoppelt* und *Doppelt hält besser,* wodurch die okkasionelle Bedeutung des modifizierten Phraseologismus genauso wie im ersten Beispiel um die Bedeutungskomponente (W-, Geringschätzung) bereichert wird.

Diagramm 3.5 – Sprachliche Mittel der Bildung der Expressivität in parlamentarischen Debattenreden

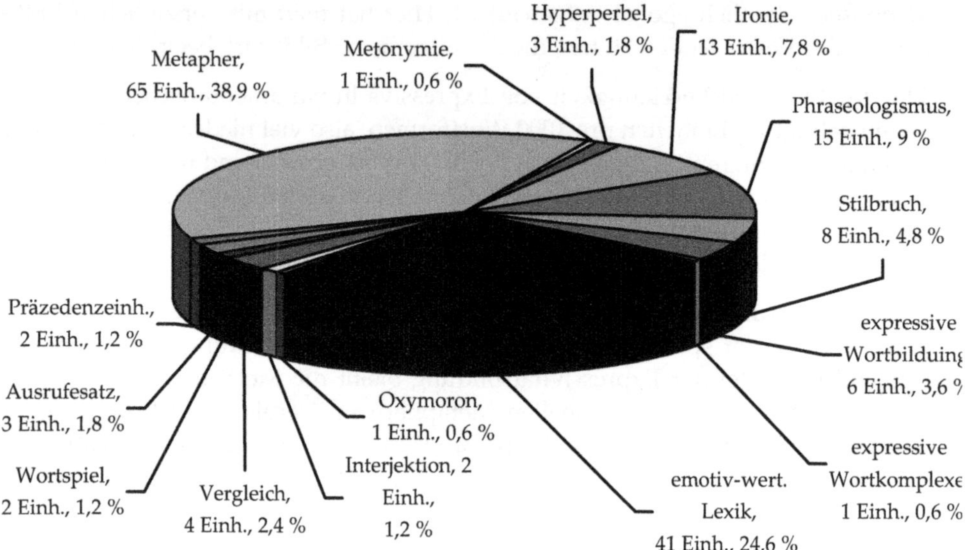

Ein weiteres sprachliches Mittel mit ähnlicher Funktion, dessen Verwendung in parlamentarischen Debattenreden sich mit mehreren markanten Beispielen belegen lässt, ist die Ironie. Auch ihr Einsatz macht es für den Politiker möglich, starke Emotionen subtil auszudrücken, vgl.:

> *Alle Vorschläge, die in den letzten Wochen und Monaten in den Zeitungen standen, finden sich in ihrem Antrag auf grünem Papier wieder.* ***Sie haben in der FDP aber offensichtlich niemanden, der einen Taschenrechner besitzt*** *und die Zahlen am Ende zusammenrechnet (Rede 7)*

Die übertriebene Behauptung, in der FDP gebe es niemand mit Taschenrechner, dient in diesem Kontext dazu, die FDP lächerlich zu machen und den Wert der kritischen Bemerkungen des Parteivorsitzenden Guido Westerwelle zu senken.

Als eine weitere Besonderheit der Sprachmittel der Expressivitätsbildung in Debattenreden sollte man die (zwar seltene) Verwendung von Interjektionen und Ausrufesätzen erwähnen. Der Einsatz dieser Mittel ist offensichtlich mit der teilweisen Dialogisierung der parlamentarischen Debattenrede verbunden.

Auffällig ist vor dem Hintergrund der eher mittelmäßigen Häufigkeitswerte der Expressiva eine relativ hohe Intensität der Emotionen in Bundestagsabgeordnetenreden: Der Anteil der Emotionen mit maximaler persönlicher Beteiligung (Geringschätzung und Verachtung) ist in dieser Textsorte sogar etwas höher als in politischen Kommentaren (33,3 % gegen 32,8 %), wobei der deutliche Anstieg vor allem bei der Geringschätzung zu beobachten ist, während bei der Verachtung die Situation nicht so eindeutig ist, vgl.:

Textsorte	Emotion	Prozentueller Anteil
Politisches Interview	Geringschätzung	21,9 %
	Verachtung	3,8 %
Politischer Kommentar	Geringschätzung	23,3 %
	Verachtung	9,5 %
Parlamentarische Debattenrede	Geringschätzung	28,1 %
	Verachtung	4,8 %

Die große Bedeutung der Emotion der Geringschätzung in parlamentarischen Debattenreden hängt offensichtlich mit einem hohen Grad der Agonalität dieser Textsorte, der durch den Profilierungsdrang und die allgemeine rhetorische „Kampflustigkeit" bedingt ist und bezeichnenderweise nicht durch die emotive Aufwertung der eigenen Positionen, sondern in erster Linie durch die emotive Abwertung der Positionen der politischen Opponenten erreicht wird, wofür die Emotion der Geringschätzung am besten geeignet ist.

Die Verachtung, die eine noch stärkere Ablehnung der Wertigkeit mit dem Umschlag zur Entwürdigung bedeutet, wird im Rahmen der institutionellen Kommunikation dagegen gemieden.

Der Anteil der positiven Emotionen (Achtung und Billigung) bleibt nach wie vor sehr niedrig (ca. ein Zehntel aller Expressiva).

Diagramm 3.6 – Spektrum emotiv-wertender Bedeutungen in parlamentarischen Debattenreden

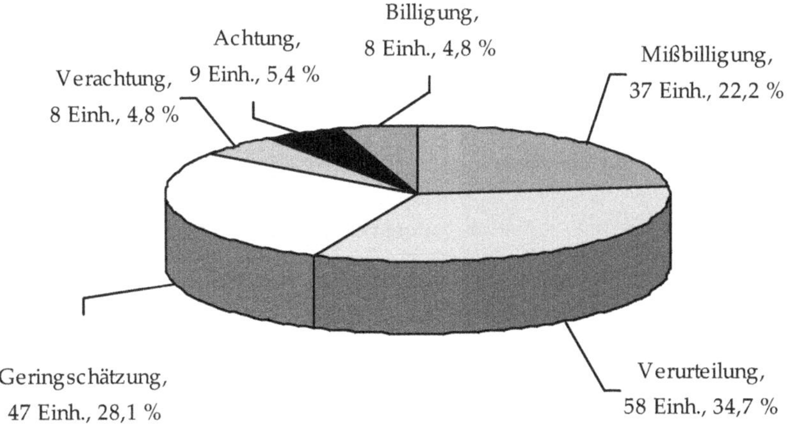

3.4.3 Die makrotextuelle Analyse der parlamentarischen Debattenreden

3.4.3.1 Expressive Taktiken und Strategien

Die gemeinsamen extralinguistischen Charakteristika, die allen bisher analysierten Textsorten auf Grund ihrer Zugehörigkeit zum soziopragmatischen Feld des deutschen politischen Diskurses eigen sind, bedingen die teilweise Übereinstimmung ihrer expressiven Strategien und Taktiken. Genauso wie in politischen Interviews und Kommentaren kommen deshalb auch in Bundestagsabgeordnetenreden die Strategien der IMAGESTEIGERUNG und der DISKREDITIERUNG zum Einsatz, wobei die letztere dominiert und mittels der „Standard"-Taktiken der STIGMATISIERUNG (8 Fälle), DISQUALIFIZIERUNG (7 Fälle) und PROJIZIERUNG EINES NEGATIVEN BILDES (6 Fälle) realisiert wird. Die Strategie der IMAGESTEIGERUNG ist in parlamentarischen Debattenreden dagegen schwach vertreten (vereinzelte Fälle der PROJIZIERUNG EINES POSITIVEN BILDES (1 Fall) und der WERTSTEIGERUNG (1 Fall)). Bei der Verwendung der Expressiva in parlamentarischen Debattenreden dominiert also in Übereinstimmung mit der erhöhten Agonalität dieser Textsorte das Ziel, den politischen Opponenten als einen unfähigen Politiker und eine vom ethischen Standpunkt negativ zu beurteilende Person darzustellen. Dabei deuten die Häufigkeitswerte der Taktiken darauf hin, dass den beiden Zielen etwa gleicher Stellungswert zugewiesen wird.

Bei der DISQUALIFIZIERUNG der Opponenten in Debattenreden geht es grundsätzlich immer um die Kritik am Professionalismus der Regierung und Parteien, bei der STIGMATISIERUNG lassen sich dagegen mehrere Richtungen für die Kritik erkennen. Besonders intensiv wird in dieser expressiven Taktik der Vorwurf 1) des rücksichtslosen vorteilsbedachten politischen Handelns (auf Kosten des Gemeinwohls) und 2) der Unredlichkeit in der öffentlichen Kommunikation (Unehrlichkeit), dem Wähler gegenüber (Populismus) und im Umgang mit anderen Abgeordneten (Wortbruch) ausgedrückt (siehe Bespiele unten).

1) Beispiel der expressiven Taktik der STIGMATISIERUNG mit der Akzentuierung des vorteilsbedachten eigennützigen Handelns des politischen Gegners:

Liebe Kolleginnen und Kollegen, gestern haben wir hier dem UNO-Generalsekretär stehend Beifall gezollt, als er zu Recht … auf die Tatsache, dass das Maß an wechselseitiger Abhängigkeit auf diesem Erdball zugenommen hat, hinwies. Deshalb können Sie von der Union sich heute doch nicht hier hinstellen und Deutschland ***zur Osterinsel erklären (1)****.*	Die Taktik wird durch den Verweis auf eine logische Diskrepanz in den Handlungen der CDU/CSU-Fraktion eingeleitet (Anerkennung der wechselseitigen Abhängigkeit zwischen einzelnen Ländern und gleichzeitiger Protest gegen das neue Zuwanderungsgesetz). Der letztere wird unter Anwendung der okkasionellen Metapher (1) (W-, Verurteilung) als ein Isolationsversuch dargestellt.
Liebe Kolleginnen und Kollegen von der Union, ich hoffe, dass Sie sich dem möglichen und greifbar nahen Konsens im Interesse	Im zweiten taktischen Zug wird darauf hingewiesen, dass die aktuelle Verhaltensweise der Union gegen die einheitliche

unseres Landes nicht verweigern. Die Gewerkschaften, die Arbeitgeber, die Sozialverbände und die Kirchen sagen begründet und zu Recht, dass dieses Land gerade beim Umgang mit Zuwanderern keine ***Politik der geballten Faust (2)****, sondern eine* ***Politik der ausgestreckten Hand (3)*** *braucht.*	Meinung breiter Schichten der Gesellschaft und somit gegen das Allgemeinwohl gerichtet ist. Zur Beschreibung dieser Positionen wird der phraseologische Ausdruck *geballte Faust* (W-, Verurteilung) verwendet, der die *ausgestreckte Hand* der Regierung entgegensteht.
Ich komme zum Schluss meines Beitrages. Ich habe gelesen, dass die Kollegen Blüm, Geißler, Schwarz-Schilling und Süssmuth die ***Nein-Sagerei (4)*** *der Opposition nicht mitmachen wollen.*	Die oben dargestellte Verhaltensweise wird verallgemeinernd als eine notorische Störung positiver Prozesse (4, expressive Wortbildung, W-, Geringschätzung) dargestellt,
Wir sollten vermeiden, für das ***Linsengericht (5)*** *eines vermeintlichen - ich betone: vermeintlichen - parteitaktischen Vorteils den Eindruck zu erwecken, wir würden ein halbes Jahr vor der Bundestagswahl in Deutschland die Politik einstellen.*	deren unredlicher Charakter durch die Verwendung des Phraseologismus (5) (W-, Geringschätzung) betont wird.

(Rede 8)

2) Beispiele der expressiven Taktik der STIGMATISIERUNG mit der Akzentuierung der Unredlichkeit des politischen Gegners:

Eines muss ich dazu noch erwähnen, Herr Bundeskanzler - es ist eine gewisse ***Pikanterie (1)*** *-: Solange die PDS noch bei den Unterrichtungen dabei war, haben alle* ***dichtgehalten (2)****. Jetzt ist es anders. Das ist schon eine* ***pikante (3)*** *Sache.*	Hier drückt Roland Claus unter Anwendung emotiv-wertender Lexik und eines Stilbruchs (1, 2 und 3, W-, Missbilligung) eine relativ milde Kritik wegen des inkorrekten Verhaltens der Kollegen aus der SPD- und Grünen-Fraktion im Laufe der Verhandlungen aus.

(Rede 1)

Eine wesentlich schärfere Version dieser Taktik kommt in der Rede des Bundesabgeordneten der FDP-Fraktion Max Stadler zum Entwurf eines Zuwanderungsgesetzes der Bundesregierung zum Ausdruck:

Wir nehmen hier eine grundsätzliche Position ein. Wenn Mitwirkungsrechte der Opposition von der Mehrheit des Hauses zum zweiten Mal in derart massiver Weise missachtet werden, müssen Sie sich den alten Satz gefallen lassen, mit dem wir Sie charakterisieren: ***Bei Ihnen gilt das gebrochene Wort (1)****.*	Zur Kritik am Verhalten der SPD- und Grünen-Fraktionen verwendet der Abgeordnete eine modifizierte Form der stehenden Redewendung *Es gilt das gesprochene Wort* (1), die auf markante Weise seine Empörung und Verachtung gegenüber der Missachtung seiner Fraktion ausdrückt. Der emotiv-wertende Gehalt des Ausdrucks ist umso intensiver, also er zusätzlich mit

	einem anderen bekannten Ausdruck *Versprochen - gebrochen* assoziiert wird, der zu jenem Zeitpunkt im Bundestag von der CDU/CSU-Fraktion zur Kritik der Regierungspolitik geprägt und besetzt wurde.
Gleichwohl kann der gefundene Kompromiss über die Senkung des Nachzugsalters von Kindern auf zwölf Jahre bei einer gleichzeitigen Härtefallregelung noch akzeptiert werden, obwohl ich für die FDP-Fraktion feststelle, dass die gesamte Diskussion ***in beschämender Weise (2) kleinlich (3)*** *geführt worden ist.*	Weiterhin wendet sich der Abgeordnete gegen weitere politische Opponenten, diesmal aus der CDU-Fraktion, deren Zusammenarbeit im Ausschuss mit emotiv-wertender Lexik (2, W-, Verachtung) und (3, W-, Geringschätzung) genauso scharf kritisiert wird.

(Rede 6)

Weitere Beispiele dieser Taktiken siehe z. B. in Reden (4, 7, 9, 10, 12).

Parlamentarische Reden werden im Laufe der öffentlichen Debatten zwischen Vertretern verschiedener Parteifraktionen vorgetragen. Der Emittent ist hier stets Objekt der Aufmerksamkeit seiner Opponenten, die er kritisiert. Je stärker und aggressiver die von ihm ausgedrückte Kritik ist, desto größer ist der Reaktionszwang auf der Seite der Zuhörer. Insbesondere wenn diese in der Rede direkt angesprochen und namentlich kritisiert werden, kommt eine Reaktion in Form von Zwischenrufen, die nicht weniger emotionsgeladen sind und ihrerseits weitere Reaktionen nach dem Dominoeffekt hervorrufen können, vgl.:

> ***Friedrich Merz****: Wenn Sie uns gesagt hätten, dass es darum geht, verfolgten Frauen einen besseren Status zu geben - es gibt beispielsweise in Berlin Einrichtungen, in denen diese Frauen betreut werden -, die in ihren Herkunftsländern - zum Beispiel in Bosnien, auf dem Balkan oder anderswo - auf schlimme Weise verletzt und vergewaltigt worden sind, dann hätten Sie bei uns Zustimmung gefunden.*
>
> *(Beifall bei der CDU/CSU - Kerstin Müller (Köln) (BÜNDNIS 90/DIE GRÜNEN): Darum geht es doch! - Zuruf des Bundesministers Otto Schily - Gegenruf des Abg. Hans-Peter Repnik (CDU/CSU): Ruhe auf der Regierungsbank! Hier können Sie pöbeln, aber nicht dort!)*
>
> ***Friedrich Merz****: Ich weiß, Herr Bundesinnenminister, dass Ihnen das nicht gefällt. Über diese Punkte des Gesetzentwurfes hätten wir gerne mit Ihnen reden können.*
>
> *(**Kerstin Müller** (Köln) (BÜNDNIS 90)/GRÜNEN): Mir kommen die Tränen! So ein Blödsinn!)*

(Rede 5)

In solchen höchst agonalen Situationen ist es nicht erstaunlich, dass in den vorgetragenen Reden massiv Expressiva mit der emotiven Semantik der Geringschätzung und Verachtung (siehe Ergebnisse der Mikroanalyse der parlamentarischen

Debattenreden) eingesetzt werden, die im Rahmen der allgemeinen Strategie der DISKREDITIERUNG nicht nur der STIGMATISIERUNG und DISQUALIFIZIERUNG dienen, sondern auch das taktische Ziel der BELEIDIGUNG und VERSPOTTUNG verfolgen können. Die Verwendung dieser Taktiken stellt ein wichtiges Merkmal der hohen Agonalität der parlamentarischen Debattenreden dar.

Weiterhin fällt auf, dass die weniger häufige Taktik der BELEIDIGUNG, falls vorhanden, immer zusammen mit der VERSPOTTUNG auftritt, so dass man von einer wechselseitigen „Unterstützung" der beiden Taktiken sprechen kann. Ein Beispiel des Zusammenspiels der beiden Taktiken liefert die Rede der Abgeordneten der Fraktion Bündnis 90/Die Grünen Katrin Göring-Eckhardt während der Bundestagsdebatten zur Regierungserklärung des Bundeskanzlers "Mut zum Frieden und zur Veränderung". Die Debatte fiel hitzig aus, und die Abgeordneten nahmen im Rahmen der besonders intensiv eingesetzten expressiven DISKREDITIERUNGSSTRATEGIE an vielen Stellen direkten Bezug sowohl auf die Rede von Gerhard Schröder als auch auf die Reden ihrer Kollegen bzw. sprachen sie direkt an. Solche Ansprachen als Reaktionen im Anschluss an die unmittelbar davor abgeschlossenen Vorträge zeichnen sich durch ihre erhöhte Spontaneität aus, weil sie offensichtlich extra in den Pausen zwischen den Reden hinzugefügt werden, um den Opponenten an der „wunden Stelle" anzugreifen, die sich durch seinen Auftritt geboten hat. Diese Hinzufügungen stellen also ein Beispiel der zusätzlichen Expressivitätssteigerung der Rede, wenn dies durch die kommunikative Situation geboten ist. Sie kommen üblicherweise gleich am Anfang der Rede vor, vgl.:

Taktik der VERSPOTTUNG (gerichtet gegen den FDP-Parteivorsitzenden Guido Westerwelle)[82]	
Herr Westerwelle, das war ***schon eine Leistung (1)****: Sie haben fast 20 Minuten lang geredet, haben ein paar Bemerkungen über gutes Benehmen gemacht, als ob wir hier nicht im Deutschen Bundestag,* ***sondern in der Tanzstunde wären (2)****, haben aber keinen einzigen inhaltlichen Vorschlag gebracht. Ihr ganzes* ***Gequatsche (3)*** *über Steuersenkungen entbehrt jeglichen Fundaments…* ***Sie haben in der FDP aber offensichtlich niemanden, der einen Taschen-***	Die Verspottung wird in der Rede mittels der Ironie (1, W-, Geringschätzung) und (4, W-, Geringschätzung) und eines Vergleichssatzes (2, W-, Geringschätzung) eingeführt. Zum Verspottungsobjekt wird das rhetorische Vermögen von Guido Westerwelle sowie die wirtschaftliche Kompetenz der FDP. Sowohl der Vorsitzende als auch seine Partei werden somit als unseriös, inadäquat, lächerlich dargestellt. Zusätzlich wird in diesem Redeabschnitt ein nach dem Modell der expressiven Wortbildung gebildetes Lexem (3, W-, Verachtung) verwendet, das sich durch eine hohe Intensivität und per-

82 Die beiden Taktiken werden in gekürzter Form angeführt. Im Text werden sie durch eine größere Anzahl kommunikativer Züge realisiert und stellen somit ein noch komplexeres strategisches Ganzes dar.

rechner besitzt und die Zahlen am Ende zusammenrechnet (4).	sönliche Nähe der ausgedrückten Emotion auszeichnet. Man kann es als den ersten Zug der Taktik der BELEIDIGUNG betrachten, die weiter im Text (immer zusammen mit der VERSPOTTUNG) realisiert wird.

Weiter im Text wird Bezug auf die Rede von Angela Merkel genommen, mit der die Debatte eröffnet wurde:

Taktiken der VERSPOTTUNG und BELEIDIGUNG (gerichtet gegen die CDU-Fraktionsvorsitzende Angela Merkel)	
Frau Merkel sagt uns..., dass Sie darüber, wie Sie sich verhalten werden, erst dann entscheiden werden, wenn darüber abgestimmt worden ist. ***Meine Kinder machen das so bei der Bundesliga (1)****: Erst am Ende entscheiden sie sich, zu wem sie halten. Das ist meistens der Tabellenführer...* *Wenn Sie bei der Union herausfinden wollen, wer bei Ihnen den Hut aufhat, dann müssen Sie - den Eindruck habe ich - erst einmal einen* ***Stuhlkreis - so kennen wir das aus dem Kindergarten (2)*** *- veranstalten.*	Die Realisierung der Taktik der VERSPOTTUNG erfolgt in diesem Fall durch eine konsequente Verwendung von Vergleichen (1, W-, Geringschätzung) und (2, W-, Geringschätzung), womit der Eindruck erweckt wird, dass das politische Verhalten der CDU/CSU-Fraktion und von Frau Merkel als ihrer Vorsitzenden „Kindergarten"-Niveau hat. Das Bild der Abgeordneten, die für den Stärksten die Daumen drücken, um nicht zu verlieren, bzw. zur Entscheidungsbildung einen Stuhlkreis bilden, wirkt äußerst abträglich für ihren Status als seriöse Politiker.
Frau Merkel... Sie müssen sich heute auch dazu bekennen, dass militärische Interventionen zu diesem Zeitpunkt nicht richtig sind. Das erwarte ich von Ihnen, aber nicht das ***Rumgeeiere (3)*** *von Frau Merkel.* *Zum Schluss möchte ich auf ein Potenzial verweisen, das wir verspielen, wenn wir nicht sehr schnell handeln... Auch dazu haben wir von Frau Merkel keinen Vorschlag, sondern nur* ***Blabla (4)*** *gehört.*	Im weiteren Verlauf der Rede geht die Abgeordnete zum Einsatz der BELEIDIGUNGSTAKTIK über, vgl. (3, W-, Verachtung) und (4, W-, Verachtung), indem sie eine Charakterisierung der politischen Aktivitäten von Angela Merkel gibt (nervendes eimäßiges „Rotieren" ohne konkrete Festlegung und leeres unbedeutendes Gerede).

Eine für die Textsorte *parlamentarische Debattenrede* charakteristische expressive Strategie ist die Strategie der VERHALTENSSTEUERUNG, welche hauptsächlich durch die Taktik der UNTERDRÜCKUNG vertreten ist. Sie kann dann eingesetzt werden, wenn auf die Zwischenrufe der Opponenten spontan reagiert wird. Die Zwischenrufe sind ein unvermeidliches Ergebnis der instrumentalen und prozeduralen Determinanten des Parlaments – der Monolog begünstigenden Mitgliederstärke und Sitzordnung im Bundestag (Achterberg 1984: 577) sowie der Geschäftsordnung. Nur wenige führende Redner einzelner Fraktionen haben die Möglichkeit, ihre Gedanken in Form einer Rede vorzutragen, während für die meisten Abgeordneten der Zwischenruf die einzelne Möglichkeit darstellt, sich an der Debatte zu beteiligen. Die Bereitschaft, die Rede vom Platz aus zu kommentieren, hängt natürlich mit dem Inhalt dieser Rede zusammen. Wie ein oben angeführtes Beispiel nahe legt, ist diese Bereitschaft als Protestzeichen immer dann höher, wenn der Redner besonders kritisch wird.[83] Die Zwischenrufe stellen somit ein einziges zugelassenes sprachliches Mittel der sofortigen „Entschärfung" der Kritik, der Störung der kritisierenden Person und gleichzeitig der Abreaktion der betroffenen Abgeordneten. Dass diese Störmittel sehr effektiv sein können, beweist z. B. folgende Bemerkung von Friedrich Merz:

> ***Präsident Wolfgang Thierse:*** *Herr Kollege Merz, gestatten Sie eine Zwischenfrage des Kollegen Veit?*
>
> ***Friedrich Merz (CDU/CSU):*** *Nein, ich bitte um Nachsicht. Ich bin durch die Zurufe aus seiner Fraktion schon genug aufgehalten worden. Ihre Zurufe beeindrucken mich zwar nicht. Aber ich muss sagen, dass unsere Redner damit systematisch gestört werden.*
>
> *(Rede 5)*

Daher kann man kaum darüber staunen, dass in einigen Fällen diese Störversuche nicht ohne Gegenreaktion der Redner bleiben, welche spontane Modifikationen ihrer Rede vornehmen, um die Zwischenrufenden zum Schweigen zu bringen. Ein solches Beispiel liefert die bereits oben zitierte Rede von Friedrich Merz, der seine Verurteilung des kommunikativen Verhaltens der Abgeordneten aus der SPD-Fraktion und der Fraktion Bündnis 90/Die Grünen gleich am Anfang seiner Rede zum Ausdruck bringt:

> ***Friedrich Merz (CDU/CSU)*** *(von der CDU/CSU mit Beifall begrüßt):*
>
> *(Bernd Reuter (SPD): Er hat den meisten Applaus, wenn er noch nichts gesagt hat!)*
>
> *Herr Präsident! Meine sehr geehrten Damen und Herren! Wenn es richtig ist, dass dies ein großes, vielleicht sogar das größte Reformwerk der rot-grünen Koalition in dieser Legislaturperiode ist, dann stelle ich mir die Frage, warum der Bundesinnenminister zu spät kommt - gut, das kann passieren -, und vor allem, warum der Herr Bundeskanzler, der uns gestern Abend noch von München aus*

83 Natürlich können bei weitem nicht alle Fälle des Zwischenrufens dadurch erklärt werden. Die Gründe können sehr unterschiedlich sein. Hier wird lediglich auf eine Tendenz hingewiesen, die insbesondere im Rahmen der vorliegenden Untersuchung von Interesse ist.

kritisiert hat, heute Morgen nicht auf der Regierungsbank sitzt, wenn es um dieses große Reformwerk geht.

(Beifall bei der CDU/CSU und der FDP - Zurufe von der SPD)

Sie fangen schon an, Zwischenrufe zu machen, bevor ich hier den ersten Satz gesprochen habe. Auch ***das hat bei Ihnen Methode (1).***

(Heiterkeit bei der CDU/CSU - Lachen bei der SPD)

(Rede 5)

Der angeführte Abschnitt zeigt einerseits, wie der Redner von seinem Gedanken abweichen muss, um seine negative Einstellung gegenüber den Zwischenrufen mittels emotiv-wertender Lexik (1, W-, Verurteilung) publik zu machen und somit einen Appell an die Adressaten auszudrücken, das entsprechende Verhalten seiner Opponenten genauso zu bewerten; andererseits wird aus dem Zitat klar, dass zumindest in diesem Fall der erwartete Effekt ausbleibt. Die Zwischenrufe werden dagegen noch intensiver, weshalb Friedrich Merz später noch einen Versuch unternimmt, die Zurufenden durch Ironie zur Räson zu bringen: *Meine Damen und Herren, Ihre Zurufe nehme ich gerne auf... Sie* ***sollten noch lauter dazwischenrufen, damit es jeder in Deutschland versteht (1).*** Diese Taktik wurde jedoch nur in 2 von 12 analysierten Reden festgestellt, was davon zeugen kann, dass einerseits nicht alle Abgeordnete diese Taktik als zweckmäßig betrachten und dass andererseits nicht bei allen Vorträgen die Schwelle, nach der die Reaktion in Form von Zwischenrufen fogt, erreicht wird.

Wie es bereits erwähnt wurde, stimmt das taktisch-strategische Potential der parlamentarischen Debattenreden mit dem Potential anderer Textsorten des deutschen politischen Diskurses teilweise überein. Dies betrifft auch die Verwendung der Taktiken der PROJIZIERUNG EINES NEGATIVEN/POSITIVEN BILDES, die auf eine besondere semantische Charakteristik der Debattenrede – ihre **Bildlichkeit** – zurückgeht, was sich in der hohen Anzahl von Metaphern, Phraseologismen und Vergleichen niederschlägt. Expressive Metaphern in parlamentarischen Debatten sprechen den Adressaten doppelt an: Sie vermitteln Emotionen in Bezug auf das Denotat der jeweiligen Metaphern und gleichzeitig eine positive Einstellung gegenüber dem Redner, dessen rhetorische Vermögen durch die Verwendung von Metaphern unter Beweis gestellt wird. Besonders verbreitet in parlamentarischen Debatten ist vor allem die Taktik der PROJIZIERUNG EINES NEGATIVEN BILDES, was auf den allgemein gültigen Hang zum negativ gefärbten expressiven Appell zurückgeht. Das wichtigste Bild, welches in parlamentarischen Reden zum Vorschein kommt, kann man in einer sehr verallgemeinerten Form als Bild der Zerstörung / Verwüstung beschreiben (Reden 9, 10, 12). Dieses Bild kommt in folgenden Varianten vor:

Sprachliches Bild der Zerstörung/Verwüstung im Rahmen der PROJIZIERUNG EINES NEGATIVEN BILDES in parlamentarischen Debattenreden		
Zerstörung einer Familie	Zerstörung eines (politischen) Mechanismus	Zerstörung eines Baus (architektonische Metapher)
transatlantische Familie: *-Risse gehen tief,* *-auseinandergerissen,* *-gesprengt*	*-auseinander dividiert,* *-kaputt gegangen,* *-Kollateralschäden,* *-ist zu reparieren*	*-die Säulen geraten in Wanken,* *-Mauer des Schweigens,* *-Ruin*

Ein weiteres wichtiges sprachliches Bild ist das im Rahmen der Analyse politischer Kommentare bereits näher beschriebene Bild der Krankheit/Therapie, das mit den so genannten medizinischen Metaphern hergestellt wird (Reden 6, 12).

Das einzige positive Bild in den analysierten Reden kommt in der Rede von Katrin Göring-Eckhardt (Rede 11) vor: Hier wird eine Parallele zwischen Kanzler Gerhard Schröder und Jesus Christus gezogen:

> *Manchmal hatte ich das Gefühl: Wenn der Kanzler all dem gerecht werden wollte, was gesagt worden ist, dann hätte er* ***über Wasser gehen*** *oder* ***mit fünf Broten und ein paar Fischen die ganze Nation satt und glücklich machen*** *müssen. Weil wir aber Menschen sind, kann man keine Wunder erwarten. Man kann jedoch erwarten, dass wir das Notwendige tun. Was das Notwendige ist, hat der Kanzler sehr eindrücklich in Form der Agenda 2010 dargestellt.*

3.4.3.2 Expressivität im Rahmen der semantischen Makrostruktur

Die parlamentarische Debattenrede des 21. Jahrhunderts stimmt nur bedingt mit dem bekannten antiken Ideal der politischen Rede überein.[84] Der wichtigste Unterschied besteht darin, dass das bereits mehrmals angesprochene argumentative Themenentfaltungsmuster genauso wie in politischen Kommentaren auch hier keine durchgehende Grundlage zur Textproduktion bildet, auch wenn die Unterschiede hier anderer Natur sind:

1) Parlamentarische Debattenreden weisen ausgebaute deskriptive Einschübe auf. Neben den bereits bekannten EINFÜHRUNGEN und DARSTELLUNGEN DES THEMAS lassen sich hier zwei weitere makrosemantische Blöcke aussondern: STELLUNGNAHMEN und AUFGABENSTELLUNGEN;

2) Oft sind parlamentarische Reden zumindest teilweise explikativ. Das ist insbesondere dann der Fall, wenn ein Abgeordneter ein bestimmtes Verhalten seiner Fraktion bei der Abstimmung erklärt;

---

84 Vgl. z. B. die Beschreibung der Makrostruktur einer „klassischen" politischen Rede bei Ottmers in (Ottmers 2007).

3) Weiterhin sind in den Debattenreden auch extratextuelle semantische Einschübe vertreten, in denen Bezug auf die Zwischenrufe der Zuhörer genommen wird. Eine Verbindung mit dem Textthema ist in diesen Einschüben nur teilweise vorhanden, und wenn schon, dann haben diese Beziehungen einen metatextuellen Charakter.

Unter STELLUNGNAHMEN werden genauso wie in politischen Interviews thesenartige, meistens bewertende Meinungsäußerungen verstanden, die trotz ihrer auffallenden Strittigkeit durch keine Argumente gestützt werden. Wenn diese verkürzte Redeweise in Presseinterviews auf die Notwendigkeit, eine dialogische Struktur beizubehalten und innerhalb eines relativ kurzen Textes möglichst viele für den Journalisten wichtigen Facetten eines Themas zu behandeln, zurückgeführt werden kann, so ist die Situation in einer parlamentarischen Debattenrede offensichtlich anders, so dass dem Aufbau einer argumentativen Struktur zur Stärkung der THESE (STELLUNGNAHME) grundsätzlich nichts im Wege steht. Dass diese Stärkung fehlt, kann man deshalb als eine bewusste Entscheidung des Politikers betrachten, auf die Argumentation zu verzichten. Somit liegt eine ähnliche Beobachtung wie bei Efing vor, der bei der Untersuchung von Wahlwerbung davon spricht, dass selbst in umfangreicheren Wahlwerbungstexten, die auf den ersten Blick argumentativ erscheinen, in der Tat Feststellungen und Behauptungen dominieren (Efing 2005: 230).

Die sprachlichen Merkmale, an denen man eine explizite STELLUNGNAHME erkennen kann, sind in erster Linie Ausdrücke wie *Ich finde..., ich denke...* etc. In den parlamentarischen Debattenreden sind jedoch die STELLUNGNAHMEN, bei denen diese Marker fehlen, mindestens genauso häufig.

Einer weiterer deskriptiver Block in der makrosemantischen Struktur der parlamentarischen Debattenrede ist die AUFGABENSTELLUNG. Der besondere Stellenwert dieses Blocks ist damit verbunden, dass man in den Reden nicht nur für seine Positionen wirbt und die gegensätzlichen Positionen diskreditiert, sondern in einigen Fällen auch Empfehlungen, Vorschläge und Anweisungen erteilt, wie mit einem Problem umzugehen ist. Die Beschreibung dieser Empfehlungen findet meistens kompakt an einer bestimmten Stelle, häufig am Ende der Rede statt und kann relativ umfangreich sein. Die sprachlichen Merkmale der AUFGABENSTELLUNG sind bspw. Modalverben (*wir sollten..., wir müssen..., wir wollen...*) sowie Ausdrücke wie *Es reicht nicht aus..., Unsere Aufgabe ist...* Oft sind die drei genannten deskriptiven Blöcke semantisch eng miteinander verbunden, wenn eine Situation zuerst beschrieben wird und dann eine STELLUNGNAHME folgt oder wenn eine DARSTELLUNG durch eine daraus ableitbare AUFGABENSTELLUNG ergänzt wird.

Der letzte makrosemantische Block der parlamentarischen Debattenrede ist der META- bzw. EXTRATEXT, in dem im Rahmen von Antworten auf Zwischenfragen bzw. Reaktionen auf Zwischenrufe Bezug auf den Inhalt der Rede bzw. auf das Verhalten von Abgeordneten genommen wird. Dieser Block kommt jedoch nur in einem relativ kleinen Teil der Reden vor.

Eine weitere Besonderheit der politischen Reden besteht darin, dass es oft zu einem raschen Wechsel der Themenentfaltungsmuster kommt, vgl.:

Wir wollen, dass die Gleichstellung von Männern und Frauen auf bestem europäischem Niveau durchgesetzt wird und nicht etwa nach einem - verzeihen Sie den Ausdruck - südeuropäischen ***Machogebot****.*	Im ersten Satz wird die AUFGABENSTELLUNG formuliert.
Wir finden außerdem, dass Deutschland für den Prozess der kulturellen Annäherung in Europa viel mehr tun könnte.	Im zweiten wird eine STELLUNGNAHME mit der Bewertung der Beteiligung Deutschlands an kulturellen Prozessen in Europa ausgedrückt.
Wenn man die Fremdsprachkenntnisse in unserem Land als Beispiel nimmt, dann müsste man fast sagen: Deutschland ist kulturell nicht reif für den europäischen Prozess.	Im dritten kommt eine präzisierende THESE zum Ausdruck und wird durch ein ARGUMENT (induktives Beispiel) unterstützt.

(Rede 2)

Wie die Ergebnisse der Analyse zeigen (siehe Tabelle C.3 in der Anlage C), werden Expressiva mit fast gleicher Häufigkeit in den deskriptiven und argumentativen Makrostrukturen (74 gegen 65 Spracheinheiten) verwendet; die expressivsten makrosemantischen Blöcke sind die STELLUNGNAHME bei der Deskription und das ARGUMENT bei der Argumentation, während die Häufigkeitswerte von Expressiva in allen anderen Blöcken dieser zwei Typen der Makrostruktur relativ gleichmäßig bleiben.

Die Verwendung von Expressiva in EINFÜHRUNGEN und DARSTELLUNGEN DES THEMAS kann genauso wie in politischen Kommentaren darauf zurückgeführt werden, dass neben der Beschreibung der Situation gleichzeitig und „nebenbei" die Bewertung und Emotionalisierung der dargestellten Tatsachen stattfindet. Grundsätzlich kann man sogar davon ausgehen, dass viele Beschreibungen als solche nur zum Ausdruck impliziter, darunter auch emotiver Bewertungen eingeführt werden, vgl.:

> *Heute ist* ***weiß Gott (1)*** *ein trauriger Tag. Es ist Krieg. Eines Tages werden die Historiker die Geschichte dieses Irakkrieges aufzuarbeiten versuchen, werden versuchen, herauszufinden, was Ursachen und was Konsequenzen waren. Sie werden sich verwundert die Augen reiben, weil kaum nachzuvollziehen sein wird, warum dieser Krieg tatsächlich oder vermeintlich unausweichlich geworden war, warum so viele Menschenleben aufs Spiel gesetzt und geopfert worden sind, warum der Fortschritt von Jahrzehnten in den internationalen Beziehungen - insbesondere was die Systeme kooperativer Sicherheit, mit den Vereinten Nationen an der Spitze, angeht -* ***zurückgeworfen (2)*** *worden ist, warum sich die Völkergemeinschaft - insbesondere die Vereinten Nationen, Abteilung Weltsicherheitsrat und dort vor allem die ständigen fünf Mitglieder - so* ***hat auseinander dividieren lassen (3)****,*

warum das Gleiche leider auch für NATO und Europäische Union gilt und warum wir auch so unehrlich miteinander umgehen… Meine Damen und Herren, es liegt der ***Hauch von 1914 (4)*** *in der Luft.*

(Rede 10)

Die oben angeführte Einführung fällt durch ihren Umfang auf (besonders vor dem Hintergrund der relativ kurzen Redezeiten im Bundestag). Auf den ersten Blick geht es hier um eine typische Darstellung des Sachverhalts. Die sprachliche Gestaltung dieses Abschnitts lässt jedoch annehmen, dass der Redner mehr vorhat, als einfach mögliche Ereignisse in der Zukunft dramatisch zu beschreiben. Die Beschreibung mit den Augen der Nachfahren verfolgt den Effekt eines unvoreingenommenen Rückblicks, weshalb die Kritik an der politischen Linie der Regierung, die hier nur angedeutet wird und erst später zur vollen Geltung kommt, genauso unvoreingenommen wirkt. Neben der Beschreibung und Bewertung kommt hier auf der konnotativen Ebene auch die Emotion der Verurteilung (Einheiten 1, 2, 3, 4) zum Ausdruck, die als Ansatzpunkt für die später im Text realisierten expressiven Taktiken dient.

Ähnlich können auch die deskriptiven Blöcke DARSTELLUNG DES THEMAS und STELLUNGNAHME mit Emotionen durchdrungen werden, wie es z. B. in der Rede von Wolfgang Gerhardt (Rede 3)[85] der Fall ist, wenn der Abgeordnete die Situation in der Fraktion der Partei Bündnis 90/DIE GRÜNEN unmittelbar vor der Abstimmung über den Antrag der Bundesregierung auf Einsatz bewaffneter deutscher Streitkräfte im Kampf gegen den internationalen Terrorismus beschreibt:

*Die Grünen werden nach Anwendung dieses "**pädagogischen Rohrstocks**" **(1)** auch folgsam sein.*	Die deskriptive Themenentfaltung wird durch eine STELLUNGNAHME, realisiert durch eine okkasionelle emotiv-wertende Metapher (1, W-, Geringschätzung), eingeleitet (gemeint ist dabei die Vertrauensfrage des Bundeskanzlers).
Zum wiederholten Male breiten sie öffentlich all ihre ***Seelenqualen (2)*** *aus, sprechen in hohen Tönen vom hohen moralischen Wert des freien Mandats, an allererster Stelle die verehrte Frau Bundestagsvizepräsidentin. Heute Morgen erklärt ein Grüner, dass man sich entschieden habe und von den bisherigen acht* ***Neinsagern (3)*** *vier zustimmen würden, um deutlich zu machen, sie*	Darauf folgt die Beschreibung der Situation in der Fraktion Bündnis 90/Die Grünen unmittelbar vor der Abstimmung über die Vertrauensfrage, wobei die Verwendung der Expressiva (2, Ironie, W-, Geringschätzung) und (3, emotiv-wertende Lexik, W-, Geringschätzung) den informativen Charakter dieser Beschreibung in Frage stellt. Im Hintergrund des beschreibenden Abschnitts, der anscheinend der Informierung dient, wird die expressive Taktik der VERSPOTTUNG der Fraktion wegen ihrer Unmündigkeit und ihres überschwänglich pathetischen

85 Weitere Fälle häufiger Verwendung von Expressiva in deskriptiven Blöcken bei der Themenentfaltung parlamentarischer Debattenreden finden sich bspw. in den im vorausgehenden Abschnitt angeführten Zitaten aus der Rede von Katrin Göring-Eckhardt (Rede 11).

seien gegen den Militäreinsatz, aber für den Bundeskanzler.	Verhaltens realisiert.
Das deutsche Volk sollte sich von dieser Partei nicht so ***hinters Licht führen lassen (4)****.*	Auf die DARSTELLUNG folgt wieder eine STELLUNGNAHME und wiederum mit einer expressiven Spracheinheit (4, Phraseologismus, W-, Verurteilung).

Eine weitere Besonderheit der semantischen Makrostruktur parlamentarischer Debattenreden besteht in der wachsenden Rolle der explikativen Themenentfaltung. Die Verwendung der EXPLIKATION in Abgeordnetenreden kann sowohl objektive wie subjektive Gründe haben. Der objektive Bedarf an EXPLIKATIONEN hängt damit zusammen, dass ein Abgeordneter in seiner Rede unter anderem die Positionen seiner Partei, die Wirkung bestimmter Gesetze und Regelungen erklären bzw. deuten muss. So legt z. B. Michael Roth in seiner Rede (Rede 2) dar, wie der politische Schlüsselbegriff *Kompetenzabgrenzung* von Politikern verstanden wird. Solche EXPLIKATIONEN sind in der Regel sachlich und enthalten nur wenige bzw. gar keine Expressiva. K. Brinker verweist in diesem Zusammenhang darauf, dass sich in solchen Fällen die explikative Themenentfaltung in das komplexe Verfahren des (sachlichen) Argumentierens integrieren lässt (Brinker 2010: 69). Es wurden jedoch auch Texte registriert, in denen die Einführung explikativer semantischer Blöcke in Argumentationsstränge eher damit zusammenhängt, dass man damit die Strittigkeit der Ausgangsthese kaschieren will. Dieses Ziel wird erreicht, indem die eigentlich strittige These nicht argumentativ abgestützt, sondern nur erklärt wird, so dass der Zuhörer meint, dass der Ausgangsgedanke gut strukturiert und „irgendwie logisch" ist, vgl. unten:

a) Jetzt werden ***Legenden gestrickt (1)****. Diese* ***Legenden (2)*** *sind gefährlich, zum Beispiel die* ***Legende (3)*** *über das Scheitern oder über die Unfähigkeit der Vereinten Nationen.*	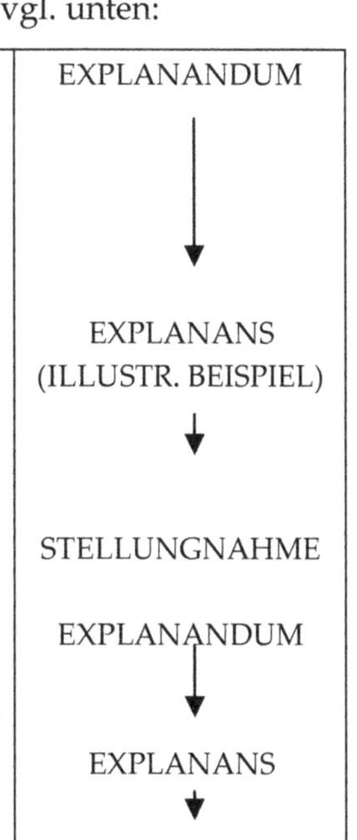 EXPLANANDUM
(b) Präsident Bush hat in seiner Rede am 17. März wörtlich gesagt: Der UN-Sicherheitsrat ist seinen Verpflichtungen nicht nachgekommen. Er hat der Weltöffentlichkeit noch einmal ***weismachen (4)*** *wollen, dass es einen Unterschied gibt: auf der einen Seite Handlungsfähigkeit und Entschlossenheit bei den Vereinigten Staaten, auf der anderen Seite Untätigkeit, Unfähigkeit zum Handeln bei den Vereinten Nationen.*	EXPLANANS (ILLUSTR. BEISPIEL)
(c) Das ist eine ***Legende (5)****, die wir zurückweisen.*	STELLUNGNAHME
(d) Tatsache ist: Die Vereinten Nationen haben ihre Pflicht wahrgenommen.	EXPLANANDUM
(e) Es war die Pflicht, bis zur letzten Minute zu versuchen, eine Entwaffnung des Irak ohne Krieg zu erreichen.	EXPLANANS
(f) Wir danken Kofi Annan und den Chefinspekteuren Blix und al-	

Baradei und ihren Leuten für ihren mutigen und zielstrebigen Einsatz in diesem Zusammenhang.	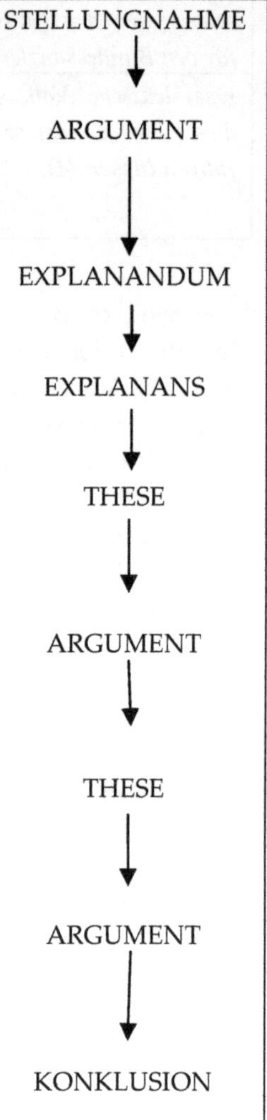 STELLUNGNAHME
(g) Joschka Fischer, der Außenminister, hat mit Recht gesagt: Wer auch nur die Dokumente der letzten Tage und jetzt den 83 Seiten langen Bericht von Blix noch einmal liest, weiß: Es hat diese Chance wirklich gegeben.	ARGUMENT
(h) Ich will etwas Grundsätzliches sagen. Es ist falsch, dass Entschlossenheit zum Handeln erst anfängt, wenn man das Gewehr anlegt.	EXPLANANDUM
(i) Die Helden dieser fragilen Welt sind nicht die Kriegsherren, sondern die, die mit Geduld und auch mit politischer Durchsetzungskraft Wege aus der Gefahr aufzeigen und auch gehen.	EXPLANANS
(j) Tatsache ist, dass die UN die Chance, diesen Weg zu Ende und bis zum Erfolg zu gehen, einfach nicht bekommen haben.	THESE
(k) Sichtbar wird das zum Beispiel an den Al-Samud-Raketen. ***Was für ein Wahnsinn! (6)*** *70 von 120 sind zerstört. Jetzt wird der Prozess abgebrochen - vielleicht mit der Folge, dass die restlichen 50 mit zerstörerischer Kraft in einem Krieg eingesetzt werden. Warum konnte diese Alternative nicht verfolgt werden?*	ARGUMENT
(l) Es handelt sich um etwas ganz anderes als um die Unfähigkeit der Vereinten Nationen.	THESE
(m) Als die amerikanische Diplomatie den Versuch unternahm, den Sicherheitsrat von der Notwendigkeit des Krieges zu überzeugen, stand es 11 : 4 dagegen. Als die amerikanische Diplomatie den Versuch aufgab, den Sicherheitsrat von der Notwendigkeit des Krieges zu überzeugen, stand es immer noch 11 : 4 dagegen.	ARGUMENT
(n) Das ist keine Krise der Vereinten Nationen; das ist eine Krise von Argumenten und Überzeugungskraft und nichts anderes.	KONKLUSION

(Rede 9)

Bei dem oben angeführten Ausschnitt handelt es sich um den Hauptteil der Rede des stellvertretenden Vorsitzenden der SPD-Fraktion für die Bereiche Außen, Verteidigung, Entwicklungspolitik und Menschenrechte Gernot Erler (SPD) zur deutschen Außenpolitik und zum Irak-Krieg (Diskussion über die Rechtmäßigkeit der militärischen Irak-Operation der USA und ihrer Verbündeten ohne UN-Sanktion).

In dieser Rede wird der Standpunkt vertreten, dass diese Operation sowohl eine rechtmäßige als auch eine logische Begründung entbehrt. Insoweit geht es hier um eine **strittige** THESE, die zumindest von einem Teil der Opposition aus verschiedenen Gründen nicht vertreten wird (siehe eine entsprechende Bezugnahme des Redners am Anfang der Rede im vollständigen Redetext, Schema E.3 in der

Anlage E). Umso interessanter ist, dass im ersten, größeren Teil des angeführten Abschnitts diese These nicht, wie es auf den ersten Blick scheint, argumentativ gestützt, sondern nur expliziert wird. Auffällig ist dabei die häufige Verwendung der Expressiva (1-3). Die Gegenmeinung, die USA hätten mit ihrer Invasion wegen der Unfähigkeit der UNO Recht, wird metaphorisch als eine *Legende* (W-, Geringschätzung) bezeichnet, die von unverantwortlichen Politikern *gestrickt* (Metapher, W-, Geringschätzung) wird. Auch diese sich über die Grenzen der sachlichen Argumentation hinwegsetzende emotive Bewertung wird nicht argumentativ gestützt, an Stelle des Arguments wird ein illustratives Beispiel in den Text eingeführt, in dem nahe gelegt wird, wer, wann und was genau in dieser Legende thematisiert hat. Abschließend folgt die STELLUNGNAHME (c), die faktisch das EXPLANANDUM wiederholt – hier wird eine formale Ähnlichkeit zwischen THESE und KONKLUSION gewährt, wie dies für Argumentation üblich ist.

Ähnlich wird auch die zweite Sequenz (d) – (e) aufgebaut. In (e) wird eine Erklärung dafür geliefert, worin genau die Pflicht der UNO in solcher und ähnlichen Situationen besteht bzw. bestehen soll. Sobald eine solche Erklärung geliefert wird, scheint nun die Äußerung (d) verständlich und in sich widerspruchslos zu sein. Das Strittige wird ins Unstrittige auf nicht argumentativem Wege überführt. Dabei war die politische Diskussion um die Frage entfacht, **ob** die UNO ihre Funktion (Pflicht) im Irak-Fall richtig wahrgenommen hat, indem jede andere Lösung außer der friedlichen ausgeschlossen wurde. Diese Kernfrage wird in der Erklärung gar nicht angegangen. Bezeichnenderweise folgt darauf eine komplimentierende STELUNGNAHME (f) und erst danach das Argument (g) zur Bekräftigung der Richtigkeit der UNO-Position.

Explikativ ist auch die darauf folgende Sequenz (h) – (i), in der erklärt wird, wer als Helden in der Situation um den Irak zu verstehen sind. Erst danach kommt wieder die Argumentation zu den THESEN „Die UNO ist nicht unfähig" und „Die UNO hat richtig gehandelt, indem sie nur ein friedliche Lösung anerkannt hat".

Bei solchem EXPLIZIEREN, wenn Argumentation vorgetäuscht wird, ist die Verwendung von Expressiva eine häufige und fast „natürliche" Erscheinung. Die beiden Typen des nicht argumentativen Appells wirken hier zusammen, um seine Wirkung zu verstärken.

Die ARGUMENTATION in parlamentarischen Debattenreden erfolgt nur teilweise unter Verwendung der Expressiva: Es wurden auch zahlreiche Fälle des rein rationalen Argumentierens registriert. Am häufigsten kommen Expressiva im umfangreichsten Teil der ARGUMENTATION – dem ARGUMENT vor (27,5 % aller Expressiva), während der Anteil von Expressiva in THESEN und KONKLUSIONEN fast gleich und somit deutlich niedriger, als in ARGUMENTEN, ist (7,2 % und 9 %). Die Verwendung von Expressiva in argumentativen Teilen der Abgeordnetenreden lässt sich auf die allgemein hohe Agonalität dieser Textsorte zurückführen: Auf eine korrekte sachliche Argumentation zur „Wahrheitsfindung" wird wenig Wert gelegt, in den meisten Fällen geht es nur um die Durchsetzung der eigenen Meinung. Dazu leistet die Verwendung von Expressiva bereits in der THESE einen wichtigen Beitrag. Die vermittelte emotive Einstellung, die keiner argumentativen Abstützung bedarf, wird somit dem Adressaten schon im Vorfeld des ARGUMENTS eingeflößt und kann seine Urteilskraft einschränken. Eine ähnliche Aufgabe – die Argumentationslücken zu decken und die Aufmerksamkeit des Adressaten auf sich zu lenken – erfüllen die Expressiva auch in ARGUMENTEN, wie dies bereits am Beispiel von Kommentaren gezeigt wurde.

Spezifisch für die parlamentarische Debattenrede ist eine relativ hohe Häufigkeit von Expressiva im abschließenden Teil der ARGUMENTATION – der KONKLUSION. Grundsätzlich geht es hier um einen fakultativen Teil der Argumentationsstruktur, der sowohl in politischen Kommentaren wie auch Interviews oft gefehlt hat: Eine Wiederholung der THESE wird offensichtlich als entbehrlich betrachtet. In politischen Reden wird die KONKLUSION dagegen häufig als ein markanter „Schlussstich" für die Argumentation verwendet, um das Wichtigste aus der THESE nochmals hervorzuheben. Es fällt dabei auf, dass es bei diesem Schlussstrich auch auf den wiederholten Ausdruck der emotiven Einstellung, die zunächst in der THESE vorgekommen ist, oder auf ihre Verstärkung ankommt, vgl. die KONKLUSION unten:

> *THESE: Für ihre heutigen Ankündigungen gilt: zu **wolkig**, zu orientierungslos, zu wenig und zu spät.*
>
> *KONKLUSION: So viel **Schizophrenie** in der Regierung war in Deutschland noch nie.*
>
> *(Rede 12)*

Die Charakteristik *orientierungslos* wird in der KONKLUSION durch eine okkasionelle expressive Metapher (W-, Verurteilung) ersetzt, weshalb in der Schlussfolgerung nicht einfach der Grundgedanke und Grundeinstellung bestätigt werden, sondern eine neues, zusätzliches emotives Sem hinzukommt.[86]

3.4.4 Die mikrotextuelle Analyse der Parteitagsreden

Die quantitative Analyse zeigt, dass die Häufigkeit der Expressiva in den Parteitagsreden ungefähr genauso hoch wie in Bundestagsabgeordnetenreden ist (6,8 Einheiten pro 1000 Wortformen). Dabei verteilen sich die Häufigkeitswerte der Expressiva in einzelnen Reden höchst ungleichmäßig: Sie schwanken zwischen

---

86 Man sollte an dieser Stelle kurz erklären, dass die nicht gleich einleuchtende partielle Synonymie der Lexeme *Orientierungslosigkeit* und *Schizophrenie* aus den hier ausgelassenen ARGUMENTEN folgt, in denen die Orientierungslosigkeit der Regierung als Behaupten von zwei gegenseitig ausschließenden Gedanken weiter präzisiert wird. Somit wird eine semantische Brücke zur Metaphorisierung auf der Basis der verbreiteten Vorstellung geschlagen, dass Schizophreniker an einer gespaltenen Persönlichkeit leiden.

1,6 (Rede 6) und 9,5 (Rede 4) Expressiva pro 1000 Wortformen. Dabei fällt auf, dass die Reden 5 und 6 mit den niedrigsten Häufigkeitswerten in erster Linie den Erfolgen der eigenen Partei sowie der allgemeinen Situation in Deutschland gewidmet sind, während in den restlichen 4 Reden mit den deutlich höheren Häufigkeitswerten der Expressiva viel größere Aufmerksamkeit den politischen Opponenten gewidmet wird.

Qualitativ gesehen besteht die wichtigste Besonderheit dieser Textsorte darin, dass hier zum ersten Mal der prozentuelle Anteil der wichtigsten sprachlichen Mittel der Expressivitätsbildung relativ ausgewogen ist (kein Anteil geht über 30 % hinaus), was in erster Linie durch einen weniger aktiven Gebrauch von Metaphern bedingt wird. Dies ist offensichtlich damit verbunden, dass in der vorwiegend innerparteilichen Kommunikation der Zwang, sich als kompetenter Sprachbenutzer auszuweisen, der sich bildungssprachlicher Mittel bedienen kann, erheblich nachlässt.

Diagramm 3.7 – Sprachliche Mittel der Bildung der Expressivität in Parteitagsreden

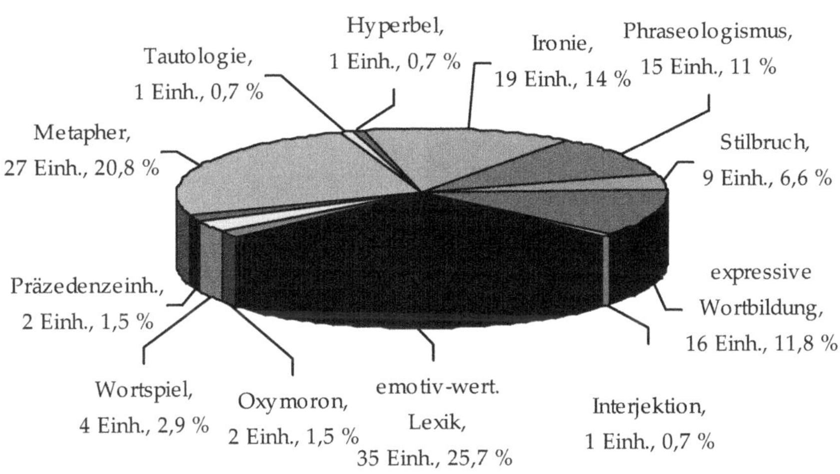

Dafür nimmt neben der emotiv-wertenden Lexik die Verwendung der expressiven Wortbildung deutlich zu (11,8 %), mit der vor allem die hochintensiven Emotionen der Geringschätzung und Verachtung ausgedrückt werden. Gleichzeitig wächst auch der Anteil der Ironie (von 7,8 % auf 14 %) und des Stilbruchs (von 4,8 % auf 6,6 %), was man als einen zusätzlichen Nachweis für die bei der allgemeinen Beschreibung der Parteitagsrede bereits hervorgehobene Aufweichung des institutionellen Rahmens und dadurch bedingte Lockerung der Ausdrucksweise betrachten kann. Auch bei den anderen Sprachmitteln der Expressivitätsbildung, z. B. emotiv-wertender Lexik (25,7 %), Wortspielen (3,9 %) und Phraseologismen (11 %), fällt eine hohe Anzahl hochexpressiver, teilweise umgangssprachlicher Einheiten auf, vgl.:

a) emotiv-wertende Lexik: *Unsinn, Idiot, bekloppter Idiot, Schmarren und Schwachsinn* etc.
b) Wortspiele: *Wir wollen Eigenverantwortung nicht* ***Zwangspfand****. Apropos* ***Zwangspfand****: Gäbe es für* ***besonders große Flaschen*** *in der Politik* ***Pfand****, hätten die Grünen Jürgen Trittin längst* ***abgegeben.***
c) Phraseologismen: *Schröder und seine Leute haben vor der Wahl* ***gelogen, dass sich die Balken biegen****… Liebe Freunde, den Grünen müsste doch ihr Gerede von Nachhaltigkeit, das sie im Wahlkampf gehalten haben,* ***im Halse stecken bleiben.***

Diese Spracheinheiten dienen dem Ausdruck der sich durch besondere persönliche Nähe des Emittenten auszeichnenden Emotionen der Geringschätzung und Verachtung, deren Anteil am emotionalen Gesamtspektrum noch höher als in den parlamentarischen Debattenreden ist: 33,8 % gegen 28,1 % für die Geringschätzung und 6,6 % gegen 4,8 % für die Verachtung (siehe Diagramme 3.6 und 3.8).

Diagramm 3.8 – Spektrum emotiv-wertender Bedeutungen in Parteitagsreden

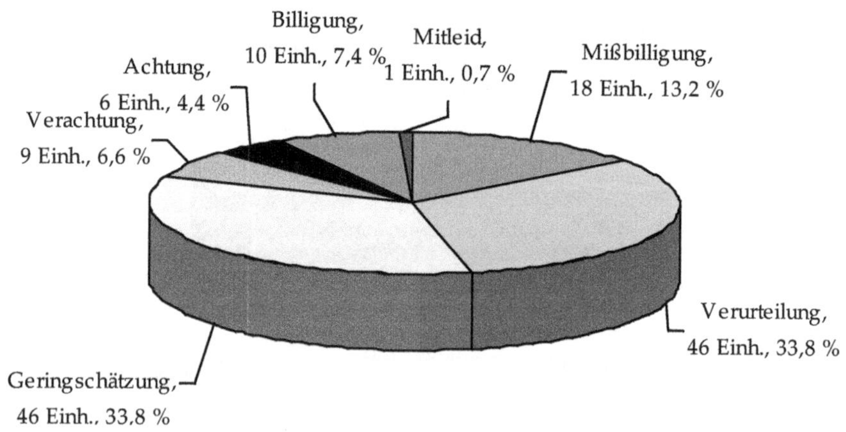

Kennzeichnend für die Parteitagsreden ist außerdem ein relativ großer Anteil an Meliorativa (11,9 %), die zur Komplimentierung der eigenen Partei verwendet werden. Wenn man aber berücksichtigt, dass die Preisung der eigenen Partei und somit der Appell an die eigenen Reihen, wie oben dargestellt, einen integrativen Teil einer Parteitagsrede bildet, so ist auffallend, dass die Verwendung der positiv gefärbten Expressiva in dieser Textsorte doch niedriger als erwartet bleibt und positive Signale an die eigene Partei unter Verwendung anderer, nichtexpressiver sprachlicher Mittel gesendet werden. Es ist nicht die Aufgabe dieser Untersuchung, solche Mittel zu analysieren, deshalb werden sie unten nur kurz erwähnt. Das sind bspw.:

1) häufige Verwendung des Personalpronomen „wir", mit dem eine Abgrenzung der eigenen Positionen und Konsolidierung der eigenen Partei nach dem Prinzip der Gegenüberstellung und Polarisierung „wir vs. sie" erfolgt;

2) häufige Verwendung von Anreden, z. B. *Liebe Genossinnen und Genossen!*, durch welche der persönliche Kontakt des Redners zu den Adressaten gestärkt wird. Auffällig sind auch persönliche Ansprachen beim Vornamen, z. B. *Keine Angst, Gerhard!*);

3) scherzliche Modalität in einigen Passagen der Rede, die den Redner der Basis näher bringt und den Eindruck vermittelt, man sei gut miteinander bekannt.

Die oben beschriebenen Besonderheiten der Verteilung der Expressiva in Parteitagsreden lassen folgende verallgemeinerte Regel formulieren:

Die Häufigkeitswerte der Expressiva in Parteitagsreden sind deutlich mit ihrem thematischen Bezug verbunden. Werden in der Rede Erfolge der eigenen Partei (z. B. Wahlsieg) oder zukünftige Projekte (Rede zur Unterstützung eines Antrags) behandelt, so ist ihre Expressivität verhältnismäßig niedrig, denn die positiv gefärbten Expressiva werden im deutschen politischen Diskurs viel seltener verwendet. Ist die Rede dagegen der Kritik an politischen Opponenten (z. B. zur Stärkung vor oder nach den (verlorenen) Wahlen oder zur Schärfung des Parteiprofils) gewidmet, steigt die Anzahl der Expressiva darin erheblich.

Außerdem zeigt die Analyse, dass die Reden, in denen nur die eigenen Positionen, Probleme und Ziele angesprochen werden, relativ selten sind. In fast allen Fällen handelt es sich um Texte mit doppeltem thematischem Bezug: Ein Teil der Rede, der sich durch eine relativ niedrige Expressivität auszeichnet, bezieht sich auf die eigene Seite, der andere, expressivere Teil – auf die Gegenseite. Hier macht sich deutlich der Einfluss der zwei entgegenwirkenden extralinguistischen Faktoren bemerkbar, über den in der allgemeinen Charakteristik der Textsorte *Parteitagsrede* bereits gesprochen wurde.

3.4.5 Die makrotextuelle Analyse der Parteitagsreden

3.4.5.1 Expressive Taktiken und Strategien

Das kommunikative Potential von Expressiva in Parteitagsreden ähnelt in vielerlei Hinsicht dem Potential der parlamentarischen Debattenreden. Einige bedeutende Unterschiede, die festgestellt wurden, sind durch die Besonderheiten des soziopragmatischen Settings der Parteitagsreden geprägt. Der zentrale extralinguistische Faktor ist dabei ihre spezifische Kommunikationssituation: Beim Vortrag sind nur die Mitglieder der eigenen Partei sowie politische Verbündete, Vertreter mit der Partei kooperierender gesellschaftlicher Organisationen und Massenmedien zugegen. Insoweit steht dem Redner die Entscheidung frei, wie stark er sich auf die „Lichtseite" – die Situation in der eigenen Partei – oder auf die „Schattenseite" – die Aktivitäten politischer Opponenten – konzentrieren wird. Die Ergebnisse der Mikroanalyse zeigen, dass in der absoluten Mehrzahl der Fälle keine der Seiten vollständig ausgeschlossen wird, auch wenn eine bestimmte Präferenz zur „Schattenseite" doch deutlich erkennbar ist.

In den Redeteilen bzw. ganzen Reden, die den Problemen der eigenen Partei gewidmet sind, werden positive Taktiken der WERTSTEIGERUNG (1 Fall) und PROJIZIERUNG EINES POSITIVEN BILDES (2 Fälle) realisiert. Aus den Zahlen ist ersichtlich, dass man kaum von einer bevorzugten Verwendung einer der Taktiken sprechen kann. Grundsätzlich geht es in allen Fällen um das Lob an die Adresse der eigenen Partei, Fraktion bzw. Parteikollegen, bei dem jeweils nur etwas andere Akzente gesetzt werden.

Deutlich häufiger und auch vielfältiger sind die Taktiken, die der Realisierung der negativen Strategie der DISKREDITIERUNG dienen (siehe Tabelle in der Anlage D.1). Auch hier finden sich jedoch nur wenige Unterschiede im Vergleich zum bereits beschriebenen kommunikativen Potential negativ gefärbter Expressiva in parlamentarischen Debattenreden. Auffällig ist vor allem die starke Abnahme der Bildlichkeit (siehe auch die oben angeführten Angaben zu Metaphern) in Parteitagsreden. Die Einführung gelungener sprachlicher Bilder gilt in Parteitagsreden offensichtlich als weniger relevant, was eventuell auf eine weniger offizielle Atmosphäre von Parteitagen und den nachlassenden Zwang zur Selbstprofilierung als gebildeter Redner vor neutralem oder gar voreingenommenen Adressaten zurückgeht. Was die Taktiken der DISQUALIFIZIERUNG, STIGMATISIERUNG, VERSPOTTUNG und BELEIDIGUNG angeht, so hat sich ihr allgemeiner Stellenwert im Vergleich zu Debattenreden nur wenig verändert. Vergrößert hat sich dagegen der Umfang dieser Taktiken sowie die Intensität der ausgedrückten Emotionen, weil die Kritik an Opponenten nicht mehr zusätzlich zur Formulierung und Begründung der eigenen Position zu einer wichtigen politischen Frage, sondern als Selbstzweck und ein zentraler Punkt insbesondere in den Reden vorkommt, die der allgemeinen Weichenstellung der Partei gewidmet sind, vgl.:

1) Taktik der STIGMATISIERUNG:

Schröder und seine Leute haben vor der Wahl ***gelogen, dass sich die Balken biegen****…*

Das, was die Grünen derzeit in Sachen Rentenbeiträge machen, ist ein ***Schauturnen****… Liebe Freunde, den Grünen müsste doch ihr* ***Gerede*** *von Nachhaltigkeit, das sie im Wahlkampf gehalten haben, im* ***Halse stecken bleiben…***

Ich nenne nur die Mehrwertsteuer, die Entfernungspauschale, die Ökosteuer. Diesen ***Giftcocktail*** *haben sie schon im Köcher, um ihn nach den Wahlen in Hessen und Niedersachsen zu verabreichen. Wir müssen die Weichen so stellen, dass ihnen dieses Projekt* ***im Halse stecken bleibt****. (Rede 3)*

2) Taktik der VERSPOTTUNG:

Schröder, das ist die tägliche ***Seifenoper*** *der öffentlichen Darstellungen. Ihre Spezialität:* ***Dramaturgie****... Ihre Leistung: Kaschieren des Verzichts auf wirkliche Modernisierungspolitik. Ihre* ***Requisite****: Ein runder Tisch. Das ist ein* ***neues Verfassungsmöbel****. Es verkörpert den Wunsch, dabeizusein...* ***Der Titel des Stücks****: Bündnis für Schröder.* ***Einspielergebnis*** *bisher: Das Kanzleramt für Schröder.* ***Kartenvorverkauf****: An allen deutsche Tankstellen.* ***Eintrittspreis****: Die Ökosteuer. (Rede 1)*

3) Taktik der BELEIDIGUNG:

*Die Generation der Grünen ist mit unfähigen Leuten in der Regierung angekommen. Einer von ihnen, Jürgen Trittin, ist so fähig, dass er vor kurzem vom Generalsekretär seines Koalitionspartners als ,****bekloppt****' bezeichnet wurde. Trittins Parteivorsitzender hat ihn dagegen aber immerhin sofort in Schutz genommen. Denn der Grünen-Vorsitzende Kuhn nahm im STERN-Interview vom 29.03.2001 auf den Journalisten-Hinweis: "Die SPD sagt, er ist ein '****bekloppter Idiot****' ", wie folgt Stellung: "Das habe ich in der Kombination noch nicht gehört". (Rede 2)*

Alle oben angeführten Beispiele zeugen davon, dass in dieser Textsorte ein rhetorischer Schlagabtausch zur Realisierung des agonalen Appells möglich ist, wie er für die parlamentarischen Debattenreden beinahe ausgeschlossen ist.

3.4.5.2 Expressivität im Rahmen der semantischen Makrostruktur

Die Parteitagsreden liegen noch weiter vom rhetorischen Ideal einer politischen Rede entfernt als die Bundestagsreden. Diese Abweichung drückt sich in erster Linie darin aus, dass die Rolle der ARGUMENTATION in dieser Textsorte stark zurückgeht. Wie die Ergebnisse der Analyse zeigen, wird in Parteitagsreden aktiv der deskriptive und explikative Typ der Themenentfaltung verwendet. Manchmal treten sie als eine unentbehrliche Stütze für die ARGUMENTATION auf, wenn eine negative DARSTELLUNG (bspw. der Regierungstätigkeit) im Vorfeld und Verbindung mir ARGUMENTEN auftritt, wobei der wiederholte Übergang von der DESKRIPTION zur ARGUMENTATION zur Verschmelzung der Grenzen zwischen den einzelnen Makrostrukturen führt (siehe z. B. Rede 3). In anderen Fällen erfolgt der Übergang unmittelbar von der DARSTELLUNG der Lage zur AUFGABENSTELLUNG, ohne dass im Text eine deutlich formulierte Argumentationssequenz vorkommt. Dies ist z. B. in der Rede (1) der Fall, in der auf einen einführenden Teil die (negative) DARSTELLUNG der Situation von Müttern folgt, an die wiederum eine AUFGABENSTELLUNG (die Aufgaben an die Parteimitglieder, an die Kommunen, sogar die Forderungen an die Adresse der CDU/CSU) anknüpft. Dieser Umstand – und nicht, wie man annehmen könnte, die Versachlichung der ARGUMENTATION im Vergleich zu den bereits analysierten Textsorten – ist der Grund dafür, dass die summarische Häufigkeit der Expressiva in der argumentativen Makrostruktur im Vergleich zu allen bisher analysierten Textsorten des politischen Diskurses deutlich abnimmt (40,4 % gegen 49,2 % in der deskriptiven Makrostruktur). Auch die Verschiebungen in den Häufigkeitswerten der Expressiva innerhalb der deskriptiven Themenentfaltung der Parteitagsreden lassen sich kaum durch die gezielte Expressivitätssteigerung von DARSTELLUNGEN, sondern eher durch den wachsenden Umfang dieses makrosemantischen Blocks erklären: In Parteitagsreden können Politiker die wirtschaftliche und politische Lage des Landes ausführlich beschreiben, was in parlamentarischen Debattenreden wegen der streng begrenzten Rededauer und der Forderung, beim Beratungsthema zu bleiben[87], nicht der Fall ist. Im deskriptiven Teil wird, wie auch in anderen Textsorten des politischen Diskurses, durch den Einsatz von Expressiva hinter der vordergründigen Einordnung von Sachverhalten in Raum und Zeit auf der propositionssemantischen Ebene vor allem eine bestimmte emotiv-wertende Einstellung zu diesen Sachverhalten gefördert.

Die Verwendung der Expressiva in der ARGUMENTATION hat grundsätzlich dieselben Gründe, wie in den Bundestagsdebattenreden, denn auch hier werden häufig Argumente ausgehöhlt und starke negative Emotionen geschürt, vgl.:

Es geht um dieses ***Gerede (1)*** *vom Zeitgeist und davon, dem Zeitgeist* ***hinterherzulaufen (2)****, das auch bei dem einen oder anderen von uns stattgefunden hat und sich in Kommentaren wiederfindet. Ich halte von diesem ganzen* ***Gerede (3)*** *und* ***Gequatsche (4)*** *überhaupt nichts.*	In der THESE wird nach dem bereits beschriebenen Szenario eine möglichst subjektive Formulierung gewählt, in der gleich 4 Expressiva mit Emotionen der Geringschätzung und Verachtung vorkommen.
Es macht keinen Sinn, dem Zeitgeist ***hinterherzulaufen (5)****. Aber auch das* ***Gerede (6)*** *macht keinen Sinn.*	Auf die THESE folgt ein ARGUMENT, welches die Form eines Zirkelschlusses hat (Es ist schlecht, dem Zeitgeist gefügig zu folgen, weil es keinen Sinn hat). Gleichzeitig kommt es hier zu einem konsequenten Ausdruck derselben Emotionen wie in der THESE (5 und 6).
Es geht darum, dass wir zunächst einmal die Gesellschaft in ihren Entwicklungen und in ihren Veränderungen wirklich verstehen müssen.	Erst danach wird eine rationale GEGENTHESE aufgestellt (Man sollte eine Pause einlegen und die Entwicklungen begreifen),
Wer die Menschen mit ihren Bedürfnissen, auch ihren veränderten Bedürfnissen, nicht versteht, der kann bei Veränderungen in der Gesellschaft nicht glaubhaft Position beziehen.	welche diesmal durch ein genauso sachliches Argument gestützt wird.

(Rede 3)

87 Diese Auflage wird nicht nur, wie bereits gesagt, vom Bundestagspräsidenten kontrolliert, der das Recht zum Sachruf hat, sondern auch durch entsprechene Zwischenrufe der Abgeordneten.

3.4.6 Die vergleichende Analyse der Expressivität der Textsorten der politischen Rede

Die beiden Textsorten verfügen über einen ähnlichen institutionellen Rahmen, was wesentliche sprachliche Ähnlichkeiten sowohl allgemeiner Natur (Form und Inhalt der Reden), als auch in Bezug auf ihre Expressivität zur Folge hat. Die soziopragmatischen Faktoren, auf welche die Gemeinsamkeiten in der Expressivität der Reden im Bundestag und auf Parteitagen zurückgehen, sind:

1) eine ähnliche, auch wenn nicht gleiche **kommunikative Situation** (es geht um eine offizielle turnusmäßige Veranstaltung mit einer mehr oder weniger strengen Geschäftsordnung, der Emittent ist Politiker);

2) **kommunikative Funktion**: es geht um einen klassischen Fall der öffentlich-politischen Meinungsbildung mittels trialogischer Kommunikation. Die Politiker verhalten sich in ihren Reden appellativ, wobei sich hier bei genauerem Betrachten auch einige textsortenspezifische distinktive Merkmale feststellen lassen, die für die unten zusammengefassten Differenzen in der Expressivität dieser Textsorten verantwortlich sind.

Auf der **mikrotextuellen Ebene** betreffen die Gemeinsamkeiten in der Expressivität der beiden Textsorten vor allem ihre quantitative Charakteristik: Die Häufigkeitsrate der Expressiva in den beiden Textsorten ist fast gleich (7,6 Einheiten pro 1000 Wortformen in Bundestagsreden und 6,8 Einheiten pro 1000 Wortformen in Parteitagsreden). Bereits bei den qualitativen Charakteristika der mikrotextuellen Ebene macht sich jedoch der Einfluss solcher Unterschiede im soziopragmatischen Setting wie unterschiedlicher Adressat (Öffentlichkeit als primärer und die Bundestagsabgeordneten als sekundärer Adressat in Debattenreden und Mitglieder der eigenen Partei und die Öffentlichkeit als primärer und sekundärer Adressaten in Parteitagsreden) und Schwankungen im Grad der Offizialität (weniger offizieller Charakter und minimale Kontrolle über den Sprachverhalten der Redner in Parteitagsreden) bemerkbar. Diese extralinguistischen Faktoren führen dazu, dass in Parteitagsreden zur Stärkung des Zusammenhalts der anwesenden Parteimitglieder durch eine krasse Abwertung der politischen Opponenten (dadurch erfolgt auch eine implizite Aufwertung von „wir", die den extrem negativ dargestellten „ihnen" gegenübergestellt wird) deutlich intensivere Mittel der Expressivitätsbildung wie Ironie (Anstieg von 7,8 auf 14 %) und insbesondere Produkte der expressiven Wortbildung (Anstieg von 3,6 auf 11,8 %) bevorzugt werden. Dementsprechend wird in Parteitagsreden auch ein deutlicher Anstieg der Emotion der Geringschätzung, für deren Ausdruck die beiden oben genannten Sprachmittel bevorzugt verwendet werden, auf Kosten der minimal intensiven Emotion der Missbilligung beobachtet. Außerdem wird die Metapher als ein universales Mittel der Expressivitätsbildung in Parteitagsreden deutlich seltener als in Debattenreden eingesetzt, weil hier der Drang zur Selbstprofilierung als gebildeter Redner vor der Öffentlichkeit und Kollegen schwächer ist als der Bedarf, sich an einem rhetorischen Schlagabtausch mit dem politischen Gegner zu beteiligen.

Ähnlich ist in vielerlei Hinsicht auch das **taktisch-strategische Potenzial** der in den beiden Textsorten verwendeten Expressiva: Es herrschen negative Taktiken vor, die auf die Diskreditierung der Opponenten gerichtet sind. Auffällig ist vor allem die gleichmäßig bleibende Häufigkeit der Taktiken der DISQUALIFIZIERUNG und STIGMATISIERUNG (die häufigsten Taktiken in den beiden Redetypen), wobei die letztere besonders vielfältig eingesetzt wird. So werden deutsche Politiker in den parlamentarischen Debattenreden bspw. der Rücksichtslosigkeit in ihrem Handeln, der Unredlichkeit ihres Verhaltens gegenüber anderen Abgeordneten und der Täuschungen gegenüber der Wählerschaft bezichtigt.

Es kommen auch die Taktiken der VERSPOTTUNG und BELEIDIGUNG vor, mit denen ein verdeckter bzw. direkter Angriff auf die Persönlichkeit des Opponenten realisiert wird. Diese Taktiken sind ein Spezifikum der politischen Rede im Vergleich zu den anderen Bereichen des deutschen politischen Diskurses und stellen einen mehr oder weniger offenen Verstoß gegen die Regeln der trialogischen Kommunikation dar, bei der der Appell im Hintergrund einer anderen, zum Schein vollzogenen sprachlichen Handlung erfolgt. Auch wenn die Expressiva auch hier wie immer der „zusätzlichen" konnotativen Bedeutungsebene angehören und die damit realisierten Taktiken immer als Zusatzhandlungen zu einer auf der propositionssemantischen Ebene realisierten Handlung zu verstehen sind, fallen sie durch ihren subjektiv-emotiven Charakter dermaßen auf, dass die überdurchschnittliche Appellativität der Äußerung nicht mehr zu kaschieren ist. Ein solcher kommunikativer Verstoß ist in anderen Fällen der trialogischen Kommunikation (bspw. im politischen Interview) kaum denkbar.

Alle genannten Taktiken werden in den beiden Textsorten aktiv in Verbindung miteinander zur Verstärkung des expressiven Appells verwendet. Zusätzlich dazu kommt in parlamentarischen Debattenreden häufig die Taktik der PROJIZIERUNG EINES NEGATIVEN BILDES vor, insbesondere um die vernichtenden Auswirkungen der Tätigkeit der politischen Opponenten zu beschreiben.

Ein bedeutender Unterschied des kommunikativen Potenzials der Expressivität in parlamentarischen Debattenreden geht auf die Präsenz des kritisierten Politikers zurück, der auf diese Kritik im Rahmen der Geschäftsordnung, in erster Linie in Form von Zwischenrufen, reagieren kann, die der Störung des Redners und der Abreaktion des Kritisierten dienen. Diese Zwischenrufe führen zu einer allgemeinen Expressivitätssteigerung der Debatte, wobei jede neue Rede immer stärker mit Emotionen aufgeladen wird. Sie können eine Gegenreaktion seitens des Redners hervorrufen, die zu einem spontanen Umbau der Rede führt, um die Zwischenrufenden zum Schweigen zu bringen. Dabei kommt auf den beiden Seiten die expressive Taktik der UNTERDRÜCKUNG als Realisierungsform der Strategie der VERHALTENSSTEUERUNG zum Einsatz.

Bestimmte Unterschiede ergeben sich auch aus dem thematischen Doppelbezug der Parteitagsreden: In so gut wie allen Reden werden positive Signale an die eigenen Reihen geschickt und die Opponenten angegriffen, wobei die Expressiva im letztgenannten Teil akkumuliert werden. In den Bundestagsreden lassen sich solche Gesetzmäßigkeiten nicht feststellen.

Die positive Strategie der IMAGESTEIGERUNG ist in den beiden Textsorten schwach vertreten und stellt kommunikativ gesehen eine Randerscheinung dar. Der positive Appell an die Parteimitglieder wird in Parteitagsreden mit anderen, nichtexpressiven sprachlichen Mitteln realisiert.

Was die Rolle der Expressiva in der propositionssemantischen Makrostruktur der beiden Textsorten angeht, so sind auch hier bestimmte Gemeinsamkeiten zu erkennen. Diese bestehen in erster Linie in der Sättigung der ARGUMENTATION mit Expressiva, die in der THESE der Einflößung einer emotiven Einstellung noch vor der Beweisführung, in den ARGUMENTEN zur Verstärkung der Argumentation bzw. als eigentliches Mittel der Realisierung des Appells vor einer schwachen Argumentationskulisse (in erster Linie mittels durchgehender Metaphorisierung bis zur Allegorienbildung und in illustrativen Beispielen), in der KONKLUSION zur nochmaligen Hervorhebung der emotiven Einstellung verwendet werden. Auffällig ist auch die Tendenz, Expressiva in nicht weiter begründeten STELLUNGNAHMEN zu verwenden, wobei diese auch zur Erhöhung der Akzeptanzbereitschaft des Adressaten eingesetzt werden.

Auch einzelne andere Blöcke der deskriptiven und manchmal explikativen Makrostruktur werden in den beiden Textsorten teilweise zur Verstärkung des expressiven Appells vereinnahmt. Hier geht es erstens um umfangreiche und dramatisch formulierte Situationsbeschreibungen, die für eine argumentativ aufgebaute Rede unnatürlich lang wirken und hauptsächlich dem „nebensächlichen" Emotionsausdruck dienen; zweitens um Explikationen, die manipulativ anstatt ARGUMENTE eingesetzt werden und deren Effizienz durch Expressiva weiter verstärkt wird.

3.5 Analyse der Textosrten der Parteidokumente

3.5.1 Allgemeine Charakteristik der Parteitagsbeschlüsse und Wahl- / Regierungsprogramme

3.5.1.1 Parteitagsbeschluss

Der Parteitagsbeschluss ist ein schriftlicher Text mit einem nicht geregelten Umfang (800 bis 10000 Wortformen und mehr), in dem der aktuelle Stand der innerparteilichen politischen Diskussion, insbesondere die im Rahmen des einschlägigen Parteitags gefallenen Beschlüsse, festgehalten werden. Diese Beschlüsse haben keine Gesetzeskraft, sind jedoch als eindringliche Empfehlungen zu betrachten, an die sich die Parteimitglieder in ihrer politischen Tätigkeit zu orientieren haben (Klein 2000: 746). A. Tillmann sieht deshalb die Orientierung (Instruierung, Anweisung) als kommunikative Hauptfunktion dieser Textsorte und zählt sie zur direktiven Textsortengruppe des politischen Diskurses (Tillmann 1989: 98-99). Neben der Orientierung kommt jedem Parteitagsbeschluss aber unweigerlich (und eventuell als Primärfunktion) die Informationsaufgabe zu, da er dem Festhalten und Publikmachen der Haltung der jeweiligen Partei zu aktuellen politischen Entwicklungen dient.

Neben diesen Funktionen könnten Parteitagsbeschlüsse unter Umständen (zumindest theoretisch) aber auch die Appellfunktion realisieren, weil auch in dieser Textgruppe ein doppelter Adressatenbezug zu beobachten ist. Als primärer Adressat tritt dabei die eigene Partei, als möglicher sekundärer Adressat die Öffentlichkeit auf (Klein 2000: 746). Dieser Logik folgend zählt man diese Textsorte manchmal zum Bereich politischer Meinungs- und Willensbildung (vgl. Strauß/Zifonun 1986b: 196). Das tatsächliche Verhältnis des Appells zu den beiden oben genannten kommunikativen Primärfunktionen und sein Niederschlag in den sprachlichen Besonderheiten der Parteitagsbeschlüsse wurden jedoch auf der Textebene bisher nicht näher untersucht und bleiben dahingestellt.[88]

Parteitagsbeschlüsse sind offizielle programmatische Dokumente, die zusammen mit Grundsatz-, Wahl, und Aktionsprogrammen – Parteiprogramme und Parteistatute müssen nach dem deutschen Parteiengesetz von Parteitagen verabschiedet werden (Klein 2000: 746) – politische Grundsätze von Parteien festhalten. Als solche stehen sie unter einem starken institutionellen Formulierungszwang: Zur Erfassung politisch und teilweise auch rechtlich bindender Entscheidungen wird eine präzise, sachliche Ausdrucksweise mit fachsprachlichen Ausdrücken aus dem Rechts- und Verwaltungsdiskurs gewählt.

3.5.1.2 Wahl-/Regierungsprogramm

Eine wichtige Besonderheit dieser Textsorte besteht darin, dass sich in der politischen Kommunikationspraxis zu ihrer Bezeichnung zwei verschiedene Wörter (*Wahlprogramm* und *Regierungsprogramm*) etabliert haben, zwischen denen in der Linguistik geschichtlich gesehen lange Zeit unterschieden wurde. So versteht A. Tillmann unter dem Wahlprogramm ein Dokument, das von der jeweiligen Partei noch vor den Wahlen veröffentlicht wird. Ein Regierungsprogramm stellt dagegen ein Resultat der Informierung der Öffentlichkeit über die formulierten Aufgaben nach den Wahlen (Tillmann 1989: 87-89). Auch G. Strauß unterscheidet zwischen den beiden Begriffen, aber für ihn gehören die beiden Textsorten zur Wahlkampfperiode, das Regierungsprogramm wird jedoch von der Regierungspartei, das Wahlprogramm von der Oppositionspartei präsentiert (Strauß/Zifonun 1989b: 196-197; 214-216). Bei J. Klein werden schließlich beide Begriffe als vollständige Synonyme betrachtet. Der letztgenannte Ansatz scheint mit Rücksicht auf die politische Realität der adäquateste zu sein, denn in der letzten Zeit

88 So fällt die Beschreibung von Parteitagsbeschlüssen bspw. in (Klein 2000) sehr knapp aus. In Bezug auf sprachliche Merkmale dieser Textsorte wird lediglich auf deren große Uneinheitlichkeit hingewiesen (Klein 2000: 746).

wird die Bezeichnung *Regierungsprogramm* von allen Parteien in Bezug auf ihre programmatischen Dokumente angewendet (Niehr 2006b: 28) – vgl. z. B. die Titel der Wahlprogramme wie „Regierungsprogramm 2002/2006 von CDU und CSU ‚Leistung und Sicherheit. Zeit für Taten' ".

Sprachliche Besonderheiten der Wahlprogramme als Untertyp der Textsortengruppe programmatischer Dokumente wurden in Publikationen wie (Ballfuß 1996; Klein 2000 und Niehr 2006b) eingehend untersucht. Leider liefern diese Aufsätze mit einigen Ausnahmen jedoch keine genaue Beschreibung der soziopragmatischen Einbettung dieser Textsorte, so dass sich insbesondere hinsichtlich der Kommunikationsfunktionen der Wahlprogramme nur in wenigen Quellen Informationen finden.

Semantisch stützt sich ein Regierungsprogramm auf das jeweilige Grundsatzprogramm der Partei, in dem ihre grundlegenden Werte und strategischen Ziele festgehalten werden. Im Unterschied zur letzteren ist ein Regierungsprogramm aber stets aktuell und auf konkrete innen- und außenpolitische Lage der Partei bezogen (Strauß/Zifonun 1986a: 54; Klein 2000: 743). Deshalb ist eine vollständige Gleichsetzung des funktional-kommunikativen Aspekts der beiden Textsorten, wie in (Tillmann 1989) vorgeschlagen wird, kaum berechtigt, auch wenn sich die kommunikativen Funktionen zweifellos teilweise überschneiden. Generell stellt bei der Beschreibung von Regierungsprogrammen der funktionale Aspekt die meisten Schwierigkeiten dar. So spricht J. Klein von den drei Kommunikationsfunktionen des Wahlprogramms – der orientierenden, mobilisierenden und informativen (Klein 2000: 743). Auch A. Tillmann erwähnt drei Funktionen – die orientierende, aktivierende und informative (Tillmann 1989: 86ff.). G. Strauß hebt dagegen nur den allgemeinen appellativen Charakter dieser Textsorte hervor (Strauß/Zifonun 1986a: 53-54). Gleichzeitig wird dabei aber auch die Informationsfunktion akzentuiert.

Tatsächlich stellt ein Regierungsprogramm einen langen komplizierten Text dar, der in einzelnen Teilen nach den Aufbaumustern unterschiedlicher Textsorten[89] formuliert werden kann und rein theoretisch in jedem einzelnen dieser Teile eine jeweils andere dominierende kommunikative Funktion haben könnte, darunter:

1. **Die informative Funktion**. Ein Wahlprogramm stellt vor allem ein Informationsregister dar, in dem sich Erklärungen und Stellungnahmen zu den wichtigsten aktuellen politischen Fragen finden lassen. Darüber wird der Leser informiert;

2. Über das Informieren hinaus wird im Wahlprogramm dem Wähler etwas versprochen (**Obligationsfunktion** nach der Klassifikation von K. Brinker). Die Partei verpflichtet sich zu bestimmten politischen Handlungen, falls sie gewählt wird;

89 Ausführlicher zu Regierungsprogrammen als Mischformen siehe in (Niehr 2006b).

3. Außerdem kann man in einem Wahlprogramm noch einen Schritt weitergehen und an den Wähler **appellieren**. Dass auch Parteidokumente über ein Appellpotential durchaus verfügen können, wurde in den Publikationen (Hermanns 1989; Niehr 1996) am Beispiel der Parteiprogramme bereits gezeigt. Es wäre daher sinnvoll zu überprüfen, ob in den Wahlprogrammen auch expressiver Appell zum Ausdruck kommt.

Tabelle 3.3 Vergleichende Charakteristik der Textsorten *Parteitagsbeschluss* und *Wahl- bzw. Regierungsprogramm*

Textsorte	**Kommunikationsfunktion**	**Kommunikationssituation**		
		Komunikationsform	**Emittent**	**Adressat**
Parteitagsbeschluss	Polyfunktional informativ, eventuell instruierend	Schriftlicher Monolog	Parteimitglieder	mehrfachadressiert: primär an die eigene Parteimitglieder sekundär an die Öffentlichkeit
Wahl- bzw. Regierungsprogramm	Polyfunktional: informativ, kommissiv, appellativ	Schriftlicher Monolog	Parteimitglieder	Öffentlichkeit

3.5.2 Die mikro- und makrotextuelle Analyse der Expressivität der Parteitagsbeschlüsse und Wahl- / Regierungsprogramme

Im Unterschied zu den bereits analysierten Textsorten des deutschen politischen Diskurses wurde für diese Textsortengruppe ein vereinfachtes Analyseschema verwendet. Dies lässt sich dadurch erklären, dass diese Gruppe anders als politische Reden und politischer Journalismus kaum öffentlich wirksam und somit deutlich sachlicher ist. Die Häufigkeit von Expressiva in den beiden Textsorten ist minimal (siehe Anlagen B.3.1 und B.3.2), der Appell, der in diesen Textsorten wesentlich schwächer als in den anderen analysierten Textsortengruppen ist, wird zum Großteil mittels anderer Sprachmittel umgesetzt.

Die Parteitagsbeschlüsse stellen umformulierte, stark komprimierte und sachliche Versionen der Diskussionen im Laufe von Parteitagen dar. Im Unterschied zu den Parteitagsreden, die durchaus agonal sein können, geht es den Verfassern von Parteitagsbeschlüssen in erster Linie darum, die Ergebnisse in einer möglichst klarer, nachvollziehbarer und somit nach Bedarf in künftigen Texten (z. B. in Partei- bzw. Wahlprogrammen) für die eigenen Parteimitgliedern verwertbaren Form zu erfassen. Hier rückt also die für die Dokumente im Allgemeinen vorherrschende kommunikative Informationsfunktion (teilweise auch die Instruktionsfunktion, vor allem in den Parteitagsbeschlüssen, wenn Empfehlungen an die eigene Bundestagsfraktionen erteilt werden) in den Vordergrund.

Auf der mikrotextuellen Ebene drückt sich diese Veränderung darin aus, dass die Texte der Beschlüsse teilweise stark mit wirtschaftlichen und politischen Termini gesättigt werden, vgl.:

> *Im einzelnen treten wir besonders dafür ein, die Verträge zur* ***Non-Proliferation****, das* ***Chemiewaffenübereinkommen****, das* ***B-Waffen-Übereinkommen*** *und das* ***Regime der Nichtverbreitung von Trägerwaffentechnologie (MTCR)*** *zu stärken und wirkungsvoller zu machen…*
>
> *Mit dem* ***Lomé-V-Abkommen*** *bietet sich die Möglichkeit…*
>
> (Parteitagsbeschluss 1)
>
> *Abgesehen von der geringeren Absenkung des Spitzensteuersatzes wird das* ***Merz-Faltlhauser-Steuerreformkonzept*** *nicht verändert.*
>
> (Parteitagsbeschluss 3)

Die Expressiva sind dagegen äußerst selten und fehlen sogar gänzlich in drei von acht analysierten Texten. In den restlichen Parteitagsbeschlüssen beträgt die durchschnittliche Häufigkeit der Expressiva nicht mehr als 1,1 Einheiten pro 1000 Wortformen. Die meisten davon stellen klischeehafte Metaphern dar, deren emotiv-wertende Bedeutungskomponente deshalb deutlich zurücktritt, wie z. B. im Ausdruck *Terroristische Gewalt ist eine* ***Geißel der Menschheit*** (Parteitagsbeschluss 1). Im Allgemeinen liegen die kognitiven Metaphern, die einer Verdeutlichung der Gedanken dienen, im Vergleich zu den emotiv-wertenden Metaphern deutlich in Überzahl.

Die niedrigen Häufigkeitswerte führen auf der makrotextuellen Ebene dazu, dass in allen analysierten Texten bis auf einen, der in jeder für die vorliegende Untersuchung relevanten Hinsicht eine deutliche Ausnahme darstellt, kein taktisch-strategischer Plan hinter der Verwendung der Expressiva erkennbar ist. Sie sind weit voneinander entfernt und beziehen sich auf jeweils verschiedene Sachverhalte und Personen.

Die oben erwähnte Ausnahme stellt der Parteitagsbeschluss „Grün wirkt weiter" dar, der im Ergebnis der 21. Ordentlichen Bundesdelegiertenkonferenz[90] am 7./8. Dezember 2002 in Hannover erschienen ist (Parteitagsbeschluss 5). In diesem Text wurde die parteitagsübliche Ausdrucksweise nicht versachlicht. Der kurze Beschluss (nur 985 Wortformen) enthält 12 Expressiva, darunter Ironie (*Merkel, Koch und Stoiber* ***ergießen sich****…*), Stilbruch (*von* ***durchgedrehten*** *Konservativen;* ***schäbig*** *ist sein Vorhaben…*) und okkasionelle Metaphern (*vordemokratisches* ***Mob-***

---

90 Der Begriff „Bundesdelegiertenkonferenz" wird in der Partei Bündnis 90/Die Grünen synonym zum bekannteren Begriff „Parteitag" verwendet, der von den anderen deutschen Parteien genutzt wird.

bing *unserer Demokratie; Gabriel braucht* ***grüne Flügel; Lügenbaron*** *der schwarzen Kassen*), und steht somit sprachlich gesehen einer agonalen Parteitagsrede nahe.

Auf der makrotextuellen Ebene lässt die Verwendung der Expressiva sich in diesem Text auf die Realisierung der Strategie der DISKREDITIERUNG mit ihren Taktiken der STIGMATISIERUNG und der DISQUALIFIZIERUNG zurückführen.

Der offensichtliche Widerspruch zwischen den Ergebnissen der Analyse der meisten Parteitagsbeschlüsse und der erwähnten Ausnahme offenbart die wechselnde Wirkung von zwei unterschiedlichen „Kraftvektoren" im Spannungsfeld zwischen dem politischen Diskurs und dem Verwaltungsdiskurs. Während in allen anderen analysierten Textsorten der Grad der Expressivitätssteigerung im Rahmen der fließenden Übergänge zwischen einzelnen Diskursen bereits qualitativ wie quantitativ klar umrissen ist, sind die Parteitagsbeschlüsse eine in dieser Hinsicht weniger geregelte Textsorte, welche starke Expressivitätsschwankungen zulässt.

Der Expressivitätsgrad der Wahlprogramme beträgt 0,6 Einheiten pro 1000 Wortformen und liegt somit noch niedriger als bei Parteitagsbeschlüssen. Die Expressiva sind mehr oder weniger gleichmäßig im ganzen Text verteilt und nicht, wie man erwarten könnte, in den letzten Teilen der Programme konzentriert, in denen der eigentliche Wahlaufruf formuliert wird. Genauso wie in Parteitagsbeschlüssen werden auch in Wahl-/ Regierungsprogrammen oft verblasste klischeehafte Metaphern mit beinahe verschwundenem emotiv-wertenden Inhalt sowie kognitive Metaphern verwendet. Auffällig ist, dass mehrere solche Metaphern quer über die beiden Texte zerstreut sind (Motor, Kompass, Schere).

Diese Tendenz wird zusätzlich dadurch gefördert, dass die Regierungsprogramme grundsätzlich wie eine Art Kataloge mit den Stellungnahmen zu allen politischen relevanten Themen (Steuerreformen, Reform des Krankenversicherungssystems, innere Sicherheit, Zuwanderung etc.) aufgebaut werden. Diese Themengleichheit fällt bereits beim Lesen des Inhaltsverzeichnisses der Programme auf. Dementsprechend wird auch die Audrucksweise stark typisiert (auch im Fall der Expressiva), so dass im Endeffekt gleiche Expressiva, wie z. B. *Zwei-Klassen-Medizin*, in den Texten politischer Opponenten enthalten sind. Daneben gibt es aber auch Expressiva, die von einer der Seiten geprägt und „besetzt" werden, weshalb man sie nur in einigen der analysierten Texte finden kann, so bspw. der von der CDU/CSU und der FDP „besetzte" Expressiv *Kanzler Versprochen-Gebrochen*, der zur Kritik des Bundeskanzlers Gerhard Schröder verwendet wurde. Wenn solche Expressiva doch in den Texten der jeweiligen Opponenten vorkommen, dann nur mit dem Zweck, sich davon zu distanzieren und sie als Grund für die Kritik am niedrigen Niveau der Diskussionskultur (vgl. *Steuerterror* in Regierungsprogramm 2) zu verwenden.

Auf der makrotextuellen Ebene lassen sich zwischen einzelnen Expressiva genauso wie im Fall der Regierungsprogramme kaum Zusammenhänge erkennen, weshalb man auch in dieser Textsorte kaum vom strategischen Einsatz der Expressiva sprechen kann.

ZUSAMMENFASSUNG

Im Laufe der Untersuchung hat sich gezeigt, dass die Analyse der Expressivität des deutschen politischen Diskurses eine schwierige und komplexe Aufgabe darstellt. Zur Lösung dieser Aufgabe waren die Formulierung plausibler theoretischer Grundlagen und ihre konsequente Berücksichtigung bei der Durchführung der praktischen Analyse notwendig. Auf der Basis der quantitativen und qualitativen Ergebnisse der Analyse ließen sich dann schließlich wichtige Schlussfolgerungen bezüglich Wesen und Variierung der Expressivität des deutschen politischen Diskurses ziehen.

Die wichtigsten theoretischen Erkenntnisse, die im Laufe der vorliegenden Untersuchung gewonnen wurden, sind folgende:

1. Der Begriff *Diskurs* ist ein operationales Konstrukt. Seine Bedeutung ist nicht einheitlich und hängt grundsätzlich davon ab, welches Konzept der menschlichen Kommunikation der jeweiligen Untersuchung zu Grunde liegt und welcher Aspekt davon analysiert wird. Die in der vorliegenden Untersuchung verwendete Definition von Diskurs als einer konventionalisierten Form des Sprachgebrauchs samt der diesen Sprachgebrauch prägenden Kommunikationsfaktoren verfolgte das Ziel der Rationalisierung und Anpassung des Konzeptes der Diskursanalyse an die speziell linguistischen Fragestellungen. Mit demselben Ziel wurden auch einige allgemeine Prinzipien der linguistischen Diskursanalyse formuliert, welche die theoretische Basis für die Entwicklung der konkreten Analysemethode geliefert haben, darunter 1) Orientierung auf konkrete sprachliche Erscheinungen, in erster Linie Texte (im weiteren Sinne des Begriffs) als zentrale Kommunikationseinheiten; 2) Berücksichtigung typischer/konventionalisierter Kommunikationsmuster, Gruppierung der zu analysierenden Texte nach diesen Typen (Textsorten); 3) Einbeziehung in die Analyse der außerlinguistischen (soziopragmatischen) Faktoren, die das sprachliche Wesen der jeweiligen Textsorte prägen; 4) Einteilung der linguistischen Diskursanalyse in zumindest zwei Etappen, die erste davon inhaltlich-strukturell, die zweite kontextuell-interpretativ;

2. Zur Beschreibung des politischen Diskurses, insbesondere zur Sammlung des entsprechenden Textkorpus, ist es notwendig, seine Grenzen klar abzustecken. Diese Aufgabe wird dadurch erschwert, dass die Frage nach den Grenzen des Politischen in einzelnen wissenschaftlichen Disziplinen unterschiedlich beantwortet wird. Die Gegenüberstellung mehrerer Herangehensweisen an die Lösung des Problems (siehe Tabelle in der Anlage A) führt zum Fazit, dass keine strenge Eingrenzung des politischen Diksurses sowie Abgrenzung seiner einzelnen Bereiche voneinander möglich ist. Er stellt ein soziopragmatisches Spannungsfeld dar, in welchem Texte entsprechend der jeweiligen Konstellation der Spannung erzeugenden Kommunikationsfaktoren produziert werden. Die Wirkung einzelner Faktoren vergrößert/vermindert sich graduell, je näher/weiter die jeweilige Textsorte zum/vom Zentrum des jeweiligen Kommunikationsbereichs (Sektors) und der jeweilige Kommunikationsbereich vom zentralen Sektor des Diskurses liegt. Im politischen Diskurs bildet der Sektor der öffentlichen Mei-

nungsbildung das Zentrum, während z. B. die Bereiche der Wahlkampfkommunikation, der internen Gesetzgebungskommunikation, der Sektor der Parteidokumente und des politischen Journalismus u. a. zur Peripherie bzw. Übergangszonen gehören.

3. Im Ergebnis einer ausführlichen Analyse der wissenschaftlichen Ursprünge des Terminus *Expressivität* und seiner gängigen Definitionen in der Semantik, Stilistik und Pragmatik wurde die Notwendigkeit einer eigenen Definition dieses Begriffs erkannt, welche eine klare Unterscheidung zwischen der funktional-kommunikativen Kategorie der Expressivität und den semantischen Kategorien *Emotivität, Wertung, Konnotation* ermöglichen könnte. Dadurch wurden logische Verbindungen zwischen den genannten Kategorien aufgedeckt und bestehende Widersprüche aufgehoben. Auf dieser Basis ließ sich eine konsequente verallgemeinernde Theorie der Expressivität formulieren, in der die Möglichkeiten der linguistischen Erfassung der Expressivität klar gezeigt wurden. Unter anderem wurden die semantische Grundlage der Expressivität (emotive und wertende Seme) und die möglichen Aufbauvarianten des konnotativen Bedeutungsmoduls beschrieben, die zum Entstehen der Emotivität und auf ihrer Basis der Expressivität führen. Zur linguistischen Beschreibung der Expressivität wurden drei wichtige Parameter der emotiven Bedeutungskomponente festgestellt (Wertungszeichen, Intensität und Involviertheit), mit denen der Grad der Expressivität einer Spracheinheit im Text bemessen werden konnte. Zu einer weiteren wichtigen theoretischen Grundlage der linguistischen Beschreibung der Expressivität wurde die Definition des besonderen Status des emotiven Äußerungsgehalts und seines damit verbundenen kommunikativen Potentials: Emotiv-wertende Seme wurden dabei als „untergeschobene Prädikationen" (P. von Polenz) betrachtet, die über eigenes kommunikatives Potential einer Zusatzhandlung (K. Adamzik, B. Sandig) verfügen. Weiterhin wurden die bestehenden Theorien unter die Lupe genommen, die das Wesen der mittels emotiv-wertender Spracheinheiten realisierbaren kommunikativen Sprachhandlungen/Textfunktionen definieren, um die funktional-kommunikative Seite der Expressivität möglichst genau zu erfassen;

4. Die gewonnenen Ergebnisse wurden dann schließlich im Rahmen der Formulierung der konkreten linguistischen Methode der Beschreibung der Expressivität synergetisch zusammengeführt und aufgearbeitet. Bei der Entwicklung der eigenen Analysemethode wurden mehrere in der Linguistik etablierte Verfahren (Illokutionsanalyse, Textanalyse nach K. Brinker, Sprachhandlungsanalyse nach W. Holly, strategisch-kommunikative Analyse etc.) gegeneinander abgewogen, um die optimale Lösung für die Erfassung der Expressivität ganzer Texte zu finden. Schließlich wurde das Analyseverfahren im Rahmen der in der Hypothese formulierten Annahme über die Zusammenwirken der emotiv- und denotativ-semantischen Textebenen um Elemente der makrosemantischen Textanalyse ergänzt.

Die in der Untersuchung geschaffene theoretische Basis hat eine ausführliche und vielseitige praktische Analyse der Expressivität des deutschen politischen Diskurses ermöglicht. Im Ergebnis der Analyse wurde die in der Hypothese formulierte Annahme bestätigt, dass die Expressivität eine wichtige funktional-semantische Kategorie für die meisten untersuchten Kommunikationsbereiche des deutschen politischen Diskurses darstellt.

Diese Schlussfolgerung findet bereits in den Ergebnissen der quantitativen Analyse ihre Bestätigung. Sie zeigt, dass in zwei von drei analysierten Textsortengruppen die Häufigkeitswerte der Expressiva zwischen mittelhoch (politisches Interview, Parteitagsrede, parlamentarische Debattenrede) bis sehr hoch (politischer Kommentar) liegen. In der Textsortengruppe *Parteidokumente,* vertreten durch Parteitagsbeschlüsse und Wahl-/Regierungsprogramme, ist der Gehalt der Expressiva dagegen sehr niedrig. Diese signifikanten quantitativen Unterschiede können auf die verschiedenen, einzelne Kommunikationsbereiche des politischen Diskurses prägenden Konstellationen soziopragmatischer Faktoren wie Kommunikationsfunktion und Kommunikationssituation zurückgeführt werden. Insbesondere das Vorhandensein der appellativen Kommunikationsfunktion, die Möglichkeit, seinen Adressaten/Opponenten direkt anzusprechen, sowie die Mehrfachadressiertheit des Textes wirken sich auf die Expressivität aus.

Bei der Beschreibung der Expressivität stellt die quantitative Analyse jedoch nur die erste Etappe dar. Sie erlaubt eine einführende Einteilung der Textsorten in die drei oben genannten Gruppen (sehr hohe Expressivität, mittelhohe Expressivität, niedrige/keine Expressivität). Eine vertiefte Analyse der Expressivität einzelner Textsorten setzt jedoch eine Auswertung der gewonnenen qualitativen Ergebnisse der mikro- und makrotextuellen Analyse voraus. Diese macht zahlreiche weitere Gemeinsamkeiten und Unterschiede zwischen der Expressivität einzelner Textsorten erkennbar.

Ein wichtiges gemeinsames qualitatives Merkmal der Expressivität aller analysierten Textsorten ist das eindeutige Vorherrschen der sprachlichen Mittel der semantischen Ebene im Vergleich zur semantisch-syntaktischen (Oxymoron, Wortspiel etc.), syntaktischen (bspw. Ausrufesatz), textuellen (Allegorien) und intertextuellen (Präzedenzeinheiten). Außerdem lässt sich auf der semantischen Ebene eine weitere wichtige Gemeinsamkeit erkennen: In sämtlichen Textsorten stellt die Metapher das bedeutendste sprachliche Mittel der Expressivitätsbildung dar[91], auch wenn ihre Häufigkeit z. B. in Parteitagsreden wegen des abgeschwächten Dranges des Emittenten zur Selbstprofilierung etwas absinkt. Besonders wichtig für die Expressivität einzelner Textsorten ist die Häufigkeit okkasioneller Metaphern, denn sie verfügen über ein sehr hohes expressives Potential. Ihr Anteil ist relativ hoch in politischen Kommentaren – ca. 50 %, während in politischen Interviews, parlamentarischen Debattenreden und Parteitagsreden usuelle Metaphern deutlich in der Überzahl sind.

91 Dies gilt sogar für Parteidokumente, in denen die Häufigkeit der Expressiva minimal ist.

Was andere Sprachmittel der Expressivitätssteigerung angeht, so ist in erster Linie die besondere Rolle der Ironie und expressiven Wortbildung auf der einen Seite und der Phraseologismen auf der anderen Seite zu erwähnen. Die zwei ersteren Mittel der Expressivitätsbildung werden tendenziell häufiger in den besonders expressiven Textsorten wie politischen Kommentaren (7,8 % und 7,3 %) und Parteitagsreden (14 % und 11,8 %) verwendet. In den parlamentarischen Debattenreden steigt die Anzahl von Produkten der expressiven Wortbildung wegen ihres zu offensiven Wesens bereits deutlich ab, während die Häufigkeit der Ironie auf derselben Ebene wie in Kommentaren bleibt. In politischen Interviews sinkt dann auch der Anteil der Ironie auf 3,1 % ab. In Parteitagsbeschlüssen und Wahlprogrammen wurde schließlich nur ein ironischer Ausdruck festgestellt. Die Phraseologismen stellen dank ihrem Autoritätsbezug das Gegenteil zur expressiven Wortbildung und Ironie dar: Als ein relativ schwaches Mittel der Expressivitätsbildung werden sie in politischen Kommentaren (die expressivste Textsorte) viel seltener als z. B. in politischen Interviews (4,7 % gegen 15,6 %) verwendet.

Ähnlich wie bei der Analyse der Sprachmittel der Expressivitätssteigerung zeigt auch die Untersuchung der wichtigsten zum Ausdruck kommenden Emotionen durchgehende Parallelen sowie wichtige Unterschiede auf. Die Ähnlichkeit besteht in einer auffälligen Dominanz negativer Emotivität in allen analysierten Textsorten (85 bis 94 % aller Expressiva je nach der Textsorte). In der Häufigkeit einzelner negativer Emotionen gibt es jedoch signifikante Schwankungen: Die niedrigsten Werte der intensiveren negativen Emotionen der Geringschätzung und Verachtung wurden in politischen Interviews festgestellt (die nichtexpressiven Parteidokumente werden hier nicht berücksichtigt), in denen offene Aggressivität und persönliche Angriffe gegenüber dem Gesprächspartner bzw. politischen Opponenten einen deutlichen Verstoß gegen die Kommunikationsform (kooperatives Dialog) bedeuten und eine negative Auswirkung für das Image des Politikers haben können. Eine auffällig hohe Anzahl der Expressiva mit der emotiven Semantik der Geringschätzung und Verachtung wird dagegen in Parteitagsreden festgestellt, wobei die Häufigkeitswerte der Geringschätzung hier noch höher als z. B. in den sonst besonders expressiven politischen Kommentaren sind (23,3 % gegen 33,8 % in Parteitagsreden). Diese Tatsache ist darauf zurückzuführen, dass die Parteitagsreden wegen ihrer abgeschwächten Institutionalität eine ideale Möglichkeit für den rhetorischen Schlagabtausch mit Opponenten darstellt, der nicht nur nicht verhindert (durch die Geschäftsordnung, Zwischenrufe, Fragen und Kommentare des Interviewers etc.), sondern vom primären Adressat gebilligt und erwartet wird. In der Textsorte *politischer Kommentar* ist dagegen wegen der Notwendigkeit, bei der Kritik relativ unparteiisch zu wirken, häufiger als in anderen Textsorten die Emotion der Verurteilung vertreten (40 % aller Expressiva), die trotz hoher Intensivität einen niedrigeren Grad der Involviertheit aufweist.

Eine wichtige zusätzliche Charakteristik der Expressivität auf der mikrotextuellen Ebene stellt die Akkumulierung der Expressiva in bestimmten Textpassagen dar. Dadurch wird eine zusätzliche Verstärkung des Appells gegenüber dem Fall erzielt, wenn die gleiche Anzahl von Expressiva über die ganze Textsorte zerstreut ist. Die Akkumulierung findet vor allem in politischen Kommentaren und in deutlich geringerem Maße auch in Parteitagsreden und parlamentarischen Debattenreden statt. In politischen Interviews wurden im Gegenteil Fälle festgestellt, in denen keine semantische Verbindung zwischen einzelnen vorhandenen Expressiva festgestellt werden konnte, weshalb ihr Wirkungspotential stark beeinträchtigt wurde. In diesen Fällen hat man den Eindruck, die Expressiva seien hier fast „zufällig" verwendet worden und hätten keine eindeutige Kommunikationsaufgabe.

In allen Fällen, wenn Verbindungen zwischen einzelnen Expressiva in Rahmen des Textes, oft über die Grenzen einzelner Sätze und Absätze hinaus, feststellbar sind, kann man von der strategischen Verwendung von Expressiva sprechen. Dieses strategische Potential kann deutlich spürbar oder – vice versa – sehr subtil und schwer zu erkennen sein. In allen diesen Fällen geht es jedoch um den Versuch, eine unauffällige Verschiebung funktional-kommunikativer Akzente in Richtung Appellativität zu erreichen, wozu die Expressiva dank ihrer bereits angesprochenen unikalen semantischen Eigenschaften besonders gut geeignet sind.

Im Laufe der makrotextuellen Analyse wurden induktiv die wichtigsten Typen komplexer Sprachhandlungen (Strategien) festgestellt, die mittels Expressiva realisiert werden. Weiterhin wurden einzelne konventionelle Realisierungsformen (Taktiken) dieser Strategien beschrieben. Für jede Strategie und Taktik wurde eine Bezeichnung gewählt, die ihren kommunikativen Zweck möglichst genau widerspiegelt.

Die wichtigsten kommunikativen Strategien, die mittels emotiv-wertender Spracheinheiten realisiert werden, sind DISKREDITIERUNG, IMAGESTEIGERUNG und VERHALTENSSTEUERUNG. Die zwei ersteren Strategien sind für alle analysierten Textsorten mit Ausnahme der Parteidokumente charakteristisch, in denen wegen sehr niedriger Häufigkeitswerte der Expressiva keine taktisch-strategischen Verknüpfungen dazwischen erkennbar sind. Die Strategie der VERHALTENSSTEUERUNG kommt dagegen nur in denjenigen Textsorten vor, in denen zumindest teilweise dialogische Kommunikation stattfindet (politische Interviews und parlamentarische Debattenreden). Die Realisierungsformen der Strategien – die Taktiken – hängen direkt und über die mikrotextuelle Ebene – von der soziopragmatischen Einbettung der politischen Kommunikation ab. So ermöglicht z. B. die überdurchschnittlich häufige Verwendung emotiv-wertender Metaphern in parlamentarischen Debattenreden und insbesondere in politischen Kommentaren, die durch den Drang zur Profilierung als gebildeter Redner/Autor vor den Wählern/anderen Abgeordneten/Leserschaft bedingt ist, die besonders häufige Realisierung der Taktik PROJIZIERUNG EINES NEGATIVEN BILDES, welche zur Bildung langer Ketten miteinander semantisch verknüpfter Metaphern bis zur Entstehung von Allegorien führt. Die im Ergebnis entstehenden sprachlichen Bilder mit einer starken emotiv-wertenden Färbung lenken durch ihre Kreativität von der Logik des Textes ab und haben somit ein besonders hohes appellatives Potential.

Im Allgemeinen lässt sich sagen, dass alle genannten Strategien hauptsächlich durch die Taktiken realisiert werden, die an negative Emotionen appellieren (siehe Tabelle in der Anlage D). Die Strategie der DISKREDITIERUNG mit ihren Realisierungsformen STIGMATISIERUNG und DISQUALIFIZIERUNG ist dabei am weitesten verbreitet. Die beiden Taktiken werden meistens in Verbindung miteinander verwendet. Erst in den Textsorten der politischen Rede und in politischen Kommentaren, in denen ein höheres Maß der in erster Linie negativen Expressivität möglich ist, kommen weitere Taktiken wie VERSPOTTUNG, BELEIDIGUNG bzw. UNTERDRÜCKUNG vor. Eine zusätzliche Verstärkung erfahren z. B. politische Kommentare durch eine weit überdurchschnittliche Häufigkeit der bereits erwähnten Taktik der PROJIZIERUNG EINES NEGATIVEN BILDES.

Einige Taktiken stellen eher eine Ausnahme dar, z. B. die Taktik der expressiven SELBSTKRITIK, die nur einmal vorkommt und ansonsten von den Emittenten offensichtlich gemieden wird. Andere hängen mit sehr speziellen Kommunikationsbedingungen zusammen, weshalb ihre Verwendung auf eine bestimmte Textsorte beschränkt wird, z. B. die Taktiken der PROVOKATION und UNTERDRÜCKUNG, die nur in politischen Interviews und parlamentarischen Debattenreden vorkommen.

Abschließend wurde im Rahmen der makrotextuellen Analyse die Verteilung von Expressiva in einzelnen Teilen der semantischen Makrostruktur politischer Texte untersucht, um die dadurch verursachten zusätzlichen Akzentverschiebungen im kommunikativen Potential ganzer Texte aufzudecken.

Die wichtigste Kommunikationsfunktion des politischen Diskurses ist die appellative, sie dominiert in seinen zentralen Kommunikationsbereichen und spielt eine wichtige Rolle auch in den oft polyfunktionalen peripheren Textsorten des deutschen politischen Diskurses. Grundsätzlich reicht für die sprachliche Umsetzung dieser Funktion der argumentative Textaufbau völlig aus. Dass sowohl in einzelnen Teilen der Argumentationssequenzen als auch in anderen Typen der propositionssemantischen Makrostruktur politischer Texte trotzdem häufig Expressiva eingeführt werden, ist kaum zufällig und deutet auf ein deutliches Streben nach verdeckter Änderung der appellativen Beschaffenheit der jeweiligen Texte (z. B. Verschiebung von Informativität zu Appellativität in Peripherie-Sektoren oder vom rationalen Appell zum expressiven Appell in zentralen Bereichen des politischen Diskurses) durch expressive Zusatz-Sprachhandlungen hin.

Die Ergebnisse dieser abschließenden Etappe der Analyse kann man je nach dem, in welchen Typen der semantischen Makrostruktur sie vorkommen, in zwei Gruppen einteilen:

1. Expressiva können in deskriptiven und explikativen Textsegmenten erscheinen (eine detaillierte Beschreibung siehe in den entsprechenden Abschnitten der Untersuchung sowie in der Anlage C). Die beiden Typen der semantischen Mak-

rostruktur dienen in erster Linie als Indikatoren der Informationsfunktion. Indem ihre semantischen Blöcke, z. B. TITEL, EINFÜHRUNGEN und DARSTELLUNGEN DES THEMAS, mit konnotierten Emotionen und Wertungen durchdrungen werden, versucht der Emittent, den Appell an die Emotionen des Adressaten auf Kosten und unter dem Deckmantel der Informierung zu verstärken. Nicht weniger wichtig ist auch der Umstand, dass durch den Ausdruck der emotiv-wertenden Einstellung im TITEL oder der EINFÜHRUNG eine bestimmte emotiv-wertende Einstellung des Adressaten gegenüber dem angesprochenen Thema noch **vor** dem Beginn der für die meisten Textsorten der politischen Diskurses zentralen argumentativen Themenentfaltung gesichert wird, was die später kommende ARGUMENTATION unabhängig von ihrer Schlüssigkeit überzeugender macht. Ähnlich kann auch die Verwendung der Expressiva in STELLUNGNAHMEN erklärt werden, die grundsätzlich analog den THESEN in der argumentativen Sequenz aussehen, mit dem einzigen Unterschied, dass in diesem Fall der Emittent nach dem Ausdruck seiner (meistens strittigen) Meinung auf ihre Begründung einfach verzichtet. Ohne argumentative Begründung scheint eine solche Äußerung an sich wenig überzeugend zu sein. Dem ist aber nicht ganz so, denn der logische Appell wird hier durch den expressiven ersetzt: In STELLUNGNAHMEN kommen Expressiva im Vergleich zu den anderen Blöcken der deskriptiven Themenentfaltung besonders häufig vor (siehe Tabellen in der Anlage C). Somit gewinnen diese Textteile an Überredungskraft, auch wenn sie nicht ganz überzeugend sein können. Genauso verhält es sich auch mit der Verwendung von Expressiva in den semantischen Blöcken der deskriptiven und explikativen Themenentfaltung, wobei bestimmte Schwankungen der Häufigkeitswerte der Expressiva in einzelnen Blöcken und Textsorten (z. B. UNTERTITEL, PROBLEMATISIERUNGEN) auf eine jeweils spezifische Konstellation soziopragmatischer Faktoren zurückzuführen sind (ausführlicher dazu siehe die entsprechenden Abschnitte der Untersuchung).

2. In der ARGUMENTATION spielen Expressiva in allen semantischen Blöcken eine bedeutende Rolle, wobei sich die auffälligen Unterschiede in den Häufigkeitswerten zwischen THESEN (7,2 % bis 23,2 %) und ARGUMENTEN (18,1 % bis 30,9 %) auf einer Seite und KONKLUSIONEN (nie über 9 %) auf der anderen Seite vor allem durch den fakultativen Charakter der KONKLUSION erklären lassen, die im Großteil der Argumentationssequenzen einfach fehlt.

Es ist eine allgemeine Tendenz zur Erhöhung der Häufigkeit der Expressiva in den argumentativen Teilen der Textsorten **mit dominierender Appellfunktion** zu verzeichnen (38,8 % in Interviews, 40,4 % in Parteitagsreden, 43,7 % in parlamentarischen Debattenreden und 60,4 % in Kommentaren). Dies hängt einerseits mit der Vergrößerung des argumentativen Textanteils in solchen Texten zusammen, auf den nun mehr Expressiva entfallen können, geht aber andererseits auch auf das unverkennbare Bestreben nach Sättigung von Argumentationssträngen mit Expressiva, insbesondere bei der Besprechung heikler Themen, zurück.

Die Verwendung der Expressiva in THESEN lässt sich im Allgemeinen genauso wie bei STELLUNGNAHMEN als ein Versuch der Meinungslenkung noch vor dem Anführen von Argumenten erklären. Die Ziele für die Verwendung der Expressiva in ARGUMENTEN lassen sich dagegen etwas genauer spezifizieren:

a) In den Fällen, wenn Expressiva nur selten vorkommen, dienen sie der Verstärkung der ohnehin intakten Argumentation. Sie treten hier als zusätzliche Garantie für den Erfolg des Appells auf. Das ist meistens in politischen Interviews, aber auch in anderen analysierten Textsorten der Fall;

b) In einigen Fällen der zweiseitigen Argumentation in politischen Kommentaren geben Expressiva einen dezenten Impuls zur Übernahme einer der beiden präsentierten Meinungen, wobei der Autor vom logischen Standpunkt her unparteiisch bleibt;

c) In vielen Fällen, auch in politischen Interviews, aber häufiger in politischen Kommentaren und Reden, wird die Schlüssigkeit der Argumentation durch Verwendung von Expressiva vernebelt. Sie verdrängen die Argumentation und werden zum eigentlichen sprachlichen Realisierungsmittel der appellativen Funktion, wobei die formale Argumentationsstruktur als „Fassade" beibehalten wird.

Basierend auf den Ergebnissen der praktischen Analyse kann man schlussfolgern, dass Expressiva eine wichtige Rolle bei der Realisierung der für den politischen Diskurs zentralen appellativen Kommunikationsfunktion spielen. Sie sind aber bei weitem nicht das einzige sprachliche Mittel der Umsetzung der appellativen Kommunikationsfunktion. Die Entscheidung, sich der expressiven Spracheinheiten zu bedienen, bedeutet einen mehr oder weniger bewussten Verzicht auf den rationalen Appell an die Logik zu Gunsten des irrationalen Appells an die Emotionen. Diese Funktion der Expressiva wird vor allem dadurch ermöglicht, dass der emotive Äußerungsgehalt logisch nicht verifizierbar ist. Sie beeinflussen direkt den emotionalen Zustand des Adressaten, weshalb sie auch in dem Fall wirksam sein können, wenn sich der Adressat dieser Absicht des Emittenten bewusst ist.

Der allmähliche Anstieg der Häufigkeitswerte der Expressiva in Textsorten des politischen Journalismus und der politischen Reden im Vergleich z. B. zu Parteidokumenten signalisiert einen graduellen Übergang vom kooperativen zum agonalen Kommunikationstyp. Es wird nicht mehr versucht, einen Kompromiss oder das „beste Argument" zu finden, sondern man suggeriert dem Adressaten die Übernahme der Meinung des Emittenten.

Die zusammengeführten Ergebnisse der praktischen Analyse können als Basis für eine genauere vergleichende Charakteristik der Expressivität des deutschen politischen Diskurses dienen, als dies an Hand quantitativer Ergebnisse möglich war (siehe Anlage B.4), sowie für den Aufbau einer summarischen Expressivitätsskala für sämtliche analysierten Textsorten.

Tabelle 4.1 Zusammenführende Tabelle mit den quantitativen und qualitativen Angaben zur Expressivität der ausgewählten Textsorten des deutschen politischen Diskurses[92]

MERKMAL	TEXTSORTE			
	PI	PK	PDR	PTR
Anzahl der Expressiva (pro 1000 Wtf.)	7,0	13,9	7,6	6,8
Anteil besonders ausdrucksstarker Sprachmittel der Expressivitätsbildung (in % von der Gesamtzahl von Expressiva) Ironie expr. Wortbildung	 3,1 % 5,6 %	 7,8 % 7,3 %	 7,8 % 3,6 %	 14 % 11,8 %
Anteil besonders intensiver Emotionen (in % von der Gesamtzahl von Expressiva) Geringschätzung Verachtung	 21,9 % 3,8 %	 23,3 % 9,5 %	 28,1 % 4,8 %	 33,8 % 6,6 %
Akkumulation	sehr niedrig	sehr hoch	niedrig bis mittelmäßig	mittelmäßig
Verwendung besonders offensiver expressiver Taktiken (in abs. Zahlen) Verspottung Beleidigung	 - -	 7 1	 5 2	 3 2
Rolle der Expressiva in argumentativen Textteilen	Unterstützung der Argumentation	Weichenstellung, Unterstützung, Vernebelung der Argumentation	Unterstützung, Vernebelung der Argumentation	Unterstützung, Vernebelung der Argumentation

Legende

PI = politisches Interview

PK = politischer Kommentar

PDR = parlamentarische Debattenrede

PTR = Parteitagsrede

92 Die (fast) nichtexpressiven Textsorten der Parteidokumente werden in der Tabelle nicht berücksichtigt.

Die in der Anlage C.4 angeführte Grafik ermöglichte die Einteilung der analysierten Textsorten in die expressiven (politischer Journalismus und der politische Rede) und kaum expressiven (Parteidokumente) sowie die Schlussfolgerung, dass politische Kommentare die expressivste Textsorte darstellen, während die Expressivität der weiteren 3 expressiven Textsorten eher im Mittelbereich liegt. In der oben angeführten Tabelle wird diese allgemeine Vorstellung nun an Hand einer Reihe qualitativer Merkmale weiter präzisiert und ergänzt, um ein differenzierteres Bild zu erhalten.

Die Tabelle enthält bei weitem nicht alle im Laufe der Analyse gewonnenen und im Text der Untersuchung angeführten Daten und Charakteristika zur Expressivität, sondern nur einen relativ kleinen Teil, den man jedoch als optimal für eine übersichtliche vergleichende Analyse der Expressivität betrachten kann.

Aus den zur Verfügung stehenden Daten ist ersichtlich, dass die Textsorte *politischer Kommentar* mit Abstand die expressivste ist (dieser Schluss stimmt auch mit den Ergebnissen der quantitativen Analyse überein), während das politische Interview das niedrigste Niveau der Expressivität von allen vier in der Tabelle angeführten Textsorten aufweist.

Weiterhin lassen sich an Hand der vorliegenden Erkenntnisse einige Fragen beantworten, die bei der allgemeinen soziopragmatischen Charakteristik der beiden Textsorten als strittig hervorgehoben wurden. So bestätigt die relativ niedrige Expressivität politischer Interviews die Annahme über die für diese Textsorte charakteristische kommunikative Polyfunktionalität **ohne** deutliche Dominanz einer bestimmten Funktion. Das Verhältnis kann von Text zu Text etwas variieren, aber im Allgemeinen kann man doch von der relativen Ausgewogenheit des Appells, der Information und Unterhaltung sprechen.

Im Bezug auf politische Kommentare legen die Ergebnisse der Analyse dagegen nahe, dass die oft formulierte Annahme über die Parität der beiden Funktionen nicht zutreffend ist. Der Appell, darunter der expressive Appell, herrscht in dieser Textsorte offensichtlich vor.

Etwas schwerer fällt die Differenzierung der Expressivität von Parteitagsreden und parlamentarischen Debattenreden. Bestimmte Ähnlichkeiten lassen sich auf wichtige Übereinstimmungen in der soziopragmatischen Einbettung zurückführen: Angehörigkeit zum zentralen Bereich des politischen Diskurses (öffentliche Meinungsbildung) und eine dementsprechend deutliche Dominanz der Appellfunktion, die Kommunikationsform eines monologischen Vortrags mit mehr oder weniger seltenen dialogischen Einsätzen. Es lassen sich aber auch klare Unterschiede feststellen. So ist die Kommunikationssituation bei einem Parteitag weniger offiziell, denn der primäre Adressat sind Mitglieder der eigenen Partei, während im Bundestag die Geschäftsordnung und die stetige Orientierung auf die Wählerschaft und Massenmedien als primäre Adressaten ein strengeres kommunikatives Verhalten voraussetzen. Dementsprechend werden in Parteitagsreden solche Sprachmittel der Expressivitätssteigerung wie expressive Wortbildung und Ironie sowie Expressiva mit der Semantik der Geringschätzung und Verachtung etwas häufiger verwendet. Außerdem werden in dieser Textsorte Expressiva häufiger in komplexere Taktiken mit einem starken appellativen Potential eingebunden. Somit befinden sich Parteitagsreden etwas höher auf der Expressivitätsskala als parlamentarische Debattenreden, auch wenn die Unterschiede eher klein sind.

Abschließend lassen sich ausgehend von der Expressivität der analysierten Textsorten, welche einzelne Kommunikationsbereiche des deutschen politischen Diskurses repräsentieren, auch bestimmte Schlussfolgerungen bezüglich der Nähe der einschlägigen Bereiche zu seinem appellativen Zentrum (repräsentiert durch die Textsorten der politischen Rede) ziehen. Entsprechend den gewonnenen Ergebnissen liegt der Peripherie-Bereich des politischen Journalismus deutlich näher zum Zentrum des politischen Dskurses als der Sektor der Parteidokumente: Sogar die weniger expressive der beiden journalistischen Textsorten weist deutliche sprachliche Ähnlichkeiten zu politischen Reden im Bereich der Expressivität auf (die einschlägigen Merkmale kommen nur in abgeschwächter Form vor). Den Kommunikationsbereich der Parteidokumente könnte man dagegen vom Standpunkt ihrer Expressivität nicht mehr als Peripherie, sondern bereits als Übergangszone zum Verwaltungsdiskurs betrachten.

Die in der vorliegenden Untersuchung geschaffene theoretische Basis für die Analyse der Expressivität (Lösung der Widersprüche in den bestehenden Theorien, Beschreibung der semantischen und funktional-kommunikativen Dimension der Expressivität, Entwicklung eines komplexen diskursanalytischen Verfahrens u. a.) bedeutet nur den ersten, aber wichtigen Schritt für die weitere Untersuchungen in diesem Bereich und zeigt gleichzeitig die Richtung für diese Untersuchungen auf. Besonders interessant sind die Perspektiven für die makrotextuelle Analyse der Expressivität (weitere Erfassung ihres taktisch-strategischen Potentials und der Zusammenwirkungen der emotiv-wertenden und denotativen Textsemantik). Eine weitere wichtige Aufgabe stellt die Applikation der Theorie und Praxis der Diskursanalyse der Expressivität auf die Untersuchung anderer – insbesondere autoritärer – Diskurse.

5. LITERATURVERZEICHNIS

Achterberg, N. Parlamentsrecht / N. Achterberg. – Tübingen: Mohr, 1984. – 902 S.

Adamzik, K. Sprachliches Handeln und sozialer Kontakt: zur Integration der Kategorie „Beziehungsaspekt" in eine sprechakttheoretische Beschreibung des Deutschen / K.Adamzik. – Tübingen: Narr, 1984.

Adamzik, K. Was ist eine pragmatisch orientierte Textsortenforschung? / K. Adamzik // Textsorten: Reflexionen und Analysen; Hrsg. von K. Adamzik. – Tübingen: Stauffenburg, 2000. – S. 91-112.

Adamzik, K. Die Zukunft der Text(sorten)linguistik. Textsortennetze, Textsortenfelder, Textsorten im Verbund / K. Adamzik // Zur Kulturspezifik der Textsorten; Hrsg. von U. Fix et al. – Tübingen: Stauffenburg, 2001. – S. 15-30.

Adamzik, K. Textlinguistik: Eine einführende Darstellung / K. Adamzik. – Tübingen: Niemeyer, 2004.

Alemann, U. von. Politikbegriffe / U. von Alemann // Wörterbuch Staat und Politik; Hrsg. von D. Nohlen. – München: Piper, 1991. – 490-493.

Alemann, U. von. Grundlagen der Politikwissenschaft. Ein Wegweiser / Alemann, U. von. – 1. Auflage. – Opladen: Leske + Budrich, 1994.

Andringa, E. Text – Assoziation – Konnotation / E. Andringa. – Königstein: Athenäum, 1979.

Angermüller, J. Diskursanalyse: Strömungen, Tendenzen, Perspektiven / J. Angermüller // Diskursanalyse: Theorien, Methoden, Anwendungen; Hrsg. von J. Angermüller, K. Bunzmann, M. Nonhoff. – Hamburg: Argument, 2001. – S. 7-22.

Angermüller, J. Diskurs als Aussage und Äußerung – Die enunziative Dimension in den Diskurstheorien Michel Foucaults und Jacques Lacans / J. Angermüller // Diskurslinguistik nach Foucault. Theorie und Gegenstände; Hrsg. von S. Günther u. a. – Berlin: New York: de Gruyter, 2007. – S. 53-80.

Apressjan, J.D. Isbrannyje trudy. T.2: Integralnoje opissanije jasyka i sistemnaja leksikografija. – M.: Jas. rus. kultury, 1995.

Aristoteles. Rhetorik / Aristoteles; Übersetzt und herausgegeben von G. Krapinger. – Stuttgart: Reclam, 1999.

Arnold, I.V. Stilistika sovremennogo anglijskogo jasyka (stilistika dekodirovanija). Utschebnoje possobije dlja stud. ped. in-tov / I.V. Arnold. – Isd. 2-e, pererab. – L.: «Prosveschtschenije», 1981.

Arnold, I.V. Leksikologija sovremennogo anglijskogo jasyka: Utscheb. dlja in-tov i fak. inostr. jas. / I.V. Arnold. – 3-e isd., pererab. i dop. – M.: Vyssch. schk., 1986.

Arutjunova, N.D. Tipy jasykovyh snatschenij: Otsenka. Sobytije. Fakt. – M.: Nauka, 1988.

Arutjunova, N.D. Diskurs / N.D. Arutjunova // LES. – M., 1990. – S.136-137.

Arutjunova, N.D. Jasyk i mir tscheloveka / N.D. Arutjunova. – M.: Jasyki russkoj kultury, 1998.

Babenko, L.G. Leksitscheskije sredstva obosnatschenija emotsij v russkom jasyke / L.G. Babenko. – Sverdlovsk: Isd-vo Ural. un-ta, 1989.

Bachem, R. Einführung in die Analyse politischer Texte / R. Bachem. – 1.Auflage. – München: Oldenbourg, 1979.

Bachem, R., Battke, K. Unser gemeinsames Haus Europa. Zum Handlungspotential einer Metapher im öffentlichen Meinungsstreit / R. Bachem, K. Battke. – Muttersprache, Heft 3, 1989. – S. 110-126.

Badura, B. Sprachbarrieren: Zur Soziologie der Kommunikation / B. Badura. – 2., verbesserte Auflage. – Stuttgart: Frommann-Holzboog, 1973.

Bakhtin, M. Das Wort im Roman / M. Bakhtin // Die Ästhetik des Wortes. – Aus dem Russischen übersetzt von R. Grübel und S. Reese; Hrsg. von R. Grübel. – Frankfurt am Main: Suhrkamp Verlag, 1979. – S. 154-300.

Bakhtin, M.M. Problema retschevyh shanrov / M.M. Bakhtin // Sobranije sotschinenij. T.5: Rabory 1940-h - natschala 1960-h godov. - M.: Russkije slovari, 1997a. – S. 159-206.

Bakhtin, M.M. Is arhivnyh sapissej k rabote «Problema retschevyh shanrov» / M.M. Bakhtin // Sobranije sotschinenij. T.5: Raboty 1940-ch - natschala 1960-ch godov. - M.: Russkije slovari, 1997b. – S. 207-286.

Ballfuß, P. Leitbegriffe und Strategien der Begriffsbesetzung in den Grundsatzprogrammen von CDU und SPD / P. Ballfuß // Wörter in der Politik: Analysen zur Lexemverwendung in der politischen Kommunikation; hrsg. von H. Dieckmannshenke, J. Klein. – Opladen: Westdt. Verl., 1996. – S. 29-76.

Bally, Ch. Jasyk i shisn: Per. s fr. / Ch. Bally. – M.: Editorial URSS, 2003. – S. 98-127.

Bao, Hun. Ekspressivnyje sredstva russkogo sintaksissa v strukture teksta / Bao Hun. – M.: Isd-vo Mosk. un-ta, 2003.

Baranov, A.N., Karaulov, J.N. Russkaja polititscheskaja metafora. Materialy k slovarju / A.N. Baranov, J.N. Karaulov. – M.: In-t rus. jas. AN SSSR, 1991.

Baranov, A.N. Vvedenije v prikladnuju lingvistiku: Utscheb. possobije / A.N. Baranov. – Isd. 2-e, ispr. – M.: Editorial URSS, 2003.

Baranov, A.N., Mikhajlova, O.V., Satarov, G.A., Schipova, E.A. Polititscheskij diskurs: metody analisa tematitscheskoj struktury i metaforiki / A.N. Baranov, O.V. Mikhajlova, G.A. Satarov, E.A. Schipova. – M.: Fond INDEM, 2004.

Batteux, M. Die französische Synonymie im Spannungsfeld zwischen Paradigmatik und Syntagmatik / M. Batteux. – Dissertation zur Erlangung des akademischen Grades Dr. Phil. – Berlin, 1999.

Beaugrande R. de, Dressler, W. Einführung in die Textlinguistik / R. de Beaugrande, W. Dressler. – Tübingen, Niemeyer, 1981.

Beaugrande, R. de. Text Linguistics in Discourse Studies / R. de Beaugrande // Handbook of Discourse Analysis. Volume 1. Disciplines of Discourse; ed. by T.A. van Dijk. – London; Orlando: Academic Press, 1985. – P. 41-70.

Beaugrande, R. de. The Story of Discourse Analysis / R. de Beaugrande // Discourse Studies: A Multidisciplinary Introduction. Volume 1; ed. by T.A. van Dijk. – London; Thousand Oaks; New Delhi: SAGE, 1997. – P. 35-62.

Beaugrande, R. de. A New Introduction To The Study Of Text and Discourse: Dscursivism and Ecologism, 2004. <http://www.beaugrande.com/ new_intro_to_study.htm> (23.11.2006).

Beck, H.-R. Politische Rede als Interaktionsgefüge: Der Fall Hitler / H.-R. Beck. – Tübingen: Niemeyer, 2001.

Becker, J.-M. Semantische Variabilität der russischen politischen Lexik im zwanzigsten Jahrhundert. – München: Sagner, 2001.

Beljajevskaja, E.G. Semantika slova: Utscheb. possobije dlja in-tov i fak. inost. jas. – M.: Vyssch. schk., 1987.

Bell, A., Garrett, P. Approaches to Media Discourse; Ed. by A.Bell and P. Garrett. – Oxford: Blackwell Publishers, 2000.

Bellert, I. Über eine Bedingung für die Kohärenz von Texten / I. Bellert // Lektürekolleg zur Textlinguistik. Band 2: Reader; Hrsg. von W. Kallmeyer u.a. – Frankfurt am Main: Athenäum, 1974. – S. 213-245.

Bergsdorf, W. Politik und Sprache / W. Bergsdorf. – München; Wien: Günter Olzog Verlag, 1979.

Bergsdorf, W. Herrschaft und Sprache: Studie zur politischen Terminologie der Bundesrepublik Deutschland / W. Bergsdorf. – Pfullingen: Neske, 1983.

Bissimalijeva, M.K. O ponjatijah «tekst» i «diskurs» // Filologitscheskije nauki. – 1999. – Nr.2. – S. 78-85.

Blommaert, J. Discourse: A Critical Introduction / J. Blommaert. – Cambridge: University Press, 2005.

Bloomfield, L. Language / L. Bloomfield. – London: Allen & Unwin, 1965.

Bluhm, C., Deissler, D., Scharloth, J., Stukenbrock, A. Linguistische Diskursanalyse: Überblick, Probleme, Perspektiven / C. Bluhm, D. Deissler, J. Scharloth, A. Stuckenbrock // Sprache und Literatur in Wissenschaft und Unterrericht 88, 2000. – S. 3-19.

Böke, K. Die „Invasion" aus den „Armenhäusern Europas". Metaphern im Einwanderungsdiskurs / K. Böke // Die Sprache des Migrationsdiskurses. Das Reden über „Ausländer" in Medien, Politik und Alltag; Hrsg. von M. Jung, M. Wengeler, K. Böke. – Opladen: Westdeutscher Verlag, 1997. – S. 164-193.

Böke, K. „Gastarbeiter" – auf deutsch und auf österreichisch. Methodik und Empirie eines diskurslinguistischen Vergleichs / K. Böke // Einwanderungsdiskurse: vergleichende diskurslinguistische Studien; Hrsg. von T. Niehr; K. Böke. – Wiesbaden: Westdt. Verl., 2000. – S. 158-194.

Böke, K. et al. Vergleichende Diskurslinguistik. Überlegungen zur Analyse internationaler und interlingualer Textkorpora / K. Böke et al // Sprachgeschichte als Zeitgeschichte. Germanistische Linguistik 180-181; Hrsg. von M. Wengeler. – Georg Olms Verlag: Hildesheim, New York, Zürich, 2005. – S. 247-283.

Bondi, M. Key-words an Emotions: Case Study of the Bloody Sunday Inquiry / M. Bondi // Discourse and Contemporary Social Change; Ed. by N. Fairclough, G. Cortese and P. Ardizzone. – Bern: Peter Lang, 2007. – P. 407-432.

Bondzio, W. Über Sprachpragmatik und Wortbedeutung / W. Bondzio // Die Lexikologie von heute und das Wörterbuch von morgen. Analysen – Probleme – Vorschläge. – Hrsg. von J. Schildt und D. Viehweger. – Berlin: Akademie der Wissenschaften der DDR; Zentralinstitut für Sprachwissenschaft, 1983. – S. 292-299.

Boniecka, B. Lingwistyka tekstu / B.Boniecka. – Lublin: Wydaw. Uniwersytetu Marii Curie-Skłodowskiej, 1999.

Botschkarev, A.E. Semantitscheskij slovar / A.E. Botschkarev; Nautsch. red. V.M. Buharov. – Nishnij Novgorod: Dekom, 2003.

Brand, P., Schulze, V. Medienkundliches Wörterbuch / hrsg. von P. Brand und V. Schulze. – Teilw. im Verlag Agentur Pedersen, Westermann, Braunschweig. – Teilw. im Verlag Westermann, Braunschweig, 1997.

Braselmann, P.M.E. Konnotation – Verstehen – Stil: Operationalisierung sprachlicher Wirkungsmechanismen dargestellt an Lehnelementen im Werke Maurice Dekobras / P.M.E. Braselmann. – Frankfurt am Main; Bern: Lang, 1981.

Braun, Ch.A. Nationalsozialistischer Sprachstil. Theoretischer Zugang und praktische Analysen auf der Grundlage einer pragmatisch-textlinguistisch orientierten Stilistik / Ch.A. Braun; Hrsg. von H. Wellmann, I. Barz. – Heidelberg: Universitätsverlag Winter, 2007.

Breuer, D. Einführung in die pragmatische Texttheorie / D. Breuer. – München: Wilhelm Fink Verlag, 1974.

Breuer, D. Vorüberlegungen zu einer pragmatischen Textanalyse / D. Breuer // Rhetorik: zwei Bände. B.1. Rhetorik als Texttheorie; Hrsg. von J. Kopperschmidt. – Darmstadt: Wissenschaftliche Buchgesellschaft, 1990. – S. 91-129.

Brinker, K. Zum Zusammenhang von Textfunktion und thematischer Einstellung am Beispiel eines Zeitungskommentars / K. Brinker // Überredung in der Presse: Texte, Strategien, Analysen; Hrsg. von M. Moilanen, L . Tiittula. – Berlin; New York: de Gruyter, 1994. – S. 35-44.

Brinker, K. Textstrukturanalyse / K.Brinker // Text- und Gesprächslinguistik: ein internationales Handbuch zeitgenössischer Forschung = Linguistics of Text and Conversation; Hrsg. von K. Brinker. – Berlin; New York: de Gruyter, 2000a. – S. 164-175.

Brinker, K. Textfunktionale Analyse / K. Brinker // Text- und Gesprächslinguistik: ein internationales Handbuch zeitgenössischer Forschung = Linguistics of Text and Conversation; Hrsg. von K. Brinker. – Berlin; New York: de Gruyter, 2000b. – S. 175-186.

Brinker, K. Linguistische Textanalyse: Eine Einführung in Grundbegriffe und Methoden / K. Brinker. – 6., überarbeit. und erw. Aufl. – Berlin: Erich Schmidt, 2005.

Brinker, K. Linguistische Textanalyse: Eine Einführung in Grundbegriffe und Methoden / K. Brinker; Hrsg. von Sandra Ausborn-Brinker. – 7., durchges. Aufl. – Berlin: Erich Schmidt, 2010.

Brown, G. Speakers, listeners and communication: explorations in discourse analysis / G. Brown. – Cambridge: University Press, 1996.

Brown, G., Yule G. Discourse analysis / G. Brown, G. Yule. – Cambridge: Cambridge University Press, 2004.

Brünner, G., Graefen, G. Einleitung: Zur Konzeption der Funktionalen Pragmatik / G.Brünner, G. Graefen // Texte und Diskurse. Methoden und Forschungsergebnisse der Funktionalen Pragmatik; Hrsg. von G. Brünner und G. Graefen. – Opladen: Westdeutscher Verlag, 1994. – S. 7-21.

Budajev, E.V., Tschudinov, A.P. Stanovlenije i evolutsija sarubeshnoj polititscheskoj lingvistiki / E.V. Budajev, A.P. Tschudinov // Polititscheskaja lingvistika. – Vyp. 20. – Jekaterinburg, 2006. – S. 75-94.

Budajev, E.V., Tschudinov, A.P. Sovremennaja polititscheskaja lingvistika: Utschebnoje possobije / E.V. Budajev, A.P. Tschudinov. – Jekaterinburg: Isd-vo GOU VPO "Uralskij gossudarstvennyj pedagogitscheskij universitet", 2007.

Bühler, K. Sprachtheorie: die Darstellungsfunktion der Sprache / K. Bühler. – Ungekürzter Neudruck der Ausgabe von 1934. Jena: Fischer, 1934. – Stuttgart; New York: Fischer, 1982.

Burger, H. Sprache der Massenmedien / H. Burger. – 2., durchges. u. erw. Auflage. – Berlin; New York: de Gruyter, 1990.

Burger, H. Eine Einführung in Sprache und Kommunikationsformen der Massenmedien / H. Burger. – 3., völlig neu bearbeitete Auflage. – Berlin; New York: de Gruyter, 2005.

Burkhardt, A. Soziale Akte, Sprechakte und Illokutionen: A.Reinachs Rechtsphilosophie und die moderne Linguistik / A. Burkhardt. – Tübingen: Niemeyer, 1986.

Burkhardt, A. Politolinguistik. Versuch einer Ortsbestimmung / A.Burkhardt // Sprachstrategien und Sprachblockaden: linguistische und politikwissenschaftliche Studien zur politischen Kommunikation; Hrsg. von J. Klein und H. Dieckmannshenke. – Berlin; New York: de Gruyter, 1996. – S. 75-100.

Burkhardt, A. Politische Sprache: Ansätze und Methoden ihrer Analyse und Kritik / A. Burkhardt // Streitfall Sprache : Sprachkritik als angewandte Linguistik? ; mit einer Auswahlbibliographie zur Sprachkritik (1990 bis Frühjahr 2002); Hrsg. von J. Spitzmüller. – Bremen: Hempen, 2002. – S. 75-114.

Burkhardt, A. Zwischen Monolog und Dialog: zur Theorie, Typologie und Geschichte des Zwischenrufs im deutschen Parlamentarismus / A. Burkhardt. – Tübingen: Max Niemeyer, 2004.

Burkhardt, A. Deutsch im demokratischen Parlament. Formen und Funktionen der öffentlichen parlamentarischen Kommunikation / A. Burkhardt // Sprache und Politik. Deutsch im demokratischen Staat; Hrsg. von J. Kilian. – Mannheim; Leipzig; Wien; Zürich: Dudenverlag, 2005. – S. 85-98.

Busse, D., Teubert, W. Ist Diskurs ein wissenschaftliches Objekt? // Begriffsgeschichte und Diskursgeschichte. Methodenfragen und Forschungsergebnisse der historischen Semantik / Busse D., Teubert W. – Opladen: Westdt. Verlag, 1994. – S. 10-28.

Bußmann, H. Lexikon der Sprachwissenschaft / H. Bußmann. – 3., aktual. und erw. Auflage. – Stuttgart: Kröner, 2002.

Carius, B., Schröter, M. Vom politischen Gebrauch der Sprache : Wort, Text, Diskurs; eine Einführung / B. Carius, M. Schröter. – Frankfurt am Main: Lang, 2009.

Carnap, R. Philosphy and Logical Syntax / R. Carnap. – Repr. from the ed. of 1935. – New York: AMS Press, 1979.

Chilton, P., Schäffner, C. Discourse and Politics / P. Chilton, C. Schäffner // Discourse Studies: A Multidisciplinary Introduction. V.2. Discourse as Social Interaction; Ed. by T.A. van Dijk. – London: SAGE Publications, 1997. – P. 206-230.

Chur, J., Schwarz, M. Semantik. Ein Arbeitsbuch / J. Chur, M. Schwarz. – 4., aktualisierte Aufl. – Tübingen: Narr, 2004.

Coseriu, E. Textlinguistik: eine Einführung / E. Coseriu; Hrsg. und bearb. von J. Albrecht. – 3., überarb. und erw. Aufl. – Tübingen; Basel: Francke, 1994.

Coulthard, M. An Introduction to Discourse Analysis / M. Coulthard. – New ed. – London; New York: Longman, 1986.

Cruse, D.A. Lexical Semantics / D.A. Cruse. - Cambridge: University Press, 1986.

Crystal, D. The Cambridge Encyclopaedia of Language / D. Crystal. – Cambridge: Cambridge University Press, 1987.

Daneš, F. Cognition and emotion in discourse interaction / F. Daneš // Preprints of the plenary session papers. XIV International Linguistic Congress Berlin (East) 10.-15. August, 1987. – Berlin: Akademie Verlag, 1990. – P. 272-291.

Demjankov, V.S. Polititscheskij diskurs kak objekt politologitscheskoj filologiji / V.S. Demjankov // Polititscheskaja nauka. Polititscheskij diskurs: Istorija i sovremennyje issledovanija: Sb. nautsch. tr. / RAN INION. Tsentr sotsial. nautsch.-inform. issled. Otdel polititscheskoj nauki, Otdel jasykosnanija, Otdel nautsch. svjasej i meshdunar. sotr., Ros. assotsiatsija polit. nauki; Otv. red. i sost. V.I. Gerassimov, M.V. Iljin. – M., 2002. – S. 32-43.

Demjankov, V.S. Interpretatsija polititscheskogo diskursa v SMI / V.S. Demjankov // Jazyk SMI kak objekt meshdistsiplinarnogo issledovanija; utscheb. posob. – Moskva : Izd. MGU, 2003. <http://evartist.narod.ru/text12/09.htm#% D0%B7_01> (02.03.2007)

Demjankov, V.S. Tekst i diskurs kak terminy i kak slova obydennogo jasyka / V.S. Demjankov // Jasyk. Litschnost. Tekst: Sbornik k 70-letiju T.M. Nikolajevoj; In-t slavjanovedenija RAN; Otv. red. prof. V.N. Toporov. – M.: Jasyki slavjanskich kultur, 2005. – S. 34-55.

Der Spiegel. – Nr. 2/8.01.07. – Spiegel-Verlag: Hamburg.

Der Spiegel. – Nr. 12/21.03.11. – Spiegel-Verlag: Hamburg.

Die Sprache des Migrationsdiskurses. Das Reden über „Ausländer" in Medien, Politik und Alltag; Hrsg. von M. Jung, M. Wengeler, K. Böke. – Opladen: Westdeutscher Verlag, 1997.

Dieckmann, W. Information oder Überredung. Zum Gebrauch der politischen Werbung in Deutschland seit der Französischen Revolution / W. Dieckmann; Hrsg. von J. Kunz und L.E. Schmidt. – Marburg: Elvert Verlag Marburg, 1964.

Dieckmann, W. Sprache in der Politik: Einführung in die Pragmatik und Semantik der politischen Sprache / W.Dieckmann. – 2. Aufl. – Heidelberg: Winter, 1975. – 147 S. Dieckmann, W. Politische Sprache – Politische Kommunikation. Vorträge, Aufsätze, Entwürfe / W. Dieckmann. – Heidelberg: Winter, 1981.

Dieckmann, W. Arbeitspapiere zum Forschungsprojekt „Sprache und Kommunikation in politischen Institutionen" / W. Dieckmann. – Freie Universität Berlin, 1983.

Dieckmann, W., Held, P. Sprache und Kommunikation in politischen Institutionen. Inerdisziplinäre Bibliographie zur politischen Sprache in der Bundesrepublik Deutschland 1975-1984 (1986) / W. Dieckmann, P. Held. – Berlin: Freie Universität Berlin, 1986.

Dieckmann, W. Demokratische Sprache im Spiegel ideologischer Sprach(gebrauchs)kon-zepte / W. Dieckmann // Sprache und Politik. Deutsch im demokratischen Staat; Hrsg. von J. Kilian. – Mannheim; Leipzig; Wien; Zürich: Dudenverlag, 2005. – S. 11-30.

Dijk, T.A. van. Textwissenschaft: eine interdisziplinäre Einführung / T.A. van Dijk. Dt. Übers. von Ch. Sauer. – Tübingen: Niemeyer, 1980.

Dijk, T.A. van. Structures of News in the Press / T.A. van Dijk // Discourse and Communication: new approaches to the analysis of mass media discourse and communication; ed. by T.A. van Dijk. – Berlin; New York: de Gruyter, 1985. – P. 69-93.

Dijk, T.A. van. Racism and argumentation: "Race Riot" Rhetoric in Tabloid Editorials / T.A. van Dijk // Argumentation illuminated; ed. by F. H. van Eemeren, et al. – Dordrecht: Foris, 1992. – P. 242-259.

Dijk, T.A. van. Power and the news media / T.A. van Dijk // Political Communication and Action; ed. by D. Paletz. – Cresskill, NJ: Hampton Press, 1995. – P. 9-36.

Dijk, T.A. van. The Study of Discourse / T.A. van Dijk // Discourse Studies: A Multidisciplinary Introduction. V.1. Discourse as Structure and Progress; Ed. by T.A. van Dijk. – London: SAGE Publications, 1997a. – P. 1-34.

Dijk, T.A. van. Discourse as Interaction in Society / T.A. van Dijk // Discourse Studies: A Multidisciplinary Introduction. V.2. Discourse as Social Interaction; Ed. by T.A. van Dijk. – London: SAGE Publications, 1997b. – P. 1-37.

Dijk, T.A. van. Opinions and Ideologies in the Press / T.A. van Dijk // Approaches to Media Discourse; Ed. by A.Bell and P.Garrett. – Oxford: Blackwell Publishers, 2000a. – P. 21-63.

Dijk, T.A. van. On the analysis of parliamentary debates on immigration / T.A. van Dijk // The semiotics of racism. Approaches to critical discourse analysis; Ed. by M. Reisigl & R. Wodak. – Vienna: Passagen Verlag, 2000b. – P. 85-103.

Dijk, T.A. van. Ideologies, racism, discourse: Debates on immigration and ethnic issues / T.A. van Dijk // Comparative perspectives on racism; Ed. by J. ter Wal & M. Verkuyten etc. – Ashgate, 2000c. – P. 91-116.

Diekmannshenke, K., Klein, J. Wörter in der Politik. Analysen zur Lexemverwendung in der politischen Kommunikation / Hrsg. von K. Diekmannshenke, J. Klein. – Opladen: Westdeutscher Verlag, 1996.

Donati, P. Die Rahmenanalyse politischer Diskurse / P. Donati // Handbuch Sozialwissenschaftliche Diskursanalyse. Band 1: Theorien und Methoden; Hrsg. von R. Keller et al. – 2., aktual. und erweit. Auflage. – Wiesbaden: VS Verlag für Sozialwissenschaften, 2006. – S. 147-178.

Drescher, M. Textkonstitutive Verfahren und ihr Ort in der Handlungsstruktur des Textes / M. Drescher // Ebenen der Textstruktur: sprachliche und kommunikative Prinzipien; Hrsg. von W. Motsch. – Tübingen: Niemeyer, 1996. – S. 81-102.

Drescher, M. Sprachliche Affektivität. Darstellung emotionaler Beteiligung am beispiel von Gesprächen aus dem Französischen / M. Drescher. – Tübingen: Niemeyer, 2003.

Duden, deutsches Universalwörterbuch / Hrsg. vom Wissenschaftlichen Rat der Dudenredaktion: Annette Klosa u. a. – 4., neu bearb. und erw. Aufl. – Dudenverlag: Mannheim; Leipzig; Wien; Zürich, 2001.

Duszak, A. Tekst, dyskurs, komunikacja międzykulturowa / A. Duszak. – Warszawa: Wydaw. Naukowe PWN, 1998.

Efing, Ch. Rhetorik in der Demokratie. Argumentation und Persuasion in politischer (Wahl)-Werbung / Ch. Efing // Sprache und Politik. Deutsch im demokratischen Staat; Hrsg. von J. Kilian. – Mannheim; Leipzig; Wien; Zürich: Dudenverlag, 2005. – S. 222-240.

Eggins, S., Martin, J.R. Genres and Registers of Discourse / S. Eggins, J.R. Martin // Discourse Studies: A Multidisciplinary Introduction. V.2. Discourse as Structure and Progress; Ed. by T.A. van Dijk. – London: SAGE Publications, 1997. – P.230-256.

Ehlich, K. Zum Textbegriff / K. Ehlich // Text – Textsorten – Semantik; Hrsg. von A. Rothkegel, B. Sandig. – Hamburg: Buske, 1984. – S. 9-25.

Ehlich, K. Diskurs und Konversation. Einleitung / K. Ehlich // Sprachwissenschaft: ein Reader; Hrsg. von L. Hoffmann. – 2., verbesserte Aufl. – Berlin; New York: de Gruyter, 2000. – S. 203-210.

Ehret, R., Walther, J. Rhetorische Strategien und Redetechniken / R. Ehret, J. Walther // Akten des 11. Linguistischen Kolloquiums Aachen 1976. – Tübingen, Niemeyer, 1976. – S. 221-231.

Enkvist, N.E. Text and Discourse Linguistics, Rhetoric and Stylistivs / E.N. Enkvist // Discourse and Literature; Ed. by T.A. van Dijk. – Amsterdam; Philadelphia: John Benjamins, 1985. – P. 11-38.

Enkvist, N.E. What Happened to Stylistics? / N.E: Enkvist // The Structure of Texts; Ed. by U. Fries. – Tübingen: Narr, 1987. – P. 11-28.

Erdmann, K.O. Die Bedeutung des Wortes. Aufsätze aus dem Grenzgebiet der Sprachpsychologie und Logik / K.O. Ermann. – Darmstadt: Wissenschaftliche Buchgesellschaft, 1966.

Eroms, H.-W. Stil und Stilistik: Eine Einführung / H.-W. Eroms. – Berlin: Erich Schmidt Verlag, 2008.

Fairclough, N. Discourse and Social Change / N. Fairclough. – Cambridge: Polity Press, 1993.

Fairclough, N. Political Discourse in the Media: An Analytical Framework / N. Fairclough // Approaches to Media Discourse; Ed. by A. Bell and P. Garrett. – Oxford: Blackwell Publishers, 2000. – P.142-162.

Ferrari, F. G.W. Bush's Public Speeches to the Nation: Exploiting Emotion in Persuasion / F. Ferrari // Discourse and Contemporary Social Change; Ed. by N. Fairclough, G. Cortese and P. Ardizzone. – Bern: Peter Lang, 2007. – P. 381-404.

Fetzer, A. ‚But I notice and so will the viewers notice…': the mediated status of political interviews / A. Fetzer // Strategien politischer Kommunikation. Pragmatische Analysen; Hrsg. von H. Girnth, C. Spieβ. – Berlin: Erich Schmidt Verlag, 2006. – S. 196-211.

Fetzer, A., Lauerbach, G.E. Political discourse in the media: cross-cultural perspectives. Introduction / A. Fetzer. G.E. Lauerbach // Political discourse in the media: cross-cultural perspectives; ed. by A. Fetzer and G.E. Lauerbach. – Amsterdam; Philadelphia: John Benjamins B.V., 2007. – P. 3-30.

Fiehler, R. Zur Konstruktion und Prozessierung von Emotionen in der Interaktion / R. Fiehler // Kommunikationstypologie: Handlungsmuster, Textsorten, Situationstypen; Hrsg. von W. Kallmeyer. – Düsseldorf: Schwann, 1986. – S. 280-325.

Fiehler, R. Kommunikation und Emotion: theoretische und empirische Untersuchungen zur Rolle von Emotionen in der verbalen Interaktion / R. Fiehler. – Berlin; New York: de Gruyter, 1990.

Fiehler, R. Grenzfälle des Argumentierens. ‚Emotionalität statt ‚Argumentation' oder ‚emotionales Argumentieren'? / R. Fiehler // Stilistik III. Argumentationsstile; Hrsg. von B. Sandig und U. Püschel. – Hildesheim; New York: Georg Olms Verlag, 1993. – S. 149-174.

Fiehler, R. How to Do Emotions With Words / R. Fiehler // The Verbal Communication of Emotions: Interdisciplinary Perspectives; Ed. by S. Fussell. – Mahwah; New Jersey; London: Lawrence Erlbaum Associates, 2002. – P. 79-106.

Fix, U, Poethe, H., Yos, G. Textlinguistik und Stilistik für Einsteiger: ein Lehr- und Arbeitsbuch / U. Fix, H. Poethe, G. Yos, unter Mitarbeit von R. Geier. – 2., korrigierte Aufl. – Frankfurt-am-Main; Berlin; Bern; Bruxelles; New York; Oxford; Wien: Lang, 2002.

Fix, U. An-schauliche Wörter? / U. Fix // Stil – ein sprachliches und soziales Phänomen. Beiträge zur Stilistik; Hrsg. von I. Barz, H. Poethe, G. Yos. – Berlin: Franck & Timme, 2007. – S. 301-318.

Fleischer, W., Michel, G. Stilistik der deutschen Gegenwartssprache / W. Fleischer, G. Michel. – 2., unveränderte Auflage. – Leipzig: VEB Bibliographisches Institut, 1977.

Fleischer, W., Michel, G., Starke, G. Stilistik der deutschen Gegenwartssprache / W. Fleischer, G. Michel, G. Starke. – Frankfurt am Main; Berlin; Bern; New York; Wien: Lang, 1993.

Fleischer, W., Barz, I. Wortbildung der deutschen Gegenwartssprache / W. Fleischer, I. Barz. Unter Mitarb. von M. Schröder. – 2., durchges. und erg. Aufl. – Tübingen, 1995.

Foucault, M. The Archaeology of Knowledge / M. Foucault; Trans. by A.M. Sheridan Smith. – London: Routledge, 1989.

Freidhof, G. 2003. Assertivische Sprechakte in der politischen Rede. Mit Belegen aus einer Rede von P.A. Stolypin aus dem Jahr 1910. / G. Freidhof // Spurensuche in Sprach- und Geschichtslandschaften. Festschrift für E.E. Metzner; Hrsg. von A. Hohmeyer et al. – Münster; Hamburg; London: Lit-Verlag, 2003. – S. 147-155.

Freitag, R. Aktuelle Probleme einer synchronen Schlagwortforschung / R. Freitag // Linguistische Untersuchungen zur Sprache der Gesellschaftswissenschaften. – 1. Auflage. – Leipzig: VEB Verlag Enzyklopädie, 1977. – S. 84-135.

Frey, E. Stil und Leser. Theoretische und praktische Ansätze zur wissenschaftlichen Stilanalyse / E. Frey. – Bern: Lang, 1975.

Fries, N. Emotionen in der Semantischen Form und in der Konzeptuellen Repräsentation / N. Fries // Sprache als Kognition – Sprache als Interaktion: Studien zum Grammatik-Pragmatik-Verhältnis; Hrsg. von A. Kertesz. – Frankfurt am Main; Berlin; Bern; New York; Paris; Wien: Lang, 1995. – S. 139-181.

Fries, N. Grammatik und Emotionen / N. Fries // Sprache und Subjektivität I. LiLi Zeitschrift für Literaturwissenschaft und Linguistik; Hrsg. von W. Klein, 1996/101. – S. 37-69.

Fries, N. Sprache und Emotionen / N. Fries. – Bergisch Gladbach: BLT, 2000.

Fries, N. Gefühle, Emotionen, Angst, Furcht, Wut und Zorn / N. Fries // Emotion und Kognition im Fremdsprachenunterricht; Hrsg. von W. Börner und K. Vogel. – Tübingen: Narr, 2004. – S. 3-24.

Fries, N. Die Kodierung von Emotionen in Texten: Grundlagen / N. Fries // JLT - Journal of Literary Theory. – № 1(2). – Berlin; New York: JLT Walter de Gruyter, 2007. – S. 293-337.

Fritz, G. Strategische Maximen für sprachliche Interaktion / G. Fritz // Sprachliches Handeln; Hrsg. von K. Baumgärtner. – 1.Auflage. – Heidelberg: Quelle & Meyer, 1977. – S. 47-68.

Fritz, G. Wortbedeutung in Theorien sprachlichen Handelns / G. Fritz // Lexicology. An international handbook on the nature and structure of words and vocabularies. 1. Halbband/ Volume 1; Hrsg. Von D.A. Cruse u. a. – Berlin; New York: Walter de Gruyter, 2002. – S. 189-199.

Gajda, S. Text/dyskurs oraz jego analiza i interpretacja / S.Gajda // Współczesne analizy dyskursu; Pod red. M. Krauz, S. Gajdy. – Rzeszów: Wydaw. Uniwersytetu Rzeszowskiego, 2005. – S.11-20.

Gansel, Ch., Jürgens, F. Textlinguistik und Textgrammatik: Eine Einführung / Ch. Gansel, F. Jürgens; Hrsg. von P. Schlobinski. – 2., überarbeitete und ergänzte Auflage. – Göttingen: Vandenhoeck & Ruprecht, 2007.

Gardt, A. Diskursanalyse – Aktueller theoretischer Ort und methodische Möglichkeiten / A. Gardt // Diskurslinguistik nach Foucault. Theorie und Gegenstände; Hrsg. von S. Günther u.a. – Berlin: New York: de Gruyter, 2007. – S. 27-52.

Garret, P., Bell, A. Media and Discourse: Critical Overview / P. Garrett, A. Bell // Approaches to Media Discourse; Ed. by A. Bell and P. Garrett. – Oxford: Blackwell Publishers, 2000. – P. 1-20.

Garza-Cuarón, B. Connotation and meaning / B. Garza-Cuaron; transl. from the Span. by Ch. Broad. – Berlin; New York: Mouton de Gruyter, 1991.

Geis, M.L. The Language of Politics / M.L. Geis. – London; Paris; Tokyo; New York; Berlin; Heidelberg, 1987.

Gerassimov, V.I., Iljin M.V. Polititscheskij diskurs-analis / V.I. Gerassimov, M.V. Iljin // Polititscheskaja nauka. Polititscheskij diskurs: Istorija i sovremennyje issledovanija: Sb. nautsch. tr. / RAN INION. Tsentr sotsial. nautsch.-inform. issled. Otdel polititscheskoj nauki, Otdel jasykosnanija, Otdel nautsch. svjasej i meshdunar. sotr., Ros. assotsiatsija polit. nauki; Otv. red. i sost. V.I. Gerassimov, M.V. Iljin. – M., 2002. – S.61-71.

Gibbs, R.W., Leggit, J.S., Turner, E.A. What's Special About Figurative Language in Emotional Communication / R.W. Gibbs, J.S. Leggit, E.A. Turner // The Verbal Communication of Emotions: Interdisciplinary Perspectives; Ed. by S. Fussell. – Mahwah; New Jersey; London: Lawrence Erlbaum Associates, 2002. – P. 125-149.

Gill, A.M., Whedbee, K. Rhetoric / A.M. Gill, K.Whedbee // Discourse Studies: A Multidisciplinary Introduction. V.2. Discourse as Structure and Progress; Ed. by T.A. van Dijk. – London: SAGE Publications, 1997. – P.157-184.

Girnth, H. Sprache und Sprachverwendung in der Politik: Eine Einführung in die linguistische Analyse öffentlich-politischer Kommunikation / H. Girnth. – Tübingen: Niemeyer, 2002.

Girnth, H., Spieβ, C. Einleitung: Dimensionen öffentlich-politischen Sprachhandelns / H. Girnth, C. Spieβ // Strategien politischer Kommunikation. Pragmatische Analysen; Hrsg. von H. Girnth, C. Spieβ. – Berlin: Erich Schmidt Verlag, 2006. – S. 7-16.

Gloning, T. Bedeutung, Gebrauch und sprachliche Handlung: Ansätze und Probleme einer handlungstheoretischen Semantik aus linguistischer Sicht / T. Gloning. – Tübingen: Niemeyer, 1996.

Grafova, T.A. Rol emotivnoj konnotatsiji v semantike slova: avtoref. dis. ... kand. filol. nauk / T.A. Grafova – Mosk. gos. in-t inostr. jas. im. M. Toresa. – M., 1987.

Grafova, T.A. Smyslovaja struktura emotivnyh predikatov // Tschelovetscheskij faktor v jasyke: Jasykovyje mekhanismy ekspressivnosti / I-t jasykosnanija; Otv. red. V.N. Telija. – M.: Nauka, 1991. – S. 67-98.

Graustein, G., Thiele, W. Properties of English Texts / G. Graustein, W. Thiele. – 1.Auflage. – Leipzig: Verlag Enzyklopädie, 1987.

Grewe, W. Die Sprache der Diplomatie / W. Grewe. – Hamburg: Freie Akademie der Künste, 1967.

Gridin, V.N. Ekspressivnost / V.N. Gridin // LES. – M., 1990. – S. 591.

Grieswelle, D. Rhetorik und Politik. Kulturwissenschaftliche Studien / D. Grieswelle. – 1. Auflage. – München: Minerva, 1978.

Groeben, N. Ironie als spielerischer Kommunikationstyp? Situationsbedingungen und Wirkungen ironischer Sprechakte / N. Groeben // Kommunikationstypologie: Handlungsmuster, Textsorten, Situationstypen; Hrsg. von W. Kallmeyer. – Düsseldorf: Schwann, 1986. – S. 172–192.

Große, E.U. Text und Kommunikation: Eine linguistische Einführung in die Funktionen der Texte / E.U. Große. – Stuttgart; Berlin; Köln; Mainz: W.Kohlhammer, 1976.

Grünert, H. Sprache und Politik: Untersuchungen zum Sprachgebrauch der Paulskirche / H. Grünert. – Berlin, New York: de Gruyter, 1974.

Grunow, D. Politik und Verwaltung / D. Grunow // Die Verwaltung des politischen Systems: neuere systemtheoretische Zugriffe auf ein altes Thema. Mit einem Gesamtverzeichnis der Veröffentlichungen N. Luhmanns 1958-1992; Hrsg. von K. Dammann et al. – Opladen: Westdeutscher Verlag, 1994. – S. 29-39.

Gudkov, D.B. Pretsedentnyje fenomeny v tekstah polititscheskogo diskursa // Jazyk SMI kak objekt meshdistsiplinarnogo issledovanija ; utscheb. posob. – Moskva : Izd. MGU, 2003. <http://evartist.narod.ru/text12/09.htm#%D0% B7_18> (02.03.2007)

Gülich, E., Raible, W. Textsorten in der Kommunikationspraxis / E. Gülich // Kommunikationstypologie: Handlungsmuster, Textsorten, Situationstypen; Hrsg. von W. Kallmeyer. – Düsseldorf: Schwann, 1986. – S. 15-46.

Habscheid, S. Text und Diskurs / S. Habscheid. – UTB: Stuttgart, 2010.

Hanappel, H., Melenk, H. Alltagssprache. Semantische Grundbegriffe und Analysebeispiele/ H. Hanappel, H. Melenk. – 2., überarbeitete Auflage. – München: Wilhelm Funk Verlag, 1984.

Hare, R.M. The Language of Morals / R.M. Hare. – Oxford: Clarendon Press, 1972.

Hartschenko, V.K. Perenosnoje snatschenije slova: Monografija / Nautsch. red. S.A. Pugatsch. – Voronesh: Isd-vo Voronesh. un-ta, 1989.

Hasagerov, T.G. Polititscheskaja ritorika / T.G. Hasagerov. – M.: Nikolo-Media, 2002.

Heinemann M., Heinemann W. Grundlagen der Textlinguistik: Interaktion – Text – Diskurs / M. Heinemann, W. Heinemann. – Tübingen: Niemeyer, 2002.

Heinemann, W. Textsorten. Zur Diskussion um Basisklassen des Kommunizierens. Rückschau und Ausblick / W. Heinemann // Textsorten: Reflexionen und Analysen; Hrsg. von K. Adamzik. – Tübingen: Stauffenburg, 2007. – S. 9-30.

Heinze, H. Gesprochenes und geschriebenes Deutsch: vergleichende Untersuchung von Bundestagsreden und deren schriftlich aufgezeichneten Version / H. Heinze. – 1. Auflage. – Düsseldorf: Pädagogischer Verlag Schwann, 1979.

Henne, H. Zur Analyse sprachlicher Handlungen in Geschäftsbriefen / H. Henne // Sprache und Pragmatik. Lunder Symposium 1982; Hrsg. von I. Rosengren. – Stockholm: Almquist & Wiksell International, 1983. – S. 193-198.

Herbig, A. Argumentationsstile. Vorschläge für eine Stilistik des Argumentierens / A.Herbig // Stilistik III. Argumentationsstile; Hrsg. von B. Sandig und U. Püschel. – Hildesheim; New York: Georg Olms Verlag, 1993. – S. 45-65.

Herbig, A., Sandig, B. Das kann doch wohl nur ein Witz sein! Argumentieren, Bewerten und Emotionalisieren im Rahmen persuasiver Strategien / A. Herbig, B. Sandig // Überredung in der Presse: Texte, Strategien, Analysen; Hrsg. von M. Moilanen, L. Tiittula. – Berlin; New York: de Gruyter, 1994. – S. 59-98.

Heringer, H. Praktische Semantik / H. Heringer. – 1. Auflage. – Suttgart: Klett, 1974.

Hermanns, F. Appellfunktion und Wörterbuch. Ein lexikographischer Versuch / F. Hermanns // Studien zur neuhochdeutschen Lexikographie VI.1; Hrsg. von H.E. Wiegand. – Hildesheim; Zürich; New York: Olms, 1986. – S. 151-182.

Hermanns, F. Deontische Tautologien. Ein linguistischer Beitrag zur Interpretation des Godesberger Programms (1959) der Sozialdemokratischen Partei Deutschlands // Politische Semantik: bedeutungsanalytische und sprachkritische Beiträge zur politischen Sprachvermittlung; Hrsg. von J. Klein / F. Hermanns. – Opladen: Westdt. Verlag, 1989. – S.69-152.

Hermanns, F. Kognition, Emotion, Intention / F. Hermanns // Die Ordnung der Wörter: kognitive und lexikalische Strukturen; Hrsg. von G. Harras. – Berlin; New York: de Gruyter, 1995a. – S. 139-178.

Hermanns, F. Sprachgeschichte als Mentalitätsgeschichte. Überlegungen zu Sinn und Form und Gegenstand historischer Semantik / F. Hermanns // Sprachgeschichte des Neuhochdeutschen; Hrsg. von A. Gardt, K. Mattheier, O. Reichmann. – Tübingen: Niemeyer, 1995b. – S. 61-101.

Hermanns, F. Emotion im Wörterbuch. Zur Lexikologie von affektiver Lexik / F. Hermanns // Wörterbücher in der Diskussion II: Vorträge aus dem Heidelberger Lexikographischen Kolloquium; Hrsg. von H.E. Wiegand. – Tübingen: Niemeyer, 1996. – S. 256-278.

Hermanns, F. Attitüde, Einstellung, Haltung. Empfehlung eines psychologischen Begriffs zu linguistischer Verwendung / F. Hermanns // Neue deutsche Sprachgeschichte: mentalitäts-, kultur- und sozialgeschichtliche Zusammenhänge; Hrsg. von D. Cherubim, K. Jakob, A. Linke. – Berlin; New York: Walter de Gruyter, 2002a. – S. 65-89.

Hermanns, F. Dimensionen der Bedeutung I: ein Überblick / F. Hermanns // Lexicology. An international handbook on the nature and structure of words and vocabularies. 1. Halbband/ Volume 1; Hrsg. Von D.A. Cruse u. a. – Berlin; New York: Walter de Gruyter, 2002b. – S. 343-350.

Hermanns, F. Dimensionen der Bedeutung III: Aspekte der Emotion // Lexicology. An international handbook on the nature and structure of words and vocabularies. 1. Halbband/ Volume 1; Hrsg. Von D.A. Cruse u. a. – Berlin; New York: Walter de Gruyter, 2002c. – S. 356-362.

Hermanns, F. Affektive Lexik. Ihre Darstellung in einer Auswahl einsprachiger Wörterbücher / F. Hermanns // Übersetzung - Translation - Traduction: neue Forschungsfragen in der Diskussion; Festschrift für Werner Koller; Hrsg. von J. Albrecht u. a. – Tübingen: Narr, 2004. – S. 95-106.

Hess-Lüttich, E. Textsorten alltäglicher Gespräche. Kritische Überlegungen zur Dialogtypologie / E. Hess-Lüttich // Textsorten: Reflexionen und Analysen; Hrsg. von K. Adamzik. – Tübingen: Stauffenburg, 2007. – S. 129-154.

Hildebrandt, M. Politische Kultur und Zivilreligion / M. Hildebrandt. – Würzburg: Königshausen & Neumann, 1996.

Hoberg, R. Politischer Wortschatz zwischen Fachsprachen und Gemeinsprache / R. Hoberg // Sprache zwischen Militär und Frieden: Aufrüstung der Begriffe?; Hrsg. von A. Burkhardt u.a. – Tübingen: Narr, 1989. – S. 9-20.

Hoey, M. Textual Interaction: an Introduction to Written Discourse Analysis / M. Hoey. – Oxon: Routledge, 2001.

Hoffmann, L. Thema, Themenentfaltung, Makrostruktur / L. Hoffmann // Text- und Gesprächslinguistik: ein internationales Handbuch zeitgenössischer Forschung = Linguistics of Text and Conversation; Hrsg. von K. Brinker. – Berlin; New York: de Gruyter, 2000. – S. 344-356.

Hoffmann, M. Kommunikation vor Gericht / L. Hoffmann. – Tübingen: Narr, 1983.

Hoffmann, M. Diskurstypisierungen im kommunikativen Raum der literarischen Erzählung / M. Hoffmann // Textbeziehungen. Linguistische und literaturwissenschaftliche Beiträge zur Intertextualität; Hrsg. von J. Klein, U. Fix. – Tübingen: Stauffenburg, 1997. – S. 303-326.

Hoffmann, M. Funktionale Varietäten des Deutschen – kurz gefasst / M. Hoffmann. – Potsdam: Universitätsverlag, 2007.

Holly, W. Imagearbeit in Gesprächen. Zur linguistischen Beschreibung des Beziehungsaspekts / W. Holly. – Tübingen: Niemeyer, 1979.

Holly, W. Sind Bewertungen ansteckend? / W. Holly // Zeitschrift für Germanistische Linguistik; Hrsg. von H. Henne, E. Olskaar, P. von Polenz, H.E. Wiegand. – №10. – Berlin; New York: de Gruyter, 1983. – S. 58-62.

Holly, W., Kühn, P., Püschel, U. Politische Fernsehdiskussionen: zur medienspezifischen Inszenierung von Propaganda als Diskussion / W. Holly, P. Kühn, U. Püschel. – Tübingen: Niemeyer, 1986.

Holly, W. Politikersprache: Inszenierungen und Rollenkonflikte im informellen Sprachhandeln eines Bundestagsabgeorneten / W. Holly. – Berlin; New York: de Gruyter, 1990.

Hoppenkamps, H. Information oder Manipulation? Untersuchungen zur Zeitungsberichterstattung über eine Debatte des Deutschen Bundestages / H.Hoppenkamps. – 1. Auflage. – Tübingen: Niemeyer, 1977.

Issers, O.S. Kommunikativnyje strategiji i taktiki russkoj retschi / O.S. Issers. – Isd. 4-e, stereotipnoje. – M.: KomKniga, 2006.

Ivin, A.A., Nikiforov, A.L. Slovar po logike / A.A. Ivin, A.L. Nikiforov. – M.: Gumanitarnyj isdatelskij tsentr Vlados, 1997.

Jäger, L. Sprache als Medium der politischen Kommunikation. Anmerkungen zur Transkriptivität kultureller und politischer Semantik / L. Jäger // Medien und Medialität des Politischen; Hrsg. von U. Frevert, W. Braungart. – Bielefeld: Vandenhoeck & Ruprecht, 2004. – S. 332-355.

Jäger, L., Plum, S. Historisches Wörterbuch des deutschen Gefühlswortschatzes. Theoretische und methodische Probleme / L. Jäger, S. Plum // Zur historischen Semantik des deutschen Gefühlswortschatzes: Aspekte, Probleme und Beispiele seiner lexikographischen Erfassung; Hrsg. von L. Jäger. – 1. Auflage. – Aachen: Alano, 1988. – S. 5-55.

Jäger, M. Fatale Effekte: Die Kritik am Patriarchat im Einwanderungsdiskurs / M. Jäger. – Duisburg: DISS, 1996.

Jäger, S. BrandSätze. Rassismus im Alltag / S. Jäger. – Duisburg: DISS, 1992.

Jäger, S. Text- und Diskursanalyse. Eine Anleitung zur Analyse politischer Texte / S. Jäger. – 5. Auflage. – Duisburg: DISS, 1994.

Jäger, S. Kritische Diskursanalyse. Eine Einführung. – Duisburg: Edition DISS, 2004.

Jahr, E. Vertextungsmuster Explikation / E. Jahr // Text- und Gesprächslinguistik: ein internationales Handbuch zeitgenössischer Forschung = Linguistics of Text and Conversation; Hrsg. von K. Brinker. – Berlin; New York: de Gruyter, 2000a. – S. 385-397.

Jahr, S. Emotionen und Emotionsstrukturen in Sachtexten: ein interdisziplinärer Ansatz zur qualitativen und quantitativen Beschreibung der Emotionalität von Texten / S. Jahr. – Berlin; New York; de Gruyter, 2000b.

Jakobson, R. Closing Statement: Linguistics and Poetics / R. Jakobson // Style in Language; Ed. by Th. Sebeok. – Cambridge, Massachusetts: MIT Press, 1967. – P. 350-377.

Jakobson, R. Language in Relation to Other Communication Systems / R. Jakobson // Selected Writings. II: Word and Language. – The Hague/Paris: Mouton, 1971. – P. 697-708.

Janich, N. Werbesprache. Ein Arbeitsbuch / N. Janich. – 4. Auflage. – Tübingen: Gunter Narr Verlag, 2005.

Januschek, F. Zum Selbstverständnis politischer Sprachwissenschaft / F. Januschek // Politische Sprachwissenschaft. Zur Analyse von Sprache als kultureller Praxis; Hg. von F. Januschek. – Opladen: Westdeutscher Verlag, 1985. – S. 1-20.

Johnstone, B. Discourse Analysis / B. Johnstone. – 2nd ed. – Oxford, UK: Blackwell, 2008.

Jost, J. Topos und Metapher. Zur Pragmatik und Rhetorik des Verständlichmachens / J. Jost. – Heidelberg: Universitätsverlag Winter, 2007.

Judina, T.V. Teorija obschtschestvenno-polititscheskoj retschi: Monografija / T.V. Judina. – M.: Isd-vo Mosk. un-ta, 2001a.

Judina, T.V. Diskursivnoje prostranstvo nemetskoj obschtschestvenno-polititscheskoj retschi: Diss... d-ra filol. nauk: 10.02.04; utvershdena v 2001 g. / T.V. Judina. – M., 2001b.

Jung, M. Linguistische Diskursgeschichte / M. Jung // Öffentlicher Sprachgebrauch. Praktische, theoretische und historische Perspektiven. Georg Stötzel zum 60. Geburtstag gewidmet; Hrsg. von K. Böke, M. Jung, M. Wengeler. – Opladen, 1996. – S. 453-472.

Jung, M. Lexik und Sprachbewusstsein im Migrationsdiskurs. Methodik und Ergebnisse wortbezogener Untersuchungen / M. Jung // Die Sprache des Migrationsdiskurses. Das Reden über „Ausländer" in Medien, Politik und Alltag; Hrsg. von M. Jung, M. Wengeler, K. Böke. – Opladen: Westdeutscher Verlag, 1997. – S. 194-213.

Jung, M. Diskurshistorische Analyse – eine linguistische Perspektive (1996/2001) / M. Jung // Sprachgeschichte als Zeitgeschichte. Germanistische Linguistik 180-181; Hrsg. von M. Wengeler. – Georg Olms Verlag: Hildesheim, New York, Zürich, 2005. – S. 165-193.

Jung, M. Diskurshistorische Analyse – eine linguistische Perspektive / M. Jung // Handbuch Sozialwissenschaftliche Diskursanalyse. Band 1: Theorien und Methoden; Hrsg. von R. Keller et al. – 2., aktual. und erweit. Auflage. – Wiesbaden: VS Verlag für Sozialwissenschaften, 2006. – S. 31-54.

Käge, O. Noch „ugs." oder doch schon „derb"? Bemerkungen und Vorschläge zur Praxis der stilistischen Markierung in deutschen einsprachigen Wörterbüchern / O. Käge // Studien zur neuhochdeutschen Lexikographie II; Hrsg. von H.E. Wiegand. – Hildesheim; New York: Olms, 1982. – S. 109-120.

Kalivoda, G. Parlamentarische Rhetorik und Argumentation. Untersuchungen zum Sprachgebrauch des 1. Vereinigten Landtags in Berlin 1847 / G. Kalivoda. – Frankfurt am Main; Bern; New York: Verlag Peter Lang, 1986a.

Kalivoda, G. Stilmittel in der parlamentarischen Debatte / G. Kalivoda // Dialoganalyse: Referate der 1. Arbeitstagung; Hrsg. von F. Hundsnurscher, H.E. Wiegand. – Tübingen: Niemeyer Verlag, 1986b. – S. 199-212.

Keller, R. Kollokutionäre Akte / R. Keller // Germanistische Linguistik; Hrsg. von U. Knoop, W. Putschke, L.E. Schmitt, H.E. Wiegand. – №1-2. – 1977. – S. 1-50.

Keller, R. Diskursforschung. Eine Einführung für SozialwissenschaftlerInnen / R. Keller. – 2. Auflage. – Wiesbaden: VS Verlag für Sozialwissenschaften, 2004.

Keßler, Ch. Benennungen für Staaten und ihre Regierungen in der Presse der DDR und der BRD. Linguistische Untersuchungen zum Verhältnis von Sprache und Ideologie / Ch.Keßler // Linguistische Untersuchungen zur Sprache der Gesellschaftswissenschaften. – 1. Auflage. – Leipzig: VEB Verlag Enzyklopädie, 1977. – S. 16-83.

Klaus, G. Sprache der Politik / G. Klaus. – Berlin: VEB Deutscher Verlag der Wissenschaften, 1971.

Klein, J. Wortschatz, Wortkampf, Wortfelder in der Politik / J. Klein // Politische Semantik: bedeutungsanalytische und sprachkritische Beiträge zur politischen Sprachvermittlung; Hrsg. von J. Klein. – Opladen: Westdt. Verlag, 1989. – S. 3-50.

Klein, J. (Hg.) Politische Semantik: bedeutungsanalytische und sprachkritische Beiträge zur politischen Sprachvermittlung. – Opladen: Westdt. Verlag, 1989.

Klein, J. Politische Textsorten / J. Klein // Aspekte der Textlinguistik; Hrsg. von K. Brinker. – Hildesheim; Zürich; New York: Georg Olms Verlag, 1991. – S. 245-278.

Klein, J. Medienneutrale und medienspezifische Verfahren der Absicherung von Bewertungen in Presse und Fernsehen. Typologie und semiotische Distribution / J. Klein // Überredung in der Presse: Texte, Strategien, Analysen; Hrsg. von M. Moilanen, L . Tiittula. – Berlin; New York: de Gruyter, 1994. – S. 3-32.

Klein, J. Bewertendes Reden über Migranten im Bundestag / J. Klein // Die Sprache des Migrationsdiskurses. Das Reden über „Ausländer" in Medien, Politik und Alltag; Hrsg. von M. Jung, M. Wengeler, K. Böke. – Opladen: Westdeutscher Verlag, 1997. – S. 241-260.

Klein, J. Textsorten im Bereich politischer Institutionen / J. Klein // Text- und Gesprächslinguistik: ein internationales Handbuch zeitgenössischer Forschung = Linguistics of Text and Conversation; Hrsg. von K. Brinker. – Berlin; New York: de Gruyter, 2000. – S. 732–755.

Klein, J. Pragmatik und Hermeneutik – eine merkwürdige Nicht-Beziehung / J. Klein // Strategien politischer Kommunikation. Pragmatische Analysen; Hrsg. von H. Girnth, C. Spieβ. – Berlin: Erich Schmidt Verlag, 2006. – S. 17-26.

Koboseva, I.M. Lingvistitscheskaja semantika: Utscheb. possobije / I.M. Koboseva; Mosk. gos. un-t im. M.V. Lomonossova. Fil. fak. – M.: Editorial URSS, 2000.

Koboseva, I.M. Semantitscheskije problemy analisa polititscheskoj metafory / I.M. Koboseva // Vestnik MU. Ser.9, Filologija. – 2001. – Nr.6. – S. 132-148.

Kolschanskij, G.V. Kommunikative Funktion und Struktur der Sprache / G.V. Kolschanskij. Ins Dt. übers. und hrsg. von Hans Zikmund. – 1. Aufl. – Leipzig: Bibliographisches Institut, 1985.

Kolschanskij, G.V. Kontekstnaja semantika / G.V. Kolschanskij. – Isd. 4-e, stereotipnoje. – M.: Kom-Kniga, 2005.

Konerding, K.-P. Themen, Rahmen und Diskurse – Zur linguistischen Fundierung des Diskursbegriffes / K.-P. Konerding // Diskurslinguistik nach Foucault. Theorie und Gegenstände; Hrsg. von S. Günther u.a. – Berlin: New York: de Gruyter, 2007. – S. 107-139.

Kopperschmidt, J. Allgemeine Rhetorik: Einführung in die Theorie der Persuasiven Kommunikation / J. Kopperschmidt. – Stuttgart; Berlin; Köln; Mainz: Kohlhammer, 1973.

Koshina, M.N. O jasykovoj i retschevoj ekspressiji i eje ekstralingvistitscheskom obosnovaniji // Problemy ekspressivnoj stilistiki ; Rostov. gos. un-t; Otv. red. T.G. Hasagerov. – Rostov-na-Donu: Isd-vo Rostov. un-ta, 1987. – S. 8-17.

Koshina, M.N. Retschevoj shanr i retschevoj akt (nekotoryje aspekty problemy) / M.N. Koshina // Shanry retschi: Sb. nautsch. st. – Saratov: Isd-vo GosUNTS «Kolledsh», 1999. – S. 52-61.

Koshina, M.N. Funktsionalnaja semantiko-stilistitscheskaja kategorija / M.N. Koshina // Stilistitscheskij entsiklopeditscheskij slovar russkogo jasyka; Pod red. M.N. Koshinoj. Tschleny redkollegiji: E.A. Bashenova, M.P. Kotjurova, A.P. Skovorodnikov. – M.: Flinta: Nauka, 2003. – S. 573-576.

Koshina, M.N. Diskursnyj analis i funktsionalnaja stilistika s retschevedtscheskih positsij / M.N. Koshina // Tekst – Duskurs – stil: Sbornik nauchnyh statej. – SPb.: Isd-vo SPbUEF, 2004. – S. 9-33.

Kostrova, O.A. Ekspressivnyj sintaksis sovremennogo nemetskogo jasyka / O.A. Kostrova. – Moskva: Flinta, 2004.

Koszyk, K., Pruys, K.H. Wörterbuch der Publizistik / K. Koszyk, K.H. Pruys. – München-Pullach: Verlag Dokumentation, 1970.

Kotjurova, M.P. Stilistitscheskije ressursy leksiki (leksitscheskaja stilistika) / M.P. Kotjurova // Stilistitscheskij entsiklopeditscheskij slovar russkogo jasyka; Pod red. M.N. Koshinoj. Tschleny redkollegiji: E.A. Bashenova, M.P. Kotjurova, A.P. Skovorodnikov. – M.: Flinta: Nauka, 2003. – S. 457-469.

Krahl, S., Kurz, J. Kleines Wörterbuch der Stilkunde / S. Krahl, J. Kurz. – 6., neubearbeitete Auflage. – Leipzig: VEB Bibliographisches Institut, 1984.

Krasnych, V.V. «Svoj» sredi «tschushih»: mif ili realnost? / V.V. Krasnych. – M.: ITDGK «Gnosis», 2003.

Kress, G. Ideological Structures in Discourse / G. Kress // Handbook of Discourse Analysis. Vol. 4. Discourse Analysis in Society; ed. by T.A. van Dijk. – Orlando: Academic Press, 1985. – P. 27-42.

Krishanovskaja, E.M. Stilistitscheski okraschennaja leksika // Stilistitscheskij entsiklopeditscheskij slovar russkogo jasyka; Pod red. M.N. Koshinoj. Tschleny redkollegiji: E.A. Bashenova, M.P. Kotjurova, A.P. Skovorodnikov. – M.: Flinta: Nauka, 2003. – S. 453-456.

Kubrjakova, E.S. O ponjatijah diskursa i diskursivnogo analisa v sovremennoj lingvistike (Obsor) / E.S. Kubrjakova // Diskurs, retsch, retschevaja dejatelnost: funktsionalnyje i strukturnyje aspekty: Sb. obsorov ; RAN. INION. Tsentr gumanitar. nautsch.-inform. issled. Otdel jasykosnanija; Redkol.: Romaschko S.A., otv. red. i dr. – M., 2000. – S. 7-25.

Kubrjakova, E.S. O tekste i kriterijah ego opredelenija / E.S. Kubrjakova // Jasyk i snanije: Na puti polutschenija snanij o jasyke: Tschasti retschi s kognitivnoj totschki srenija. Rol jasyka v posnaniji mira; Ros. akademija nauk. In-t jasykosnanija. – M.: Jasyki slavjanskoj kultury, 2004a. – S. 505-518.

Kubrjakova, E.S. Diskurs: opredelenije i napravlenija v ego issledovaniji / E.S. Kubrjakova // Jasyk i snanije: Na puti polutschenija snanij o jasyke: Tschasti retschi s kognitivnoj totschki srenija. Rol jasyka v posnaniji mira; Ros. akademija nauk. In-t jasykosnanija. – M.: Jasyki slavjanskoj kultury, 2004b. – S. 519-531.

Kuhn, Th.S. Die Struktur wissenschaftlicher Revolutionen / Th.S. Kuhn. – Übersetzt von K. Simon, die 2. Auflage revidiert von H. Vetter. – 9. Auflage. – Frankfurt am Main: Suhrkamp, 1988.

Kühn, P. Pragmatische und lexikographische Beschreibung phraseologischer Einheiten: Phraseologismen und Routineformeln / P. Kühn // Studien zur neuhochdeutschen Lexikographie IV; Hrsg. von H.E. Wiegand. – Hildesheim; Zürich; New York: Olms, 1984. – S. 175-236.

Ladissow, A. Konnotation in der nominalen Wortbildung der deutschen Gegenwartssprache / A. Ladissow // Entwicklungen in Wortbildung und Wortschatz der deutschen Gegenwartssprache; Hg. von W. Fleischer. – Berlin: Peter Lang, 1983. – S. 21-48.

Lalouschek, J., Menz, F. "Nationaler Haß war uns immer völlig fremd". Kontinuitäten in der Berichterstattung der Kärntner Printmedien über die slowenische Volksgruppe seit 1918 / J. Lalouschek, F. Menz // Sprache in der Politik – Politik in der Sprache: Analysen zum öffentlichen Sprachgebrauch; Hrsg. von R. Wodak, F. Menz. – Klagenfurt: Drava, 1990. – S. 98-117.

Lasswell, H., Leites, N. Language of Politics: Studies in Quantitative Semantics / H.Lasswell, N. Leites. – Cambridge: MIT Press, 1968.

Leech, J.N. Principles of Pragmatics / J.N. Leech; Gen. ed. R.H. Robins. – London: N.Y.: Longman, 1983.

Leech, J.N. Semantics / J.N. Leech. – N.Y.: Penguin Books, 1977.

Lerchner, G. Die Analyse funktionaler Textemkonstituenten als methodologisches Konzept der Sprachwirkungsforschung / G.Lerchner // Zeitschrift für Phonetik, Sprachwissenschaft und Kommunikationsforschung, Band 27. – Berlin: Akademie-Verlag, 1974. – S. 105-113.

Levin, K. Feldtheorie in den Sozialwissenschaften / K. Levin. – Ins Deutsche übertragen von A. Lang und W. Lohr. – Bern: Verlag Hans Huber, 1965.

Levinson, S.C. Pragmatik / S.C. Levinson. – 3.Auflage; neu übersetzt von M. Wiese. – Tübingen: Niemeyer, 2000.

Liedtke, F. Zum Beispiel „Gerechtigkeit“: Über politische Leitvokabeln in persuasiver Funktion / F. Liedtke // Überredung in der Presse: Texte, Strategien, Analysen; Hrsg. von M. Moilanen, L . Tiittula. – Berlin; New York: de Gruyter, 1994. – S. 175-188.

Linke, A., Nussbaumer, M., Portmann, P. Studienbuch Linguistik / A. Linke, M. Nussbaumer, P. Portmann. – 5., erweiterte Auflage. – Tübingen: Max Niemeyer Verlag, 2004.

Löbner S. Semantik. Eine Einführung / S. Löbner. – Berlin, New York: de Gruyter, 2003.

Ludwig, K.-D. Zum Status des Nicht-Denotativen und seiner Darstellung in einsprachigen Wörterbüchern der deutschen Gegenwartssprache / K.-D. Ludwig // Die Lexikologie von heute und das Wörterbuch von morgen. Analysen – Probleme – Vorschläge. – Hrsg. von J. Schildt und D. Viehweger. – Berlin: Akademie der Wissenschaften der DDR; Zentralinstitut für Sprachwissenschaft, 1983. – S. 37-45.

Ludwig, K.-D. Markierungen im allgemeinen einsprachigen Wörterbuch des Deutschen: ein Beitrag zur Metalexikologie / K.-D. Ludwig. – Tübingen: Niemeyer, 1991.

Lüger, H.-H. Pressesprache / H.-H. Lüger. – 2., neu bearbeitete Auflage. – Tübingen: Niemeyer, 1995.

Lüger, H.-H. Satzwertige Phraseologismen: eine pragmalinguistische Untersuchung / H.-H. Lüger. – Wien: Ed. Praesens, 1999.

Luhmann, N. Die Realität der Massenmedien / N. Luhmann. – Opladen: Westdeutscher Verlag, 1995.

Luhmann, N. Die Politik der Gesellschaft / N. Luhmann. – 1. Auflage. – Frankfurt am Main: Suhrkamp, 2000.

Lukjanova, N.A. Ekspressivnaja leksika rasgovornogo slovoupotreblenija (problemy semantiki). – Novossibirsk: Nauka, 1986.

Lukjanova, N.A. Ekspressivnost v sisteme, slovare i retschi // Tschelovetscheskij faktor v jasyke: Jasykovyje mekhanismy ekspressivnosti; In-t jasykosnanija; Otv. red. V.N. Telija. – M.: Nauka, 1991. – S. 157-178.

Lukjanova, N.A., Tscheremissina, M.I. Obrasnost kak harakteristika snatschenija slova / N.A. Lukjanova, M.I. Tscheremissina // Sintaksitscheskaja i leksitscheskaja semantika. – Novossibirsk, 1986. – S. 265-268.

Lutz, C., Abu-Lughod, L. Language and the politics of emotion / Ed. By C. Lutz, L. Abu-Lughod. – Cambridge: University Press, 1990.

Lyons, J. Semantik / J. Lyons. - Aus dem Engl. übertr. u. für d. dt. Leser eingerichtet von B. Asbach-Schnitker. – Bd. 1. – München: Beck, 1980.

Lyons, J. Semantik / J. Lyons. - Aus dem Engl. übertr. u. für d. dt. Leser eingerichtet von J. Schust. – Bd. 2. – München: Beck, 1983.

Lyons, J. Linguistic Semantics: An Introduction / J. Lyons. – Cambridge: University Press, 1996.

Maas, U. "Als der Geist der Gemeinschaft eine Sprache fand": Sprache im Nationalsozialismus; Versuch einer historischen Argumentationsanalyse / U. Maas. – Opladen: Westdeutscher Verlag, 1984.

Maingueneau, D. Linguistische Grundbegriffe zur Analyse literarischer Texte / D. Maingueneau. – Übers. und für deutsche Leser bearbeitet von J. Albrecht. – Tübingen: Narr, 2000.

Maingueneau, D., Angermüller, J. Discourse Analysis in France. A Conversation / D. Maingueneau, J. Angermüller // Forum: Qualitative Social Research, 8(2), Art. 21, 2007. <http://www.qualitative-research.net/fqs-texte/2-07/07-2-21-e.htm> (13.09.2010)

Makarov, M.L. Osnovy teoriji diskursa / M.L. Makarov. – M.: ITDGK «Gnosis», 2003.

Marten-Cleef, S. Gefühle ausdrücken. Die expressiven Sprechakte / S. Marten-Cleef; Hrsg. von U. Müller, F. Hundsnurscher, K. Sommer. – Göppingen: Kümmerle Verlag, 1991.

Martinez-Cabeza, M.A. The study of language beyond sentence: From text grammar to discourse analysis / M.A. Martinez-Cabeza. – 2nd edition. – Peligros: Editorial Comares, 2003.

Maslova, V.A. Parametry ekspressivnosti teksta // Tschelovetscheskij faktor v jasyke: Jasykovyje mekhanismy ekspressivnosti; In-t jasykosnanija; Otv. red. V.N. Telija. – M.: Nauka, 1991. – S. 179-204.

Maslova, V.A. Nekotoryje ontologitscheskije aspekty emotivnosti teksta / V.A. Maslova // Jasyk i emotsiji: Sb. nautsch. tr. / VGPU. – Volgograd: Peremena, 1995. – S. 184-191.

Matvejeva, T.V. Tekstovaja kategorija / T.V. Matvejeva // Stilistitscheskij entsiklopeditscheskij slovar russkogo jasyka; Pod red. M.N. Koshinoj. Tschleny redkollegiji: E.A. Bashenova, M.P. Kotjurova, A.P. Skovorodnikov. – M.: Flinta: Nauka, 2003. – S. 533-536.

Medvedeva, E.V. Reklamnaja kommunikatsija / E.V. Medvedeva. – Isd. 2-e, ispr. – M.: Editorial URSS, 2004.

Mees, U. Die Struktur von Emotionen / U. Mees. – Göttingen: Hogrefe Verlag für Psychologie, 1991.

Meggle, G. Kommunikatives Verstehen – Die Grundzüge / G. Meggle // Kommunikation - ein Schlüsselbegriff der Humanwissenschaften? ; Hrsg. von H. Richter und H. Schmitz. – Münster: Nodus, 2003. – S. 341-352.

Metzeltin, M. Theoretische und angewandte Semantik. Vom Begriff zum Text / M. Metzeltin. – Wien: Praesens Verlag, 2007.

Michel, G. Stil und Expressivität / G.Michel // Zeitschrift für Phonetik, Sprachwissenschaft und Kommunikationsforschung, Band 27. – Berlin: Akademie-Verlag, 1974. – S. 132-140.

Michel, G. Stilistische Textanalyse: eine Einführung / G.Michel; Hrsg. von K.-H.Siehr und C.Keβler. – Frankfurt am Main; Berlin; Bern; Bruxelles; Bern; New York; Oxford; Wien: Lang, 2001.

Miczka E. Kognitywne struktury sytuacyjne i informacyjne w interpretacji dyskursu / E. Miczka. – Katowice: Wydaw. Uniwersytetu Śląskiego, 2002.

Mikołajczyk, B. Sprachliche Mechanismen der Persuasion in der politischen Kommunikation. Dargestellt an polnischen und deutschen Texten zum EU-Beitritt Polens / B. Mikołajczyk. – Frankfurt am Main u. a.: Peter lang, 2004.

Militz, H.-M. Paradigmatisch-syntagmatische Wertung / H.-M. Militz // Aspekte der sprachlichen Wertung; Hrsg. von A. Beyrer u.a. – Berlin: Akademie der Wissenschaften der DDR, 1989. – S. 21-59.

Mills, S. Discourse / S. Mills. – London, New York: Routledge, 2004.

Moilanen, M. Scheinargumentation als persuasives Mittel / M. Moilanen // Überredung in der Presse: Texte, Strategien, Analysen; Hrsg. von M. Moilanen, L. Tiittula. – Berlin; New York: de Gruyter, 1994. – S. 45-58.

Moilanen, M. Zur kommunikativ-funktionalen Interpretation von persuasiven monologischen Texten / M.Moilanen // Ebenen der Textstruktur: sprachliche und kommunikative Prinzipien; Hrsg. von W. Motsch. – Tübingen: Niemeyer, 1996. –S. 165-188.

Morris, Ch.W. Zeichen, Sprache und Verhalten / Ch.W. Morris. Dt. Übers. von A. Eschbach, G. Kopsch. – Düsseldorf: Pädagogischer Verlag Schwann, 1973.

Motsch, W. Einstellungskonfigurationen und sprachliche Äußerungen. Aspekte des Zusammenhangs zwischen Grammatik und Kommunikation / W. Motsch // Sprache und Pragmatik. Lunder Symposium 1978; Hrsg. von I. Rosengren. – Malmö: CWK Gleerup, 1979. – S. 169-187.

Motsch, W., Pasch, R. Illokutive Handlungen / W. Motsch, R. Pasch // Satz, Text, sprachliche Handlung; Hrsg. von W. Motsch. – Berlin: Akademie-Verlag, 1987. – S. 11-79.

Mouffe, Ch. On the Political / Ch. Mouffe. – London; New York: Routledge, 2005.

Mukhrjamov, N.M., Mukhrjamova, L.M. Polititscheskaja lingvistika kak nautschnaja distsiplina / N.M. Mukhrjamov, L.M. Mukhrjamova // Polititscheskaja nauka. Polititscheskij diskurs: Istorija i sovremennyje issledovanija: Sb. nautsch. tr.; RAN INION. Tsentr sotsial. nautsch.-inform. issled. Otdel polititscheskoj nauki, Otdel jasykosnanija, Otdel nautsch. svjasej i meshdunar. sotr., Ros. assotsiatsija polit. nauki; Otv. red. i sost. V.I. Gerassimov, M.V. Iljin. – M., 2002. – S. 44-60.

Niehr, T. Von der „Bewahrung deutscher Identität" und der „Erhaltung des Bestandes und der Gesundheit des deutschen Volkes". Analysen zum Parteiprogramm der Republikaner von 1987 / T. Niehr // Wörter in der Politik. Analysen zur Lexemverwendung in der politischen Kommunikation; hrsg. von H. Diekmannshenke, J. Klein. – Westdt. Verlag: Opladen, 1996. – S. 77- 95.

Niehr, T. Parlamentarische Diskurse im internationalen Vergleich. Eine Fallstudie zu den jüngsten Asylrechtsänderungen in Deutschland und in der Schweiz / Th. Niehr // Einwanderungsdiskurse: vergleichende diskurslinguistische Studien; Hrsg. von Th. Niehr; K. Böke. - Wiesbaden: Westdt. Verl., 2000. – S. 109-134.

Niehr, T. International vergleichende Diskurs- und Argumentationsanalyse. Vorstellung eines Vorschungsprogramms / Th. Niehr // ELiSe: Essener Linguistische Skripte – elektronisch. – Jahrgang 2. – Heft 2. – 2002. – S. 51-64.

Niehr, T., Böke, K. Diskursanalyse unter linguistischer Perspektive – am Beispiel des Migrationsdiskurses / Th. Nier, K. Böke // Handbuch Sozialwissenschaftliche Diskursanalyse. Band 2: Forschungspraxis. – Wiesbaden: VS Verlag für Sozialwissenschaften, 2004. – S. 325-352.

Niehr, T. Der Streit um Migration in der Bundesrepublik Deutschland, der Schweiz und Österreich. Eine vergleichende diskursgeschichtliche Untersuchung / Th. Niehr. – Heidelberg: Winter, 2005.

Niehr, T. Die „bibliographische Qualifikationsschrift" als neue Textsorte in der politischen Kommunikation oder: Wie qualifiziert man sich eigentlich für das Amt des Bundespräsidenten? / Th. Niehr // Strategien politischer Kommunikation. Pragmatische Analysen; Hrsg. von H. Girnth, C. Spieß. – Berlin: Erich Schmidt Verlag, 2006a. – S. 121-147.

Niehr, T. „Bewahren, was wir für die Zukunft brauchen". Textsortenmischung und ihre Funktion am Beispiel des Wahlmanifests der SPD / Th. Niehr // Aptum. Zeitschrift für Sprachkritik und Sprachkultur. – №1. – 2006b. – S. 25-42.

Nikitin, M.V. Kurs lingvistitscheskoj semantiki: Utscheb. possobije / M.V. Nikitin. – SPb., Nautschnyj tsentr problem dialoga, 1996.

Nowak, P., Wodak, R. de Cillia, R. Die Grenzen der Abgrenzung. Methoden und Ergebnisse einer Studie zum antisemitischen Diskurs im Nachkriegösterreich / P. Nowak, R. Wodak, R. de Cillia // Sprache in der Politik – Politik in der Sprache: Analysen zum öffentlichen Sprachgebrauch; Hrsg. von R. Wodak, F. Menz. – Klagenfurt: Drava, 1990. – S. 128-151.

Ogden, C.K., Richards, I.A. The Meaning of Meaning: A Study of the Influence of Language upon Thought and of the Science of Symbolism / C.K. Ogden, I.A. Richards. – London: Routledge, 1969.

Olschewski, A. „Erbarmen mit den Stenographen!" Zwischenrufe im Deutschen Bundestag / A. Olschewski // Neue Stenographische Praxis. – Nr. 40/1-2. – 1991. – S. 1-18.

Oomen, U. Ironische Äußerungen: Syntax, Semantik, Pragmatik / U. Oomen // Zeitschrift für Germanistische Linguistik; Hrsg. von H. Henne, E. Olskaar, P. von Polenz, H.E. Wiegand. – №11. – Berlin; New York: de Gruyter, 1983. – S. 22-38.

Oparina, E.O. Metafora v polititscheskom diskurse / E.O. Oparina // Polititscheskaja nauka. Polititscheskij diskurs: Istorija i sovremennyje issledovanija: Sb. nautsch. tr. / RAN INION. Tsentr sotsial. nautsch.-inform. issled. Otdel polititscheskoj nauki, Otdel jasykosnanija, Otdel nautsch. svjasej i meshdunar. sotr., Ros. assotsiatsija polit. nauki; Otv. red. i sost. V.I. Gerassimov, M.V. Iljin. – M., 2002. – S. 20-31.

Opp de Hipt, M. Denkbilder in der Politik. Der Staat in der Sprache von CDU und SPD / M. Opp de Hipt. – Berlin: Freie Universität, 1987.

Ortak, N. Persuasion: zur textlinguistischen Beschreibung eines dialogischen Strategiemusters / N. Ortak. – Tübingen: Niemeyer, 2004.

Osgood, Ch. Focus on Meaning. Volume I: Explorations in Semantic Space / Ch. Osgood. – The Hague: Mouton, 1976.

Ottmers, C. Rhetorik / C. Ottmers; 2., aktualisierte und erw. Aufl. / überarb. von F. Klotz. – Stuttgart: Metzler, 2007.

Ożóg, K. Język w służbie polityki: Językowy kształt kompani wyborczych / K. Ożóg. – Rzeszów: Wydaw. Uniwersytetu Rzeszowskiego, 2004.

Ożóg, K. Language during the elections for the European Parliament (the case of Poland) / K. Ożóg // Polityka i Społeczeństwo; Ed. by W. Bonusiak. – Nr. 2. – Rzeszow: Rzeszowski Uniwersytet, 2005. – P. 94-119.

Paltridge, B. Discourse Analysis: An Introduction / B. Paltridge. – London: Continuum, 2006.

Panagl, O., Stürmer, H. (Hg.) Politische Konzepte und verbale Strategien: Brisante Wörter – Begriffsfelder – Sprachbilder. – Frankfurt am Main; Berlin; New York, 2002.

Parschina, O.N. Rossijskaja polititscheskaja retsch: Teorija i praktika / O.N. Parschina; Pod red. O.B. Sirotinoj. – Isd. 2-e, isp. i dop. – M.: Isdatelstvo LKI, 2007.

Pelster, Th. Die politische Rede im Westen und Osten Deutschlands / Th. Pelster. – Düsseldorf: Pädagogischer Verlag Schwann, 1966.

Penkovskij, A.B. Leksikografitscheskije pomety terminov subjektivnoj otsenki / A.B. Penkovskij // Otscherki po russkoj semantike. – M.: Jasyki slavjanskoj kultury, 2004. – S. 73-83.

Perelman, Ch. Die neue Rhetorik: eine Theorie der praktischen Vernunft / Ch. Perelman // Rhetorik. B.2. Wirkungsgeschichte der Rhetorik; Hrsg. von J. Kopperschmidt. – Darmstadt: Wissenschaftliche Buchgesellschaft, 1991. – S. 325-358.

Petraskaite-Pabst, S. Metapherngebrauch im politischen Diskurs: zur EU-Osterweiterung im Deutschen und Litauischen / S. Petraskaite-Pabst. – Tübingen: Stauffenburg, 2006.

Petrova, N.V. Tekst i diskurs // Voprossy jasykosnanija. – 2003. – Nr. 6. – S. 123-131.

Phillips, N., Lawrence, Th., Hardy, C. Discourse and Institutions / N. Philips, Yh. Lawrence, C. Hardy // Academy of Management Review; Ed. by J. Walsh, A. Brief. – Vol. 29. – No. 4. – London; New York: Psychology Press, 2004. – P. 635-652.

Pissanova, T.V. Natsionalno-kulturnyje aspekty otsenotschnoj semantiki: Estetitscheskije i etitscheskije otsenki / T.V. Pissanova; Otv. red. B.J. Gorodetskij. – M.: Isd-vo IKAR, 1997.

Plett, H.F. Die Rhetorik der Figuren. Zur Systematik, Pragmatik und Ästhetik der ‚Elocutio' / H.F. Plett // Rhetorik. B.1. Rhetorik als Texttheorie; Hrsg. von J. Kopperschmidt. – Darmstadt: Wissenschaftliche Buchgesellschaft, 1990. – S. 129-154.

Plett, H.F. Systematische Rhetorik: Konzepte und Analysen / H.F. Plett. – München: Fink, 2000.

Plett, H.F. Einführung in die rhetorische Textanalyse / H.F. Plett. – 9., aktualisierte und erw. Auflage. – Hamburg: Buske, 2001.

Polenz, P. von. Deutsche Satzsemantik: Grundbegriffe des Zwischen-den-Zeilen-Lesens / P. von Polenz. – 3., unveränderte Aufl. – Berlin; New York: de Gruyter, 2008.

Prokhorov, J.E. Dejstvitelnost. Tekst. Diskurs / J.E. Prokhorov. – M.: Flinta: Nauka, 2004.

Püschel, U. Die Bedeutung von Textsortenstilen / U. Püschel // Zeitschrift für Germanistische Linguistik; Hrsg. von H. Henne, E. Olskaar, P. von Polenz, H.E. Wiegand. – №8. – Berlin; New York: de Gruyter,1982. – S. 28-37.

Püschel, U. Stilanalyse als Stilverstehen / U. Püschel // Stilistik. Band I: Probleme der Stilistik; Hrsg. von B. Sandig. – Hildesheim; Zürich; New York, 1983. – S. 97-126.

Püschel, U. Im Wörterbuch ist alles pragmatisch / U. Püschel // Studien zur neuhochdeutschen Lexikographie IV; Hrsg. von H.E. Wiegand. – Hildesheim; Zürich; New York: Olms, 1984. – S. 361-380.

Rasinkina, N.M. Funktsionalnaja stilistika: Na materiale angl. i rus. jas.: Utsch. possobije / N.M. Rasinkina. – 2-e isd., ispr. i dop. – M.: Vyssch. schk., 2004.

Rastier, F. Interpretirujuschtschaja semantika / F. Rastier; Perevod s frantsuskogo, primetschanija, predmetno-imennoj ukasatel A.E. Botschkareva. – Nishnij Novgorod: «Dekom», 2001.

Rehbein, J. Komplexes Handeln. Elemente zur Handlungstheorie der Sprache / J. Rehbein. – 1. Auflage. – Stuttgart: Metzler, 1977.

Reisigl, M. Sprachkritische Beobachtungen zu Foucaults Diskursanalyse / M. Reisigl // Faucoult: Diskursanalyse der Politik. Eine Einführung; Hrsg. von B. Kerchner, S. Schneider. – Wiesbaden: VS Verlag für Sozialwissenschaften, 2006. – S. 85-103.

Renkema, J. Introduction to Discourse Analysis / J. Renkema. – Amsterdam; Philadelphia: John Benjamins, 2004.

Riesel, E., Schendels, E. Deutsche Stilistik / E. Riesel, E. Schendels. – Moskau: Verlag Hochschule, 1975.

Rieser, H. Modell (1) / H. Rieser // Zur Bestimmung narrativer Strukturen auf der Grundlage von Textgrammatiken; Hrsg. von J. Ihwe, J.S. Petöfi, H. Rieser. – Hamburg: Helmut Buske Verlag, 1973. – S. 27-76.

Rigotti, F. Die Macht und ihre Metaphern: Über die sprachlichen Bilder der Politik. – Frankfurt am Main, New York: Campus Verlag, 1994.

Rittel, S.J. Komunikacja polityczna / S.J. Rittel. – Kielce: Wydaw. Akademii Świętokrzyskiej, 2003.

Rodnjanskaja I.B. Obras / I.B. Rodnjanskaja // Literaturnaja entsiklopedija terminov i ponjatij / Pod red. A.N. Nikoljukina. Institut nautschnoj informatsiji po obschtschestvennym naukam RAN. – M.: NPK «Intelvak», 2001. – S. 669-674.

Rolf, E. Die Funktionen der Gebrauchstextsorten / E. Rolf. – Berlin: de Gruyter, 1993.

Rolf, E. Textuelle Grundfunktionen / E. Rolf // Text- und Gesprächslinguistik: ein internationales Handbuch zeitgenössischer Forschung = Linguistics of Text and Conversation; Hrsg. von K. Brinker. – Berlin; New York: de Gruyter, 2000. – S. 422-435.

Rosengren, I. Die Einstellungsbekundung im Sprachsystem und in der Grammatik – I. Rosengren // Pragmatik in der Grammatik. Jahrbuch 1983 des Instituts für deutsche Sprache; Hrsg. von G. Stickel. – Düsseldorf, 1984. – S. 152-174.

Roshkova, O.E. Kognitivno-pragmatitscheskije aspekty polititscheskogo diskursa: Dis...kand. filol. nauk: 10.02.04: utvershdena v 2001 g. / O.E. Roshkova. – Kaliningrad, 2003.

Rossipal, H. Funktionale Textanalyse. Denotation und Konnotation als Textwirkungsmittel / H. Rossipal. – Stockholm: Gotab, 1978.

Rössler, G. Konnotationen: Untersuchungen zum Problem der Mit- und Nebenbedeutung / G. Rössler. – Wiesbaden: Steiner, 1979.

Sager, S. Sprache und Beziehung: linguistische Untersuchungen zum Zusammenhang von sprachlicher Kommunikation und zwischenmenschlicher Beziehung / S. Sager. – Tübingen: Niemeyer, 1981.

Sager, S. Sind Bewertungen Handlungen? / S.F. Sager // Zeitschrift für Germanistische Linguistik; Hrsg. von H. Henne, E. Olskaar, P. von Polenz, H.E. Wiegand. – №10. – Berlin; New York: de Gruyter, 1982. – S. 38-57.

Salimovskij, V.A. Stilistitscheskaja konnotatsija / V.A. Salimovskij // Stilistitscheskij entsiklopeditscheskij slovar russkogo jasyka; Pod red. M.N. Koshinoj. Tschleny redkollegiji: E.A. Bashenova, M.P. Kotjurova, A.P. Skovorodnikov. – M.: Flinta: Nauka, 2003. – S. 432-433.

Salimovskij, V.A., Barsukova, V.V., Sokolovskaja, L.V. Funktsionalno-stilistitscheskij metod v ego otnoscheniji k diskursivnomu analisu // Współczesne analizy dyskursu; Pod red. M. Krauz, S. Gajdy. – Rzeszów: Wydaw. Uniwersytetu Rzeszowskiego, 2005. – S.°45-55.

Sandig, B. Stilistik: sprachpragmatische Grundlegung der deutschen Stilbeschreibung / B. Sandig. – 1. Auflage. – Berlin; New York: de Gruyter, 1978.

Sandig, B. Stilistik der deutschen Sprache / B.Sandig. – Berlin; New York: de Gruyter, 1986.

Sandig, B. Bewerten in (Autowerbe-)Texten / B. Sandig // Zeitschrift für Germanistik. N.F. – №6/2. – Bern; Berlin; Frankfurt am Main; New York; Paris; Wien: Peter Lang, 1996. – S. 272-292.

Sandig, B. Bewertungstexte / B. Sandig // Übersetzung - Translation - Traduction: neue Forschungsfragen in der Diskussion; Festschrift für Werner Koller; Hrsg. von J. Albrecht u. a. – Tübingen: Narr, 2004. – S. 185-201.

Sandig, B. Textstilistik des Deutschen / B. Sandig. – 2., völlig neu bearbeitete und erweiterte Auflage. – Berlin, New York: de Gruyter, 2006.

Sandig, B., Selting, M. Discourse Styles / B. Sandig, M. Selting // Discourse Studies: A Multidisciplinary Introduction. V.2. Discourse as Structure and Progress; Ed. by T.A. van Dijk. – London: SAGE Publications, 1997. – P. 138-156.

Sandomirskaja, I.I. Emotivnyj komponent v snatscheniji glagola (na materiale glagolov, obosnatschajuschtschih povedenije) // Tschelovetscheskij faktor v jasyke: Jasykovyje mekhanismy ekspressivnosti / In-t jasykosnanija; Otv. red. V.N. Telija. – M.: Nauka, 1991. – S. 115-135.

Sarcinelli, U. Symbolische Politik: zur Bedeutung symbolischen Handelns in der Wahlkampfkommunikation der Bundesrepublik Deutschland / U. Sarcinelli. – Opladen: Westdeutscher Verlag, 1987.

Schäffner, Ch. Editorial: Political Speeches and Discourse Analysis / Ch. Schäffner // Current Issues In Language and Society. - Vol. 3, No. 3, 1996. – P. 201-202.

Schakhovskij, V.I. Kategorisatsija emotsij v leksiko-semantitscheskoj sisteme jasyka/ Nautsch. red. S.D. Popova. – Voronesh: Isd-vo Voronesh. un-ta, 1987a.

Schakhovskij, V.I. Lexikalische Bedeutung des Wortes und Konnotation / V.I. Schakhovskij // Zeitschrift für Phonetik, Sprachwissenschaft und Kommunikationsforschung. Band 40. Heft 1. – Berlin: Akademie Verlag, 1987b. – S. 830-838.

Schakhovskij, V.I. Obschtschije voprossy lingvistitscheskoj teoriji emotsij / V.I. Schakhovskij // Jasyk i emotsiji: Sb. nautsch. tr. / VGPU. – Volgograd: Peremena, 1995a. – S. 8-15.

Schakhovskij, V.I. Emotivnaja semantika slova kak kommunikativnaja suschtschnost / V.I. Schakhovskij, 1995b. <http://www.russcomm.ru/ rca_biblio/sh/shakhovsky02.shtml> (11.10.2006)

Schakhovskij, V.I., Shura, V.V., Dejksis v sfere emotsionalnoj retschevoj dejatelnosti / V.I. Schakhovskij, V.V. Shura // Voprossy jasykosnanija. – Nr.5. – 2002. – S. 38-56.

Schakhovskij, V.I. Lingvistitscheskaja teorija emotsij: Monografija / V.I. Schakhovskij. – M.: Gnosis, 2008.

Scheithauer, R. Metaphors in election night television coverage in Britain, the United States and Germany / R. Scheithauer // Political discourse in the media: cross-cultural perspectives; ed. by A. Fetzer and G.E. Lauerbach. – Amsterdam; Philadelphia: John Benjamins B.V., 2007. – P. 75-108.

Schejgal, E.I. Semiotika polititscheskogo diskursa: Monografija / In-t jasykosnanija RAN; Volgogr. gos. ped. un-t. – Volgograd: Peremena, 2000.

Schejgal, E.I., Ivanova, J.M. Predvybornyje teledebaty kak shanr strategitscheskoj kommunikatsiji / E.I. Schejgal, J.M. Ivanova. – Respectus philologicus 5(10), 2004. <http://filologija.vukhf.lt/5-10/turinys.htm> (17.05.2007)

Schifko, P. Bedeutungstheorie: Einführung in die linguistische Semantik / P. Schifko. – Stuttgart: Frommann-Holzboog, 1975.

Schippan, T. Arten der lexikalischen Bedeutung / T. Schippan // Fragen der semantischen Analyse; Hrsg. von W. Spiewok. – 1. Auflage. – Berlin: Akademie der Wissenschaften der DDR, 1980. – S. 51-61.

Schippan, T. Konnotationen / T. Schippan // Die Lexikologie von heute und das Wörterbuch von morgen. Analysen – Probleme – Vorschläge. – Hrsg. von J. Schildt und D. Viehweger. – Berlin: Akademie der Wissenschaften der DDR; Zentralinstitut für Sprachwissenschaft, 1983. – S. 260-278.

Schippan, T. Lexikologie der deutschen Gegenwartssprache. – Leipzig: VEB, Bibliographisches Institut, 1984.

Schmelev, D.N. Otscherki po semassiologiji russkogo jasyka / D.N. Schmelev. – 2-e isd., ster. – M.: Editotial URSS, 2003.

Schmidt, S.J. Texttheorie. Probleme einer Linguistik der sprachlichen Kommunikation / S.J. Schmidt. – 2., verbesserte und ergänzte Auflage. – München: Wilhelm Fink Verlag, 1976.

Schmidt, W. Funktional-kommunikative Sprachbeschreibung. Theoretisch-methodische Grundlegung / Hrsg. von W. Schmidt. – Leipzig: VEB Bibliographisches Institut, 1981.

Schuhmann, H. Versuch, Konnotativität als kommunikative Präferenz lexikalischer Einheiten mit Hilfe einer Merkmalmatrix zu beschreiben / H. Schuhmann // Die Lexikologie von heute und das Wörterbuch von morgen. Analysen – Probleme – Vorschläge. – Hrsg. von J. Schildt und D. Viehweger. – Berlin: Akademie der Wissenschaften der DDR; Zentralinstitut für Sprachwissenschaft, 1983. – S. 300-309.

Schuhmann, J. Politischer Konflikt und sprachliche Kommunikation: semant. u. pragmat. Probleme am Beispiel d. Konfliktbereichs „Rüstung" / J. Schuhmann. – Frankfurt am Main: Haag und Herchen, 1979.

Schulz, W. Politische Kommunikation: theoretische Ansätze und Ergebnisse empirischer Forschung zur Rolle der Massenmedien in der Politik / W. Schulz. – Opladen: Westdt. Verl., 1997.

Schwarz-Friesel, M. Sprache und Emotion / M. Schwarz-Friesel. – Tübingen; Basel: Francke Verlag, 2007.

Schwitalla, J. Textbeschreibung durch Illokutionsanalyse? / J. Schwitalla // Sprache und Pragmatik. Lunder Symposium 1982; Hrsg. von I. Rosengren. – Malmö: CWK Gleerup, 1981. – S. 207-220.

Searle, J. A classification of illocutionary acts / J. Searle // Language and Society. – Vol. 5. – No. 1 – Cambridge: Cambridge University Press, 1976. – P. 1-23.

Searle, J. Ausdruck und Bedeutung. Untersuchungen zur Sprechakttheorie / J. Searle. – Übersetzt von A. Kemmerling. – Frankfurt am Main: Suhrkamp, 1982.

Searle, J., Vanderveken, D. Osnovnyje ponjatija istschislenija retschevyh aktov / J. Serl, D.°Vanderveken // Novoje v sarubeshnoj lingvistike. Vyp. 18. Logitscheskij analis estestvennogo jasyka: Per. s angl. / Sost., obschtsch. red. i vstup. st. V.V. Petrova. – M.: Progress, 1986. – S. 242-263.

Seidel, G. Political Discourse Analysis / G. Seidel // Handbook of Discourse Analysis. Vol.4. Discourse Analysis in Society; ed. by T.A. van Dijk. – Orlando: Academic Press, 1985. – P. 43-60.

Seriot, P. Kvadratura smysla: Frantsusskaja schkola analisa diskursa: Per. s fr. i portug. / Obschtsch. red. i vstup. st. P. Seriot; predisl. J.S. Stepanova. – M.: OAO IG «Progress», 1999a.

Seriot, P. Kak tschitajut teksty vo Frantsiji / P. Seriot // Kvadratura smysla: Frantsusskaja schkola analisa diskursa: Per. s fr. i portug. / Obschtsch. red. i vstup. st. P. Serio; predisl. J.S. Stepanova. – M.: OAO IG «Progress», 1999b. – S. 12-53.

Simmler, F. Die politische Rede im deutschen Bundestag. Bestimmung ihrer Textsorten und Redesorten / F. Simmler; Hrsg. von U. Mühler, F. Hundnurscher und C. Sommer. – Göppingen: Verlag Alfred Kümmerle, 1978.

Skirl, H. Zur Schnittstelle von Semantik und Pragmatik – Innovative Metaphern als Fallbeispiel / H. Skirl // Semantik und Pragmatik – Schnittstellen; Hrsg. von I. Pohl. – Frankfurt am Main; Berlin; Bern; Bruxelles; New York; Oxford; Wien: Peter Lang, 2008. – S. 17-39.

Skirl, H., Schwarz-Friesel, M. Metapher / H. Skirl, M. Schwarz-Friesel. – Heidelberg: Winter, 2007.

Sornig, K. Soziosemantik auf der Wortebene: stilistische Index-Leistung lexikalischer Elemente an Beispielen aus deutscher Umgangssprache von Graz; 1973-1978 / K. Sornig. – Tübingen: Niemeyer, 1981.

Sowinski, B. Textlinguistik: eine Einführung / B. Sowinski. – Stuttgart; Berlin; Köln; Mainz: Kohlhammer, 1983.

Sowinski, B. Werbung / B. Sowinski. – Tübingen: Niemeyer, 1998.

Sowinski, B. Stilistik: Stiltheorien und Stilanalysen / B. Sowinski. – 2., überarb. und akt. Auflage. – Stuttgart Metzler, 1999.

Spiewok, W. Zur Typologie der Seme / W. Spiewok // Fragen der semantischen Analyse; Hrsg. von W. Spiewok. – 1. Auflage. – Berlin: Akademie der Wissenschaften der DDR, 1980. – S. 1-14.

Spieβ, C. Zwischen Hochwert und Stigma – Zum strategischen Potenzial lexikalischer Mittel im Bioethikdiskurs / H. Girnth, C. Spieβ // Strategien politischer Kommunikation. Pragmatische Analysen; Hrsg. von H. Girnth, C. Spieβ. – Berlin: Erich Schmidt Verlag, 2006. – S. 27-45.

Spillner, B. Methoden der Stilanalyse: Forschungsstand und analytische Bibliographie / B. Spillner // Methoden der Stilanalyse; Hrsg. von B.Spillner. – Tübingen: Narr, 1984. – S. 223-234.

Stankiewicz, E. Expressive Language / E. Stankiewicz // Style in Language; Ed. by Th. Sebeok. – Cambridge, Massachusetts: MIT Press, 1967. – P. 96-97.

Stepanov, J.S. Alternativnyj mir, Diskurs, Fakt i printsip Pritschinnosti / J.S. Stepanov // Jasyk i nauka kontsa XX veka: Sb. statej. – M.: RGGU, 1995. – S. 35-73.

Stevenson, Ch.L. Ethics and Language / Ch.L. Stevenson. – 16. Printing. – New Haven; London: Yale University Press, 1976.

Stöckl, H. Werbung in Wort und Bild: Textstil und Semiotik englischsprachiger Anzeigenwerbung / H. Stöckl. - Frankfurt am Main; Berlin; Bern; New Zirk; Paris; Wien: Lang, 1997.

Stöckl, H. 'The People behind the Voices' – Portraits of Politicians. A media genre under Scrutiny / H. Stöckl // Political Discourse: Different media – Different Intentions – New Reflections; Ed. by W. Thiele, J. Schwend, Ch. Todenhagen. – Tübingen: Stauffenberg Verlag, 2005. – P. 231-252.

Straßner, E. Ideologie - SPRACHE - Politik. Grundfragen ihres Zusammenhangs / E. Straßner. – Tübingen: Niemeyer, 1987.

Straßner, E. Zeitschrift / E. Straßner. – Tübingen: Niemeyer, 1997.

Strauß, G. Begründung einer Theorie der lexikographischen Nomination: Regeln zur semantisch-pragmatischen Beschreibung funktionaler Wortklassen im einsprachigen Wörterbuch / G. Strauss // Studien zur neuhochdeutschen Lexikographie III; Hrsg. von H.E. Wiegand. – Hildesheim; Zürich; New York: Olms, 1983. – S. 307-382.

Strauß, G., Zifonun, G. Versuch über ‚schwere Wörter': Zur Frage ihrer systembezogenen Bestimmbarkeit // Studien zur neuhochdeutschen Lexikographie IV; Hrsg. von H.E. Wiegand. – Hildesheim; Zürich; New York: Olms, 1984. – S. 381-452.

Strauß, G., Zifonun, G. Sprachspiele, kommunikative Verfahren und Texte in der Politik. Versuch einer Textsortenspezifik (1984/1985) / G. Strauss, G. Zifonun // Der politische Wortschatz: zur Kommunikations- und Textsortenspezifik. – Tübingen: Narr, 1986a. – S. 2-66.

Strauß, G., Zifonun, G. Schwere Wörter in der Politik / G. Strauß, G. Zifonun // Der politische Wortschatz: zur Kommunikations- und Textsortenspezifik. – Tübingen: Narr, 1986b. – S. 149-280.

Stubbs, M. Discourse Analysis. The Sociolinguistic Analysis of Natural Language / M. Stubbs. – Oxford: Basil Blackwell, 1983.

Schiffrin, D. Approaches to Discourse / D. Schiffrin. – Oxford: Blackwell Publishing, 2005.

Telija, V.N. Semantika svjasannyh snatschenij slov i ih sotschetajemosti / V.N. Telija // Aspekty semantischeskih issledovanij; AN SSSR. In-t jasykosnanija; Otv. red. N.D. Arutjunova i A.A. Ufimtseva. - M.: Nauka, 1980. – S. 250-319.

Telija, V.N. Tipy jasykovyh snatschenij. Svjasannoje snatschenije slova v jasyke / Otv. red. A.A. Ufimtseva. – M.: Nauka, 1981.

Telija, V.N. Konnotativnyj aspekt semantiki nominativnyh jedinits / V.N. Telija; AN SSSR. In-t jasykosnanija; Otv. red. A.A. Ufimtseva. – M.: Nauka, 1986.

Telija, V.N. Metafora kak model smysloproisvodstva i eje ekspressivno-otsenotschnaja funktsija / V.N. Telija // Metafora v jasyke i tekste. – M.: Nauka, 1988. – S. 26-52.

Telija, V.N. Konnotatsija / V.N. Telija // LES. – M., 1990. – S. 236.

Telija, V.N. Ekspressivnost kak projavlenije subjektivnogo faktora v jasyke i eje pragmatitscheskaja orijentatsija // Tschelovetscheskij faktor v jasyke: Jasykovyje mekhanismy ekspressivnosti; In-t jasykosnanija; Otv. red. V.N. Telija. – M.: Nauka, 1991a. – S. 5-35.

Telija, V.N. Mekhanismy ekspressivnoj okraski jasykovyh jedinits / V.N. Telija // Tschelovetscheskij faktor v jasyke: Jasykovyje mekhanismy ekspressivnosti; In-t jasykosnanija; Otv. red. V.N. Telija. – M.: Nauka, 1991b. – S. 36-66.

Telija, V.N. Russkaja fraseologija: Semantitscheskij, pragmatitscheskij i lingvokulturologitscheskij aspekty / V.N. Telija. – M.: Jas. rus. kultury, 1996.

The Handbook of Discourse Analysis / Ed. by D. Schiffrin, D. Tannen, H. Hamilton. – Oxford: Blackwell Publishing, 2001.

Thornborrow, J. Power Talk: Language and Interaction in Institutional Discourse / J. Thornborrow. – Harlow: Longman, 2002.

Tillmann, A. Ausgewählte Textsorten politischer Sprache: Eine linguistische Analyse parteilichen Sprechens / A. Tillmann; Hrsg. von U. Müller, F. Hundsnurscher, K. Sommer. – Göppingen: Kümmerle Verlag, 1989.

Titscher, S. Meyer, M., Wodak, R., Vetter, E. Methods of Text and Discourse Analysis / S. Titscher, M. Meyer, R. Wodak, E. Vetter. – London: SAGE Publications, 2005.

Toulmin, S.E. The Uses of Argument / S.E. Toulmin. – Cambridge: University Press, 1974.

Tripolskaja, T.A. Semantitscheskaja struktura ekspressivnogo slova i eje leksikografitscheskoje opissanije (na materiale emotsionalno-otsenotschnyh suschtschestvitelnyh so snatschenijem litsa): avtoref. dis. … kand. filol. nauk. / T.A. Tripolskaja. – Tomsk, 1985.

Tschernjavskaja, V.E. Diskurs i diskursivnyj analis: traditsiji, tseli, napravlenija / V.E. Tschernjavskaja // Stereotipnost i tvortschestvo v tekste: Meshvus. sb. nautsch. trudov / Otv. red. M.P. Kotjurova. – Perm, 2002. – S. 122-136.

Tschernjavskaja, V.E. Diskurs // Stilistitscheskij entsiklopeditscheskij slovar russkogo jasyka ; Pod red. M.N. Koshinoj. Tschleny redkollegiji: E.A. Bashenova, M.P. Kotjurova, A.P. Skovorodnikov. – M.: Flinta: Nauka, 2003a. – S. 53-55.

Tschernjavskaja, V.E. Ot analisa teksta k analisu diskursa: nemetskaja schkola diskursivnogo analisa // Filologitscheskije nauki. – 2003b. – Nr. 3. – S. 68-76.

Tschernjavskaja, V.E. Intertekstualnost i interdiskursivnost / V.E. Tschernjavskaja // Tekst – Diskurs – stil: Sb. nautsch. st. – SPb.: Isd-vo SPbUEF, 2003c. – S. 23-42.

Tschernajvskaja, V.E. Interpetatsija nautschnogo teksta: Monografija / V.E. Tschernjavskaja. – Sankt-Peterburg: «Nauka», 2004a.

Tschernjavskaja, V.E. Tekst kak interdiskursivnoje sobytije / V.E. Tschernjavskaja // Tekst – Diskurs – stil: Sb. nautsch. st. – SPb.: Isd-vo SPbUEF, 2004b. – S. 34-41.

Tschernjavskaja, V.E. Tekstualnost kak kognitivnyj fenomen / V.E. Tschernjavskaja // Interpretatsija. Ponimanije. Perevod: Sbornik nautschnyh statej. – SPb.: Isd-vo SPbGUEF, 2005. – S. 14-27.

Tschudinov, A.P. Rossija v metaforitscheskom serkale: Kognitivnoje issledovanije polititscheskoj metafory (1991-2000) / A.P. Tschudinov. – Ural. gos. ped. un-t: Jekaterinburg, 2001.

Tschudinov, A.P. Osnovnyje napravlenija v sovremennoj rossijskoj polititscheskoj lingvistike, 2003. <http://filologija.vukhf.lt/4-9/doc/chudinov.doc> (31.01.2006)

Turanskij, I.I. Semantitscheskaja kategorija intensivnosti v anglijskom jasyke: Monografija / I.I. Turanskij. - M.: Vysschaja schkola, 1990.

Ullmann, S. Grundzüge der Semantik. Die Bedeutung in sprachwissenschaftlicher Sicht / S. Ullmann. – 2., unveränderte Auflage. – Berlin; New York: Walter der Gruyter, 1972.

Ullmann, S. Meaning and Style. Collected Papers / S. Ullmann. – Oxford: Basil Blackwell, 1973a.

Ullmann, S. Semantik: Eine Einführung in die Bedeutungslehre / S. Ullmann; dt. Fassung von S. Koopmann. – Frankfurt am Main: Fischer Verlag, 1973b.

Verdonk, P. Stylistics / P. Verdonk. – Oxford: OUP, 2003.

Vinokur, T.G. Sakonomernosti stilistitscheskogo ispolsovanija jasykovych jedinits / T.G. Vinokur; Otv. red. A.N. Koshin. – M.: «Nauka», 1980.

Vitacollona, L. "Text"/"Discourse" Definitions / L. Vitacollona // Text und Discourse Constitution: Empirical Aspects, Theoretical Approaches; ed. by J.S. Petöfi. – Berlin, New York: de Gruyter, 1987. – P. 421-439.

Volek, B. Emotive Signs in Language and Semantic Functioning of Derived Nouns in Russian / B. Volek. – Amsterdam/Philadelphia: John Benjamins, 1987.

Volek, B. Tipologija emotivnyh snakov / B. Volek // Jasyk i emotsiji: Sb. nautsch. tr. / VGPU. – Volgograd: Peremena, 1995. – S. 15-24.

Volmert, J. Politischer Kommentar und Ideologie: ein inhaltsanalytischer Versuch an 4 frühen Nachkriegszeitungen / J. Volmert. – Stuttgart: Metzler, 1979.

Volmert, J. Politikerrede als kommunikatives Handlungsspiel; ein integriertes Modell zur semantisch-pragmatischen Beschreibung öffentlicher Rede / J. Volmert. – München: Fink, 1989.

Volmert, J. Kanzlerrede. Regierungserklärungen als Inszenierung von repräsentativ-parlamentarischer Herrschaft / J. Volmert // Sprache und Politik. Deutsch im demokratischen Staat; Hrsg. von J. Kilian. – Mannheim; Leipzig; Wien; Zürich: Dudenverlag, 2005. – S. 210-221.

Vorobjeva, O.I. Polititscheskaja leksika: eje funktsiji v sovrem. ustnoj i pismen. retschi / O.I. Vorobjeva. – Arhangelsk: Isd-vo Pomor. gos. un-ta im. M.V. Lomonossova, 2000.

Voroshbitova, A.A. Teorija teksta: Antropotsentritscheskoje napravlenije: Utscheb. possobije / A.A. Voroshbitova. – Isd. 2-e, ispr. i dop. – M.: Vysschaja schkola, 2005.

Vossler, K. Positivismus und Idealismus in der Sprachwissenschaft / K. Vossler. – Heidelberg: Carl Winter's Verlag, 1904.

Vossler, K. Der Einzelne und die Sprache / K. Vossler // Gesammelte Schriften zur Sprachphilosophie. – München: Max Hueber Verlag, 1923. – S. 152-209.

Wales, K. A Dictionary in Stylistics / K. Wales. – London: Longman, 1989.

Warnke, I. Diskurslinguistik nach Foucault – Dimensionen der Sprachwissenschaft jenseits textueller Grenzen / I. Warnke // Diskurslinguistik nach Foucault. Theorie und Gegenstände; Hrsg. von S. Günther u.a. – Berlin: New York: de Gruyter, 2007. – S. 3-24.

Watzlawick, P., Beavin, J., Jackson, D. Menschliche Kommunikation: Formen; Störungen; Paradoxien / P. Watzlawick, J. Beavin. D. Jackson. – 6., unveränd. Auflage. – Bern; Stuttgart; Wien: Huber, 1982.

Weber, M. Politik als Beruf / M. Weber – 6. Aufl. – Berlin: Duncker und Humblot, 1977.

Weber-Knapp, R. Bewertungen in literarischen Zeitungsrezensionen / R. Weber-Knapp // Überredung in der Presse: Texte, Strategien, Analysen; Hrsg. von M. Moilanen, L . Tiittula. – Berlin; New York: de Gruyter, 1994. – S. 149-160.

Weigand, E. Sprache als Dialog: Sprechakttaxonomie u. kommunikative Grammatik / E. Weigand. – Tübingen: Niemeyer, 1989.

Wengeler, M. Topos und Diskurs – Möglichkeiten und Grenzen der topologischen Analyse gesellschaftlicher Debatten / M. Wengeler // Diskurslinguistik nach Foucault. Theorie und Gegenstände; Hrsg. von S. Günther u. a. – Berlin: New York: de Gruyter, 2007. – S. 165-186.

Widdowson, H.G. Explorations in Applied Linguistics 2 / H.G. Widdowson. – Oxford: Oxford University Press, 1984.

Wiegand, H.E. Pragmatische Informationen in neuhochdeutschen Wörterbüchern. Ein Beitrag zur praktischen Lexikologie / H.E. Wiegand // Studien zur neuhochdeutschen Lexikographie I; Hrsg. von H.E. Wiegand. – Hildesheim; Zürich; New York: Olms, 1981. – S. 139-271.

Wierzbicka, A. Semantics: Primes and Universals / A. Wiezbicka. – Oxford: University Press, 1996.

Wilson, J. Political Discourse / J. Wilson // The Handbook of Discourse Analysis; Ed. by D.Schiffrin, D. Tannen, H. Hamilton. – Oxford: Blackwell Publishing, 2001. – P. 398-415.

Wodak, R., Menz, F. Sprache in der Politik – Politik in der Sprache: Analysen zum öffentlichen Sprachgebrauch / Hrsg. von R. Wodak, F. Menz. – Klagenfurt: Drava, 1990.

Wolf, E.M. Metafora i otsenka / E.M. Volf // Metafora v jasyke i tekste. – M.: Nauka, 1988. – S. 52-65.

Wolf, E.M. Funktsionalnaja semantika otsenki / M.E. Volf. – Isd. 3-e, stereotipnoje. – M.: KomKniga, 2006.

Wolf, N. Diminutive im Kontext / N. Wolf //Nominationsforschung im Deutschen: Festschrift für W. Fleischer zum 75. Geburtstag; Hrsg. von I. Barz, M. Schröder. – Frankfurt am Main; Berlin; Bern; New York; Paris; Wien: Lang, 1997. – S. 387-398.

Wright, G. von. The Varieties of Goodness / G. von Wright. – 4., impr. ed. – London: Routledge & Kegan Paul, 1972.

Wright, G. von. Norm and Action. A Logical Inquiry / G. von Wright. – London: Routledge & Paul, 1977.

Wright, G. von. Normen, Werte und Handlungen / G. von Wright. – 1. Aufl. –Frankfurt am Main, Suhrkamp, 1994.

Wuttke, W. Seme als Indikatoren realisierter Textwirkung / W. Wuttke // Fragen der semantischen Analyse; Hrsg. von W. Spiewok. – 1. Auflage. – Berlin: Akademie der Wissenschaften der DDR, 1980. – S. 149-167.

Zillig,W. Bewerten: Sprechakttypen der bewertenden Rede / W. Zillig. – Tübingen, Niemeyer, 1982.

Zimmermann, H.-D. Die politische Rede. Der Sprachgebrauch Bonner Politiker / H.-D. Zimmermann. – 2. Auflage. – Stuttgart, Berlin, Köln; Mainz: Verlag W. Kohlhammer, 1973.

ANLAGEN

Anlage A. Tabelle zu den Eingrenzungsmöglichkeiten des politischen Diskurses

Kommunikationsbereich / Autor	Politischer Journalismus	Öffentlich-politische Meinungsbildung	Interne Meinungsbildung politischer Gruppensubjekte	Diplomatischer Verkehr	Gesetzgebung	Verwaltung politischer Gruppensubjekte (intern und extern)	Bildung und Wissenschaft	Alltagskommunikation
W. Dieckmann	-	+	+	+	+	+	-	-
G. Strauss	±	+	+	+	+	+	+	-
H. Grünert	±	+	+	+	+	+		-
W. Bergsdorf	±	+	±	+	+	+	+	-
R. Hoberg	±	+	±	±	-	-	-	-
A. Tillmann	-	+	+	-	-	-	-	-
H. Girnth	±	+	+	-	+	-	-	-
A. Burkhardt	+	+	+	+	+	+	+	+
J. Klein	+	+	+	+	+	+	-	-
A. Tschudinov	+	+	±	±	-	+	-	+

Kommentare zur Tabelle:

In der Tabelle sind nur die Ansätze derjenigen Autoren enthalten, die eine mehr oder weniger elaborierte Beschreibung der sprachlichen Dimension des politischen Handelns mit einem Verweis auf die äußeren Grenzen dieses Kommunikationsraumes liefern.

Mit "+" werden die kommunikativen Bereiche vermerkt, die bei dem jeweiligen Autor zum politischen Diskurs gezählt werden. Mit „-" wird angezeigt, dass der jeweilige Bereich vom Autor außerhalb der politischen Kommunikation positioniert wird. Mit „±" werden die Bereiche vermerkt, deren Angehörigkeit zum politischen Diskurs nur angedeutet wird, ohne dass diese als gesonderte Bereiche behandelt werden.

ANLAGE B. Gehalt von Expressiva in den analysierten politischen Interviews des deutschen politischen Diskurses (in absoluten Zahlen pro Text)

B.1 Gehalt von Expressiva in einzelnen Textsorten des politischen Journalismus

B.1.1 Politische Interviews

№	Text	Anzahl der Wortformen	Anzahl von Expressiva
1	„Beitritt der Türkei wäre das Ende der politischen Union Europas", SZ, 21.02.2004, Nr.43	1072	6
2	„Die Zusage an die Türkei gilt auch für die Union", SZ, 20.01.2004, Nr.15	1117	11
3	„Sozialstaat nicht zum Sozialhilfestaat machen", SZ 24.02.03, Nr.45	753	8
4	„Ich bin gegen Kopfpauschale", SZ, 29.09.2003, Nr.224	913	4
5	„Blitzkrieg gegen die Patienten", SZ, 09.12.2002, Nr.284	1251	16
6	„Mit ewigen Bedenken kommen wir nicht weiter", SZ 03.08.2002, Nr.178	1598	16
7	"Wolfgang Clement bremst", DIE ZEIT, 03.06.2004, Nr. 24	792	7
8	„Die Deutschen sind stark", DIE ZEIT, 25.03.2004, Nr. 14	1539	6
9	„Wir hätten früher kämpfen sollen", DIE ZEIT, 10.07.2003, Nr. 29	1782	20
10	„Ein Viertel der Regeln muss weg", DIE ZEIT, 10.2003, Nr. 43	1096	6
11	„Israel darf keine Schwäche zeigen", DIE ZEIT, 11.04.2002, Nr. 16	2420	10
12	„Er schloss den Pakt", DIE ZEIT, 24.10.2002, Nr. 44	1404	4
13	„Amerika ist kein Modell, aber...", FR, 02.2002, Nr. 44	1219	6
14	„Schröder hat der Versuchung nicht widerstanden", FR, 07.2002, Nr.150	966	11
15	„Wir werden nicht zu viel versprechen", FR, 07.03.2002, Nr. 56	1463	6
16	„Die Sieger müssen aufbauen, was sie zerschlagen haben", FR, 14.04.2003, Nr. 88	876	6
17	„Auch Gerhard Schröder bräuchte eigentlich Visionen", FR, 15.08.2003, Nr. 189	1085	12
18	Der europäische Weg, FR, 15.02.2003, Nr. 39	1342	5
	Insgesamt	22688	160 Einh., 7 Einh. pro 1000 Wortformen

B.1.2 Politische Kommentare

№	Text	Anzahl der Wortformen	Anzahl von Expressiva
1	„Die Feinde der Republik“, SZ, 18.10.2004, Nr. 242	732	16
2	"Harter Busch, milder Busch", SZ,19.01.2004, Nr. 14	695	13
3	„Der Treppenwitz der SPD“, SZ, 15.03.2003, Nr. 62	1012	27
4	„Die Mechanik der Politik“, SZ, 10.05.2003, Nr. 107	979	6
5	„Predigt für Profis“, SZ, 06.11.2002, Nr. 256	750	4
6	„Schröders großer Vorteil“, SZ, 09.02.2002, Nr. 34	1003	18
7	„Aufstand der Unanständigen“, DIE ZEIT, Nr. 38 09/09/2004	1228	18
8	„Scharfschreiber“, DIE ZEIT, 03.06.2004, Nr. 24	646	13
9	„Das Genossen-Trauma“, DIE ZEIT, 01.10.2003, Nr. 41	1623	7
10	„Das Glück, ein Vasall zu sein“, DIE ZEIT, 06.02.2003, Nr. 07	1471	28
11	„EU-Erweiterung“, DIE ZEIT, 11.07.2002, Nr. 29	1051	8
12	„Worte wie Bömbchen“, DIE ZEIT, 10.10.2002, Nr. 42	1343	8
13	„Quo vadis, Kanzler?“, FR, 4.02.2003, Nr. 29	716	18
14	„Eine halbherzige Therapie“, FR, 09.04.2003, Nr. 84	602	12
15	„Präzedenzfall Irak“, FR, 23.05.2003, Nr. 119	687	7
16	„Neuer Kurs für den Tanker“, FR, 16.02.2002, Nr. 40	678	3
17	„Kumpel bis zur Wahl“, FR, 20.07.2002, Nr. 166	800	5
18	„Unter Schwestern“, FR, 09.01.2002, Nr. 7	685	21
	Insgesamt	16701	232 Einh., 13,9 Einh. pro 1000 Wortformen

B.2 Gehalt von Expressiva in einzelnen Textsorten der politischen Rede

B.2.1 Parlamentarische Debattenreden (Bundestagsabgeordnetenreden)

№	Text	Anzahl der Wortformen	Anzahl von Expressiva
1	Rede von Roland Claus, 18.10.2001	1031	4
2	Rede von Michael Roth, 18.10.2001	1695	8
3	Rede von Dr. Wolfgang Gerhardt, 16.11.2001	1265	12
4	Rede von Erwin Marschewski, 14.12.2001	1351	8
5	Rede von Friedrich Merz, 01.03.2002	1463	2
6	Rede von Dr. Max Stadler, 01.03.2002	1995	10
7	Rede von Kerstin Müller, 01.03.2002	1319	9
8	Rede von Sebastian Edathy, 01.03.2002	1329	10
9	Rede von Gernot Erler, 20.03.2003	1159	22
10	Rede von Werner Hoyer, 20.03.2003	1326	12
11	Rede von Katrin Dagmar Göring-Eckardt, 14.03.2003	3709	23
12	Rede von Edmund Stoiber,14.03.2003	4466	47
	Insgesamt	22108	167 Einh., 7,6 Einh. pro 1000 Wortformen

B.2.2 Parteitagsreden

№	Text	Anzahl der Wortformen	Anzahl von Expressiva
1	Rede von Wolfgang Gerhardt, 06.05.2001	4054	38
2	Rede von Guido Westerwelle, 06.05.2001	5323	37
3	Rede von Laurenz Meyer, 11.11.2002	4215	28
4	Rede von Christian Wulff, 11.11.2002	1361	13
5	Rede von Renate Schmidt, 19.11.2003	3254	17
6	Rede von Edelgard Bulmahn, 18.11.2003	1875	3
	Insgesamt	20082	136 Einh., 6,8 Einh. pro 1000 Wortformen

B.3 Gehalt von Expressiva in einzelnen Textsorten politischer Dokumente

B.3.1 Parteitagsbeschlüsse

№	Text	Anzahl der Wortformen	Anzahl von Expressiva
1	Beschluss IA 1: Internationale Kooperation und Verantwortung. (Bundesparteitag, 19. bis 21. November 2001)	4647	2
2	Beschluss E1: Verantwortung für Europa - Deutschland in Europa (Bundesparteitag, 19. bis 21. November 2001)	6421	0
3	Beschluss C33: Reform der gesetzlichen Krankenversicherung – Solidarisches Gesundheitsprämienmodell (der 18. Parteitag der CDU in Düsseldorf, 6. bis 7. Dezember 2004)	1718	0
4	Beschluss C34: Im deutschen Interesse: Integration fördern und fordern, Islamismus bekämpfen! (der 18. Parteitag der CDU in Düsseldorf, 6. bis 7. Dezember 2004)	1584	2
5	Beschluss: Grün wirkt weiter. (21. Ordentliche Bundesdelegiertenkonferenz 7./8. Dezember 2002, Hannover, Eilenriedehalle)	985	12
6	Beschluss: Geschlechtergerecht, chancengerecht, zugangsgerecht – Grüne Prinzipien bei der begonnenen Reform des Artbeitsmarkts offensiv umsetzen! (21. Ordentliche Bundesdelegiertenkonferenz 7./8. Dezember 2002, Hannover, Eilenriedehalle)	1092	0
7	Beschluss des 52. Ord. Bundesparteitages der FDP, Düsseldorf, 4.- 6. Mai 2001: Standort „zukunft.de"	3596	4
8	Beschluss des 52. Ord. Bundesparteitages der FDP, Düsseldorf, 4.-6. Mai 2001: 10-Punkte-Programm für den Aufbau Ost"	1662	4
	Insgesamt	21705	24 Einh., 1,1 Einh. pro 1000 Wortformen

B.3.2 Wahl- bzw. Regierungsprogramme

№	Text	Anzahl der Wortformen	Anzahl von Expressiva
1	Regierungsprogramm 2002/2006 der CDU/CSU „Leistung und Sicherheit. Zeit für Taten"	20750	16
2	Regierungsprogramm 2002/2006 der SPD "Erneuerung und Zusammenhalt - Wir in Deutschland"	21594	11
	Insgesamt	44244	27 Einh., 0,6 Einh. pro 1000 Wortformen

B.4 Allgemeine Graphik der Expressivität des deutschen politischen Diskurses (quantitative Angaben, zusammengefasst nach einzelnen analysierten Textsorten)

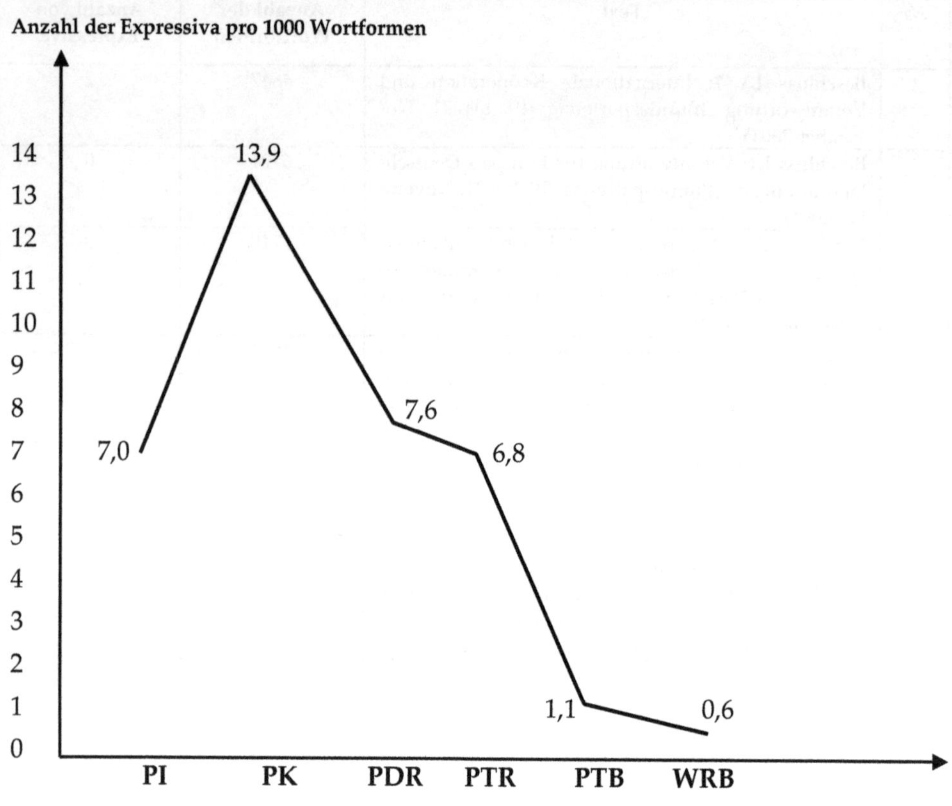

Legende:

PI = Politisches Interview

PK = Politischer Kommentar

PDR = Politische Debattenrede

PTR = Parteitagsrede

PTB = Parteitagsbeschluss

WRP = Wahl-/Regierungsprogramm

ANLAGE C. Gesetzmäßigkeiten der Verteilung von Expressiva in der semantischen Makrostruktur der Textsorten des deutschen politischen Diskurses

Tabelle C.1 – Verteilung von Expressiva in der semantischen Makrostruktur der politischen Interviews

TYP DER MAKROSTRUKTUR	DESKRIPTION					ARGUMENTATION			EXPLIKATION
SEMANTISCHER BLOCK	TITEL	UNTERTITEL	DARSTELLUNG DES THEMAS	STELLUNGNAHME	PROBLEMATISIERUNG	THESE	ARGUMENT	KONKLUSION	
ANZAHL VON EXPRESSIVA (in abs. Zahlen)	3	3	17	19	46	26	29	7	10
ANZAHL VON EXPRESSIVA (in Prozenten)	1,9 %	1,9 %	10,6 %	11,9 %	28,8 %	16,3 %	18,1 %	4,4 %	6,3 %

Tabelle C.2 – Verteilung von Expressiva in der semantischen Makrostruktur der politischen Kommentare

TYP DER MAKROSTRUKTUR	DESKRIPTION				ARGUMENTATION			EXPLIKATION
SEMANTISCHER BLOCK	TITEL	UNTERTITEL	EINFÜHRUNG	DARSTELLUNG DES THEMAS	THESE	ARGUMENT	KONKLUSION	
ANZAHL VON EXPRESSIVA (in abs. Zahlen)	17	3	15	32	54	74	12	25
ANZAHL VON EXPRESSIVA (in Prozenten)	7,3 %	1,3 %	6,5 %	13,8 %	23,3 %	31,9 %	5,2 %	10,8 %

Tabelle C.3 – Verteilung von Expressiva in der semantischen Makrostruktur der parlamentarischen Debattenreden

TYP DER MAKRO-STRUKTUR	DESKRIPTION				ARGUMENTATION			EXPLI-KATION	METATEXT
SEMANTISCHER BLOCK	EIN-FÜH-RUNG	DARSTEL-LUNG DES THEMAS	AUFGABEN-STELLUNG	STELLUNG-NAHME	THESE	ARGUMENT	KONKLU-SION		
ANZAHL VON EXPRESSIVA (in abs. Zahlen)	10	12	14	40	12	46	15	15	3
ANZAHL VON EXPRESSIVA (in Prozenten)	6 %	7,2 %	8,4 %	24 %	7,2 %	27,5 %	9 %	9 %	1,8 %

Tabelle C.4 – Verteilung von Expressiva in der semantischen Makrostruktur der Parteitagsreden

TYP DER MAKRO-STRUKTUR	DESKRIPTION				ARGUMENTATION			EXPLIKATION
SEMANTISCHER BLOCK	EINFÜH FÜH-RUNG	DARSTEL-LUNG DES THEMAS	AUFGABEN-STELLUNG	STELLUNG-NAHME	THESE	ARGUMENT	KONKLUSION	
ANZAHL VON EXPRESSIVA (in abs. Zahlen)	2	32	12	21	15	28	12	14
ANZAHL VON EXPRESSIVA (in Prozenten)	1,5 %	23,5 %	8,8 %	15,4 %	11 %	20,6 %	8,8 %	10,3 %

ANLAGE D. Angaben zum taktisch-strategischen Potential der Expressivität im deutschen politischen Diskurs

D.1 – Häufigkeitswerte der expressiven Strategien und Taktiken in den Textsorten des deutschen politischen Diskurses

TEXTSORTE		Politisches Interview	Politischer Kommentar	Parlamentarische Debattenrede	Partei-tagsrede	Parteitagsbe-schluss	Wahl- bzw. Regie-rungsprogramm
STRATEGIE	**TAKTIK**						
DISKREDITIE-RUNG	PROJIZIERUNG EINES NEGATIVEN BILDES	1	14	7	1	1	-
	STIGMATISIERUNG	7	8	8	4	1	-
	DISQUALIFIZIERUNG	9	6	7	5	-	-
	VERSPOTTUNG	-	7	5	3	-	-
	BELEIDIGUNG	-	1	2	2	-	-
IMAGESTEI-GERUNG	PROJIZIERUNG EINES POSITIVEN BILDES	2	2	1	2	-	-
	WERTSTEIGERUNG	3	-	2	1	-	-
	SELBSTKRITIK	2	-	-	-	-	-
VERHALTENS-STEUERUNG	PROVOKATION	9	-	-	-	-	-
	UNTERDRÜCKUNG	-	-	2	-	-	-

D.2 – Eine kurze Übersicht und Charakterisierung der expressiven Taktiken, die in den Textsorten des deutschen politischen Diskurses festgestellt wurden

Die Strategie der DISKREDITIERUNG

1. PROJIZIERUNG EINES NEGATIVEN BILDES. Diese Taktik zielt darauf ab, dem Adressaten eine stabile bildhafte Vorstellung im Zusammenhang mit dem in der Äußerung denotierten Gegenstand, Sachverhalt etc. zu vermitteln. Die semantische Grundlage bildet hier der Prozess der Metaphorisierung. Je nach dem, welches kommunikative Ziel der Emittent verfolgt, wird von Emittenten ein sprachliches Bild aufgebaut, das bestimmte positive oder negative Emotionen ausdrückt bzw. projiziert. Nach Bedarf kann dieses Bild immer weiter ausgebaut werden, indem immer neue Parallelen zwischen dem Konzept, das als Quelle für die Übertragung der Bedeutung dient (bspw. Sport), und dem Konzept, welches metaphorisiert wird, bspw. der Politik.

2. DISQUALIFIZIERUNG. Beim expressiven DISQUALIFIZIEREN besteht das Ziel des Emittenten in der Kritik an der beruflichen Qualifizierung des Angesprochenen, insbesondere seiner Eignung für ein Amt oder Stelle. Dem Adressaten wird im Zusammenhang mit dieser mangelnden Eignung die Emotion der Missbilligung, Verurteilung und teilweise der Geringschätzung gegenüber der denotierten Person (bzw. einer Organisation, Institut etc.) vermittelt;

3. STIGMATISIERUNG. Das STIGMATISIEREN des politischen Opponenten stellt im Unterschied zur DISQUALIFIZIERUNG in erster Linie seine moralisch-ethischen Eigenschaften in Frage. Hier konzentriert sich der Emittent auf die persönlichen Eigenschaften des kritisierten Politikers, die den moralisch-ethischen Normen der Gesellschaft nicht entsprechen sollen (Lügner, Egozentriker etc.). Dieses Thema bedeutet einen größeren Grad der persönlichen Involvierung auf der Seite des Kritikers und sehr schwere Folgen für den Ruf der kritisierten Person;

4. VERSPOTTUNG. Die Taktik der VERSPOTTUNG stellt einen Angriff auf die Persönlichkeit des Politikers dar, der über die übliche Kritik an professionellen bzw. moralischen Schwächen hinausgeht. Bei der Verspottung geht es darum, den politischen Opponenten als albern, dumm etc. in einem komischen Licht zu zeigen. Die als Objekt der Verspottung gewählte (vermeintliche) Schwäche wird nicht einfach bloßgestellt, sondern auch instrumentalisiert, um sich über ihn lustig zu machen, über diese Schwachpunkte zu frohlocken und sein Ansehen dadurch zu beschädigen.

5. BELEIDIGUNG. Die Taktik der BELEIDIGUNG besteht in einer betont groben emotiven Einschätzung der vermeintlichen Nachteile der kritisierten Person. Der Beleidigende konzentriert sich auf den direkten Ausdruck negativer Emotionen, sachliche Kritik findet überhaupt nicht statt.

Die Strategie der IMAGESTEIGERUNG

1. PROJIZIERUNG EINES NEGATIVEN BILDES. Diese Taktik stellt ein direktes Pendant der PROJIZIERUNG EINES NEGATIVEN BILDES dar.

2. WERTSTEIGERUNG. Bei der WERTSTEIGERUNG wird im Allgemeinen die Relevanz, der Einfluss, die Bedeutung einer bestimmten Person, Erscheinung etc. hervorgehoben bzw. vergrößert, damit beim Adressaten insbesondere die Emotion der Achtung gegenüber dem einschlägigen Person bzw. Erscheinung entsteht.

3. SELBSTKRITIK. Die Taktik der SELBSTKRITIK wird verwendet, um der möglichen Kritik vorauszugreifen und dieser somit ihre Schärfe zu nehmen. Gleichzeitig kann der Politiker in diesem Fall sogar an Profil gewinnen bzw. Sympatie des Adressaten gewinnen.

Die Strategie der VERHALTENSSTEUERUNG

1. PROVOZIERUNG. Die Taktik der PROVOZIERUNG wird verwendet, um den Adressaten zu einer bestimmten verbalen Reaktion zu zwingen. Ihr Einsatz setzt den dialogischen Charakter der politischen Kommunikation voraus.

2. UNTERDRÜCKUNG. Die UNTERDRÜCKUNG wird in dialogischen Einschüben in parlamentarische Debattenreden verwendet, um den Redner aus der Fassung zu bringen und insbesondere den Eindruck bei einem besonders kritischen Auftritt zu schwächen. Auf der anderen Seite kann diese Taktik auch vom Redner selbst benutzt werden, um den Zwischenrufenden durch eine geschickte Antwort zum Schweigen zu bringen.

ANLAGE E. Beispiele der semantischen Themenentfaltung in einzelnen Textsorten des deutschen politischen Diskurses

Schema E.1 – Themenentfaltung im politischen Interview

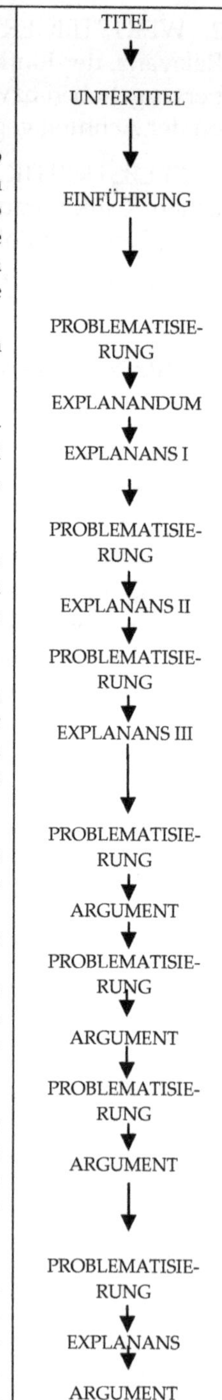

„Die Zusage an die Türkei gilt auch für die Union"

Der Vorsitzende des Auswärtigen Ausschusses im Bundestag warnt vor einer populistischen Schlacht im Europa-Wahlkampf

Ende des Jahres entscheiden die europäischen Staats- und Regierungschefs, ob mit der Türkei Verhandlungen über eine Aufnahme in die EU begonnen werden. Die Spitzen von CDU und CSU lehnen eine Vollmitgliedschaft ab und wollen Ankara nur eine privilegierte Partnerschaft anbieten. Der frühere Verteidigungsminister Volker Rühe, heute Vorsitzender im Auswärtigen Ausschuss des Bundestages, widerspricht vehement. Er findet, Europa könne mit der Einbindung der Türkei „eine weltpolitische Leistung" vollbringen.
SZ: Herr Rühe, CDU und CSU wollen keine Vollmitgliedschaft der Türkei in der EU mehr, sondern eine privilegierte Partnerschaft. Wollen Sie das auch?
Rühe: Nein. Das ist eine unrealistische Position.
Eine besondere Partnerschaft steht doch überhaupt nicht auf der Tagesordnung. Die EU will im Herbst entscheiden, ob man im Mai 2005 mit der Türkei Verhandlungen über einen Beitritt beginnt. Es geht jetzt um Verhandlungen, noch nicht um eine Mitgliedschaft.
SZ: Wann könnte sich die Frage einer Mitgliedschaft denn stellen?
Rühe: In zwölf bis 15 Jahren vielleicht. Und auf dem Weg dorthin könnte allenfalls die Türkei eine besondere Partnerschaft ins Gespräch bringen, wenn sie in Verhandlungen feststellt, dass ihr Weg nach Europa lang und schwierig wird.
SZ: Was muss sich in der Türkei vor einem Beitritt ändern?
Rühe: Vieles, sehr vieles. Etwa das wirtschaftliche Gefälle zwischen dem Osten und Westen des Landes. Und bei meinem Besuch in der Türkei ist mir aufgefallen: Dort wird noch sehr nationalistisch gedacht. Studenten trugen in Ankara eine fünf Meter lange Fahne durch die Straßen. Eine Annäherung an Europa bedeutet Umdenken in der Türkei, auch politisch.
SZ: Warum dann nicht eine Zwischenstufe über eine besondere Partnerschaft?
Rühe: Wer der Türkei jetzt Beitrittsverhandlungen verweigern will, stoppt den Reformprozess in diesem Land. Niemand soll so tun, als entscheide die EU alsbald über einen Beitritt.
SZ: Die EU hat noch nicht einmal die jüngste Erweiterung verdaut und Sie denken schon an die Türkei?
Rühe: Die Union, die eine Türkei aufnehmen würde, wäre größer als die, die wir jetzt haben. Sie hätte dann vermutlich 30 Mitglieder. Das wird aber eine andere Union sein, eine Union mit mehreren Geschwindigkeiten, in unterschiedlichen Bereichen. Da wäre Platz.
SZ: Zurück zur CDU/CSU. Ist deren Position in der EU mehrheitsfähig?
Rühe: Nein. Und wenn die Union im Bund wieder regiert, gilt auch für sie die Zusage an die Türkei. Deshalb sollten wir uns auch in der Opposition nicht dagegen stellen. Es ist nicht klug, wenn die CDU den Eindruck erweckt, sie rücke von Zusagen ab, die einst auch ein Bundeskanzler Helmut Kohl abgegeben hat.
SZ: Wie erklärt sich der Meinungswechsel der CDU/CSU in Sachen Türkei?
Rühe: Es gibt die Sorge um die Verwirklichung der politischen Union in Europa. Die muss man ernst nehmen. Aber die Union wird weiter wachsen. Und eine moderne Türkei als Mitglied wäre ein Gewinn. Wenn Europa es schaffen sollte, die Türkei langfristig zu stabilisieren, Islam und Demokratie in Einklang zu bringen, wäre das ein richtiges und wichtiges Signal hin zum

Nahen und Mittleren Osten.
SZ: Was ist mit dem Argument, nach einem Beitritt grenze die EU an unsichere Länder wie Syrien und Irak?
Rühe: Das ist Populismus. Diese Grenzen hat die Türkei immer gehabt, auch unter der Regierung Kohl.
SZ: Manche befürchten einen Zustrom türkischer Arbeitskräfte nach Deutschland, haben Angst um ihre Jobs.
Rühe: Ich sage das Gegenteil voraus. Wenn sich die Türkei verändert, werden die Menschen in ihrem Land bleiben. Wenn die Zukunft nach Anatolien kommt, kommen die Anatolier künftig nicht nach Deutschland. Niemand verlässt gern seine Heimat. Und im Falle eines Beitritts würde es lange Fristen für eine Freizügigkeit geben.
SZ: Warum hat die CDU/CSU denn dann ihre Türkei-Position gewechselt?
Rühe: Es gibt natürlich Ängste. Deshalb muss man die Menschen aufklären. Ängste zu schüren, wäre falsch. Mein Rat ist deshalb: Wir sollten bei unserem früheren Kurs bleiben. Sonst isolieren wir uns international und brüskieren die Türkei.
SZ: Aber haben nicht diejenigen Recht, die sagen, die EU übernimmt sich mit immer neuen Mitgliedern? Es wird erweitert, nicht aber vertieft.
Rühe: Die EU muss sicher vertieft werden. Aber es werden sich ganz unterschiedliche Gruppen entwickeln. Es wird einen Kern der Euro-Länder geben, andere werden in der Schengen-Gruppe sein, wieder andere werden in der Verteidigungspolitik kooperieren. Ein Europa der unterschiedlichen Geschwindigkeiten eben.
SZ: Nun will die CDU/CSU im Europawahlkampf die Türkei zum Thema machen. Wollen Sie das auch?
Rühe: Das darf keinesfalls eine populistische Schlacht werden. Das wäre ganz schlecht für unser Verhältnis zu den Türken und Türkischstämmigen in Deutschland. Ich halte ohnehin nichts von der These, dass letztere nur SPD wählen. Viele interessieren sich für die CDU.
SZ: Sie raten also vom Wahlkampfthema Türkei ab?
Rühe: Sachlich kann man über alles reden. Aber dann muss man auch über die Chancen sprechen. Man muss sagen, dass sich die Türkei vor einem Beitritt noch dramatisch verändern müsste. Man darf nicht so tun, als wäre der Beginn der Verhandlungen schon der Beginn der Mitgliedschaft.
SZ: Was wäre denn aus Ihrer Sicht die größte Chance?
Rühe: Es wäre eine weltpolitische Leistung der europäischen Union, wenn sie die Türkei einbindet. Es wäre der Brückenbau hin zum Nahen und Mittleren Osten, eine euro-islamische Brücke, eine zwischen Moderne und Tradition. Die Türkei wäre ein Transmissionsriemen für die Stabilisierung dieser Nachbarregion.
SZ: Wo endet Europa, wenn die Türkei mit ihrem großen asiatischen Teil EU-Mitglied wird. Kommen dann auch Russland und Tunesien?
Rühe: Nein. Es gibt für diese Länder keine Zusagen der EU zu Beitrittsperspektiven. Die Grenzen Europas sind nicht geografisch zu definieren, sondern politisch. Und kulturell. Eine Wiege des Christentums stand in Kleinasien. Und das Christentum gehört bekanntlich zu Europa.
SZ: Und auch zur CDU/CSU.
Rühe: Ja, natürlich.
SZ: Die Türkei wäre bei einem Beitritt das zweitgrößte Land der EU und brächte die Kräftebalance und die Finanzierung ziemlich durcheinander.
Rühe: Es gibt immer ein zweitgrößtes Land. Und was die Finanzen betrifft, wird jeder wissen müssen: So wie jetzt werden in 15 Jahren die EU-Gelder nicht mehr verteilt. Der Süden und der Westen müssen auf Dauer abgeben.
SZ: Mag sein. Dennoch bekommt man das Gefühl, die Gemeinschaft übernimmt sich, wird zu groß.

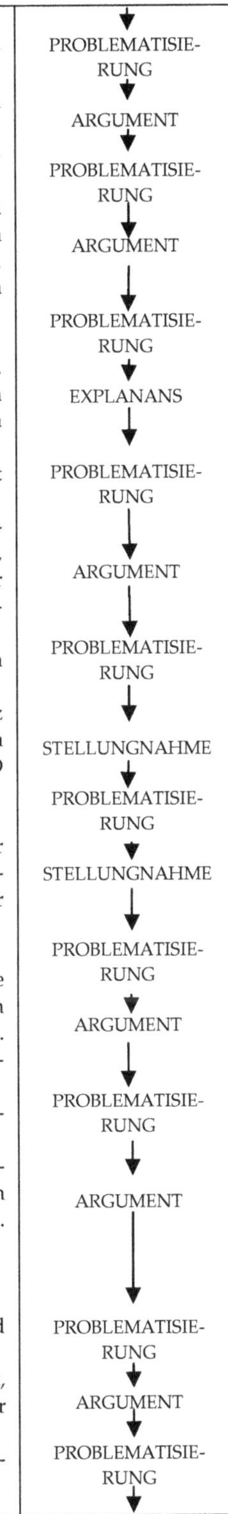

Rühe: Europa wird nicht zu groß. Es wächst. Manche wünschen sich den exklusiven Klub des Europas der Sechs zurück, nennen das heute Kerneuropa und wollen Schutzzäune um die EU ziehen. Aber Instabilität kann man nicht aussperren. SZ: Sie klingen fast so, als sei ein EU-Beitritt für Sie schon fast beschlossene Sache. Rühe: Nein. Die Türkei wird vor einem Beitritt die Kriterien erfüllen müssen, die für alle anderen Beitrittskandidaten auch galten und gelten. Rabatt wird es keinesfalls geben. Und ich sage: Für die Türkei wird das noch ein sehr langer Weg, mit Veränderungen, die denen vergleichbar sind, wie sie Atatürk vor 80 Jahren gebracht hat.	ARGUMENT  PROBLEMATISIE-RUNG  STELLUNGNAHME

Schema E.2 – Themenentfaltung im politischen Kommentar

Der Treppenwitz der SPD

Die Rede des Bundeskanzlers hat die Erwartungen nicht erfüllt: Nicht die Erwartungen der Arbeitgeberverbände, nicht die Erwartungen der Wirtschaftsredaktionen, nicht die Erwartungen der Gewerkschaften. Sie alle maulen und murren aus unterschiedlichen Gründen.

Genau deswegen aber war Schröders Regierungserklärung eine recht ordentliche Erklärung. Sie hat gar nicht erst versucht, alle Erwartungen zu erfüllen. Allen Wohl, niemand Weh – SPD: diese Zeiten sind vorbei. Die Schröder-Rede war eine gute Rede für den Tag. Aber sie war kein furioser Zukunftsentwurf, keine Ansprache von der Art, die die Nation zum Beben bringt und von der man noch in Jahren reden wird. Genau diese Erwartung aber hatte die Regierung geweckt: Sie hatte so getan, als stünde am Freitag das fünfte Evangelium vor seiner Verkündigung. Am Pult stand aber dann nicht der liebe Gott, sondern nur der liebe Gerhard, der bekanntlich nicht der allergrößte Parlamentsredner ist. Schröder hat den Fehler gemacht, der schon immer vor Regierungserklärungen üblich war, aber er hat ihn in seiner innenpolitischen Not noch krasser gemacht als alle Kanzler vor ihm. Das Publikum wird darauf eingestimmt, den Propheten eines neuen Zeitalters zu hören. Enttäuschungen sind dann gar nicht zu vermeiden. Keiner redet wie Napoleon am Fuß der Pyramiden und keiner schleudert, wie ein Moses, dem Bundestag die Gesetzestafeln vor die Füße. Aber etwas von dieser Art wird immer wieder erwartet. Gestern war der Kanzler selbst schuld an den unerfüllten Erwartungen. Ohne den brimboriösen Vorlauf hätte man nach der Schröderschen Freitags-Rede gesagt: Respekt, Herr Kanzler. Nur unter einem einzigen Gesichtspunkt war das Spektakel im Vorfeld sinnvoll: Es schafft Problembewusstsein. Den Leuten wird klar, dass man mit Konterreformen nicht mehr weiterkommt: Seit zwanzig Jahren bestehen deutsche Wahlkämpfe im wesentlichen darin, dass angekündigt wird, Regelungen der abzulösenden Regierung wieder zu modifizieren. Allmählich wachsen Bereitschaft, ja Erwartung für mehr Reform.

Sozialstaat, deutsche Heimat

Die große Blaupause zur Lösung der Probleme gibt es freilich nicht; und der Generalplan zum Umbau der Gesellschaft fällt nicht vom Himmel. Der derzeit so beliebte fundamentalistische Sofortismus, der hier und jetzt und endlich ein für allemal und am besten über Nacht die ganz große Remedur verlangt, ist Unsinn. Dass eine CDU/ CSU-Opposition solche Rezepte verlangt (aber selber auch nicht hat, weil sie in der eigenen Partei und mit den Interessengruppen ihre Probleme hat), mag man noch verstehen. Wenn eine Regierung den Glauben an den Sofortismus weckt, und Schröder hat das in den vergangenen Tagen getan, dann schadet sie sich selbst. Die großen Bismarckschen Sozialgesetze, die das Fundament des deutschen Sozialstaates bilden, sind in über zehn Jahren geschaffen worden, gegen sehr große Widerstände. Großreformen brauchen eben Zeit – das gilt damals wie heute. Es geht ja nicht nur um die Abarbeitung zweckrationaler Pläne, sondern um sensible Experimente mit der sozialen Wirklichkeit. Es klingt simpel, aber ist es einfach so: Es geht nicht um Bauklötzchen, sondern um Menschen.

Der deutsche Sozialstaat, der auf den Bismarckschen Fundamenten steht, ist für die Deutschen als Ort der Identifikation mindestens so wichtig wie es die Deutsche Mark war. Der deutsche Sozialstaat ist Heimat. Beschimpfen kann ihn nur der, der keine Heimat braucht. Und den Abriss wird nur der verlangen, der in seiner eigenen Villa wohnt; ob er sich dann dort noch sehr lange wohl fühlen würde, ist höchst fraglich. Das Gebäude Sozialstaat ist 120 Jahre nach Baubeginn zwar ziemlich verwinkelt und auch sanierungsbedürftig.

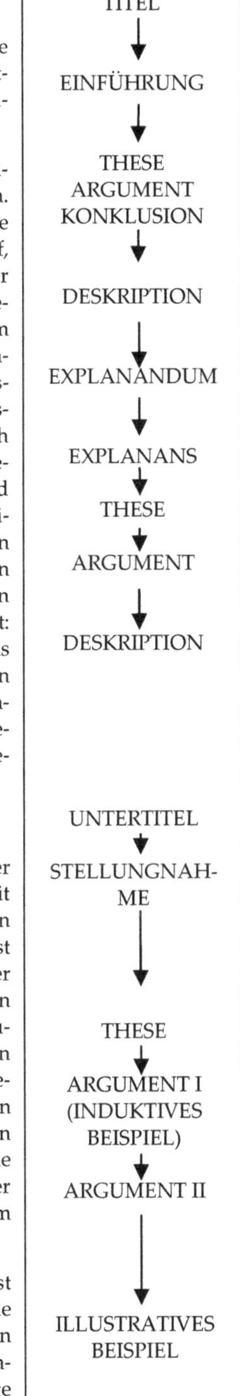

Aber die Erfahrung aus dem Städtebau zeigt, dass ein saniertes stolzes Gründerzeithaus schöner und wohnlicher dasteht als der billige Fertigbeton-Bau, der an seiner Statt errichtet wird.

Staatlicher Mundraub

Bismarck hat den Sozialstaat auch deswegen zu bauen begonnen, um so die Sozialdemokratie zum Verschwinden zu bringen. Das hat bekanntlich nicht funktioniert. Böse Zungen mögen heute sagen, dass – wie als Treppenwitz der Geschichte – nun die Sozialdemokratie den Sozialstaat zum Verschwinden bringt. Das ist übertrieben, enthält aber ein Körnchen Wahrheit. Die SPD muss aufpassen, dass sie beim Umbau des Sozialstaats nicht unter die Räder kommt. Das aber wird passieren, wenn es ihr nicht gelingt, mit dem Maßstab der sozialen Gerechtigkeit zu arbeiten und Belastungen ausgewogen zu verteilen. In Schröders Rede war das noch nicht der Fall: Sie war konkret dort, wo es um Belastungen für kleine Leute, und unkonkret dort, wo es um Belastungen für die Wirtschaft ging. Wenn Schröder Grausamkeiten für die Arbeitnehmer ankündigte (etwa die Verkürzung des Kündigungsschutzes und der Bezugsdauer des Arbeitslosengeldes) folgte zwar sofort eine rhetorische Breitseite gegen Manager & Co, aber nichts sonst. Verbale Balance genügt aber nicht. Selbst die Ankündigung einer (praktisch wenig nützlichen) Ausbildungsabgabe, die Betriebe entrichten sollen, die keine Ausbildungsplätze schaffen, blieb sehr im Vagen. Die Asymmetrie in der Konkretion der Zumutungen erinnert fatal an das Sparpaket Kohls aus dem Jahr 1996, das nicht nur die Lockerung des Kündigungsschutzes und die Kürzung der Lohnfortzahlung enthielt, sondern auch die Ankündigung eines politischen Programms, das zugespitzt so aussah: Die Starken müssen gestärkt werden, damit sie die Schwachen besser ziehen können; und die Schwachen müssen noch erleichtert werden, auf dass sie nicht so schwer sind.

Zum Positiven: Bemerkenswert war die Ankündigung des Kanzlers, den Sozialstaat künftig nicht mehr nur an den Faktor Arbeit zu koppeln, sondern seine Finanzierung breiter anzulegen. Alle Einkunftsarten müssen einbezogen werden, und auch die Selbständigen und die Beamten werden ihren Beitrag leisten müssen – nur dann ist der Sozialstaat seriös bezahlbar, nur dann können die Lohnnebenkosten gesenkt werden. Aber so konkret war der Kanzler leider noch nicht. Sinnvoll sind die angekündigte Reform der Gemeindefinanzen und die Rückkehr zur Gewerbesteuer, sinnvoll sind die Investitionsprogramme (wenn in die richtigen Projekte investiert wird), sinnvoll ist die Zusammenlegung von Sozial- und von Arbeitslosenhilfe, handelt sich doch jeweils um steuerfinanzierte Fürsorgeleistungen. Hochproblematisch aber ist die krasse Verkürzung der Bezugsdauer von Arbeitslosenhilfe. Das gleicht dem Diebstahl von erworbenen Ansprüchen. Die Leute haben jahrzehntelang einbezahlt, man kann ihnen, wenn der Versicherungsfall eintritt, nicht „Ätsch" sagen. Die Notwendigkeit eines solchen Mundraubs werden die Betroffenen nicht einsehen, solange Kapitalgesellschaften so wenig belastet sind wie noch nie in der Geschichte unseres Landes.

„Die Teile hab ich in der Hand, nur fehlt drum rum ein einig Band": so sagt der Dichter. Bei Schröder ist es noch nicht so weit. Es fehlt der Reform nicht nur das Band, es fehlen noch viele Teile.

Schema E.3 – Themenentfaltung in parlamentarischen Debattenreden

Rede des stellvertretenden Vorsitzenden der SPD-Fraktion für die Bereiche Außen, Verteidigung, Entwicklungspolitik und Menschenrechte Gernot Erler (SPD) zur deutschen Außenpolitik und zum Irak-Krieg im Rahmen der Haushaltsdebatte des Deutschen Bundestages

vom 20. März 2003

Frau Präsidentin! Liebe Kolleginnen und Kollegen! Ein Krieg hat begonnen und wir sind uns offenbar einig darüber, dass er schon großen Schaden angerichtet hat, bevor er überhaupt richtig begonnen hat.

Herr Kollege Schäuble, auch wenn Sie heute Ihre Schuldzuweisungen in ruhigerem Ton und in einer anderen Weise vorgetragen haben als Ihre Parteivorsitzende gestern in diesem Haus, können wir diesen Schuldzuweisungen nicht zustimmen.

Die unaufhaltsame Vorbereitung dieses Krieges war es, die wichtige internationale und globale Familien auseinander gerissen hat: die Familie der Vereinten Nationen, die transatlantische Familie, die wachsende Familie der Europäischen Union. Diese Risse gehen tief. Da werden auch zwischen Freunden und Partnern Hassworte gewechselt und das ist die eigentliche Tragödie; denn wir sind doch nach dem 11. September nicht ohne Grund zusammengerückt - in dem Bewusstsein, dass nur dieses Zusammenrücken eine adäquate Antwort auf die unheimliche, unberechenbare neue Gefahr des globalen Terrorismus ist. Jetzt hat die Durchsetzung dieses Krieges alles das, was da zusammen war, auseinander gesprengt. Mit anderen Worten: Genau das Gegenteil dessen, was eigentlich notwendig ist, ist jetzt eingetreten.

Deswegen muss uns doch klar sein, dass wir eine prioritäre Aufgabe haben: Wir müssen jetzt eine Umkehr organisieren. Das ist das Gebot der Stunde. Dazu passen keine Schuldzuweisungen, schon gar nicht diese ungeheuerlichen von gestern, mit denen ausgerechnet diejenigen, die bis zur letzten Minute versucht haben, den Frieden zu erhalten, und für ihn gekämpft haben, für das Scheitern verantwortlich gemacht werden. Das weisen wir von dieser Stelle aus noch einmal in aller Schärfe zurück.

Umkehr ist in der Tat notwendig.

Jetzt werden Legenden gestrickt. Diese Legenden sind gefährlich, zum Beispiel die Legende über das Scheitern oder über die Unfähigkeit der Vereinten Nationen. Präsident Bush hat in seiner Rede am 17. März wörtlich gesagt: Der UN-Sicherheitsrat ist seinen Verpflichtungen nicht nachgekommen. - Er hat der Weltöffentlichkeit noch einmal weismachen wollen, dass es einen Unterschied gibt: auf der einen Seite Handlungsfähigkeit und Entschlossenheit bei den Vereinigten Staaten, auf der anderen Seite Untätigkeit, Unfähigkeit zum Handeln bei den Vereinten Nationen. - Das ist eine Legende, die wir zurückweisen.

Tatsache ist: Die Vereinten Nationen haben ihre Pflicht wahrgenommen. Es war die Pflicht, bis zur letzten Minute zu versuchen, eine Entwaffnung des Irak ohne Krieg zu erreichen.

Wir danken Kofi Annan und den Chefinspekteuren Blix und al-Baradei und ihren Leuten für ihren mutigen und zielstrebigen Einsatz in diesem Zusammenhang.

Joschka Fischer, der Außenminister, hat mit Recht gesagt: Wer auch nur die Dokumente der letzten Tage und jetzt den 83 Seiten langen Bericht von Blix

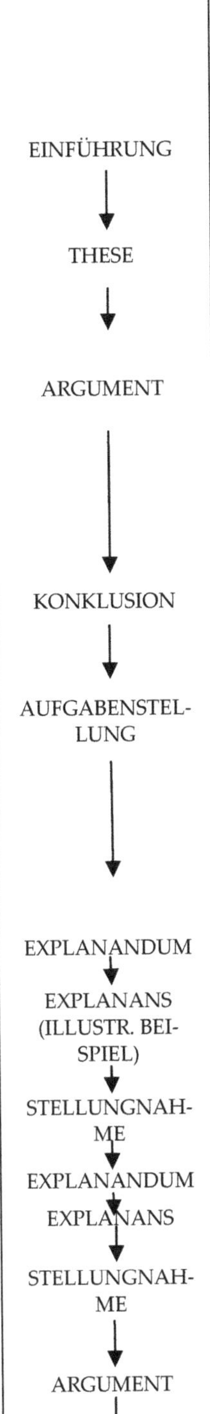

noch einmal liest, weiß: Es hat diese Chance wirklich gegeben. Ich will etwas Grundsätzliches sagen. Es ist falsch, dass Entschlossenheit zum Handeln erst anfängt, wenn man *das* Gewehr anlegt.

Die Helden dieser fragilen Welt sind nicht die Kriegsherren, sondern die, die mit Geduld und auch mit politischer Durchsetzungskraft Wege aus der Gefahr aufzeigen und auch gehen. Tatsache ist, dass die UN die Chance, diesen Weg zu Ende und bis zum Erfolg zu gehen, einfach nicht bekommen haben. Sichtbar wird das zum Beispiel an den Al-Samud-Raketen. Was für ein Wahnsinn! 70 von 120 sind zerstört. Jetzt wird der Prozess abgebrochen - vielleicht mit der Folge, dass die restlichen 50 mit zerstörerischer Kraft in einem Krieg eingesetzt werden. Warum konnte diese Alternative nicht verfolgt werden?

Es handelt sich um etwas ganz anderes als um die Unfähigkeit der Vereinten Nationen. Als die amerikanische Diplomatie den Versuch unternahm, den Sicherheitsrat von der Notwendigkeit des Krieges zu überzeugen, stand es 11 : 4 dagegen. Als die amerikanische Diplomatie den Versuch aufgab, den Sicherheitsrat von der Notwendigkeit des Krieges zu überzeugen, stand es immer noch 11 : 4 dagegen. Das ist keine Krise der Vereinten Nationen; das ist eine Krise von Argumenten und Überzeugungskraft und nichts anderes.

Ich muss sagen: Ich habe großen Respekt - und möchte ihn vor diesem Haus zum Ausdruck bringen - vor dem Verhalten der sechs Länder Mexiko, Chile, Pakistan, Angola, Kamerun und Guinea, die größtem Druck widerstanden haben, die ein Beispiel gegeben haben, die sich nicht verbogen haben und die etwas gegeben haben, wovon wir in der künftigen Politik noch zehren können. Respekt für diese Haltung!

Ich habe auch das Bedürfnis, dem Außenminister meinen Respekt dafür auszudrücken, wie er mit Botschafter Pleuger und seinem Team in den letzten Wochen im Rahmen der Vereinten Nationen gearbeitet hat. Er hat eine klare Linie vertreten, diese aber immer in einem Ton vorgetragen, der die wichtige Arbeit an einer Umkehr möglich macht.

Die nächste Gelegenheit für die Vereinten Nationen wird kommen, meine Damen und Herren.

Der amerikanische Präsident hat schon angedeutet, dass er die Vereinten Nationen braucht. Er braucht sie, um eine humanitäre Katastrophe im Irak abzuwenden. Es gibt keine andere Organisation als die Vereinten Nationen, die über ein Netzwerk zur Verteilung von Lebensmitteln und Medizin in dieser Region verfügt. 60 Prozent der irakischen Bevölkerung waren schon in den letzten Jahren von diesem Netzwerk abhängig.

Aber das bedeutet, es besteht die Möglichkeit und die Wahrscheinlichkeit, dass die Weltgemeinschaft wieder in das politische Geschehen einbezogen wird. Wenn das der Fall ist, dann hat diese Weltgemeinschaft auch das Recht, die Frage nach der Umkehr zu stellen, die Frage zu stellen, ob es der richtige Weg ist, womöglich zu versuchen, eine ganze Region nach den eigenen Vorstellungen umzuorganisieren, und ob dieser Krieg in Wirklichkeit die Umsetzung, die Implementierung jener nationalen Sicherheitsstrategie ist, die am 17. September letzten Jahres vom amerikanischen Präsidenten genehmigt worden ist und die bedeutet, dass das internationale Recht auf Selbstverteidigung in ein Erstschlagsrecht gegen andere Länder umgedeutet wird und damit nicht nur für den Fall einer unmittelbaren Bedrohung, sondern auch im Fall einer potenziellen Bedrohung gilt.

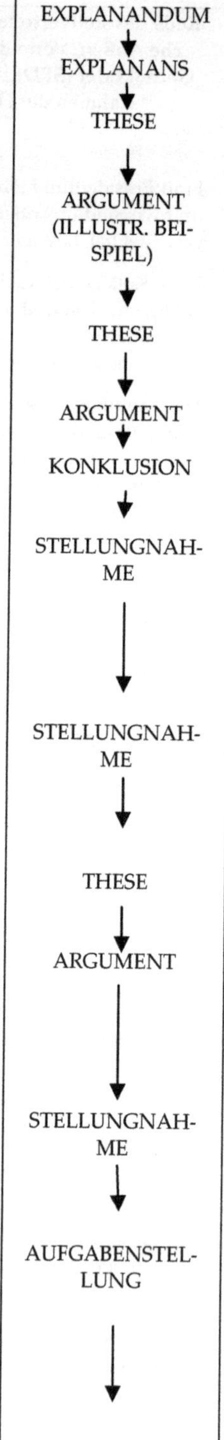

Es ist unser Recht und unsere Pflicht, eine Umkehr von der Entwicklung zu einer Weltordnung, in der wir nicht leben wollen, zu versuchen, wenn die internationale Gemeinschaft hier wieder gefordert wird.

Wir werden Hilfe leisten, um eine humanitäre Katastrophe abzuwenden, auch indem wir die Entscheidung treffen, die Mittel für humanitäre Hilfe im Bundeshaushalt von 40 Millionen Euro auf 80 Millionen Euro zu erhöhen. Wir rechnen da mit Ihrer Mithilfe. Wir werden das entweder im Einzelplan 60 oder durch eine Entscheidung im April dieses Jahres durchsetzen, auf jeden Fall durch eine Erwirtschaftung aus dem Gesamthaushalt.

Ich bin Ihnen dankbar, dass Sie selber mit einem Antrag, der andere Größenordnungen enthält, hier eine Initiative ergriffen haben.

Wir sind zu dieser Hilfe und zu neuer Kooperation bereit. Aber im gleichen Atemzug sage ich auch: Es gilt, dass wir uns jeder Arbeitsteilung verweigern werden, die dieser von mir eben beschriebenen Doktrin einer Ordnung, in der es um Erstschlag geht, in irgendeiner Weise zur Durchsetzung verhilft. Das darf nicht die Folge unserer Hilfe und Kooperationsbereitschaft sein.

Deswegen sage ich heute in dieser Situation: Wir setzen das Ziel der Umkehr, die wir über den Dialog, auch den transatlantischen Dialog, organisieren müssen, mit aller Entschlossenheit auf die Tagesordnung. Wir tun das gegen die Gefühle von Beklemmung und von Hilflosigkeit, die wir alle heute empfinden und die sich in den Stunden ausbreiten, in denen statt der Menschen die Waffen sprechen.

Vielen Dank für Ihre Aufmerksamkeit.

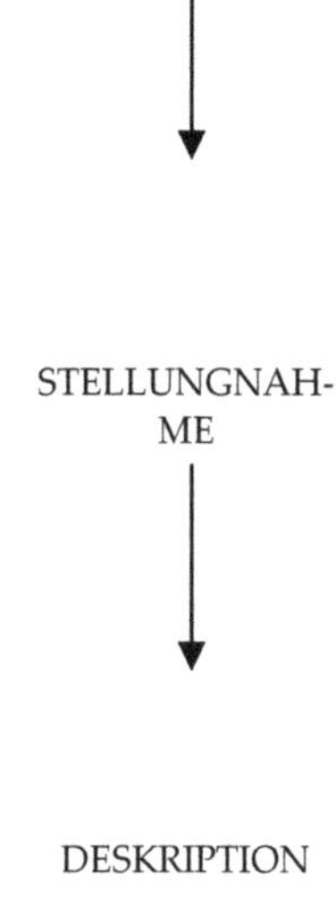

Schema E.4 – Themenentfaltung in Parteitagsreden

Rede des EVP-Vorsitzenden Wilfried Martens auf dem CDU-Parteitag in Frankfurt an der Oder, den 17. Juni 2002

Liebe Angela Merkel,
liebe Freunde der CDU Deutschlands, ich danke Ihnen herzlich für die Einladung und die Gelegenheit, einige Worte an Sie richten zu können. Die CDU Deutschlands ist die größte Mitgliedspartei der EVP. Daher haben für mich Ihre Parteitage immer eine besondere Bedeutung. Die CDU hat nicht nur aufgrund ihrer Größe, sondern auch aufgrund ihrer Stellung in der politischen Mitte eine entscheidende Funktion in unserer politischen Familie. Sie, liebe Angela Merkel, haben diese wichtige Rolle von Anfang an erkannt und sich in unsere Arbeit engagiert eingebracht. Dafür danke ich Ihnen herzlich. Für unsere politische Familie spielt die Menschenwürde und unser Verhältnis zur Geschichte eine wichtige Rolle. Daher gedenken wir am heutigen Jahrestag des Volksaufstandes in der DDR aller Opfer. Freiheit und Menschenwürde sind die Werte, die viele von uns für die politische Arbeit motiviert haben.

Die Europäische Volkspartei und die CDU haben ein gemeinsames Konzept: Die Idee von einer großen Partei der Mitte. Und ich möchte hinzufügen: Es ist ein Konzept mit Zukunft. "Neue Mitte" und "New Labour" lassen sich nicht von Marketingexperten schaffen. Sie hatten nur eine esoterische Existenz. Am Ende stand hinter flotten Sprüchen und modernem Anstrich immer die alte, reformunfähige Sozialdemokratie. Ich war von Anfang an davon überzeugt, dass sich auf Dauer die Ideen durchsetzen würden, die auf Werten und Überzeugungen aufgebaut sind. Die Menschen in Europa wollen nicht Beliebigkeit sondern eine werteorientierte Politik und solide Grundüberzeugungen. So wollen wir die moderne Gesellschaft im 21. Jahrhundert schaffen.

Meine Damen und Herren, die Diskussion um den „„blauen Brief"" vor einigen Monaten hat es noch einmal deutlich gemacht: Die Regierung Schröder hat den Abstieg verdient. Das bevölkerungsreichste Mitgliedsland in der Europäischen Union ist zum Sorgenkind geworden. Reformunfähigkeit und das Fehlen von langfristigen Zielen sind bei der Regierung Schröder überdeutlich geworden.

Als ich belgischer Regierungschef und Helmut Kohl deutscher Bundeskanzler war, galt Deutschland als Musterbeispiel in der Europäischen Union. Ich bin daher fest davon überzeugt, dass die Union mit Edmund Stoiber an der Spitze die Menschen davon überzeugen wird, dass Deutschland eine bessere Regierung verdient.

Beim Wirtschaftswachstum belegt Deutschland den letzten Platz. In der Europapolitik ist die Funktion des Motors nicht mehr erkennbar. In der Außenpolitik bleibt die Koalition nur durch massive Drohungen des Kanzlers zusammen. Lassen Sie mich Ihnen als Beobachter sagen: Dieses Land hat eine bessere Regierung verdient und ich bin mir sicher, dass die Bürgerinnen und Bürger das am 22. September auch so sehen werden.

Insbesondere in der Europapolitik sind klarere Positionen von Seiten Deutschlands nötig. Innerhalb der Europäischen Volkspartei haben Wolfgang Schäuble und ich gemeinsam ein Konzept zur Zukunft Europas erarbeitet. Wir waren die erste Europäische Partei, die sich zu diesem Thema zu Wort gemeldet hat. Dieses Dokument bildet heute die Grundlage für die Vorschläge der EVP im Rahmen des Konvents in dem Elmar Brok unsere Gruppe im Konvent anführt.

Ebenso danken möchte ich Hans-Gert Pöttering, dem Vorsitzenden der stärksten Fraktion im Europäischen Parlament – unserer Fraktion – und Karl

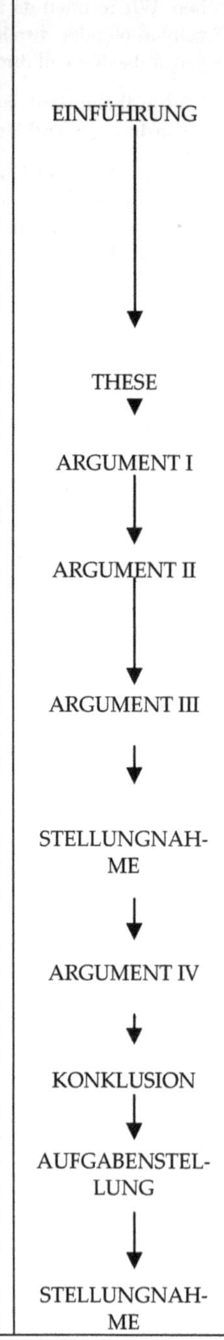

Lamers, der als Vizepräsident der EVP mitgeholfen hat, unserer Politik ein Profil zu verleihen und die EVP zum Vorreiter in wichtigen Fragen zu machen. Und ich freue mich, dass die europapolitisch Verantwortlichen der CDU, wie Peter Hintze als Vizepräsident der Christlich Demokratischen und der Demokratischen Internationalen, so eng in unsere Arbeit eingebunden sind.
Meine Damen und Herren, Liebe Freunde der CDU, in der Europäischen Union weht ein neuer, frischer Wind, ein „Wind of change".
Nach den Wahlen in Sachsen-Anhalt, Portugal, den Niederlanden und gestern in Frankreich ist es überdeutlich, dass die Linke, die Sozialisten und Sozialdemokraten, das Vertrauen der Bevölkerung in Europa verloren haben. Sie waren nicht in der Lage, Sicherheit und Verlässlichkeit zu geben.
Die Stunde der Christdemokraten und Volksparteien der Mitte ist gekommen.
Wir schaffen es, das Vertrauen der Bevölkerung wieder zu gewinnen.
Jean-Claude Juncker macht seit Jahren für sein Land eine erfolgreiche Politik.
José Maria Aznar hat in Spanien mit der Partido Popular ein politisches Wunder vollbracht und die absolute Mehrheit errungen.
Wolfgang Schüssel und Silvio Berlusconi haben erfolgreich die Führung in ihren Ländern übernommen.
Zwei junge Führer aus den Reihen der EVP werden die Politik in ihren Ländern erneuern: José Manuel Durao Barroso als Premierminister von Portugal und Jan Peter Balkenende als Regierungschef der Niederlande.
Gestern haben unsere Freunde in Frankreich einen unglaublichen und bisher nie erreichten Wahlsieg mit einer Zweidrittelmehrheit in der Nationalversammlung errungen.
Aber der Schlüssel für eine breite EVP Mehrheit in Europa liegt in Ihren Händen. Mit Edmund Stoiber kann und soll die CDU diese Politik der Wende für Deutschland und für Europa einleiten. Der Erfolg der Union in Deutschland ist für die EVP ausgesprochen wichtig. Wir brauchen eine starke CDU.
Ich bin fest davon überzeugt, dass Europa nach dem 22. September durch Deutschland eine neue Politik erfahren wird. Eine Politik mit Visionen und dem Willen für Reformen. Ich freue mich darauf, Sie dabei nach Kräften unterstützen zu können. Ich wünsche Ihnen für den Wahlkampf viel Erfolg und Ausdauer.
Herzlichen Dank.

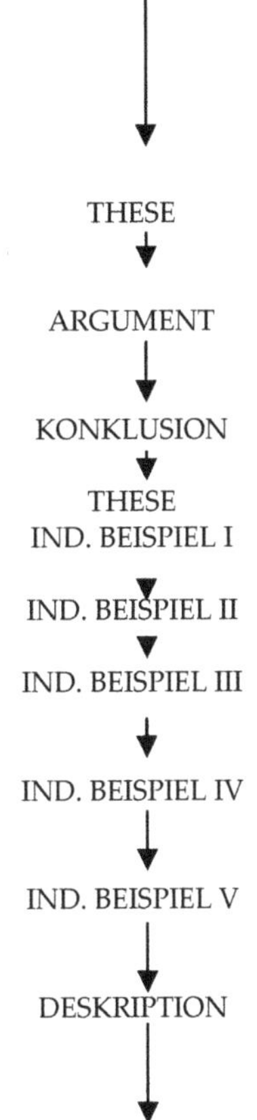